天下文化

BELIEVE IN READING

科學文化 229

人類大命運
從智人到神人

Homo Deus
A Brief History of Tomorrow

作者 —— 哈拉瑞（Yuval Noah Harari）

譯者 —— 林俊宏

人類大命運

從智人到神人

A Brief History of Tomorrow

獻給 S. N. Goenka（1924-2013）老師，
他春風化雨，教導我許多重要的事。

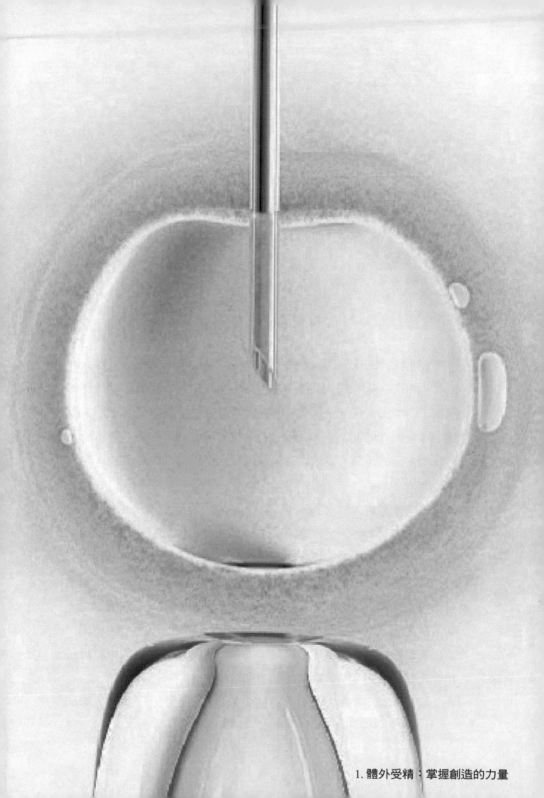

1. 體外受精：掌握創造的力量

期盼我們能做出聰明的決定

　　要寫關於未來的事，總是有點冒險。我的前一本書《人類大歷史》，談的是人類有一種獨特的能力，能夠相信集體的神話（例如國家、神祇、人權、金錢），也讓我們這個物種得以征服地球。而到了《人類大命運》，我希望把焦點放到這個故事的下一篇章：一旦我們古老的神話、宗教與意識型態碰上了革命性的新科技，會發生什麼情形？

　　基督宗教會怎樣應對基因工程？在人類勞工被機器人取代的時候，社會主義要如何應付？自由主義該如何處理數位極權的問題？矽谷除了會製造出新的科技小工具，會不會也製造出新的宗教？

　　人工智慧（AI）正在迅速接管我們的認知能力。很快，電腦就會比人類更懂得怎麼開車、看診、戰鬥，甚至是理解人類的感情。如果電腦讓幾百萬人失業，創造出龐大的「無用階級」，福利國家該如何是好？如果企業和政府都能「駭」進人體，比我們更瞭解自己，人類的自由又該何去何從？

　　與此同時，生物科技或許可能大幅延長人類壽命，並讓人體與

心智都有所提升。但像這樣的提升，會是人人雨露均霑，還是只會讓貧富之間出現前所未有的生物落差？人類會不會就此分成兩種物種，一種是富有的**超人類**（superhuman），另一種則是貧窮的普通智人？世界上比較弱小的國家，會不會成為新種帝國征服者手下的犧牲者？

◢ 資料殖民主義興起

在資料蒐集、人工智慧與生物工程領域，現在正有一場全球軍備競賽如火如荼展開。有少數幾個國家一馬當先，但大多數其他國家則是被甩在遠方。如果這樣的趨勢再繼續下去，就有可能看到新一類的殖民主義——資料殖民主義。從古羅馬到十九世紀的英國，過去這些帝國都得派出士兵，才能征服其他國家與領土。但是到了二十一世紀，新的帝國如果想征服其他國家，不是派出士兵，而是派出資料。如果讓少數企業或政府取得了全世界的資料，就可能讓全球其他地區都成了他們的資料殖民地。

想像二十年後，某個在北京或舊金山的人，擁有你國家裡所有政治人物、市長、執行長與記者的個人資料，知道這些人罹患過什麼病、和誰上過床、說過哪些笑話、拿過哪些賄賂。這樣一來，你的國家真的算是獨立嗎？還是會成為一塊資料殖民地？如果國家哪天發現，自己一方面需要各種數位架構與人工智慧系統，才能繼續運作，另一方面卻又無法真正控制這些數位架構與人工智慧系統，情況又會是如何？

成為資料殖民地，會有經濟與政治這兩方面的後果。在十九世紀與二十世紀，被像是英美這樣的工業強權殖民，代表著你大概只

能提供各種原物料，而獲利最豐的先進產業都留在帝國中樞。像是埃及就把棉花出口到英國，然後進口在英國完成的織品、汽車與機器。

時至二十一世紀，也可能會出現類似的情形——人工智慧產業需要的原物料就是資料。目前，全球都提供著資料這項原物料，讓美國與中國的人工智慧技術與企業發展蓬勃，但換來的利潤與權力卻沒能平均分配回去。來自埃及和巴西的資料，可能讓舊金山和上海的企業大發利市，但埃及與巴西仍然貧困如昔。

在十九世紀，國家一旦錯過搭上工業革命列車的時機，代價就是面對接下來一整個世紀的帝國主義與利用剝削。而到了二十一世紀，國家一旦錯過了搭上資訊科技與生物科技革命列車的時機，代價可能更為慘烈。

▲ 人類迫切需要全球合作

這些新科技對整體人類造成共同的重大挑戰，也唯有透過全球合作，才得以約束規範。光是有某一國禁止生產殺人機器人、禁止基因改造出超人類，並不足以發揮作用。就算只是少數國家發展出這種高風險、高報酬的科技，很快的，所有國家都會因為害怕被拋在後方，而紛紛跟進。要是不能對這樣的新科技祭出全球協議，人類必然會面對全面性的人工智慧與生物科技軍備競賽。而且，無論最後的贏家是誰，人類都會是最後的輸家。所以，為了應對這些威脅，所有人類都該攜手合作。

但人類真的有能力聯合起來，規範這些危險的新科技嗎？我不知道。《人類大命運》英文版在2016年出版，但目前看來，2016

年似乎已經成了上一個歷史時代。在那個時代，人類還享有史上最合作、和平與繁榮的景象，所以這本《人類大命運》的開頭充滿樂觀，點出人類已經如何成功控制了饑荒、瘟疫與戰爭。

在第1章〈人類的三大新議題〉，我提到饑荒、瘟疫與戰爭或許在未來幾十年間，仍然會帶走數百萬受害者的生命，但這些因素已經不再是人類無法瞭解、控制、避免的悲劇，而是能夠加以管理控制的挑戰。這是史上第一次，人類已經有了必要的科學知識、科技工具與政治智慧，能夠控制毀滅性的戰爭與疫情，並讓所有人類都滿足基本生物需求。

這一章想傳達的訊息絕非自滿，而是責任。饑荒、瘟疫與戰爭並不是因為有了某些奇蹟而減少，而是因為人類做了一些明智的決定。而我們的責任就是要繼續做出明智的決定，也要負責避免各種生態浩劫，並讓人類爆炸性的新權力受到約束。《人類大命運》其實是要警告我們忽視這些責任的後果，並強調一旦人類做了愚魯的決定，這個我們所創、和平而繁榮的時代，也有可能短命而夭。

遺憾的是，就算在我最黑暗的時刻，我也沒料想到那個時代如此短命。那個和平而繁榮的時代，靠的是科技知識與全球合作這兩大基礎。然而在過去幾年，無論是科學或合作，兩者都受到全球各地領導者與各項運動的輪番攻擊。目前的全球秩序，就像是有一棟房子雖然人人都在住，卻沒人去維護。房子有可能很快就會傾倒，而後果也將慘不忍睹。

新冠全球疫情只是個開始。2016年，我研究了人類近來對抗傳染病的成功之後，提出警告：「雖然我們不敢保證，絕不會爆發新一波伊波拉或未知流感病毒的疫情，橫掃全球造成數百萬人身亡，但至少我們不會認為這是不可避免的天然災害。我們反而會認為：

這是不可原諒的人為疏失，要求有人為此負起責任。」（見第25頁）

　　而人類與新冠肺炎的戰鬥，正是這樣無可卸責的人為疏失。雖然是科學上的勝利，卻也是政治上的災難。全球各地的科學家攜手合作，辨識出了病毒、發現了如何避免傳播，還研發出疫苗。在人類史上，我們從未有過如此威力強大的工具，能夠扼止疫情傳播。然而，政治人物卻沒能好好運用這些工具。我們沒看到出現全球性的領導者，也沒有全球性的計畫來控制疫情、或是應對經濟衝擊。感覺起來就是群龍無首、家裡沒大人。

　　但這種家裡沒大人的印象，又帶來下一場災難。普丁（Vladimir Putin）感受到全球秩序只是一盤散沙，於是起了野心，凶殘入侵烏克蘭，一心認為沒有人膽敢起身反對。寫作本篇序文時，戰爭已經過了兩個月，死亡人數節節上升，俄軍的殘忍也與日俱增，核戰憂慮籠罩著全世界。

　　要是普丁豪賭成功，結果也將會是全球秩序的最終瓦解，和平與繁榮的時代最終告結。全球的獨裁者都會知道，能夠發動征服戰爭的時代再次回歸；而全球的民主政體也會被逼得開始武裝自己，以求自保。原本該用來協助教師、護理師與社工人員的經費，又將流向坦克、飛彈與網路武器。這會是一個關於戰爭、貧困與疾病的新時代開始。

　　若然如此，除了這一切的人為災難禍端，人類還會發現自己完全無力應付生態危機，也無法規範人工智慧與生物科技爆炸性的潛力。各個敵對的人類團體會開始愈來愈絕望而互相攻擊，同時還得適應正在頹然傾倒的生態圈，並且努力防範有可能湧現的化身、半機械人與外星智慧。人類物種的存續，都可能面對最嚴峻的考驗。

◢ 點出我們未來的選項

　　現在想避免這些禍事，都還不晚。全球秩序雖然受到撼動，卻尚未崩壞，我們仍然有機會重新建立全球秩序，並共同決定該怎樣好好運用人類已經如神一般的創造力與毀滅能力。二十一世紀的新科技，雖然能在地球上形成人間煉獄，卻也能在人間打造天堂。本書就是希望既能具體呈現出這種新的科技地獄，也能刻畫出科技能帶來怎樣的天堂。

　　點出我們未來的選項，實在是當務之急。如果不能趕快想出我們該追求的新天堂，就有可能受到某些天真烏托邦的概念所誤導。如果沒有趕快瞭解我們想躲避的新地獄，就有可能落入其中、無法逃離。

　　我真心希望，我們人類最後能夠做出聰明的決定。

第 **1** 章

人類的三大新議題

　　第三個千禧年開始之際，人類醒來，伸展手腳、揉了揉眼睛，腦子裡依稀記得某些可怕的噩夢。「好像有什麼鐵絲網啊、巨大的蘑菇雲之類的。但管它的呢，只是一場噩夢吧。」人類走進浴室，洗洗臉，看看鏡子裡臉上的皺紋，沖了一杯咖啡，打開了行事曆，「來瞧瞧今天有什麼重要的事吧。」

　　幾千年來，這個問題的答案並沒有什麼改變，不管是二十世紀的中國人、中世紀的印度人、或是古代的埃及人，都面臨著同樣的三大問題：饑荒、瘟疫、戰爭。這三大問題永遠都是人們的心頭大患。一代又一代，人類向所有神明、天使和聖人祈禱膜拜，也發明無數工具、制度和社會；但是仍然不斷有數百萬人死於飢餓、流行病和暴力。許多思想家和先知於是認為：饑荒、瘟疫和戰爭一定是上帝整個宇宙計畫的一部分、又或是出自人類天生的不完美，除非走到時間盡頭，否則永遠不可能擺脫。

　　但在第三個千禧年開始之際，人類開始意識到一件驚人的事。雖然多數人很少想到這件事，但是在過去幾十年間，我們竟然已經

成功控制了饑荒、瘟疫和戰爭！當然這些問題還算不上完全解決，但已經從過去「不可理解、無法控制的自然力量」轉化為「可應付的挑戰」了。我們不再需要祈求某位神祇或聖人來解救人類，而已經相當瞭解，該怎樣做就能預防饑荒、瘟疫和戰爭，而且通常都能成功。

確實，還是有些時候事與願違，但面對這些失敗，人類不再只是聳聳肩，說「沒辦法，世界就是這樣不完美」或是「這是上帝的旨意」。現在如果再有饑荒、瘟疫和戰爭爆發，而不受人類控制，我們會覺得一定是有某個人出了問題，該成立調查委員會來研究研究，而且對自己許下承諾，下次一定要做得更好。

這套辦法還真行得通。饑荒、瘟疫和戰爭發生的次數及頻率都確實在下降。這是史上首見，因營養過剩而死亡的人數超越營養不良；因年老而死亡的人數超越傳染病死亡；自殺身亡的人數甚至超越被士兵、恐怖份子和犯罪份子殺害人數的總和。到了二十一世紀早期，平均來說，人類死於乾旱、伊波拉病毒或基地組織恐怖攻擊的可能性，還不及死於暴飲暴食麥當勞。

因此，雖然各國總統、閣揆和軍事將領的每日待辦議題仍然滿是經濟危機和軍事衝突，但就整個人類歷史的宏觀觀點來說，人類已經可以看向別處，開始尋找其他新議題了。如果我們確實已經讓饑荒、瘟疫和戰爭得到控制，什麼將取而代之、成為人類最重要的新議題？就像消防員忽然聽說再不會有火災了，人類到了二十一世紀，得自問一個前所未有的問題：我們接下來要做什麼？整個世界已經如此健康、繁榮又和諧，我們該把注意力和創造力投到什麼事情上？而因為生物科技及資訊科技為人類帶來強大的新力量，這個問題也變得加倍迫切。手上有了這些力量，究竟該如何運用？

要回答這個問題之前，我們對於饑荒、瘟疫和戰爭還得多談幾句。很多人可能會認為，說這些問題已經得到控制，是非常離譜、天真、或是麻木不仁的說法。不是還有幾十億人每天只有不到兩美元過日子嗎？非洲不是還在和愛滋病對抗？敘利亞和伊拉克不也正有戰爭肆虐嗎？

要回答這些問題，我們得先更仔細看看二十一世紀初的世界；至於探索未來幾十年的新議題，且待後續再談。

生物貧窮線

首先談談饑荒，這在幾千年來一直是人類最大的敵人。甚至在不久前，大多數人仍然只活在生物貧窮線的邊緣，再低一點就會落入營養不良和飢餓狀態。只要發生小失誤、或單純有點運氣不好，很有可能就等於把整個家庭或村莊判了死刑。如果一場大雨毀了你的麥田、或是強盜搶走了你養的羊群，你和親人可能就會餓死。如果是集體的愚蠢行徑或不幸，則會導致大規模的饑荒。在古埃及或中世紀印度，如果碰到嚴重乾旱（這並不少見），常常一下子總人口就會有5％或10％撒手人寰。遇上乾旱，就會出現糧食短缺；救援運輸又太過遲緩、成本也太高，無法進口足夠的食物；而且政府也太過疲弱，無力挽救局面。

隨便翻開哪本歷史書，幾乎都會讀到饑荒的慘況，讀到人在飢餓之下的瘋狂行徑。1694年4月，博韋（Beauvais）一地的法國官員描述了當地饑荒、糧價飆漲的影響，他說自己的轄地處處都是「無數可憐的靈魂，飢弱無力，匱乏而亡；沒有工作，也就沒有錢買麵包果腹。為求苟延殘喘、稍解飢餓，這些可憐人以不潔之物為食，

如死貓、或是已剝皮而投入糞堆的死馬。還有人吃的則是宰殺牛隻流出的血，以及廚子扔到街上的內臟。其他可憐人則吃蕁麻、雜草、樹根、藥草，全部在水裡煮成一鍋。」[1]

　　法國各地都出現了類似的景象。由於前兩年氣候不佳，整個王國嚴重歉收，到了1694年春天，糧倉已經完全見底。有錢人設法囤積糧食，以天價出售，而窮人則是大批餓死。從1692年到1694年間，法國約有二百八十萬人餓死，大約占總人口15％；與此同時，太陽王路易十四仍在凡爾賽宮，與眾家妃妾歌舞昇平。隔年（1695年），饑荒襲擊愛沙尼亞，人口損失達五分之一。1696年，則是在芬蘭肆虐，餓死了四分之一到三分之一的人口。從1695年到1698年間，蘇格蘭也遭受嚴重饑荒，部分地區餓死高達五分之一的居民。[2]

　　多數讀者可能都知道，少吃一頓午餐是什麼感覺——可能是為了宗教因素而在幾個節日禁食，也可能是連續幾天只喝蔬果昔，號稱有某種神奇的功效。然而如果是連續多日，粒米未進，而且連下一口食物在哪都不知道，又是什麼感覺？今天，大多數人從未經歷這種痛苦煎熬，但很遺憾，我們的祖先對此再清楚不過。在他們向神祇高呼「拯救我們脫離饑荒！」的時候，心裡正是那種感覺。

　　過去幾百年間，科技、經濟和政治進步，張開了日益強健的安全網，將人類與生物貧窮線隔開。雖然時不時仍有大規模饑荒，但只能算是特例，而且幾乎都是因為政治因素、而非自然災害所致。世界上已經不再有自然造成的饑荒，只有政治造成的饑荒。如果現在還有人在敘利亞、蘇丹和索馬利亞餓死，罪魁禍首其實是那些政客。

　　在全球大部分地區，現在就算沒了工作、丟了全部家當，也不太可能活活餓死。私人保險、政府機構和國際非政府組織，可能無

法讓他脫離貧困,但至少能提供足夠的熱量,讓他生存下去。全球貿易網路甚至還能將乾旱和洪災轉為商機,也能又快又便宜的克服糧食短缺危機。就算整個國家遭到戰爭、地震或海嘯摧殘,國際間的緊急援助,通常還是能成功避免大範圍的饑荒肆虐。雖然每天仍有幾億人陷於飢餓,但在大多數國家,已經很少有人真正餓死。

貧困確實會帶來許多其他健康問題,營養不良也會縮短預期壽命,即使地球上最富有的國家,也不免有這個難題。例如就算在法國,仍有六百萬人(約占總人口10％)陷於營養不安全(nutritional insecurity)的狀態,一早醒來不知道中午能否有東西吃,常常得帶著飢餓入眠;而且就算吃到東西,營養也非常不均衡、不健康:往往有大量的澱粉、糖和鹽,卻沒有足夠的蛋白質和維生素。[3] 然而營養不安全仍然算不上饑荒,二十一世紀的法國也已不是1694年的法國。就算在博韋或是巴黎最糟糕的貧民窟,現在也不會發生幾週沒得吃而餓死人的情形。

同樣的轉變也發生在其他許多國家,其中最值得一提的就是中國。從黃帝到紅色共產,幾千年來各個輪替的中國政權,都曾遭到饑荒肆虐。幾十年前,中國還曾經是糧食短缺的代名詞。在大躍進這場災難中,數百萬中國人活活餓死,而且當時專家也總是不斷預測這個問題只會繼續惡化。1974年,第一次世界糧食會議在羅馬召開,各國代表聽到彷若世界末日的前景。專家告訴他們,中國絕無可能養活十億人口,這個人口最多的國家正走向災難。但事實上,中國卻是邁向了歷史上最大的一場經濟奇蹟。自1974年以來,雖然仍有數億人深深苦於匱乏和營養不良,但也已有數億中國人擺脫貧困,這是史上首次,中國不再受到饑荒之苦。

事實上,現在的大多數國家,真正遠遠更嚴重的並不是饑荒,

反而是飲食過量。在十八世紀，據稱法國王后瑪麗－安東尼（Marie-Antoinette）曾經向受餓的民眾說，如果沒有麵包可吃，何不吃蛋糕呢？但今天的窮人真的是如此！現今，住在比佛利山莊的有錢人吃生菜沙拉、清蒸豆腐佐紅藜，而住在貧民窟或貧民區的小女生則是大口嚼著美國的國民零食 Twinkie 蛋糕、奇多、漢堡和披薩。2014年，全球體重過重的人數超過二十一億，相較之下，營養不良的是八億五千萬人。預計到了 2030 年，全球會有半數人體重過重。[4]

2010 年，饑荒和營養不良合計奪走了約一百萬人的性命，但肥胖卻讓三百萬人命喪黃泉。[5]

◢ 看不見的艦隊

繼饑荒之後，人類的第二大敵是瘟疫和傳染病。由川流不息的商人、官員和朝聖者所連結起來的繁華城市，既是人類文明的基石，也是病菌滋生的溫床。於是，住在古雅典或中世紀佛羅倫斯的民眾都心裡有數，可能忽然生病、短短一週就過世，也可能有某種流行病突然爆發，一下帶走他們的整個家庭。

最有名的一次流行病就是黑死病，始於 1330 年代的東亞或中亞某處，棲息在跳蚤身上的鼠疫桿菌（*Yersinia pestis*），開始透過跳蚤叮咬而感染人類。這批瘟疫大軍乘著老鼠和跳蚤，迅速蔓延全亞洲、歐洲和北非，不到二十年便已抵達大西洋沿岸。當時的死亡人數大約在七千五百萬人到兩億人之間，超過歐亞大陸人口的四分之一。在英國，每十人就有四人死亡，人口從瘟疫前的三百七十萬人降到瘟疫後的二百二十萬人。佛羅倫斯的十萬居民，也有五萬不幸殞命。[6]

面對這場災難，各國行政當局完全束手無策，只安排了大型的群眾祈禱和遊行，卻全然不知如何阻止疫情蔓延，更別說要治癒疾病。在近代之前，人類認為會生病是因為空氣不佳、惡魔心懷不軌、或是神明發怒，從未想過有細菌和病毒存在。人們很容易相信有天使或仙女，卻無法相信，光是一隻小小的跳蚤或一滴水，就可能帶著如同整批艦隊般的致命掠食者。

黑死病既非單一事件，甚至也不是史上最嚴重的瘟疫。曾經有更大的災難，隨著第一批歐洲人的腳步而來，襲擊了美洲、澳洲和太平洋島嶼。這些歐洲探險家和移民並不知道，自己身上帶著當地居民缺乏免疫力的傳染病，造成當地居民高達90％因此喪命。[7]

2. 中世紀將黑死病擬人化，描繪成人類無法控制或理解的可怕惡魔。

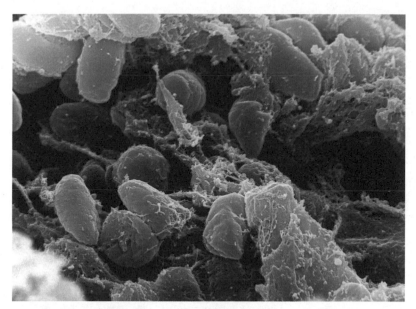

3. 黑死病真正的罪魁禍首是肉眼看不到的鼠疫桿菌。[8]

　　1520年3月5日，一小群西班牙艦隊離開古巴，前往墨西哥。這些船上載著九百名西班牙士兵、馬、槍支，以及幾名非洲奴隸。其中一名奴隸艾奎亞（Francisco de Eguía），身上帶著另一項遠遠更為致命的貨物。艾奎亞自己毫無所知，但在他的幾兆個細胞裡，有一枚正在滴答作響的生物定時炸彈——天花病毒。

　　艾奎亞登陸墨西哥後，病毒開始在他身體內，指數式的增殖，最後終於在全身皮膚迸發出可怕的皰疹。艾奎亞高燒不退，給帶到辛波阿蘭（Cempoallan）鎮一個美洲原住民的家裡，在床上休息。他感染這家人，這家人又感染了鄰居。短短十天，辛波阿蘭鎮就成了一片墓地。難民倉皇逃出，又將天花從辛波阿蘭鎮傳到了鄰近的

城鎮。小城鎮一一陷落、無一倖免,嚇壞的難民一波又一波逃亡,將天花傳遍墨西哥,甚至超越國界。

在猶加敦半島的馬雅人認為,是三位惡神艾克普茲(Ekpetz)、烏贊卡克(Uzannkak)和索亞卡克(Sojakak),晚上從一個村莊飛到另一村莊,讓人染上這種惡疾的。阿茲特克人則是怪罪特茲卡特利波卡(Tezcatlipoca)和西沛托提克(Xipetotec)這兩個神,或者說是白人施展了某種黑魔法。病人找上了僧侶和醫師,他們建議病人祈禱、洗冷水澡、用瀝青擦身體,以及把黑甲蟲擠碎塗在傷口。可惜全然徒勞。成千上萬的屍體在街頭腐爛,無人敢接近、無人敢埋葬。許多家族短短幾天全部喪命,當局下令直接將房屋推倒,以掩埋屍體。在某些聚落,死亡人口達到一半。

1520年9月,疫情傳至墨西哥谷地;10月就進了阿茲特克首都特諾奇蒂特蘭(Tenochtitlan)。當時該城是一座人口達二十五萬人的宏偉都市,卻在兩個月內至少損失三分之一的人口,其中包括阿茲特克的皇帝庫伊特拉華克(Cuitláhuac)。1520年3月,西班牙艦隊抵達時,墨西哥城人口多達二千二百萬,但到了12月,僅餘一千四百萬。天花只不過是第一波攻擊而已。正當西班牙來的新主人忙著自肥、向當地人橫征暴斂,流感、麻疹等致命傳染病也一波一波襲向墨西哥;到了1580年,該城人口已經不到兩百萬人。[9]

兩個世紀後,英國探險家庫克(James Cook)船長於1778年1月18日來到夏威夷。夏威夷群島當時人口稠密,足足有五十萬人,從未與歐洲或美國有過接觸,因此也從未暴露在歐洲及美國的疾病之下。庫克船長等人,就這樣把第一批的流感、肺結核及梅毒病原體,帶進了夏威夷,後續來到的歐洲人再加上了傷寒和天花。到了1853年,夏威夷的倖存人口只剩下七萬。[10]

▲ 瘟疫終將平息

　　時間進入二十世紀良久，各種流行病仍然繼續奪走幾千萬人的性命。1918 年 1 月，身處法國北部戰壕的士兵，開始染上一種特別強的流感病毒，俗稱「西班牙流感」，數千人因而喪生。當時的戰場前線，背後是全球有史以來最有效率的後勤供應網路。士兵和彈藥從英、美、印、澳大批湧至，汽油來自中東，穀物和牛肉來自阿根廷，橡膠來自馬來西亞，銅則來自剛果。透過人流物流，這些地方都得到了西班牙流感。短短幾個月內，大約五億人（當時全球人口的三分之一）都感染了病毒。在印度，一千五百萬總人口有 5％ 因而喪命；大溪地 14％ 喪命；薩摩亞 20％ 喪命。而在剛果的銅礦場，五分之一的工人因而死亡。總計在不到一年間，這次流感就帶走大約五千萬人到一億人的性命。相較之下，從 1914 年到 1918 年的第一次世界大戰，死亡人數還只有四千萬。[11]

　　每隔幾十年，就會有這樣的大型流行病海嘯，向人類襲來，但另外也有些規模較小、頻率較高的流行病，每年帶走幾百萬人的性命。兒童的免疫力較低，特別容易染病，因此也有人將流行病稱為「兒童疾病」。直到二十世紀初，還有大約三分之一的兒童，會因為營養不良和疾病而夭折。

　　在二十世紀，由於人口成長、加上交通運輸進步，反而讓人類變得更容易受到流行病危害。對於流行病的病原體來說，像是東京或非洲剛果的首都金夏沙這種現代化大都市，會是比中世紀的佛羅倫斯或是 1520 年的特諾奇蒂特蘭更富饒的獵場，而全球交通運輸網路效率也遠比 1918 年時要高。現在，一株西班牙病毒用不著二十四小時，就能抵達非洲的剛果或南太平洋的大溪地。這麼說來，

世界豈不早該是個流行病的地獄、致命瘟疫前仆後繼？

然而在過去幾十年間，流行病無論在流行或影響方面，都是大幅降低。特別是全球兒童的死亡率更達歷史低點：只剩5％的兒童夭折，未能成年。在已開發國家，這個數字甚至不到1％。[12] 之所以有這項奇蹟，是因為二十世紀的醫學達到前所未有的成就，為人類提供疫苗、抗生素、更佳的衛生條件，以及遠遠更好的醫療設施。

舉例來說，全球接種天花疫苗的運動就極為成功，讓世界衛生組織（WHO）在1979年宣布人類獲勝，天花已徹底絕跡！這是人類首次成功讓某種流行病完全消失在地球上。天花在1967年仍然感染了一千五百萬人，奪走兩百萬人的性命；但是到2014年，已經沒有任何一個人感染天花、或因而喪命。這是一場徹徹底底的勝利，讓世界衛生組織甚至已不再為人接種天花疫苗。[13]

每隔幾年，總有人警告可能又將爆發重大疫情，像是2002年至2003年的SARS、2005年的禽流感、2009年至2010年的豬流感，以及2014年的伊波拉病毒。幸好靠著有效的因應措施，疫情影響的受害人數都只是相對少數。以SARS為例，原本人心惶惶，擔心成為新一波的黑死病，但是最後在全球造成的死亡人數還不到一千人，疫情便已經平息。[14]

西非的伊波拉疫情爆發後，原本似乎逐漸失控，世界衛生組織也在2014年9月26日將這此疫情稱為「近代所見最嚴重的公共衛生緊急事件」。[15] 儘管如此，疫情還是在2015年初得到控制；到了2016年1月，世界衛生組織宣布疫情已然平息。伊波拉共感染三萬人（其中一萬一千人喪命），整個西非遭受重大經濟損失，人心的焦慮如同震波傳遍世界各地；然而伊波拉的疫情一直控制在西非，死亡人數遠遠不及西班牙流感或十六世紀的墨西哥天花疫情。

◢ 愛滋不再滋長

在過去幾十年間，或許愛滋病的應對，可說是最大的一場醫療失靈。但就算是這場悲劇，現在看來，仍可說是進步的象徵。

自從1980年代初，愛滋疫情首次大爆發，已有超過三千萬人因而喪生，另外還有幾千萬人深受身心煎熬。愛滋病這種新傳染病特別狡猾，很難摸清頭緒、對症下藥。如果感染天花，病人幾天之內就會喪命，但HIV（人類免疫不全症病毒）陽性的病人，卻可能有長達數週、甚至數月的空窗期，表面看來健健康康，卻可能在不知情的狀況下，繼續感染他人。

此外，HIV本身並不會致人於死，而是會破壞免疫系統，進而使病人遭受其他疾病的威脅。真正殺死愛滋病人的，其實是這些繼發疾病。因此，在愛滋病開始蔓延的時候，大家很難弄清楚究竟是怎麼回事。像是在1981年，紐約一家醫院收到兩名愛滋病人，一名死於肺炎，另一名則死於癌症，當時完全看不出來這兩位其實都是HIV的受害者，感染的時間可能只有幾個月，也可能長達數年。[16]

儘管面對這種種困難，但在醫學界意識到這種神祕的新傳染病之後，只花了短短兩年，就抓出這種病毒，瞭解其傳播方式，並提出有效抑制疫情的方法。再過十年，新推出的藥物就已經讓感染愛滋病從必死無疑，轉成一種慢性病（至少對那些夠有錢、能夠負擔治療費用的人來說）。[17]

想想看，如果愛滋病的爆發不是在1981年，而是在1581年，情況將會如何？當時很有可能完全找不出疫情的源頭，不知道愛滋病是如何傳染，也不知道應該如何抑制，更不用說如何治癒了。在這種情況下，愛滋病致死的人口比例，很有可能遠高於現在，而與

23

黑死病相當,甚至有過之而無不及。

雖然愛滋病對人類造成慘重的影響,另外像瘧疾這種歷史已久的流行病也每年取走數百萬人命,但現在看來,流行病對人類健康的威脅,已經遠遠小於先前幾千年來的情況了。現在,絕大多數人是死於非傳染性疾病,像是癌症、心臟病,或根本就是自然老死。[18](癌症和心臟病當然不是什麼新疾病,自古以來一直都存在,只是古人平均壽命較短,還來不及死於這兩種疾病罷了。)

▲ 人禍難以避免

很多人擔心這只是暫時的勝利,害怕黑死病一定有哪個近親正躲在黑暗的角落,蠢蠢欲動。沒人能保證絕不會再有一場瘟疫席捲世界,但我們有很好的理由相信:在醫師與細菌的軍備競賽中,醫師是跑在前面的一方。會出現新的傳染病,主因是病原體的基因體發生突變,使病原體能從動物跳到人類,能夠打敗人體免疫系統,或是對抗生素之類的藥物產生抗藥性。現今由於人類對環境的劇烈影響,這種突變的發生和傳播都可能比以往更快。[19]然而,在對抗醫學的時候,病原體唯一的靠山只有盲目的運氣。

醫師則不然,他們靠的絕不只是運氣。雖然科學也有許多運氣成分,但醫師可不是隨隨便便把不同的化學物質扔進試管,希望哪天湊巧製造出新藥來。他們是每年累積更多更好的知識,並用來設計出更有效的藥物及療法。因此,雖然我們可以預見在2050年必然會有更多具抗藥性的細菌,但到時候的醫學,也很有可能比今天更能解決這些問題。[20]

2015年,醫師宣布發現一種全新的抗生素Teixobactin,目前細

菌對它尚無抗藥性。已有一些學者認為，在與高抗藥性細菌的這場仗上，Teixobactin很有可能扮演扭轉乾坤的角色。[21] 科學家也正在研發革命性、與過去完全不同的新療法，譬如有些實驗室已經開始研發奈米機器人，希望有朝一日能讓它們在人類的血液中巡航，找出及殺死病原體和癌細胞。[22] 細菌這種微生物，可能已經累積了三十億年對抗生物的經驗，但說到要應付奈米機械敵人，可就完全是新手上路，因此細菌要演化出有效的防衛機制，將會加倍困難。

雖然我們不敢保證，絕不會爆發新一波伊波拉或未知流感病毒的疫情，橫掃全球造成數百萬人身亡，但至少我們不會認為這是不可避免的天然災害。我們反而會認為：這是不可原諒的人為疏失，要求有人為此負起責任。

例如2014年夏末，有幾個星期情勢看來相當不妙，似乎伊波拉病毒已經占了上風，當時也就倉促成立了調查委員會。初步報告於2014年10月18日公布，批評世界衛生組織對疫情爆發的反應不合格，並認為這次的疫情要怪罪世界衛生組織非洲辦事處貪汙腐敗、效率低落。進一步的批評還拉高層級，批評整體國際社會的反應太慢、力道不足。這種批評背後的假設，正是認為人類的知識和工具已經足以防治傳染病，如果疫情仍然失控，原因便是人類的無能，而不是什麼神的憤怒。

愛滋病也是類似的例子，雖然醫師早在多年前便已瞭解愛滋病的機制，但在非洲撒哈拉沙漠以南地區，愛滋病仍持續感染並奪走數百萬人的性命。現在我們也會把它看成是人為疏失，而不是什麼命運太過殘酷。

所以，在這場與自然災害（例如愛滋病和伊波拉病毒）的爭鬥之中，看來人類是占了上風。但如果是人性自己帶來的危險呢？

生物科技讓我們能夠打敗細菌和病毒，但同時也讓人類自己陷入前所未有的威脅。同樣的工具，在醫師手上能夠快速找出及治療新疾病，但在軍隊和恐怖份子的手上，就可能變成更可怕的疾病、足以毀滅世界的病原體。因此我們或許可以說，流行病在未來要危及全體人類，只有一種可能，就是人類自己為了某些殘忍的意識型態，刻意製造出流行病來。

　　人類面對流行病束手無策的時代，很有可能已經成為過去了。但有些人可能反而有點懷念吧？

◢ 動用核武等於集體自殺

　　第三個好消息是戰爭也正在消失。在整個歷史上，大多數人都以為有戰爭是必然，和平只是暫時狀態。國際關係也是由叢林法則掌控，就算兩個政體看來和平共處，戰爭也始終會是一個選項。舉例來說，雖然德國和法國在1913年處於和平狀態，但大家都知道他們可能在1914年掀起戰火。每當政客、將領、商人和一般大眾籌劃未來的時候，總會想到戰爭這項因素。從石器時代到蒸氣時代，從北極到撒哈拉大沙漠，地球上每個人都知道，鄰國隨時可能前來侵犯領土，擊垮軍隊、屠殺人民，占領土地。

　　直到二十世紀下半葉，這種叢林法則才終於遭到打破（或說取消）。大多數地區，戰爭已經比以往更為罕見。在遠古農業社會，人類暴力占了死亡總數的15％，而在二十世紀，暴力事件只占死亡總數5％，到了二十一世紀初，更是只占全球死亡總數約1％。[23] 例如2012年，全球約有五千六百萬人死亡，其中六十二萬人死於人類暴力（戰爭致死十二萬人、犯罪致死五十萬人）。相較之下，自

殺的人數有八十萬，死於糖尿病的更有一百五十萬人。[24] 現在，糖可比火藥更致命呢！

更重要的是，已經有愈來愈多人覺得不可能發生戰爭了。這是史上首次，當政府、企業和個人籌劃不遠的將來，多半不會考慮到戰爭的可能性。核武發明之後，超級大國之間如果還想掀起戰端，無異於集體自殺的瘋狂舉動，於是逼著全球最強大的幾個國家，得找出和平的替代方案，來解決衝突。同時，全球經濟的導向也已經從物料走向知識。過去主要的財富來源是物質資產，例如金礦、麥田、油井，而現在的主要財富來源則是知識。發動戰爭雖然能搶下油田，卻無法霸占知識。因此，隨著知識成為最重要的經濟資源，戰爭能帶來的獲利便下降；可能發生戰爭的地方，愈來愈局限在世界的特定區域（像是中東和中非），這些地方仍然維持老式的物料導向經濟。

盧安達在1998年入侵鄰國剛果，奪占該國豐富的鈳鉭鐵礦；這件事之所以不令人意外，是因為這種礦產是手機和筆記型電腦不可或缺的重要原物料，而剛果鈳鉭鐵礦的蘊藏量足足占了全球的80％。盧安達靠著掠奪來的鈳鉭鐵礦，每年能賺到二億四千萬美元，對於貧困的盧安達來說，可是一大筆收入。[25]

相較之下，如果中國入侵加州奪下矽谷，卻是毫無道理。因為就算中國獲勝，矽谷也沒有矽礦可劫。中國真正能夠賺到幾十億美元的方式，反而是和蘋果及微軟等高科技龍頭合作，購買軟體，製造硬體產品。盧安達耗費蠻力從剛果搶來鈳鉭鐵礦的全年所得，還不如中國不流血、靠商業在一天賺得多。

於是，目前「和平」這個詞已經有了新意義。過去幾代人想到和平，只是「暫時沒有戰爭」；而現在想到和平，是指「難以想像會

有戰爭」。1913年的人說「法德兩國和平」，意思是法德兩國此刻並無戰事，但明年誰知道呢；但我們現在說「法德兩國和平」，意思是在任何可能預見的情況下，這兩國實在不可能爆發戰爭。

這種新意義的和平，現在不僅存在法德兩國之間，也存在全球大多數（但不是全部）國家之間。不管是德國和波蘭、印尼和菲律賓、或是巴西和烏拉圭之間，都沒有什麼局面可能在明年爆發全面戰爭。

這種「新和平」並不只是嬉皮式的一廂情願；就算是渴求權力的政體、貪婪無度的企業，也希望新和平能持續下去。賓士汽車公司規劃東歐的銷售策略時，絕不會把德國攻占波蘭當作可能性。企業想從菲律賓引進廉價勞力時，也不會擔心印尼明年可能揮軍菲律賓。巴西政府要討論明年預算時，我們很難想像，巴西國防部長會忽然站起來，拍桌大喊：「等等！如果我們要攻打烏拉圭呢？大家怎麼都沒想到這件事？我們應該要編列五十億美元的戰爭預算。」

當然，還是有幾個尚未實現新和平的地區，這些地方的國防部長還是會講出這樣的話。這種事情我知道得太清楚了，因為我就住在其中一個這種地方。但這些就是例外罷了。

當然，我們無法保證新和平無限延續。正如最初是核武促成新和平，未來的科技發展也可能掀起新戰爭。特別是網路戰的出現，讓小國或非政府個體也有能力痛擊超級大國，讓世界陷入動盪。

美國在2003年攻打伊拉克，巴格達和摩蘇爾慘遭戰火蹂躪，卻沒有任何一枚炸彈落到洛杉磯或芝加哥。但在未來，北韓或伊朗等國家就有可能用邏輯炸彈（logic bomb）讓加州大斷電、德州煉油廠爆炸、密西根州火車相撞。（邏輯炸彈就是惡意程式碼，能夠在平時就透過網路，植入對方的電腦，並從遠端操控。不管是美國或

其他國家，控制重要基礎設施的網路，很有可能都已遭到許多此類
惡意程式碼入侵。）

　　然而，我們不該把能力與動機混為一談。網路戰確實帶來了新
的毀滅手段，卻不代表增加了新的使用動機。過去七十年間，人類
打破的不只叢林法則，還有契訶夫法則（Chekhov Law）。契訶夫的
一句名言說：在第一幕出現的槍，在第三幕就必然會發射。

　　縱觀歷史，如果國王和皇帝手上有了新武器，遲早會受不了誘
惑。然而，從1945年以來，人類已經學會抵抗這種誘惑了。例如
冷戰的第一幕就出現了槍（核彈），卻從來沒有發射。到現在，我
們已經習慣這個世界就是有許多炸彈束之高閣、許多導彈無用武之
地，我們都成了打破叢林法則和契訶夫法則的專家。而且，就算哪
天這些法則重現江湖，也會是人類自己的錯，而不是什麼無法逃避
的天命。

4. 莫斯科紅場閱兵的彈道飛彈。永遠拿來展示，但從未在實戰中發射。

◢ 恐怖主義就是一種表演

那麼，恐怖主義又該怎麼說？就算各個中央政府和強權都學會了克制，但恐怖份子對於使用新的毀滅性武器，可不見得會思慮再三。

這當然是個令人擔憂的可能。然而，恐怖主義只是得不到真正權力的人，所採取的軟弱策略。至少在過去，恐怖主義的手段是要散播恐懼，而不是造成嚴重的實質損害。恐怖份子通常無力擊敗軍隊、占領國家，或破壞整座城市。肥胖及相關疾病在2010年造成約三百萬人死亡；相較之下，恐怖份子在全球造成的死亡人數是7,697人，多數位於發展中國家。[26] 對於一般美國人或歐洲人來說，可口可樂造成的生命威脅，可能還遠比基地組織來得大。

這樣說來，恐怖份子究竟是怎麼占據了頭條新聞、改變整個世界政治局勢？答案就是讓敵人反應過度。就本質而言，恐怖主義就是一種表演。恐怖份子安排一場令人驚恐的暴力秀，抓住我們的想像，讓我們以為自己即將再次陷入中世紀那種混亂當中。於是，各國政府常常覺得需要對這類恐怖秀做出回應，便刻意上演一場安全大戲，甚至藉機迫害某地區、或入侵其他國家，以顯國力浩蕩。在大多時候，這種對恐怖主義的過度反應，反而比恐怖主義本身造成更大的安全威脅。

恐怖份子就像是一隻想要大鬧瓷器店的蒼蠅。蒼蠅如此弱小，自己甚至連一只茶杯也動不了，於是便找來一頭牛，鑽到牠耳裡嗡嗡作響，讓牛因為恐懼和憤怒而發狂，破壞整家瓷器店。

這正是過去十年間在中東發生的事。伊斯蘭基本教義派如果光靠自己，絕不可能推翻前伊拉克總統海珊（Saddam Hussein）。於是

他們用911恐怖攻擊，激怒美國，讓美國破壞了中東這家瓷器店。現在，基本教義派已然在一片廢墟中，蓬勃發展了。恐怖份子如果光靠自己，根本沒有能力把我們拖回中世紀，重現叢林法則。他們只能試著激怒我們，而最後的結果就要看我們如何回應。如果叢林法則真的再現，我們其實必須負起最大的責任。

歷史不會容許真空

在接下來幾十年間，可能饑荒、瘟疫和戰爭仍然會奪走數百萬人的性命。但這已經不再是無可避免的悲劇，人類對此也不再像以前一樣無助，而感到無法理解、無法控制。這一切已經成為有可能處理的挑戰了。

我並不是要將全球仍有的苦難視為無物。目前仍有數億人陷於貧困；每年瘧疾、愛滋病和肺結核仍帶走數百萬生靈；敘利亞、剛果和阿富汗的暴力情境也仍在惡性循環。這裡並不是要聲稱世上已經沒有饑荒、瘟疫和戰爭，人類再也不用擔心這些問題了。其實我的態度正好相反。

縱觀歷史，是因為人類總認為這些問題無法解決，於是根本不去嘗試解決，只是向神祈求奇蹟，自己卻從未認真努力消滅饑荒、瘟疫和戰爭。有些人說，2016年的世界還是像在1916年一樣，又餓、又病、又暴力，這等於是延續著古老的失敗主義觀點，好像說人類在二十世紀投入的巨大心力一無所獲，種種醫學研究、經濟改革與和平倡議，也全然徒勞。但若真是如此，又何必再投入時間資源來進行更多醫學研究、創新經濟改革，又或提出新的和平倡議？

認可人類過去的努力，等於是傳達出希望和責任的訊息，鼓勵

我們在未來更加努力。有鑑於人類在二十世紀的成就，如果以後的人類仍然苦於饑荒、瘟疫和戰爭，已經不能再怪在自然或上帝的頭上了。我們已有能力把事情做得更好，並減少未來受苦的發生率。

然而人類的成就還帶著另一條訊息而來：歷史不會容許真空。如果饑荒、瘟疫和戰爭的發生率不斷減少，必然要有些其他什麼，成為人類的新議題。我們對此必須戒慎深思，否則可能只是在舊戰場上全面獲勝，卻在新戰線上措手不及。到了二十一世紀，會是哪些新議題取代饑荒、瘟疫和戰爭？

其中一項中心議題，會是要保護人類和地球整體，不被人類自己的力量所害。我們之所以能成功控制饑荒、瘟疫和戰爭，很大的原因在於驚人的經濟成長帶來豐富的食物、醫藥、能源和原物料。然而同樣也是因為經濟成長，已經讓地球的生態平衡在許多方面失衡了，而我們現在才剛開始有所意會。

人類對於這項危機承認得很晚，而且至今的努力也不足。雖然總有人談著汙染、全球暖化、氣候變遷，但多數國家迄今仍未試圖改善，仍未做出任何認真的經濟或政治犧牲。每當要在經濟成長和生態穩定二擇一的時候，政客、企業和選民幾乎總是選擇了成長。如果我們真想離災遠禍，就得在二十一世紀做出更好的選擇。

人類還會想追求什麼？我們會不會覺得只要能避免饑荒、瘟疫和戰爭，又能維持生態平衡，就已經心滿意足？這可能確實是最明智的選擇，但是**智人**（*Homo sapiens*）不太可能就這麼照辦。畢竟智人很少真正知足。每次達到成就，智人的大腦最常見的反應並非滿足，而是想要得到更多。智人總是追求著更好、更大、更美味，而等到智人擁有龐大的新能力，饑荒、瘟疫和戰爭的威脅也終於受到控制了，我們接著要做什麼？到時候，科學家、投資人、銀行家和

總統整天要幹嘛？難道是寫寫詩？

　　成功是野心之母，而我們最近的成就，也推動人類設下更大膽的目標。我們已經達到前所未有的繁榮、健康與和諧，而由人類的過往紀錄與現有價值觀看來，接下來的目標很可能是：長生不死、幸福快樂，以及化身為神——在減少了饑荒、瘟疫和戰爭之後，我們現在希望能夠克服年老，甚至是戰勝死亡；在拯救人民脫離各種不幸之後，我們現在希望他們能夠幸福快樂；而在提升人性、超越掙扎求生的獸性之後，我們現在希望把人類升級為神，讓智人化身成為 **神人**（*Homo deus*）。

◢ 新議題之一：當「死亡」走向末日

　　在二十一世紀，人類很有可能真的會趨近長生不死的目標。對抗了饑荒和瘟疫之後，對抗老死不過是這場戰役的延續，更體現了當代文化最看重的價值：人的生命。不停有人提醒我們，人命是宇宙最珍貴的事物。不論是學校裡的老師、國會殿堂上的政客、法庭裡外的律師、甚至是舞臺上的演員，都是如此異口同聲。聯合國在第二次世界大戰之後，通過〈世界人權宣言〉（Universal Declaration of Human Rights），這或許是我們最接近全球憲法的一份文件，裡面就明確指出「有權享有生命」是人類最基本的價值。由於死亡明顯違反這項權利，便成了危害人類的罪行，而我們該對此全面開戰。

　　縱觀歷史，宗教和意識型態所神化的，並不是生命本身，而是某些超脫俗世的對象，因此對死亡的態度十分開放。事實上，甚至還有些宗教和意識型態是歡迎死亡的。就基督教、伊斯蘭教和印度教看來，因為存在的意義要看死後的命運而定，也就認為死亡是世

上很重要而積極的一部分。人類會死，是因為神的旨意，而且死亡的那一刻是很神聖的、形而上的經驗，充滿各種意義。人要吐出最後一口氣之際，就應該趕快找來牧師、拉比（rabbi）、或薩滿巫師（shaman），把生命的帳戶結清，擁抱一個人在宇宙中的真正角色。想像一下，如果沒了死亡，世界就會變成沒有天堂、沒有地獄、也沒有輪迴，那基督教、伊斯蘭教或印度教該如何自處？

對於生命和死亡，現代科學和文化的觀點與宗教完全不同，並不認為死亡是某種形而上的神祕謎團，也當然不認為死亡是生命意義的來源。相反的，對現代人來說，死亡是一個我們能夠解決、也應該解決的技術問題。

究竟人是怎麼死的？在中世紀的童話故事裡，死神披著黑色連帽斗篷，手上還握著一把大鐮刀。一個人活得好好的，腦子裡還在

5. 中世紀藝術將死亡擬人化為死神。

擔心這擔心那、四處奔波，這時突然死神就出現在他面前，瘦骨嶙峋的手指敲敲他的肩膀，告訴他：「來吧。」這個人懇求：「不！拜託！再給我 一年、一個月，不然一天就好！」但披著連帽斗篷的死神，聲音嘶啞的說道：「沒這回事！就是現在了！」這似乎就是我們死的方式。

但是在現實中，人類之所以死亡，可不是因為有個披黑色斗篷的人，在敲他們的肩膀；不是因為上帝的旨意，也不是因為這是什麼宇宙計畫的重要部分。人會死亡只有一個原因：人體運作出了點技術問題。心臟不跳、大動脈遭脂肪堵住、癌細胞在肝臟裡擴散、病菌在肺部裡繁殖。

到底是什麼造成這些技術問題？答案是其他的技術問題。心臟不跳，是因為沒有足夠的氧氣到達心肌。癌細胞擴散，是因為突變的基因改寫了生化指令。病菌住到我的肺裡，是因為有人在捷運上打了個噴嚏。這裡沒什麼形而上的事，一切都只是技術問題而已。

而只要是技術問題，就會有技術上的解決方案。要克服死亡，並不需要等到耶穌再臨，只要實驗室裡的幾個科技咖就成了。如果說，傳統上死亡屬於牧師和神學家的飯碗，現在工程師正在接手這筆生意。用化療或奈米機器人，我們就能殺死癌細胞；用抗生素，就能消滅肺部病菌；心臟不跳了，可以施行心肺復甦術，讓它重新開始跳動，如果真的不行，還能乾脆直接換個新的心。確實，現在並不是所有技術問題都已經找到解決方案。但也正因如此，我們才會投入這麼多時間和金錢，研究癌症、細菌、基因和奈米科技。

就連不屬於科學界的一般民眾，也已經習慣把死亡當成一個技術問題。如果有位婦女問醫師：「醫師，我是哪裡出了問題？」醫師有可能說「你得了流感」、「你得了肺結核」、「你得了癌症」，

但沒有醫師會說「你得了死亡」。對我們來說，人會死，是因為流感、肺結核、癌症，而這些統統算是技術問題，總有一天能找到技術上的解決方案！

現在就算有人死於颱風、車禍或戰爭，我們還是可能認為，這是一種技術問題，可以預防的、而且是應該要預防：政府應該要有更好的天災對策，市政府應該要有更好的交通規劃，將領應該做出更好的軍事決定，這樣就能避免颱風、車禍或戰爭導致的死亡了。現在只要一出現死亡，幾乎訴訟和調查就自動隨之而來。「他們怎麼會死？一定是哪裡有人做錯了！」

◢ 長生不死之夢

絕大多數科學家、醫師和學者，並不會說自己正努力達成讓人長生不死的夢想，只會說自己正在努力克服這個或那個特定問題。但因為衰老和死亡也只不過就是許多特定問題的總和結果，醫師和科學家可不會哪天忽然停手，宣布：「到此為止，不要再研究了。我們已經解決了肺結核和癌症，但不打算處理阿茲海默症。大家就繼續因為阿茲海默症而去世吧。」〈世界人權宣言〉可不是說人類「有權享有生命，直到九十歲為止」，而是說「人人有權享有生命」，沒有附帶條件、沒有任何到期日的限制。

雖是少數，但已有愈來愈多科學家和思想家公開表示，現代科學的中心任務就是要戰勝死亡，賦予人類永恆的青春。著名的人物包括老年病學家德格瑞（Aubrey de Grey）、以及身兼博學家和發明家身分的庫茲威爾（Ray Kurzweil，曾獲頒1999年美國科技創新國家獎章）。2012年，庫茲威爾獲谷歌任命為工程總監，一年後谷歌成

立子公司Calico，明定公司使命就是要「解決死亡」。[27]

2009年，谷歌任命真心相信人能長生不死的馬里斯（Bill Maris）擔任創投公司谷歌風投（Google Ventures）的執行長。2015年1月接受採訪時，馬里斯說：「如果你今天問我，人是否有可能活到五百歲，我的答案是肯定的。」馬里斯這番豪語的背後，是大批金彈支援。谷歌風投的總投資金額高達二十億美元，其中36％將投入生技新創公司，也包括幾項深具雄心的壽命延長計畫。馬里斯用美式足球打比方，解釋這場與死亡的對決：「我們不只要挺進幾碼，而且要贏下這場比賽。」為什麼？馬里斯說：「因為活著總比死好啊。」[28]

許多矽谷巨擘，都抱持這樣的大夢想。PayPal共同創辦人泰爾（Peter Thiel）最近就承認，他希望永遠活下去。他解釋道：「我認為處理方式大概有三種：接受死亡、拒絕死亡、或是對抗死亡。我覺得社會上大多數人不是拒絕就是接受，而我寧願和它對抗。」很多人可能對此嗤之以鼻，以為這是不成熟的幻想。但泰爾可不是什麼可以小看的人物，他是矽谷頂尖的成功創業家，影響力驚人，光是私人財富估計就有二十二億美元。[29] 我們已經可以感受風雨欲來之勢：人類不再平等，不死就在眼前。

某些領域的進展飛快，例如基因工程、再生醫學和奈米科技，也讓預言愈來愈趨向樂觀。有專家認為，人類到了2200年就能打敗死亡，也有人認為是2100年。庫茲威爾和德格瑞甚至更為樂觀，他們認為到了2050年，只要身體健康，鈔票也夠多，都可以大約每十年騙過死神一次，藉此達到長生不死。他們所想的方式是：我們大約十年接受一次全面治療，除了醫治疾病，也讓衰老的組織再生，並讓手、眼、腦都得到升級。而在下次治療之前，醫師又會發明各種更新的藥、更高級的技術和工具。

如果庫茲威爾和德格瑞講得沒錯，很可能已經有些像這樣的不死人，就走在你身邊的路上——尤其是你剛好走在華爾街或第五大道的時候。

　　事實上，他們只是達到「長生」（a-mortal），而不是真正「不死」（immortal）。這些未來的人類並不像神絕對不死，他們仍然可能死於戰爭或意外，而且無法起死回生；只不過，他們也不像我們這些凡人終有一死，他們的生命並不會有到期日。只要沒有炸彈把他們炸個粉碎、沒有卡車把他們輾成肉醬，就能永生。這樣一來，可能會讓他們成為歷史上最焦慮的一群人。凡人知道生也有涯，因此願意冒險體驗人生，像是登上喜馬拉雅山或泳渡怒海，又或是走過街道、上餐廳吃吃飯，這些事或多或少也算相當危險。但如果你相信自己可以永遠活下去，像這樣不時賭上一把，可能就太不智了。

　　這麼說來，或許我們先把目標訂得溫和點，別追求長生，先把壽命加倍如何？在二十世紀，人類的預期壽命已從四十歲增加到七十歲，幾乎翻了一倍，所以在二十一世紀，至少應該可以再翻倍到一百五十歲吧。雖然這和「不死」還遠遠差了一截，但仍然會讓人類社會翻天覆地。

　　首先，家庭結構、婚姻和親子關係，就將大為改觀。現在人們對結婚的期許仍然是「至死不渝」，而生命有一大部分是用來養育後代。想像一下，如果人能活一百五十歲是什麼概念。就算四十歲才結婚，後面仍然有一百一十年可活。希望這段婚姻能持續一百一十年，這個想法實際嗎？就算是天主教教義派也可能得猶豫猶豫。所以像現在多次結婚的情形，可能會日益普遍。還有，如果在四十多歲生了兩個孩子，等到她一百二十歲，養育孩子已經像是頗遙遠的記憶了，只算得上是長長人生中的一段小插曲。在這種情況下，

很難說究竟會發展出怎樣的親子關係。

又或者講到職業生涯。今天，我們假設人會在十幾、二十歲學會某種專業，接著一生奉獻在這個專業。當然，人就算到了四、五十歲還是會學到新知，但我們大致還是把人生分成「學習階段」、以及之後的「工作階段」。如果人會活到一百五十歲，這套生涯系統就不管用了，特別是這個世界還不斷出現震撼世界的新科技。人類的職業生涯將會比現在長得多，甚至到了九十歲，仍然必須日日新、又日新。

◢ 長生不死是好事嗎？

與此同時，人類也不會在六十五歲就退休、讓路給新一代和他們創新的想法與期望。德國理論物理學家普朗克（Max Planck）有句名言：「科學在一次一次的葬禮中進步。」他所說的是，必須等到一個世代離去，新的理論才有機會剷除舊理論。這絕非科學獨然。想像一下你現在的工作環境，不管你是學者、記者、廚師、還是足球員，如果你的上司已經一百二十歲了，概念都是在維多利亞女王時代建立的、而且他可能還要再當你上司幾十年，這給人什麼感覺？

到了政治領域，情況可能還更為險惡。如果俄羅斯總統普丁繼續在位九十年，你覺得如何？再想想，如果人本來就會活到一百五十歲，那麼在2016年，掌控莫斯科的還會是史達林，現年一百三十八歲，老當益壯；毛主席一百二十三歲，正值中年；伊莉莎白還是公主，等著從一百二十一歲的喬治六世手中繼承王位。至於她的兒子查爾斯，可得等到2076年。

讓我們回到現實，現在還遠遠無法肯定，庫茲威爾和德格瑞的預言究竟能否在2050年或2100年成真。就我自己看來，在二十一世紀想永保青春，為時過早，現在就抱太大期望，大概只會迎來很大的失望。知道自己終將一死並不好過，但如果是一心以為長生不死、卻夢想破滅，可能更難接受。

　　雖然過去一百年，已經讓平均壽命增加一倍，但如果要依此推論，認為在未來一百年，定會再翻倍達到一百五十歲，也還言之過早。1900年全球的平均壽命之所以不到四十歲，是因為營養不良、傳染病和暴力，讓許多人還很年輕便離開人世。但只要避開饑荒、瘟疫和戰爭，就能活到七十、八十歲，這是智人自然的壽命長度。一般人可能沒想到，其實在幾百年前，活到七十幾歲也不是什麼罕見的怪事。伽利略享年七十七，牛頓享年八十四，米開朗基羅更是高齡八十八，而且當時還沒有抗生素、疫苗或器官移植的協助。甚至，就連叢林中的黑猩猩，有時候都能活到六十好幾。[30]

　　事實上，到目前為止，現代醫學連自然壽命的一年，都還沒能延長。現代醫學的成功之處，是讓我們**免於早夭早逝**，能夠完整過完應有的人生。就算我們打敗了癌症、糖尿病和其他主要殺手，也只代表幾乎每個人都能夠活到九十歲，但和一百五十歲還差得遠，更別說五百歲了。想達成活到一百五十歲的目標，醫學必須重新打造人體最基本的結構和運作，並設法再生各種器官和組織。究竟在2100年能不能做到，現在絕對仍在未定之數。

　　然而，每次失敗的嘗試，都是讓我們向戰勝死亡又邁進一步，也將帶來更多希望，鼓勵投入更多心力。谷歌旗下的Calico公司可能來不及讓聯合創辦人布林（Sergey Brin）和佩吉（Larry Page）長生不死，但很有可能會在細胞生物學、遺傳醫學、健康醫護方面有重

大發現。這樣一來，新一代的谷歌員工就能站在更好的位置，向死亡進攻。高呼著人類不死的科學家，其實就像是〈狼來了〉故事裡的那個男孩——狼要來，只是早晚的事。

因此，就算在我們有生之年還無法達成永生，這場與死亡的戰爭，仍有可能是接下來這個世紀的旗艦計畫。想到我們對於「生命神聖」的信念、整個科學界的動向、加上最重要的是資本經濟的需求，一場對死亡的無情戰爭似乎已無可避免。我們的意識型態看重人類的生命，絕不允許我們輕易接受人類死亡。只要人是因為某種原因而死，我們就會努力克服這種原因。

◢ 青春商機無限

對於這項挑戰，科學界和資本經濟絕對是樂於承擔。只要讓他們得到新發現、奪得新商機，大多數的科學家和銀行家並不在乎要做的是什麼事情。而又有誰能想到，比戰勝死亡更令人興奮的科學議題，或是比永保青春更有前景的市場？如果你已年過四十，請閉上眼睛一分鐘，回想自己當初二十五歲的身體，不只是外表，更是當時那種**感覺**。如果能讓你回到當時的生理狀態，你會願意付出多少價錢？當然，有些人會對此不屑一顧，但願意不惜一切的顧客，也必然不在少數，已足以構成一個幾乎無限大的市場。

如果光這些還不夠，單就對死亡的恐懼這一點，就已經深植在多數人心中，足以推動向死亡宣戰。只要人們認為死亡無可避免，就會從小訓練自己，壓抑想要永生不死的欲望，又或是駕馭這種欲望，運用到其他目標。正是因為人們渴求永生不死，才能譜出「不朽」的交響曲、在戰爭中奮力爭取「永恆的榮耀」，甚至願意犧牲

生命，希望自己的靈魂能「在天堂享受永遠的幸福」。不論是藝術的創造、政治的投入或宗教的虔誠，很大部分其實正是由「對死亡的恐懼」所推動。

伍迪・艾倫（Woody Allen）就從對死亡的恐懼，發展出燦爛的職涯。曾有人問他，是否想在大銀幕上永遠活下去。他回答：「我寧可活在我的公寓裡。」接著又說：「我並不想靠作品來達成永生，我希望靠的是我不要死。」不論是永恆的榮耀、全國性的悼念會、又或是對天堂的夢想，都很難替代像伍迪・艾倫這種人真正想要的：不要死！一旦人們覺得（不論理由充分與否）有很好的機會能躲避死亡，求生的渴望就不會讓他們再去承擔像是藝術、意識型態或宗教這樣的重擔，於是便引起如雪崩般的連鎖反應。

如果你覺得那些眼睛像要冒火、鬍鬚迎風揚起的宗教狂熱份子已經夠嚇人，就請拭目以待：一旦行將就木的零售業巨擘和年華老去的好萊塢小牌明星，以為發現了長生的靈藥，他們會出現怎樣的舉動！在這場對死亡的戰爭中，如果科學上出現顯著進展，真正的戰場就會從實驗室轉移到國會、法院和街頭。如果科學的努力宣告獲勝，那更會引發激烈的政治衝突。

過往歷史上所有的戰爭和衝突，很可能規模都將遠遠不及接下來的這場爭鬥：爭奪永恆的青春。

◢ 新議題之二：幸福快樂的權利

人類未來的第二大議題，可能是要找出幸福快樂的關鍵。歷史上已有無數思想家、先知和一般大眾認為，所謂的「至善」與其說是擁有生命本身，還不如說是能夠幸福快樂。古希臘哲學家伊比鳩

魯（Epicurus）就曾說：崇拜神祇是浪費時間，死後一切不復存在，
而生命的唯一目的就是享樂。

　　古代大多數人並不接受享樂主義，但今天這已經成為我們的預
設思想。由於對「來世」的概念有所懷疑，讓人已不只想追求長生
不死，也想追求俗世人間的快樂。畢竟，哪有人想活在永恆的苦難
裡？

　　對伊比鳩魯來說，追求快樂是件個人的事。但近代思想家則相
反，認為這需要大家群策群力。如果沒有政府規劃、經濟資源投入
和科學研究，個人追求快樂並不會有太大成效。如果你的國家遭到
戰火肆虐、經濟陷入危機、健康照護求而不得，快樂就似乎是天方
夜譚。十八世紀末，英國哲學家邊沁（Jeremy Bentham）主張，所謂
至善就是「為最多人帶來最大的快樂」，並認為國家、市場和科學
界唯一值得追尋的目標，就是提升全球的快樂——政治家應該追求
和平、商人應該促進繁榮、學者應該研究大自然，但不是為了榮耀
什麼國王、國家或神祇，而是為了讓你我都享有更快樂的生活。

　　在十九世紀和二十世紀，雖然許多政府、企業和實驗室也曾號
稱追尋著邊沁的理想，但實際上仍然專注於更直接和明確的目標。
要評斷國家是否強大，看的是領土大小、人口增加、GDP（國內生產
毛額）成長，而不是國民是否幸福快樂。像是德、法、日這些工業
化國家，雖然打造了巨大的教育、健康和福利系統，但仍然是為了
強化國家，而不是確保個人福祉。

　　之所以成立學校，是為了培養溫順而有技能的國民，忠誠為國
服務。男生到了十八歲必須當兵，年輕人除了愛國、也得識字，才
能讀懂將領的命令、制定明天的作戰計畫。他們也得懂數學，才能
計算炮彈的軌跡，或是破解敵人的密碼。另外還得一定程度瞭解電

子學、機械原理和醫藥，才能操作無線電、駕駛戰車、照顧受傷的同袍。等到這些人離開軍隊，則會期待他們成為辦事員、教師或工程師，撐起一個現代經濟體，而且繳出許多稅來。

衛生系統也是如此。在十九世紀末，法、德、日等國開始為大眾提供免費醫療服務，為嬰兒接種疫苗、為兒童提供營養均衡的飲食，也為青少年提供體育課程。另外還將腐臭的沼澤排乾、消滅蚊害，並建立中央汙水處理系統。目的同樣不是為了讓人民快樂，而是讓國家更強大。國家需要有強健的士兵和工人，需要有健康的婦女，才能生育更多的士兵和工人，也需要官僚人員能夠上午八點準時打卡上班、而不是病倒在家。

就連福利制度，一開始也是為了國家利益，而不是人民需求。德意志帝國的鐵血宰相俾斯麥（Otto von Bismarck）於十九世紀末，率先開辦國家養老金及社會安全福利，但他的主要目標是確保國民忠誠，而不是增加國民福祉。你在十八歲為國家打仗、在四十歲願意納稅，是因為希望到了七十歲的時候，能獲得國家的照顧。[31]

1776年，除了生命權和自由權以外，美國的開國元勳也把「追求幸福的權利」列為人人不可剝奪的權利。但請注意，〈美國獨立宣言〉保障的是人民*追求*幸福的權利，而不是*享有*幸福的權利。事實上，傑佛遜（Thomas Jefferson）並未要求國家對國民的幸福負起責任，而是要限縮國家的權力。當時是希望讓人民能夠保有私人選擇的權利，不用受到國家監督。如果我覺得自己和約翰結婚、比和瑪麗結婚快樂，住在舊金山比住在鹽湖城幸福，當酒保比當酪農更開心，那我就有權利去追求這些幸福，就算我做了錯誤的決定，國家也不該干涉。

但是在過去幾十年間，情況已有改變，有愈來愈多人開始認真

看待邊沁的願景。人們愈來愈相信，這些為了強化國家統治基礎而生的巨大系統，其實應該是要為每一位國民的幸福與福祉而服務。不是我們要服務國家，而是國家要服務我們！「追求幸福的權利」原本只是為了約束國家權力，但已經在不知不覺中，演變成「幸福快樂的權利」，彷彿說人類天生有權要求幸福快樂，如果有什麼讓我們不能滿足，就等於違反我們的基本人權，國家此時就該介入。

在二十世紀，想評估國家是否成功，或許公認的標準在於平均每人國內生產毛額（per capita GDP）。用這種標準，新加坡每一位公民每年生產的商品和服務，平均總價值為56,000美元，比起每位公民只生產平均總值14,000美元的哥斯大黎加，實在是成功太多。

然而現在的思想家、政治家、甚至經濟學家，都呼籲要用GDH（gross domestic happiness，國內幸福毛額）來補充，甚至應取代GDP。說實在的，人們到底想要什麼？他們不想總是忙著生產，而是想要幸福快樂。生產之所以重要，是因為能夠為幸福提供物質基礎。生產只是手段，不是目的。在一次又一次的調查中，哥斯大黎加人報告的生活滿意度，都遠高於新加坡人。而你是寧願當個生產力高、但不太開心的新加坡人，還是當生產力較低、但心滿意足的哥斯大黎加人？

◢ 我們最幸福？

可能就是這樣的邏輯，會推動人類把「幸福快樂」當作二十一世紀的第二項主要目標。

乍看之下，這項計畫似乎相對比較容易，畢竟饑荒、瘟疫和戰爭正逐漸絕跡，人類正經歷前所未有的和平與繁榮，預期壽命也顯

著增加。有了這麼多，人們想必都很幸福快樂了吧？

事實不然。伊比鳩魯把至善定義成幸福快樂的時候，就曾告誡弟子，快樂是件辛苦的差事。光是物質成就，無法讓我們長久感到滿足。盲目追求金錢、名譽和歡愉，只會讓我們痛苦不堪。舉例來說，伊比鳩魯就建議吃喝要適量，性慾也要節制。從長遠來看，深厚的友誼會比一夜狂歡，讓人更快樂。通往幸福快樂的道路其實暗藏艱險，而伊比鳩魯就規劃出整套倫理上的行為準則，希望藉此引導民眾。

伊比鳩魯顯然意識到一件事：快樂得來不易。雖然我們在過去幾十年間，已達到前所未有的成就，卻很難看到有哪個現象，證明當代人顯然比過去的前人更為滿足。事實上，甚至還有些令人不安的跡象：雖然已開發國家更為繁榮、舒適及安全，但是自殺率卻也遠高於傳統社會。

在祕魯、海地、菲律賓和迦納這些貧困而政治不穩定的國家，平均每年每十萬人的自殺人數不到五人。但在瑞士、法國、日本、紐西蘭這種富裕與和平的國家，平均每年每十萬人卻有超過十人結束自己的生命。在1985年，南韓是一個相對貧窮的國家，人民深受傳統束縛，且活在專制獨裁統治之下。到了今天，南韓已經是領先的經濟強國，國民教育水準在全球數一數二，並享有穩定而相對自由的民主制度。但是南韓在1985年大約每十萬人有九人自殺，現今的自殺率卻來到每十萬人有三十六人自殺。[32]

當然，也有些趨勢是日漸好轉，令人樂觀。像是兒童死亡率急遽下降，肯定是讓全體人類的幸福提升了，也部分補償了現代生活的壓力。然而，就算我們確實比先人快樂了那麼一些，整體福祉的增加幅度，還是遠遠小於預期。在石器時代，人類平均每天

必須取得4,000大卡的熱量，其中除了餵飽肚子之外，也要用在衣服保暖、製作工具、藝術和升起營火。到了今日，美國人平均每天使用228,000大卡的熱量，除了填飽自己的胃，也包括供給自己的汽車、電腦、冰箱、電視所需。[33] 這麼說來，美國人平均使用的能量，將近是石器時代狩獵採集者的六十倍。但一般美國人真的有比以前快樂六十倍嗎？這種美好的想法，可能只是一廂情願。

　　就算我們已經克服了許多昨日的苦難，想要正面取得快樂，這可能遠比從負面解除痛苦，還來得更加困難。如果是一位瀕臨餓死邊緣的中世紀農民，只要一塊麵包，就能讓他非常快樂。但如果是一位百無聊賴、薪水超高、體重過重的現代科技新貴工程師，你要怎麼讓他快樂起來？

◢ 幸福感也有玻璃天花板

　　對美國而言，二十世紀後半葉是個黃金時代——先在第二次世界大戰獲勝，隨後的冷戰時期也奪下更關鍵的勝利，讓美國成為全球首屈一指的超級大國。從1950年到2000年，美國GDP從二兆美元成長到十二兆美元。實際人均收入增加了一倍。新發明的避孕藥讓性愛是前所未有的無拘無束。婦女、同性戀、非裔美國人和其他少數族裔，也終於從美國這塊大餅分到了比過去更大的一塊。便宜的汽車、冰箱、空調、吸塵器、洗碗機、洗衣機、電話、電視和電腦，如大水湧來，日常生活簡直徹底改觀。但研究顯示，美國人在1990年代的主觀幸福感，與1950年代的調查結果仍然大致相同。[34]

　　在日本，從1958年到1987年間，平均實質收入成長為五倍，經濟成長可說是史上最快。但這種排山倒海而來的財富，伴隨著對

生活方式及社會關係的各種正面及負面影響，對於日本的主觀幸福感卻是出人意料的，幾乎沒什麼影響。在1990年代，日本人對生活還是如同1950年代一樣滿意，或說不滿意。[35]

看來幸福感就是罩了一片神祕的玻璃天花板，雖然我們達到了前所未有的成就，幸福感卻未能成長。就算我們能為所有人提供免費膳食、治癒所有疾病、確保世界和平，也不一定能打破這片玻璃天花板。要達到真正的幸福快樂，難度並不會比克服老死低得多。

幸福快樂的玻璃天花板有兩大支柱，分別屬於心理層面與生物層面。在心理層面，快樂與否要看你的期望如何，而非客觀條件。光是和平繁榮的生活，並不能讓我們滿意；必須是現實符合期望，才能讓我們滿足。但壞消息是，隨著客觀條件改善，期望也會不斷膨漲。於是乎，人類近幾十年來的客觀條件雖然大幅改善了，但是帶來的不是更高的滿足，而是更大的期望。如果我們不做點什麼，未來不論達到什麼成就，可能我們還是會像當初一樣，永遠不會真正滿足。

從生物層面來說，不管是期望或是幸福感，其實都是由生物化學機制控制的，而不是由經濟、社會和政治局勢來決定。根據伊比鳩魯的說法，我們之所以感到幸福，是因為我們感受到愉悅的感覺（sensation），而且並未接觸到不快的感覺。

邊沁也有類似的說法，認為大自然讓人類由兩個主人控制：快樂和痛苦；我們的所為、所言、所思，都是由這兩個主人決定。承繼邊沁思想的彌爾（John Stuart Mill）則解釋，幸福快樂也就是只有愉悅、沒有痛苦，而在愉悅與痛苦之外，沒有善惡之別。如果有人想從愉悅和痛苦之外的理由（譬如上帝的話語或國家利益）推導出善惡，這人是想騙你，而且也可能騙了他自己。[36]

在伊比鳩魯的時代，這種言論是褻瀆神靈。在邊沁和彌爾的時代，這種言論是反動顛覆。但是在二十一世紀早期，這就成了科學正統。

◢ 喜怒哀樂皆由心生

根據生命科學的說法，快樂和痛苦只不過是身體各種感覺的總和狀態。愉悅或痛苦從來就不是對外在世界事件的反應，而是對自己體內感覺的反應。丟掉工作、離婚、或政府開戰，事件本身並不會讓人受苦。唯一能讓人痛苦的，就是自己身體裡不愉快的感覺。丟掉工作會引發沮喪，而沮喪才是一種令人不悅的身體感覺。世界上，可能有一千種事情會讓我們憤怒，但憤怒也不是什麼抽象的概念，而是體內燥熱、肌肉緊繃的身體感覺，這才是憤怒的真相。我們說「怒火中燒」，確實是有些根據的。

相對的，科學也說並沒有人是因為得到升職、中彩券、甚至是找到真愛而快樂。真正能讓人幸福快樂的，只有一件事、別無其他可能，也就是身體裡的愉悅感覺。

想像自己是戈策（Mario Götze，見第 81 頁的照片），擔綱 2014 年世界盃德國隊的攻擊型中場球員，在決賽對上阿根廷；這時已經開賽一百一十三分鐘了，兩隊都未能得分。再過短短七分鐘，就要來到恐怖的 PK 大戰。巴西里約的馬拉卡納體育場，塞滿了七萬五千名激動的球迷，全球還有不知幾百萬觀眾焦急的緊盯螢幕。你離阿根廷的球門只有幾公尺，這時舒勒（André Schürrle）忽然朝你踢來一記妙傳！你胸口停球，看著球向你的腳落下，再空中起腳一射，看著球越過阿根廷門將，強力射進球網。進了！

體育場如火山爆發，幾萬人瘋了一般大吼，你的隊友衝上來擁抱親吻你，國內柏林和慕尼黑的數百萬觀眾，也在電視螢幕前激動落淚。這時你欣喜若狂，但並不是因為在阿根廷球門裡那顆球，也不是因為在巴伐利亞邦露天啤酒吧裡塞爆球迷的歡天喜地，而是因為在你的身體裡面，各種感受正有如風暴一般襲來，「欣喜若狂」就是對這些感覺的回應。你覺得有冷顫在你的脊椎上上下下，電波一波一波衝過身體，好像自己溶入了幾百萬顆爆炸的能量球一般。

你不用在世界盃決賽踢進致勝一球，也能得到這樣的感覺。像是工作上意外升遷，讓你開心得跳了起來，就是對同一種感覺的反應。你的心靈深處，其實根本不懂足球、也不懂工作，只懂生物生理的感覺。如果你升遷了，但因為某種原因而沒有得到這種愉悅的感覺，你就不會覺得滿意。反之也是如此。如果你剛被開除（或是輸了一場重要賽事），但卻感受到了非常愉快的感覺（也許是因為嗑藥），那你還是可能以為自己就站在世界的頂峰，飄飄欲仙。

◢ 興奮感總是太短暫

但壞消息是，愉悅的感覺很快就會消退，遲早會轉變成不愉快的感覺。就算踢進了世界盃決賽的制勝球，也無法保證一生幸福，甚至是到了頂點之後就只能下坡。

同樣的，如果去年我意外升遷，很有可能雖然現在我還是在這個位子上，但當初聽到消息的愉悅感早已經在幾個小時後就煙消雲散。如果想再感受那些美妙的感覺，就得再升遷一次。萬一滿懷期望、卻沒能再升遷，感受到的痛苦和憤怒，可能還遠比當初乾脆一直當個小卒來得高。

這些都是演化的錯。無數代以來，我們的生化系統不斷適應，為的是增加生存和繁衍的機會，而不是快樂幸福的機會。只要是有利於生存和繁衍的行為，就會得到生化系統用愉悅的感覺來回饋。但這不過是一時的行銷花招罷了。我們努力取得食物、追求伴侶，就是想避免飢渴帶來的不愉悅感覺，並且滿足進食的愉悅、性愛的高潮。但無論進食或性愛，這種愉悅都無法長時間維持，想要再次感受，就只能去尋找更多的食物和伴侶。

如果哪天出現一種罕見突變，讓某隻松鼠只要吃了一顆堅果，就能一輩子感覺無上的快樂，情況會怎樣？技術而言，只要從松鼠的大腦下手，確實能夠做到。而且誰知道呢，或許幾百萬年前就出現過這樣幸運的松鼠，但牠過的就會是極其快樂、但也極其短暫的一生，讓這種罕見的基因突變迅速畫下句點。原因就在於，覺得快樂的松鼠再也不會努力去找更多堅果，更不用說是求偶交配了。至於和牠競爭的其他松鼠，吃了堅果才過五分鐘，就又覺得餓，反而有更好的機會能夠生存，並把自己的基因傳給下一代。正是基於完全相同的原因，人類蒐集的堅果（高薪的工作、大房子、好看的另一半）也很少能帶來長期的滿足。

可能有人會說，情況也沒那麼糟啦，因為讓我們快樂的不是那些結果，而是追求目標的過程。攀登聖母峰的過程，會比站在山頂更令人滿足；挑逗和前戲，要比最後的性高潮更為精采；進行開創性的實驗，也比最後獲得讚美和獎項更有趣味。

然而，這些過程並未改變事情的全貌，只是說明演化會用各種不同種類的愉悅，來控制我們罷了。有時候，演化是用愉悅或安寧的感覺，引誘我們行動；也有時候，是用得意或興奮的感覺，刺激我們向前。

動物如果在尋找某種增加生存和繁衍機會的東西（例如食物、夥伴、或社會地位），大腦就會產生警覺和興奮的感覺，而因為這種感覺如此美妙，就能促使動物更加努力。在一項著名的實驗中，科學家把電極連接到幾隻大鼠（rat）的腦子，大鼠只要踩下踏板，就能創造出興奮的感覺。接著，他們讓大鼠有美味的食物和踩踏板這兩個選擇，結果大鼠寧願選擇踏板（很像是小孩寧願打電動，也不想下樓吃飯）。這幾隻大鼠一次又一次踩著踏板，直到因為飢餓和疲憊而倒地不起。[37]

　　人類很可能也是這樣，喜歡比賽過程的興奮，大於最後成功的桂冠。然而，真正讓比賽如此吸引人的，就是那些令人開心的感覺了。像是爬山、打電動或去盲目約會，這些活動的過程絕不可能完全只有壓力、絕望或無聊這些令人不快的感覺，否則斷無可能有人參加。[38]

　　可惜的是，比賽那種興奮感，就像勝利時的幸福感一樣，轉瞬即逝。風流男人享受一夜情的刺激，商人享受咬著指甲看道瓊指數上上下下，電玩玩家享受在電腦螢幕殺怪；對他們來說，再去回味昨日的冒險，並不足以讓他們感到滿足。

　　就像大鼠必須一次又一次踩下踏板，不管是風流男子、商界巨擘或電玩玩家，一樣是每天都需要有新的刺激。雪上加霜的是，這裡的期望一樣會因現有條件而適應，昨天覺得刺激的挑戰，今天太快就化為沉悶。

　　又或許，幸福快樂的關鍵既不是比賽、也不是金牌，而是要能調合出興奮與安寧這兩種元素的正確劑量組合；但我們大多數人，往往不斷在緊張與舒坦這兩端來回跳動，到了哪端就開始對那端感到不滿。

◢ 操縱生化反應可獲得快樂？

如果科學說得不錯，幸福快樂是由生化系統所掌握，那麼唯一能確保長久心滿意足的方法，就是去操縱這個系統。別再管經濟成長、社會改革或政治革命了；為了提高全球幸福快樂的程度，該操縱的是人類的生物化學。

過去幾十年間，人們確實已經開始這麼努力了。五十年前，精神藥物背負著嚴重的汙名，如今這種汙名已然打破。不論這是好是壞，現在有愈來愈高比例的人口，定期服用精神藥物，確實有些是為了治癒使人衰弱的心理疾病，但也有些只是要面對日常生活的沮喪和偶爾襲來的憂鬱。

舉例來說，已經有愈來愈多學童開始服用利他能（Ritalin）之類的興奮劑。2011年，美國因為注意力不足過動症（attention deficit hyperactivity disorder, ADHD）而服用藥物的兒童人數，就有三百五十萬人。英國的這個數字，則從1997年的九萬二千人，上升到2012年的七十八萬六千人。[39] 這些藥物的原本目的，是要治療注意力障礙，但今天就連某些完全健康的孩子，也開始服藥，希望能夠提高成績，迎合老師和家長愈來愈高的期望。[40]

很多人相當反對這種發展，認為問題不是出在孩子，而是出在教育體系。如果學童出現注意力障礙、壓力過高、成績不佳，或許我們該怪的是學校教法過時、教室過度擁擠、生活節奏已經快到不自然。或許該改變的不是孩子，而是學校？

各種相關論點的歷時演變，十分耐人尋味。幾千年來，教育方法的相關爭論未曾停息，無論是在中國古代或是英國的維多利亞時代，人人都各有一套理論，而且都對所有其他理論嗤之以鼻。但在

先前，至少大家還有一點達成共識：想改善教育，該從學校下手。
然而現在，大概是歷史上首次，至少有一些人已經認為，更有效率
的做法是從學生的生化狀態下手。[41]

　　軍隊也朝著同樣的方向前進：美國有12％的伊拉克駐軍、17％
的阿富汗駐軍，曾經服用安眠藥或抗憂鬱症藥物，協助應對戰爭造
成的壓力和痛苦。人會感覺到恐懼、憂鬱和精神創傷，原因不在於
砲彈、詭雷或汽車炸彈本身，而在於荷爾蒙、神經傳遞物質和神經
網路。共同遇上同一場埋伏的兩名士兵，可能一個嚇到呆滯、方寸
大亂、之後幾年噩夢連連，另一個卻能勇敢向前殺敵，最後榮獲勳
章。這裡的不同點，就在於兩名士兵身體裡的生物化學反應，如果
能設法控制，就能一石二鳥，讓士兵更快樂，軍隊也更有效能。[42]

　　用生物化學來追求快樂，也是這個世界的頭號犯罪原因。2009
年，美國聯邦監獄有半數受刑人是因為毒品入獄；義大利受刑人有
38％因為毒品相關罪行遭定罪；英國受刑人也有55％是因為使用
或交易毒品而觸法。2001年的一份報告發現，澳洲受刑人犯下入獄
罪行時，有62％都吸了毒。[43]

　　人們喝酒是為了遺忘，抽大麻是為了感到平靜，用古柯鹼和安
非他命是為了感到敏銳而自信；吞搖頭丸能讓人放大感官、感受狂
喜，而LSD則會讓你踏進一場脫離現實的迷幻夢境。有些人靠著用
功學習、工作或養家才得到的快樂，有些人只要操縱分子、調出正
確劑量，就能遠遠更為輕鬆的搞定。這對於整個社會和經濟秩序都
是實際存在的威脅，也正因如此，各國才會堅持對生化犯罪發動一
場血腥而無望的戰爭。

　　國家希望管制用生物化學追求快樂幸福的手段，定出「好」與
「壞」的區別。這裡的原則很清楚：如果有利於政治穩定、社會秩

序和經濟成長，這樣的生化操作不但可允許，甚至還應鼓勵（例如能讓過動的學童平靜下來，或是讓士兵迫不及待投身戰役）。至於如果威脅到穩定和成長，這樣的生化操作就要禁止。然而，每年都有許多新藥從各大學、藥廠及犯罪組織的實驗室中誕生，國家與市場的需求也不斷變化。隨著用生化來追求快樂的腳步逐漸加速，對政治、社會和經濟也將有所影響，並愈來愈難以控制。

而且，使用藥物還只是個開端。實驗室裡的專家已經著手研究以更複雜的方式操縱人類的生化反應，例如將電流刺激，直接送至大腦特定部位，或是用基因工程控制人體的藍圖。不論確切方法為何，要透過生物化學操縱方式得到幸福快樂，並不容易，因為這其實改變了生命最基本的模式。不過話說回來，控制饑荒、瘟疫和戰爭，在過去又豈是易事？

◤ 追求快感正是痛苦的根源

究竟人類該不該花這麼大的心力來追求生化的快樂，至今離定論還很遠。有人會說，快樂這件事根本沒那麼重要，要說個人滿意度是人類社會的最高目標，根本是走錯了路。有些人可能認為快樂確實是至善，但對於生化專家認為快樂只是身體愉悅的感覺，則很有意見。

在大約兩千三百年前，伊比鳩魯就曾經警告門徒，毫無節制的追求享樂，很可能帶來的反而是痛苦，而非快樂。幾個世紀之前，佛陀還有個甚至更激進的主張，認為追求快感正是痛苦的根源，這種快感只是短暫的、毫無意義的振動。得到快感時，我們的反應不是滿足，反而會得無厭，只是想得到更多。因此，不論我們感受到

多少幸福、興奮的感覺，也永遠無法滿足。

如果我認定快樂就是這些稍縱即逝的快感，並且渴望得到愈來愈多的快感，我就別無選擇，只能不斷追求下去。好不容易得到之後，快感又很快消退，但因為光是過去快樂的回憶，並不足以令我滿足，所以我又得從頭再來。像這樣的追求，就算持續幾十年，也永遠無法帶來任何長久的成果；我愈渴望這些快感，愈是變得壓力重重，愈是無法饜足。想得到真正的幸福快樂，人類該做的不是加速，而是慢下追求快感的腳步。

佛教對快樂的看法，與生物化學有許多共通之處。兩者都認為快感來得快、去得也快，如果人們只是渴求快感，卻不好好體驗快感，就仍然無法滿足。但接下來，佛教與生物化學兩者卻有了非常不同的解決方案。生化的辦法是開發出各種產品和療法，為人類提供無止無盡的快感，希望讓人能夠永遠享有快感。但佛教的建議則是減少對快感的渴望，不讓渴望控制我們的生活。佛教認為，我們可以訓練心靈，仔細觀察各種感覺是如何產生、又如何消逝。只要心靈學會看穿這些感覺的本質（也就是短暫、毫無意義的振動），我們就不再有興趣追求快感。畢竟，去追求一個倏然而來、忽焉而逝的東西，有什麼意義？

目前，人類對於生化解決方案的興趣是遠遠大得多。不論那些喜馬拉雅山洞穴裡的僧侶、或是象牙塔裡的哲學家怎麼說，對資本主義信徒來講，愉悅的快感就是快樂，這種感覺可以周而復始。每過一年，我們忍耐不悅的能力愈來愈低，而對快感的渴望則愈來愈高。現在的科學研究和經濟活動都以此為目標，每年研發出更有效的止痛藥、新的冰淇淋口味、更舒適的床墊、更令人上癮的手機遊戲，好讓我們在等公車的時候，連一秒鐘的無聊都無須忍耐。

當然，這一切還是遠遠不足。智人的演化並未讓人能夠感受長久的快感，因此光靠冰淇淋或手機遊戲並不夠，如果真想長久感受到快感，就必須改變人類的生物化學機轉，重新打造人體和心靈。而我們也正在朝這目標努力。我們可以爭論這究竟是好是壞，但似乎二十一世紀的第二大議題：確保全球的幸福快樂，就是會牽涉到重新打造智人，讓人可以享受永恆的愉悅。

◢ 打造「神格」的人類

在追求幸福和不死的過程中，人類事實上是試圖把自己提升到神的地位。不只因為這些特質如神一般，也是因為：為了戰勝年老和痛苦，人類必須能夠像神一樣，控制自己的生物基質。如果我們能夠從人體系統移去死亡和痛苦，或許幾乎就等於能隨心所欲重新打造整個人體系統，以各種方式操縱人類的器官、情感及智能。這樣一來，你就能為自己訂購大力士海克力斯的力量、愛神阿芙蘿黛蒂的性感、智慧女神雅典娜的智能，或是如果你想要的話，也能訂來酒神戴歐尼斯的瘋狂。

到目前為止，要增加人的力量，主要還是依靠改進外在工具。但在未來，則可能更會著重在改進人的身心，或直接將人與工具結合起來。人要升級為神，有三條路徑可走：生物工程、半機械人（cyborg）工程與無機生命（inorganic life）工程。

生物工程的起源，是認為我們還遠遠尚未發揮人類身體的完整潛力。四十億年來，天擇（natural selection）不斷對生物撥撥弄弄、修修補補，讓我們從變形蟲變成爬蟲、再到哺乳動物，現在成了自封的「智人」。沒有理由認為智人就是最後一站。從人類發展歷程

57

來看，不過就是在基因、荷爾蒙和神經元方面，出現一些相對來說並不大的變化，就已經足以讓直立人（*Homo erectus*，最厲害的成就只是能製作出石刀），變成了智人（生產出太空船和電腦）。誰曉得如果人類的DNA、內分泌系統和大腦結構再多變化一些，結果會是如何？

生物工程並不會耐心等待天擇發揮魔力，而是要取來舊有的智人身體，刻意改寫基因碼、重接大腦迴路、改變生化平衡，甚至是要長出全新的肢體。這樣一來，將會創造出一些小神（godling），這些小神與我們智人的差異，可能就如同我們和直立人的差異，那般巨大。

半機械人工程則更進一步，是讓人體結合各種非生物的機器設備，例如仿生機械手（bionic hand）、人造眼，又或是將數百萬個奈米機器人注入我們的血管，讓它們在血液中巡航、診斷病情並修補損傷。這種半機械人的某些能力，將會遠遠超出任何有機的人體。例如，一副有機身體的所有部分都必須緊緊相連，才能發揮作用。如果有一頭大象的大腦在印度、眼睛和耳朵在中國、腳在澳洲，最有可能的情況就是這頭大象根本就死了，而且就算因為某種神祕的因素而還活著，也是眼不能視、耳不能聽、足不能行。

然而，半機械人卻能夠同時出現在許多地方。像是半機械人醫師，根本不用離開位於斯德哥爾摩的診間，就能在東京、芝加哥、甚至是火星上的太空站，進行緊急手術。唯一需要的，就是夠快的網路連線、以及一對仿生機械眼、一雙仿生機械手罷了。但是再想想，為什麼只能是一對呢？為什麼不能是四隻眼睛？事實上，甚至連這些想法都是多餘的，如果能有儀器直接連接半機械人醫師的大腦，又何必再用手去拿手術刀？

　　這聽起來可能很像科幻小說，但其實已經成為現實。最近已有猴子學會如何透過植入猴腦的電極，控制遠端的仿生機械手腳。癱瘓的病人也能夠單獨靠著念頭，就移動仿生機械肢體或操作電腦。如果你想要的話，也能夠戴上電子「讀心」頭盔，在家裡遙控電子設備。這種頭盔並不需要把電極植入大腦，而是去讀取你頭皮所發出的電波訊號。如果想開廚房的燈，只要戴上頭盔、想像一些事先編程的心理符號（例如想像你的右手做某個動作），就能把開關打開。這種頭盔現在網路上就買得到，只要四百美元。[44]

　　2015年初，斯德哥爾摩一家高科技公司Epicenter有數百名員工在手中植入晶片。這個晶片大約米粒大小，存有個人安全資訊，讓他們只要揮揮手，就能打開門、或是操作影印機。他們希望很快也能用這種方式來付款。希歐柏拉德（Hannes Sjoblad）是幕後研發人員之一，他解釋道：「我們已經隨時都在與科技互動，但現在搞得手忙腳亂，得輸入各種PIN碼（用戶個人識別號碼）和密碼。如果能用手一摸就好，豈不是輕鬆自在？」[45]

　　然而就算是半機械人工程，現在也仍然相對保守，因為它還是假定要由有機的人類大腦，扮演生命的指揮和控制中心。還有另一個更大膽的想法，則是徹底拋棄有機的部分，希望打造出完全無機的生命：大腦神經網路將由智慧軟體取代，這樣就能同時優游虛擬世界與真實世界，不受有機化學的限制。

　　地球上的生命經過了四十億年徘徊在有機化合物的國度，終將打破藩籬，進入一片無垠的無機領域，形成我們在最瘋狂的夢中，都未曾設想的形狀。畢竟，不管以往我們的夢想再瘋狂，也還是不脫有機化學的限制。

　　離開有機領域後，生命或許也就終於能夠離開地球。四十億年

來，生命之所以還是局限在地球上的一小部分，是因為天擇讓所有生物都完全得依靠地球這顆巨大飛岩的獨特情境。就連現在最強韌的細菌，也無法在火星上生存。但如果是非有機的人工智慧，就比較容易殖民外行星了。

因此，用無機生命取代有機生命之後，可能就播下了未來銀河帝國的種子。但領導者不見得是像《星艦迷航記》裡的庫克船長，反而可能比較像是百科（Mr. Data）。

▲ 新議題之三：智人將演化為神人

我們並不知道這些眼前的道路，會把我們引向何方，也不知道我們那些像神一般的後代，會是什麼樣子。

要預測未來，從來都不容易，而各種革命性的生物科技發展，又讓預測未來難上加難。原因就在於，要預測新科技對交通、通訊、能源等領域的影響，已經十分困難，更別說運用科技將人類升級了，那可是一項完全不同的挑戰。因為這有可能會徹底改變人類的心靈和欲望，而我們還抱持著現今的心靈和欲望，自然無法料到未來會是如何。

幾千年來，歷史一直充滿工技、經濟、社會和政治的動盪，然而卻有一件事自始未變：人類本身。

現在人類擁有的工具和體制，已經和《聖經》時代大為不同了，但是人類心靈的深層結構仍然相同。正因如此，我們現在觀看《聖經》、《論語》、或者是蘇弗克里茲（Sophocles）和尤里庇狄思（Euripides）的希臘悲劇，依然能從字裡行間找到自我。這些經典的創作者和我們都是一樣的人類，於是我們覺得這些典籍裡說的就是

我們。在現代劇場的作品裡，伊底帕斯、哈姆雷特和奧賽羅，可能是穿著牛仔褲和T恤，而且還有臉書帳號，但他們的情感衝突卻和原劇並無不同。

然而，一旦科技讓我們能夠重新打造人類的心靈，智人就會消失，人類的歷史就會告一段落了，另一個全新的過程將要開始，而這將會是你我這種人無法理解的過程。

許多學者試圖預測世界到了2100年或2200年將會如何，但這其實是在浪費時間。任何預測要有價值，就必須考量人類心靈被重新打造的影響，可是這件事本身就無法考量。

有個問題是：「像我們這樣的人，會用生物科技來做什麼？」這個問題已經有了許多很好的答案。但還有一個問題：「對於心靈**不像**我們的人，又會用生物科技來做什麼？」這個問題至今尚無良好解答。我們能說的只有：像我們這樣的人，很有可能會用生物科技來重新打造人類的心靈，而以我們現在的心靈，無法預測接下來將會如何。

雖然因為以上種種，我們無法確知相關細節，但仍然能夠肯定歷史的大方向為何。在二十一世紀，人類的第三大議題就會是為人類取得神一般的創造能力及毀滅能力，將「智人」演化為「神人」。這第三項新議題，顯然會將前兩項新議題納入其中，而且也正是由前兩項新議題所推動。

我們希望擁有重新打造身體和心靈的能力，首要目的當然是為了逃避老死和痛苦，然而一旦真正擁有了這些能力，誰知道我們還會做什麼應用？因此，我們也可以說，人類的新議題其實只有一個真正的議題（但有許多分支）：取得神性！

神人不是萬能的神

如果你覺得這聽起來實在太不科學、或覺得根本是胡言亂語，那是因為大眾往往誤解神性的意義。神性並不是某個模糊的形而上特質，也不是所謂的全能。這裡說要讓人類演化為神，講的比較像是希臘神話或印度教的諸神，而不是《聖經》裡那天上全能的父。我們的後代還是會各有弱點、怪癖和限制，就像宙斯和因陀羅也並非完美。只不過，他們的愛、恨、創造和毀滅，都可能在規模上遠大於現今。

縱觀歷史，一般相信大多數的神並不是無所不能，而只是擁有特定的超能力，像是能夠設計和創造生命、能夠改造自己的身體、能夠控制環境和天氣、能夠讀心及遠距溝通、能夠以高速移動，當然也包括能夠逃避死亡而永生。人類正努力取得以上所有超能力，甚至更多超能力。

某些數千年前認為如同神蹟般的能力，今日已經司空見慣，我們連想都很少想到。現代一般人要移動或是遠距通訊，可能要比希臘、印度或非洲的某些舊神祇，還來得容易。像是奈及利亞的伊博人（Igbo）相信，造物神「丘格烏」（Chukwu）原本是打算讓人永遠不死。他派了一隻狗來告訴人類，如果有人死了，只要在屍體旁邊灑上一些灰，就能起死回生。不幸的是這隻狗覺得很累，一路上拖拖拉拉。心急的丘格烏於是又派了一頭羊，叫牠趕快把這個重要消息傳過去。很遺憾，羊氣喘吁吁趕到之後，卻把指示講錯了，要人把死者給埋葬，於是死亡成為定案。這正是為何我們至今還難免一死的緣由。如果丘格烏能有個推特帳號，而不是靠著懶狗或笨羊來傳遞消息，不就太好了嗎！

在古代農業社會，許多宗教對於形而上或來世的問題，興趣缺缺，只著重一項非常俗世的議題：如何增加農業的產量。因此，《舊約聖經》裡的上帝可從未承諾死後會有任何獎勵或懲罰，反而是向以色列人說：「你們若留意聽從我今日所吩咐的誡命……我必按時降秋雨春雨在你們的地上，使你們可以收藏五穀、新酒和油，也必使你吃得飽足，並使田野為你的牲畜長草。你們要謹慎，免得心中受迷惑，就偏離正路，去侍奉敬拜別神。耶和華的怒氣向你們發作，就使天閉塞不下雨，地也不出產，使你們在耶和華所賜給你們的美地上速速滅亡。」（〈申命記〉11：13-17）

現在科學家能做的，會比《舊約聖經》的上帝好得多。靠著人工肥料、工業用殺蟲劑和基因改造作物，現在的農業產量已經超越了古代農民對神祇的最高期望。而且，氣候炎炎的以色列也無須再擔心哪位憤怒的神，會使天閉塞不下雨，因為最近以色列已經在地中海沿岸建好一座巨大的海水淡化廠，可以直接從海中取水來喝。

到目前為止，我們是靠著日新月異的科技，創造出愈來愈好的工具，來與眾家舊神競爭。而在不太遙遠的將來，我們就有可能創造出「超人類」，不只在工具上贏過遠古神祇，就連身體和智力也不落神後。然而，如果真有那麼一天，神性也將會變得像是現在的網路空間一樣平凡無奇；而網路空間正是我們早已習慣、但其實是奇蹟中的奇蹟。

我們可以相當確定，人類會朝「神人」的演化目標邁進，因為人類有太多理由會渴望這樣的演化，而且也有太多方式能達到這樣的目標。就算某一條原本看來很有希望的路，其實是死胡同，仍然能有其他替代的路線。舉例來說，我們可能發現人類基因體實在太複雜、無法做大規模操弄，但這並不影響我們繼續開發人工智慧、

奈米機器人、或是腦機介面（brain–computer interface）。

話雖如此，我們卻也沒有必要驚慌──至少不必馬上驚慌。要將智人演化為神人，會是漸進的過程，而不是好萊塢式的天啟。並不會忽然出現一群反抗人類的機器人，使得智人遭到滅種。反而可能是智人將自己一步一步升級演化，在過程中持續與機器人和電腦融合，直到某天我們的後代回顧這段歷史，才赫然發現：自己已經不再是那個曾經寫下《聖經》、建起長城、或會因為卓別林的滑稽動作而發笑的動物了。

這一切並不是在一天或一年後發生，而是透過無數看來平凡的作為，日日默默進行當中。每天都有數百萬的人們決定，要把更多生活的控制權交給智慧型手機，又或是嘗試某種更有效的新型抗憂鬱藥物。在追求健康、快樂和力量的過程中，人類慢慢改變了自己的特質，特質於是一個又一個發生了變化，直到智人不再是智人。

◢ 可以請哪位踩個煞車嗎？

我們說得平靜，但很多人聽到這些可能性，卻會十分恐慌。他們甘心聽從智慧型手機要他們做的事，也很願意吃醫師開的任何處方藥物，但只要一聽到升級演化成超人類，就會說：「我希望到時候我已經死了。」有個朋友就曾告訴我，她對於變老最擔心的一點，是怕自己與時代脫節，變成一個總在懷舊的老女人，再也不懂身邊的世界，也做不出什麼貢獻。

這正是我們集體做為一個物種，聽到「超人類」這種事所擔心的。我們覺得，到了那樣的世界，我們的身分、夢想、甚至恐懼，都會與時代脫節，而且再也沒有什麼可貢獻的。今天你不管是什麼

身分，可能是虔誠的印度教板球運動員、或是努力向上的女同性戀記者，一到了升級演化後的世界，你就會覺得自己像是一個尼安德塔獵人，身處於華爾街，那裡完全不是你能融入的世界。

尼安德塔人不用懂納斯達克指數，畢竟這兩者之間，相隔幾萬年之久。但由我們現在的意義所建構的世界，卻可能會在幾十年內就崩潰了。「希望自己到時候已經死了，免得與時代脫節！」這種願望可能將事與願違。因為，各種要讓智人升級演化的嘗試，很可能在本世紀內就讓世界大為改觀。科學研究和科技發展的速度，將遠遠超過我們大多數人所能掌握。

如果和專家聊聊，很多人會說我們還需要**很久**的時間，才可能用基因工程產出嬰兒，或製造出堪與人腦比擬的人工智慧。然而，大多數專家所謂的**很久**，用的是學術經費和大學職位的時間標準。所謂**很久**，可能只是二十年，但絕不可能超過五十年。

我還記得自己第一次用到網際網路那天。那是在1993年，當時我讀中學，和幾個哥兒們去找朋友伊多（他現在是電腦科學家）打桌球。伊多當時已經很迷電腦，在打開桌球桌之前，堅持要讓我們瞧瞧一項最新的奇蹟。他把電話線接到電腦上，按下幾個鍵。大約一分鐘，我們只聽到一堆吱吱聲、尖叫聲、嗡嗡聲，然後就是一片沉默。連線失敗！

我們不停碎碎念，但是伊多又試了一次。再一次、又再一次。最後他終於發出歡呼，宣布自己已經把電腦連線到附近一所大學的中央電腦了。我們問：「喔，那中央電腦有什麼啊？」伊多承認：「這個……現在還什麼都沒有。但什麼都可以放進去。」我們問：「可以放什麼進去？」伊多說：「我不知道啦，就什麼都可以啊。」當時聽起來實在沒什麼搞頭。於是我們打了桌球，而且接下來幾星

期,有個新的樂子,就是嘲笑伊多,笑著他想得有多荒謬。在我提筆寫下這段故事的時候,這只是不到二十五年前的事。再過二十五年,誰知道世界會發生什麼事呢?

正因如此,有愈來愈多的個人、團體、企業和政府,都非常認真追求著長生不死、幸福快樂、以及如神般的能力。預期壽命大幅躍升,已經讓保險公司、退休基金、公共衛生體系和財政部門心驚膽跳。現代人活得要比預期更久,而我們並沒有足夠的資金,應付年長者的退休金和醫療開支。由於未來的七十歲人有可能就像現在的四十歲人,已經有專家呼籲應提高退休年齡,並重新調整就業市場的結構。

◢ 煞不住這輛大車

一旦人們意識到我們正以如此高速衝向未知,而且還沒法指望自己死得夠早,常有的反應就是希望有人來踩煞車,減緩我們的速度。但我們不能踩煞車,而且理由很充分。

首先,沒有人知道煞車在哪兒。專家各有所長,各自精通人工智慧、奈米科技、大數據、或遺傳學與基因體,可是沒有人能成為所有領域的專家。因此,沒有人能夠真正把所有的點都連結起來,看到完整的全貌。不同領域彼此的影響錯綜複雜,就算最聰明的頭腦,也無法預料人工智慧的突破會對奈米科技有什麼影響,反之亦然。換句話說,沒有人能掌握所有最新科學發現,沒有人能預測全球經濟在十年後將會如何,也沒有人知道我們在這一片匆忙之中,將走向何方。既然再也沒有人瞭解整個系統,當然也就沒有人能夠踩煞車。

　　第二，如果我們不知怎的成功踩了煞車，就會讓經濟崩潰，並拖著社會一起下水。後面的章節將會解釋，現代經濟要能維持，就需要不斷的、而且是無止境的成長。如果成長停止，經濟並不會溫溫順順的平靜下來，而是會轟然崩解。正因如此，資本主義才會鼓勵我們追尋不死、快樂和神性。畢竟，我們能穿幾雙鞋、能開幾輛車、能度幾個滑雪假期，這些數字都有限。然而，經濟需要永遠持續成長，也就需要能永遠持續的議題——剛好就是追尋不死、快樂和神性這種事。

　　不過，如果我們需要無止境的議題，難道快樂和不死還不夠，一定得去追尋叫人害怕的超人類能力嗎？原因就在於，這件事無法與另外兩項分割開。研發出仿生機械腿，讓截肢的病人重新能夠走路的時候，同樣的科技就能用來為健康的人演化升級。如果發現如何抑制老年失智，同樣的療法也能用來為年輕人增強記憶。

　　治癒與演化之間，並沒有明確的界限，醫學一開始幾乎總是要拯救那些落在常態下限以下的人，但同樣的工具和知識，也因此能用來超越常態的上限。威而鋼一開始是治療血壓問題，但輝瑞公司驚喜發現，它竟然也能醫治陽痿。於是，威而鋼讓數百萬人重新獲得正常的性能力；很快的，就連沒有陽痿問題的男人也開始服用，好讓自己超越常態、得到過去未曾擁有的性能力。[46]

　　發生在特定藥物的事，也有可能發生在整體醫藥領域。現代整形外科誕生於第一次世界大戰，當時是吉利斯（Harold Gillies）在英國奧爾德肖特（Aldershot）的軍醫院，醫治臉部創傷，[47] 但是他在戰後發現，同樣的技術也能用來讓無病無痛、但很醜陋的鼻子，變得更為美觀。

　　如今，雖然整形手術仍然繼續協助顏面受傷的病人，但也愈來

愈常用來為健康人士增添顏值。現今,整形外科醫師在私人診所裡荷包滿滿,其明確且唯一的目標,就是要讓健康的人更提升、富有的人再加分。[48]

最初都是基於善意

同樣的情節,也可能發生在基因工程上。如果有位億萬富翁公開宣布,他希望能為自己打造一名超級聰明的後代,可以想像輿論必然一片嘩然。但真正出現的情況不會是這樣,而比較可能是一種漸進的過程。一開始,可能是有某些父母的基因,讓孩子擁有極高風險染上致命的遺傳疾病,於是決定採用體外受精,並對受精卵的DNA進行檢測。如果一切正常,就萬事安心;如果DNA檢測發現大家所擔心的突變,就得銷毀這枚胚胎。

然而,何必一次只讓一枚卵子受精呢?何不一次讓多枚卵子受精,這樣就算三、四枚胚胎都有缺陷,但只要有一枚正常的胚胎就行。當這種體外選擇變得可接受、也夠便宜,使用機會也就可能更為普及。畢竟基因突變的風險無處不在,所有人的DNA裡,都帶有某些致病的突變、不理想的對偶基因(allele),若是只能透過有性生殖,那就像是買彩券,只能靠運氣。

〔岔題一下,有一個著名、但可能出於杜撰的故事,講的是法國小說家、諾貝爾文學獎得主法朗士(Anatole France)和美麗而有天分的舞者伊莎朵拉・鄧肯(Isadora Duncan)於1923年碰面時的情景。兩人討論著當時流行的優生運動,鄧肯說:「想像一下,孩子有我的美麗、你的智力,該有多好!」而法朗士則回答:「你說得沒錯,但如果孩子有的是我的美麗、你的智力,又該怎麼辦?」〕

所以，何不取巧一下？同時讓幾個卵子受精，再挑選出最好的組合。只要等到幹細胞研究能讓我們廉價取得無限量的人類胚胎，你就能從幾百個選項，選出你最理想的寶寶，這些寶寶都帶著你的DNA、保證沒有遺傳疾病，而且也不需要未來再藉由基因工程進行修飾。將這個過程重複幾個世代，最後很容易就會製造出超人類了（或是令人毛骨悚然的反烏托邦）。

但是，如果就算讓幾百個、甚至無數個卵子受精，卻都還是有致命的突變呢？難道要摧毀所有的胚胎？為什麼不把那些有問題的基因換掉就好呢？

有一項突破性案例，是和粒線體DNA（mitochondrial DNA）有關。粒線體是人類細胞內微小的胞器，負責產生細胞所需的能量。粒線體有自己的一套基因，與細胞核中的DNA無關。如果粒線體DNA有缺陷，就會導致各種造成人體衰弱、甚至致命的疾病。

使用體外受精技術，目前在技術上已可製造「三親寶寶」，以克服粒線體遺傳疾病。這種嬰兒的細胞核DNA來自父母，而粒線體DNA則來自第三人。2000年，美國密西根州的莎朗·沙瑞南（Sharon Saarinen）生下了健康的女嬰艾蘭娜。艾蘭娜的細胞核DNA來自於母親莎朗和父親保羅，但是她的粒線體DNA來自另一位女性。從純技術的觀點來看，艾蘭娜有三位親生父母。一年後，在2001年，美國政府因為安全和倫理問題，禁止了這種技術。[49]

然而在2015年2月3日，英國國會卻投票通過所謂的〈三親胚胎法〉，在英國允許此項技術和相關研究。[50] 到目前為止，要置換細胞核DNA，在技術上及法律上都還不可行，但是等到解決技術困難，過去允許更換缺陷粒線體DNA的相同邏輯，似乎也能套用在細胞核DNA上。

而在DNA篩選及更換之後，可能的下一步就是改寫DNA。如果能夠改寫致命基因，又何必多此一舉插入外來DNA？何不直接重寫基因碼，把某個危險的突變基因改成良性版本就好？接下來，同樣的機制修改的，可能就不只是致命的基因，還包括比較不那麼致命的疾病，像是自閉症、愚笨或肥胖。畢竟，誰願意自己的孩子有這些問題呢？假設基因檢測指出，你的女兒很有可能聰明、美麗又善良，但有慢性憂鬱症；難道你不想在試管裡，先做點快速又無痛的處理，好讓她不要長年受苦嗎？

　　而且既然都做這些了，為什麼不順便幫孩子再加點分？就連對完全健康的人來說，生活都夠辛苦的了，如果能讓這個小女孩的免疫系統比一般人更強、記憶力比平均更高、性格特別開朗，一定會有幫助吧？就算你不想對自己的孩子這麼做，如果鄰居都這麼做了怎麼辦？難道要讓孩子輸在起跑點上，先落後別人一大截嗎？又如果本國政府直接禁止對嬰兒做基因工程，但北韓毫無限制，於是製造出許多了不起的天才、藝術家和運動員，遙遙領先全世界，又該怎麼辦？

　　於是，我們就像這樣一小步、一小步走著，等到哪天，就會有孩子的基因型錄，任君選購。

　　每次的演化升級，最初理由都為了治療。你若去找那些正在做基因工程或腦機介面實驗的教授，問問看為什麼他們要從事此類研究，他們的答案很有可能就是要治癒疾病。他們可能會說：「有了基因工程協助，我們就能戰勝癌症。而如果能直接連結大腦和電腦，就能治癒思覺失調。」或許確實如此，但這絕不會是終點。等到我們成功將大腦和電腦連結，難道只會把這種科技用來治療思覺失調？真會這麼相信的人，可能很懂大腦和電腦，但是對人類心理

和社會百態，可就沒那麼瞭解了。人類只要一有重大突破，就不可能只用於治療、不用於演化升級。

　　當然，人類對於新科技的使用，確實能夠設下限制，也真的有所限制。所以像是優生運動，便在第二次世界大戰後失寵；而像人體器官交易，雖然確實能做到，也可能相當有利有圖，但至今仍然是非常邊緣的活動。就如同謀殺他人而取得器官，可能哪天「設計嬰兒」也會在技術上變得可行，但仍舊是一種邊緣活動。

　　正如我們已經在戰爭領域逃出了契訶夫法則的魔掌，其他領域當然也能如法炮製。我們可以允許有些槍枝出現在舞臺上，但永遠不要上膛開火。因此，我們必須在現今就認真思考人類未來的三大新議題。正因為我們已經面臨了如何使用新科技的不同選項，也就更應該清楚掌握現在的狀況，主動決定、而不要被動等著被決定。

◢ 歷史殷鑑不遠

　　預測人類在二十一世紀的目標為「得到不死、快樂和神性」，可能會讓某些人深感憤怒或驚恐，因此我有必要再加以澄清。

　　首先，並不是說二十一世紀的大多數人都會做這些事。這指的是「人類整體」將會做的事，大多數人根本不會直接參與，就算參與，也很可能只是次要角色。

　　不可諱言，雖然饑荒、瘟疫和戰爭已經不那麼盛行了，但是在發展中國家及落後的街區裡，仍然有幾十億人必須繼續面對貧窮、疾病和暴力；然而同時間，菁英份子可能正要取得永恆的青春、如神一般的能力。這顯然不公平。有人可能會說，只要還有一個孩子正死於營養不良、還有一個人死於毒梟的戰爭，人類就應該把所有

心力投入解決這些困境。必須等到這些問題真正徹底解決，我們才能把目光轉向下一件大事。

但歷史不是這樣運作的。住在宮殿裡的人，心中的重要待辦議題，永遠與住在陋室裡的人不同；而就算是在二十一世紀，這件事也不太可能改變。

第二，這是一項歷史預測，不是政治目標。就算能夠不管貧民窟居民的命運，仍然很難判斷追求不死、快樂和神性，究竟是對是錯。決定追尋這些議題，可能會是很大的錯誤。然而歷史就是充滿了重大錯誤。有鑑於我們過去的紀錄和現在的價值觀，我們很有可能就是會一直追尋快樂、神性和不死——即使可能因而身亡。

第三，追尋並不代表就能夠得到。歷史常常是由過度放大的期望所塑造。塑造二十世紀俄羅斯歷史的因素，有很大程度在於共產主義試圖戰勝不平等，但此舉並未成功。我的預測重點是人類將會**嘗試**在二十一世紀完成這些議題，而不是能夠**成功**。未來的經濟、社會和政治，將會是由「試圖戰勝死亡」所塑造，但並不代表人類必然能在2100年達成不死的目標。

第四、也是最重要的一點，在於這項預測的重點並不是要提出預言，而是為了讓我們討論現有的選擇。如果經過討論，能讓我們選擇其他道路，而讓預測不能成真，那反而更好。如果做了預測、但什麼都不能改變，那又有什麼意義呢？

有些複雜系統（例如天氣）是完全無視於我們的預測，但人類發展的過程則會對預測產生反應。事實上，預測愈準確，引起的反應就愈多。因此很矛盾的是，隨著我們蒐集更多資料、提升運算能力，事件反而會變得更出乎意料而難以預測。知道得愈多，反而能預測的愈少。舉例來說，假設某天，專家解開了經濟的基本法則。

這時銀行、政府、投資人和客戶，會立刻應用這項新知，展現新的行為，希望能夠占到競爭對手的便宜。畢竟如果新知識無法帶來新的行為，豈不是代表它毫無用處？但令人感嘆的是，只要人們一改變行為模式，新找出的經濟理論也就立刻過時。我們或許能夠找出經濟在過去如何運作，但已經無法再確知經濟在目前如何運行，未來就更別說了。

歷史知識的矛盾

以上並不是某個假設的案例。在十九世紀中葉，馬克思（Karl Marx）提出了卓越的經濟見解，並據以預言：無產階級和資產階級的衝突將日益激烈，最後必然由無產階級得到勝利，迎來資本主義崩潰的結局。馬克思當時十分肯定，革命將率先起於工業革命的領頭國，例如英、法、美，接著擴散到世界其他地區。

但是馬克思忘記了資本家也會讀書。一開始確實只有少數幾位弟子認真看待他的理論、仔細閱讀。不過，隨著社會主義的火炬逐漸得到追隨者而壯大，資本家開始有所警覺，也跟著細讀了《資本論》，並採用了馬克思分析時的許多工具和見解。

到了二十世紀，從街頭的年輕人到各國總統，都接受了馬克思對經濟和歷史的思考方式。就算是最積極抗拒馬克思主義預測的資本主義者，同樣利用了馬克思主義的預測。例如，美國中央情報局分析 1960 年代越南和智利的情況時，就將當地社會分為不同階級；尼克森或柴契爾夫人考量全球局勢時，也會自問是誰控制了生產的重要工具。從 1989 年到 1991 年，老布希總統一路監看共產主義的「邪惡帝國」走向敗亡，卻在 1992 年總統大選遭到柯林頓擊敗。

柯林頓的勝選策略，可以濃縮成他的競選口號：「笨蛋，問題在經濟！」就算是馬克思本人，也沒法說得更好了。

人們採用了馬克思主義的判斷，也就隨之改變自己的行為。位於英法等國的資本家，開始改善工人待遇，增強他們的民族意識，並讓工人參與政治。因此，當工人開始有權在選舉中投票、工黨在一國又一國陸續取得權力之後，資本家也就繼續高枕無憂了。於是馬克思的預言化為泡影。共產主義革命從未橫掃英、美、法等工業強國，無產階級專政也被掃入歷史的垃圾箱。

這正是歷史知識的矛盾。知識如果不能改變行為，就沒有絲毫用處。但知識一旦改變了行為，本身就立刻失去意義。我們擁有愈多資料、對歷史瞭解愈深入，歷史的軌跡就改變得愈快，我們的知識也過時得愈快。

◢ 研究歷史是為了掙脫過去的魔掌

幾個世紀以前，人類的知識成長緩慢，政治和經濟的改變也彷彿踩著一種悠閒的腳步。到了今日，知識增加的速度飛快，理論上我們應該愈來愈瞭解這個世界。然而情況卻正好相反。各種新知識讓經濟、社會和政治的變化加速；為了瞭解究竟發生什麼事，我們加速蒐集和累積知識，卻只導致動盪更為加速加劇。於是，我們愈來愈無法真正理解現在、或預測未來。

在1016年，想預測歐洲在1050年的樣貌，可說是相對容易。當然，王朝可能傾圮、不明的外族可能入侵、自然災害可能襲擊；但是很明顯的，歐洲就算走到了1050年，還是會由國王和教士所統治，仍然會是農業社會，大部分居民仍是農民，而且繼續深深受

苦於饑荒、瘟疫和戰爭。相較之下，在2016年，我們卻全然不知歐洲在2050年會是什麼樣貌。我們不敢說，到時會有怎樣的政治制度、怎樣的就業市場結構，甚至連到時候人民的身體會是怎樣，都難以預知。

如果說，歷史就是不會遵循什麼穩定的法則，我們也無法預測歷史未來的走向，那為什麼還要研究歷史？我們常常以為，科學的主要目的就是預測未來：氣象學者要預測明天是晴或雨、經濟學家要判斷貨幣貶值會避免經濟危機或造成市場崩盤、好醫師能預見化療或放射療法能否治癒肺癌。

同樣的，我們也希望歷史學家去檢視前人的行為，好讓我們善則從之、惡則改之。但實際狀況卻幾乎永遠不是這樣，原因就在於現在和過去的情境實在太不相同了。如果現在去研究漢尼拔將軍在第二次布匿戰爭（西元前218年至西元前201年）的戰術，希望在爆發第三次世界大戰時派上用場，這只是浪費時間。過去在騎兵戰場上很優秀的戰術，用在網路戰並不見得占得了便宜。

而且，科學並不只是預測未來。各個領域的學者，都希望拓展人類的視野，因此在我們眼前開展的是各種全新而未知的未來。歷史領域特別如此。雖然歷史學家偶爾也會提出預言（但是成績相當普通），不過，歷史研究最重要的目的，其實是讓我們意識到一些通常不會考慮的可能。**歷史學家研究過去，不是為了要重複過去，而是為了從中解放。**

我們每個人都出生於某個特定的歷史現實，受特定的規範和價值觀所控制，也由獨特的經濟和政治制度來管理。我們都會覺得自己所處的現實是理所當然的，認為這一切誠屬自然、無可避免，也無法改變。但我們忘了**世界是由一連串的意外事件所創造**，而歷史

不僅塑造了我們的科技、政治和社會，也塑造了我們的思想、恐懼和夢想。

「過去」從祖先的墳墓裡伸出冰冷的手，掐住我們的頸子，要我們只能看向某個未來的方向。我們從出生那一刻就能感受到這股力量，於是以為這就是自然，以為這是我們不可分割的一部分，也就很少嘗試掙脫，很少想像自己還有其他未來。

研究歷史，就是為了掙脫過去的魔掌，讓我們能看向各種不同方向，並開始注意到前人無法想像、或過去不希望我們想像的可能性。

觀察著讓我們走到現在的一連串意外事件，就能瞭解人類的每個念頭和夢想，是如何落實成形的，接著就能開始以不同的方式來思考，編織出不同的夢想。研究歷史並無法告訴我們該如何選擇，但至少能提供我們更多選項。

那些希望改變世界的時刻，常常正是起於重新描述歷史、而使得人們能夠重新想像未來。

不管你是希望工人發動罷工、女性取回自己身體的自主權、或是受壓迫的少數民族站起來要求政治權利，第一步都是要重述他們的歷史。新的歷史就會告訴他們，「現在的狀況既非自然而然、也不會是永恆不變。過去曾經是另一個樣貌，只是有了一連串的偶然事件，才創造出現在這個不公平的世界。只要我們採取明智的行動，就能改變並創造出更好的世界。」

正因如此，馬克思主義者才要講述資本主義的歷史，女權主義者才要研究父權社會的形成，非裔美國人才要永遠記住奴隸販運的恐怖。他們的目的不是要延續過去，而是要從過去解放。

◢ 一段關於草坪的歷史

　　發生大規模社會革命的歷史，值得講述與研究；發生在日常生活裡的小事，同樣也值得記述與探究。一對年輕夫婦正在為自己蓋一個新家，要求設計師在前院要規劃一塊漂亮的草坪。為什麼想要一塊草坪？他們或許會說：「因為草坪很漂亮啊。」但他們為什麼會這麼認為呢？這件事背後也有歷史。

　　在石器時代，狩獵採集者並不會在洞穴入口種草。如果你參觀雅典衛城、羅馬卡比托利歐神殿山、耶路撒冷猶太聖殿、或是北京紫禁城，都不會發現城殿門口有一片綠油油的草地，來歡迎訪客。

6. 香波堡（Château de Chambord）的草坪。香波堡位於羅亞爾河河谷，由法國國王法蘭索瓦一世（François I）於十六世紀初期興建。這就是開啟草坪歷史的地方。

這種在私人住宅和公共建築前面種植一片草坪的想法，是誕生於中世紀晚期英、法兩國貴族的城堡。到了近代早期，這個習慣已經根深柢固，成了貴族的商標。

　　想要擁有一片漂亮的草坪，除了有地，還得付出許多心力，特別是以前可沒有自動灑水裝置和割草機。而到頭來，草坪並不會產生任何價值，甚至還不能放牛羊吃草，否則草皮就可能被啃禿或踩壞。貧窮的農民負擔不起，絕不可能把寶貴的土地或時間浪費在草坪上。於是，城堡入口處那片完美的草地，就成了無人能造假的身分象徵，威風凜凜的向經過的人宣告：「本人財糧滿倉，威權顯赫，領土農奴無數，區區綠地豈在話下。」

　　草坪愈廣闊、修整愈完美，就代表這個家族愈強盛。如果你拜訪一位公爵，卻看到草坪維護不佳，就知道他有麻煩了。[51]

　　往往要等到重要慶典和社交活動，才能用到這些珍貴的草坪，其他時間則是嚴禁染指。就算到了今天，無數的宮殿、政府建築和公共場所前，還是會出現一則嚴厲的告示，命令眾人：「禁止踐踏草皮」。我以前在牛津學院，整個四方院子中間就是一大片美麗誘人的草坪，每年只有一天，允許我們走上去或是坐一坐。至於其他日子裡，如果哪個學生斗膽用腳褻瀆那神聖的草坪，我們就只能為他一聲悲嘆了。

　　王室宮殿和公爵的城堡，讓草坪變成一種權力象徵。就算到了近代晚期，王朝傾覆、公爵人頭落地，新掌權的總統和總理還是保留了草坪的傳統。從國會殿堂、最高法院、總統官邸、到其他公共建築，就這麼用一片又一片平整的綠地，宣告著自己的權力。

　　同時，草坪也征服了體育界。幾千年來，從冰面到沙漠，人類的運動已經幾乎用過所有可能想像到的地表。但是在過去這兩個世

紀，像是足球或網球這種萬眾矚目的比賽，用的都是草地。當然，
這是在你有錢的前提下。在里約熱內盧的貧民區，巴西足球的下一
代生力軍，還在沙土地上踢著臨時權充的球；但到了富裕的市郊，
富人的兒子們則是在精心維護的草皮上，開心玩樂。

▲ 草坪成了社經地位的指標

於是，草坪在人們心中成了政治權力、社會地位和經濟實力的
象徵。也難怪到了十九世紀，新興中產階級對草坪亦是熱情歡迎。
一開始，只有銀行家、律師和企業家能夠負擔在自己的私人住所，
布置這樣的奢侈品。但等到工業革命使中產階級擴大，並發明了割
草機、自動灑水裝置，數百萬家庭忽然也負擔得起，能夠在自家門
口養上一片草坪。於是在美國郊區，平整漂亮的草坪也從富人階級
的奢侈品，轉為中產階級的必須。

在這之後，郊區的禮拜儀式也就多增了一項。星期天早上做完
教堂禮拜，很多人就會悉心修剪家門口的草坪。只要沿著街道走一
遭，就能從草坪的大小和維護品質，快速判斷每個家庭的財富和地
位。想知道隔壁那戶有錢的鄰居，是不是家裡出了問題，再也沒有
比「草坪居然沒人管」更明顯的證據了。除了玉米和小麥之外，草
就是美國時下最普遍的作物，草坪業（植物、肥料、割草機、灑水
設備、園丁）每年產值有數十億美元。[52]

對草坪的狂熱，不只是歐洲和美國的現象。就算是從未到過羅
亞爾河河谷的人，也看過美國總統在白宮草坪上發表談話，看過重
要的足球賽在一片綠茵的足球場上舉行。

就連《辛普森家庭》的辛普森和霸子，也會吵著該輪到誰去推

79

草。全球民眾看到草坪，都會聯想到權力、金錢和威望。

這麼一來，草坪傳播得既遠且廣，現在甚至征服了穆斯林世界的核心。卡達最近新建的伊斯蘭藝術博物館，側邊也有大片草坪，更容易讓人聯想起路易十四的凡爾賽宮，而不是阿拔斯王朝第五代哈里發（伊斯蘭政教合一的領袖）——拉希德（Haroun al-Rashid）統治下的巴格達。伊斯蘭藝術博物館由一家美國公司設計及建造，草地面積超過十萬平方公尺，而且可是坐落在阿拉伯沙漠之中，每天需要驚人的淡水量，才能維持翠綠。

同時，在卡達首都多哈市和杜拜的郊區，中產階級家庭也以自己的草坪自豪。要不是居民穿戴的那些白色長袍和黑色頭巾，還真可能誤以為身處美國中西部，而不是中東地區。

7. 歡迎英國女王伊莉莎白二世到訪的儀式，位於白宮草坪。

8. 這是馬拉卡納體育場的草坪。年輕新秀戈策，替補上陣，在延長賽
　 踢進決定性的一球，幫德國奪下 2014 年世界盃冠軍。

9. 自家門口的一片草坪，
　 象徵著中產階級的天堂。

瞭解了草坪的簡短歷史，如果現在要設計夢想中的房子，你可能就會再想想，究竟要不要有草坪。當然，你還是可以想要有一片草坪。然而，你也可以選擇甩掉這些從歐洲公爵、大資本家、甚至是辛普森家庭給你的文化負擔，換成日式的枯山水，或是自己全新創造的庭園。

　　這正是讀歷史最好的理由：不是為了預測未來，而是要將自己從過去中釋放，想像是否可有另一種命運。當然，我們仍不免受到過去的形塑，所以永遠不可能得到完全的自由；然而，部分自由總比全無自由，來得強多了。

◢ 第一幕出現的一把槍

　　《人類大命運》這本書各章節的預言，都不過是為了討論現下種種困難的抉擇，並邀請讀者共同改變未來。預言人類會試圖得到長生不死、幸福快樂和化身為神，其實和預言民眾蓋房子的時候，門前要有塊草坪，非常類似。這都是很可能發生的趨勢。但只要你大聲把這件事說出來，就會讓你開始考慮其他替代方案。

　　要說「人類的夢想就是追求不死和神性」，這件事之所以會讓人覺得驚駭，並不是因為聽起來太過異想天開，反而是因為很少有人把話講得這麼白。但只要真正開始思考這件事，大多數人就會意識到這其實很說得通。

　　雖然這些夢想有它科技上的傲慢，但在思想上早已不是新聞。過去三百年來，是由**人本主義**（humanism）主導世界，將智人的生命、快樂和能力，加以神聖化。而經過如此長久的人本主義薰陶，人類想要得到不死、幸福和神性，也是相當合乎邏輯的。這只是把

早就藏在桌下的事情，公開端上檯面罷了。

　　但我還想把另一件東西也端上檯面：一把槍，一把在第一幕出現、將在第三幕發射的槍。下面的章節將討論人本主義（也就是對人類的崇拜）如何征服世界。不過，人本主義的興起，同時也播下滅亡的種子。雖然對人本主義來說，讓人類演化為神，是合乎邏輯的結論，但這同時也暴露了人本主義固有的缺陷。如果最早提出的是一個有缺陷的理想，常常是到了理想即將實現的那一刻，才會赫然發現。

　　我們已經可以在老年病房看到這種過程了。正因為人類對於人的生命的神聖，堅信不疑，我們總要盡全力讓人活下去。直到整個生命狀態無比悽慘，我們才不得不問：「這究竟有何神聖？」也因為類似的人本主義信念，我們在二十一世紀可能會讓人類整體，提升到超越其自身限度。同樣的尖端科技，可以讓人演化升級為神，但也可能讓人類這種生物失去意義。舉例來說，如果某天電腦強大到足以瞭解並克服衰老和死亡的機制，電腦也就很有可能強大到足以在任何任務上，取代人類。

　　在這長篇大論的第 1 章〈人類的三大新議題〉，一開始我們曾探討過，二十一世紀的人類新議題可能為何，但實際真正的情況絕對會再複雜許多。目前，我們的前三大新議題似乎是不死、快樂和神性。但只要一接近達成這些目標，所造成的動盪將有可能使我們偏離方向，走向完全不同的目的地。

　　本章描述的未來，只是「過去的」未來；換句話說，是基於過去三百年的思想和希望，而指向的未來。然而，真正的未來——基於二十一世紀將誕生的新想法、新希望，而真正打造的未來，可能與「過去的」未來，有完全不同的樣貌。

人本主義即將崩解

為了理解這一切，我們需要再回頭，瞭解智人究竟是怎樣的生物，瞭解人本主義如何成為主導世界的宗教，以及瞭解為什麼實現人本主義的夢想，反而可能導致人本主義的崩解。這就是《人類大命運》這本書內容架構的基本安排。

《人類大命運》的第一部〈智人征服世界〉，將著眼於智人與其他動物的關係，希望理解我們這個物種究竟有何特別之處。有些讀者可能覺得奇怪，在一本要討論未來的書裡，為什麼要用這麼長的篇幅來談動物？

在我看來，如果不從我們周遭的動物開始談起，就不可能真正討論到人類的本質及未來。智人竭盡全力想忘掉這件事，但人類仍然就是一種動物。而且，在我們想要把自己變成神的這時刻，回頭看看自己的起源，更加倍重要。要討論人類化身為神的未來之前，不能不談人類身為動物的過去、以及人類與其他動物的關係；原因在於，人類與動物之間的關係如何，很有可能就是未來超人類和人類之間關係的模樣。

想知道超級聰明的半機械人，可能怎麼對待只是一般血肉之軀的人類嗎？先去看看人類如何對待比較不聰明的動物表兄弟吧。當然，這絕不是完美的類推，但這是我們唯一能夠觀察、而不只是想像的最佳原型。

根據第一部的結論，《人類大命運》第二部〈智人為世界賦予意義〉將會檢視智人在過去數千年間，創造了怎樣光怪陸離的世界，又是怎樣把我們帶到了現在這個十字路口。智人是怎麼會深信人本主義的信條，以為宇宙是以人類為核心而運轉、人類是所有意

義與權力的來源？而這樣的信條又會怎樣影響經濟、社會和政治？
如何塑造我們的日常生活、藝術，以及我們最隱祕的欲望？

　　《人類大命運》的第二部、也是最後一部〈智人失去控制權〉，
則是來到二十一世紀初期。在更瞭解了人類、更瞭解人本主義信條
之後，第三部描述的是我們目前的困境，以及可能的未來。為什麼
想實現人本主義，反而會導致它的崩潰？追尋不死、快樂和神性，
又會怎樣動搖我們對人本主義的信念基礎？有什麼跡象正預示這個
災難，又是怎麼反映到我們每天所做的每一個決定？而如果人本主
義確實已經難以為繼，有什麼思想可能取而代之？

10. 亞述國王亞述巴尼拔（Ashurbanipal）殺獅：掌控動物界。

本書這第三部，並不只是單純的哲學思考、或是空談未來可能如何，而是仔細審視智慧型手機、約會的做法和就業市場，從蛛絲馬跡中，判斷未來將會如何。

◤ 歷史總是起伏動盪

對於一心信仰人本主義的人來說，這一切聽起來，似乎十分悲觀，叫人鬱悶。但請別太急著下結論。史上早已見證許多宗教、帝國和文化的起起落落，這樣的起伏動盪並不一定是壞事。

人本主義主導世界三百年了，但其實這時間並不長。法老王統治埃及達三千年，教皇也統治歐洲有千年之久。如果回到古代法老拉美西斯二世（Ramses II）的時代，告訴某個埃及人，有一天這世上再也沒有法老王，他可能會嚇呆驚傻。「沒有法老王，日子要怎麼過下去？這樣能有誰來維持秩序、和平和正義？」

如果回到中世紀，告訴當時的人，再過幾個世紀會有人說「上帝已死」，他們肯定會嚇壞了。「沒有上帝，日子要怎麼過下去？這樣能有誰來令我們生活有意義，不會陷入混亂？」

但回首過去，很多人都會認為法老時代的結束、以及上帝已死的概念，都屬於正面的發展。或許，人本主義的崩解也同樣是件好事。人們之所以害怕改變，是因為害怕未知。但是，**歷史最不變的事實，就是一切都會改變！**

第一部

智人征服世界

人類和其他動物有何不同？

人類如何征服世界？

智人究竟是比較高等的生命形式，

或只是霸凌其他物種的地痞流氓？

第2章

人類世

　　和其他動物相比，人類早已經成化身為神。我們在這點並不喜歡著墨太多，因為我們實在不是特別公正或仁慈的神。如果看「國家地理頻道」、迪士尼電影或是童話書，可能還以為地球上主要住的是獅子、狼和老虎，而且和人類勢均力敵。畢竟，獅子王辛巴能號令森林裡的動物；小紅帽得躲避大野狼；森林王子毛克利則要勇敢對抗老虎謝爾汗。但在現實世界裡，動物早已不在那兒了。我們的電視、書籍、幻想、噩夢裡，仍然有各種野生動物，但是地球上的辛巴、大野狼和謝爾汗正在絕跡。現在世界上的動物主要都是人類和他們的家畜。

　　寫出小紅帽和大野狼的格林兄弟是德國人，但現在德國野外究竟還剩幾匹狼？不到一百匹，而且多半是波蘭野狼，是近年跨越邊界而來的；相對的，德國現在家犬的數目達到五百萬隻。全球總共只剩約二十萬匹野狼漫遊在野外，但同時家犬數目足足超過四億。[53]

　　世界上現在有四萬頭獅子，但有六億隻家貓；九十萬頭非洲水牛，但有十五億頭馴化的牛；五千萬隻企鵝，但有二百億隻雞。[54]

自1970年以來，雖然生態意識不斷提升，但是野生動物族群仍然減少了一半（而且可不是說牠們在1970年很繁盛的意思）。[55]

1980年，歐洲還有二十億隻野鳥，到了2009年只剩十六億隻，但同年，歐洲肉雞和蛋雞的合計數目達到十九億隻。[56] 目前，全球大型動物（也就是體重不只是幾公斤而已），有超過90％，不是人類、就是家畜。

科學家將地球的歷史，分為不同的「世」（epoch），例如更新世（Pleistocene）、上新世（Pliocene）、中新世（Miocene）。正式說法，我們現在處於全新世（Holocene），但更好的說法可能是把過去這七

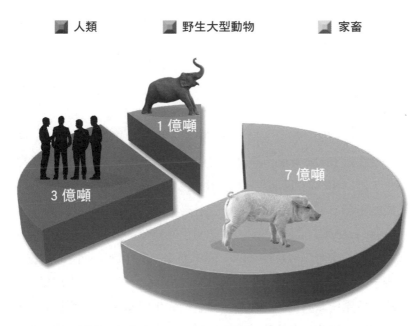

■ 人類　　　■ 野生大型動物　　　■ 家畜

1 億噸

7 億噸

3 億噸

11. 全球大型動物生物量（biomass）的圓餅圖。

萬年稱為「人類世」（Anthropocene），也就是人類的時代。原因就在於：這幾萬年來，人類已經成為全球生態變化唯一最重要的因素。[57]

這是一種前所未見的現象。自從生命在大約四十億年前出現之後，從來沒有任何單一物種，能夠一手改變全球生態。雖然生態革命和大規模物種滅絕事件時有所聞，但原因都不是出於某種特定蜥蜴、蝙蝠或真菌的行動，而是一些強大的自然力量造成的，例如氣候變遷、板塊運動、火山噴發、或是隕石撞擊。

有些人擔心，我們今天仍然可能因為大規模火山爆發或隕石撞擊，而有滅絕的危險。好萊塢電影靠著這樣的憂慮，就賺進了幾十億美元，但實際上這樣的風險小之又小。生物大滅絕的頻率，大約是好幾百萬年才會有一次。確實，未來一億年間有可能會有一顆巨大的隕石撞擊地球，但大概不是下週二這種時間。與其害怕隕石，還不如害怕人類自己吧！

▲ 生態殺手

原因就在於：智人改寫了整套遊戲規則。單單這個「人科」物種，就在過去七萬年間，讓全球生態系起了前所未有、翻天覆地的變化，足以和冰河期與板塊運動相提並論。不過短短一世紀，人類造成的影響，可能已經超越六千五百萬年前那顆殺光恐龍的隕石。

當時那顆隕石改變了陸地生態演化的軌跡，但並未改變生命的基本規則，生命仍然維持著四十億年前第一個生命出現時的本質：這幾十億年來，不管是小小的病毒、或是巨大的恐龍，都是依循不變的天擇原理而演化，此外，不論生物演化出怎樣奇特而怪異的外型，都還是僅限於有機領域——不管是仙人掌或鯨，一定都是由有

機化合物所組成。然而，現在人類正準備用「智慧設計」（intelligent design）取代天擇，將生命形式從有機延伸進入無機的領域。

　　就算不管未來，只談過去七萬年，仍然清楚可見：人類世讓全球起了前所未有的改變。隕石、板塊運動和氣候變遷，雖然也可能影響全球生物，但對每個地區的影響有所不同。地球從來就不是單一的生態系，而是由許多彼此稍有連結的小生態系所組成。板塊運動讓北美洲與南美洲相連，造成南美大多數有袋動物從此滅絕，不過這件事並未影響到澳洲的袋鼠。兩萬年前最後一次冰河期達到高峰，當時在波斯灣和東京灣的水母都得適應新的氣候，但因為兩種族群沒有連結，各自因應新氣候之後，就往不同的方向演化了。

　　相較之下，智人突破了地球上各個生態區之間的障壁。在人類世，地球有史以來第一次成為單一的生態系。雖然澳洲、歐洲和美洲仍有不同的氣候和地形，但人類已經讓全球的各種生物打破距離和地理分區，定期交流融合。從過去的木造船隻到現在的飛機、油輪和巨大貨輪，全球各地的交流已經從涓涓細流演變成一股洪流，在每片海洋上縱橫交錯，讓每個島嶼和大陸緊密相連。因此，像是現在要討論澳洲的生態，已經不能不考慮充斥在海岸邊或沙漠裡的歐洲哺乳動物、美洲微生物。過去三百年間，人類將綿羊、小麥、老鼠和流感病毒帶到澳洲，而這些物種對今日澳洲生態的影響，已遠遠超過原生的袋鼠和無尾熊。

　　然而，人類世並不是最近幾個世紀才出現的新現象。早在幾萬年前，智人的石器時代祖先就從東非走向地球的四方，每到一塊大陸和一座島嶼，就讓當地的動植物從此改觀。他們滅掉了所有其他人類、澳洲90％的大型動物、美洲75％的大型哺乳動物、全球大約50％的大型陸上哺乳動物；而且此時他們甚至還沒開始種麥、還沒

開始製作金屬工具、還沒寫下任何文字、也還沒鑄出任何錢幣。[58]

　　大型動物之所以首當其衝，是因為牠們數量相對較少、生育也較慢。我們可以用猛獁象（已滅絕）和兔子（仍倖存）來舉例。一群猛獁象的成員個數不超過幾十，繁衍速率大概就是每年只有兩頭小猛獁象。因此，只要當地的人類部落每年獵殺三頭猛獁象，就足以讓死亡大於出生，幾代之間就會讓猛獁象消失。相較之下，兔子則是生個不停，就算人類每年獵殺幾百隻兔子，仍然不足以讓牠們就此滅絕。

　　人類祖先並非處心積慮要殲滅猛獁象，而是根本不知道自己的行為會有什麼後果。猛獁象等大型動物的滅絕，就演化的時間尺度來看，十分迅速；但就人類觀感而言，卻是個緩慢的進程。當時人類的壽命頂多七、八十年，但整個滅絕的過程卻花了幾個世紀。遠古的智人可能壓根就沒注意到，每年獵一次猛獁象、每次只獵個兩三頭，竟然會讓這些毛茸茸的巨獸就此滅絕。大不了可能就只是某位懷舊的老人家，告訴族裡的年輕人：「我年輕的時候，猛獁象可比現在多得多啊。乳齒象和大角鹿也一樣。還有，當然那時候的部落酋長比較誠實，小孩也比較敬老尊賢。」

◢ 蛇的孩子

　　從人類學和考古證據看來，遠古狩獵採集者很有可能是泛靈論者，認為人類和其他動物並沒有什麼不同。整個世界（對當時的人來說，大概就是自己住的山谷和附近山區）共屬於這裡的萬物，而且萬物皆遵循著同樣一套規則：對於任何事情，只要是相關各方，就要不斷協商。於是，人們說話的對象不只有動物、樹木、石頭，

還包括精靈、魔鬼和鬼魂。從這種錯綜複雜的溝通關係中，就會出現各種價值觀和規範，不論人類、大象、櫟樹和亡靈都一體適用。[59]

　　某些狩獵採集社群直到現代依然存在，也仍然遵循著泛靈論的世界觀。例子之一是印度南部熱帶森林中的納雅卡人（Nayaka）。人類學家那瓦（Danny Naveh）多年研究納雅卡人，他曾提到，如果在叢林裡遇到像老虎、蛇或大象等等危險的動物，納雅卡人可能會向動物開口說：「你住在這片森林，我也住在這片森林。你來這裡吃東西，我也是要來採塊根和塊莖。我不是來傷害你的。」

12. 米開朗基羅的《原罪與逐出樂園》（*The Fall and Expulsion from Garden of Eden*），位於西斯汀教堂。這裡的蛇有著人的上半身，正是由牠引發了一連串的事件。〈創世記〉的前兩章主要是神的獨白，都是「神說……神說……神說……」，要到第 3 章才終於有了對話，而且對話的雙方就是夏娃和蛇，例如「蛇對女人說……女人對蛇說……」。正是人與動物之間僅此一次的對話，導致了人類的墮落，被逐出伊甸園。

曾經有一頭公象，納雅卡人給牠取了個名字是「總是獨行的大象」，牠殺了一位納雅卡人。印度林業部想要抓住這頭大象，但納雅卡人卻拒絕協助。他們告訴人類學家那瓦，這頭公象曾經和另一頭公象感情很好，總是一起四處閒晃。直到某天，林業部把另一頭公象抓走了，從此之後，「總是獨行的大象」就變得易怒又暴力。納雅卡人說：「如果你的另一半被抓走了，你會感覺如何？這頭大象就是這麼感覺的啊。那兩頭大象有時候晚上會分開各走各的……但到了早上總是會又再一起。直到那天，大象看到牠的夥伴倒了下來，躺在地上。如果有兩個人總是在一起，但你射殺了其中一個人，另一個人會怎麼想？」[60]

　　許多處於工業化時代的人，會覺得這種泛靈論簡直不可思議。對我們大多數人來說，都覺得動物從本質上就和人類有所不同，而且是較為低等。但這是因為，就算我們現存最古老的傳統，也要到狩獵採集時代結束幾千年之後，才創立出來。

　　像是《舊約聖經》，寫成時間約在西元前一千年，而其中記載最古老的故事，則反映出大約西元前第二個千年間的事。然而，中東地區的狩獵採集時代，早在七千年前就已經結束了。也就不難想見，《聖經》非但不接受泛靈信念，而且唯一一個泛靈論的故事，就出現在全書一開頭，做為警告之用。《聖經》這本書並不短，而且處處充滿各種神蹟奇事、驚奇詭異，但唯一一次說到動物與人交談，就是蛇引誘了夏娃吃下智慧的禁果。（另外在〈民數記〉裡，巴蘭的驢也向他講了幾句話，但只是為了要傳達上帝的訊息。）

　　在伊甸園裡，亞當和夏娃就是採集為生，而逐出伊甸園的情節實在與農業革命有驚人的相似之處。憤怒的耶和華不再允許亞當採集野果，要他「從地裡得吃的……汗流滿面才得餬口」。因此，只

有在伊甸園這個農業時代之前的階段，《聖經》裡的動物才會和人說話，這事可能並非巧合。從這個事件裡，《聖經》究竟是要教我們什麼呢？除了不該聽蛇的話，大致上最好也別和任何動物和植物說話，因為這一切只會導致災難而已。

然而，這則《聖經》故事其實還有更深入、更古老的涵意。在大多數的閃族語言裡，「Eve」（夏娃）這個字的意思就是「蛇」、甚至是「母蛇」。因此，人類在《聖經》裡這位眾生之母的名字，其實還隱藏著一個古老的泛靈論神話：蛇非但不是我們的敵人，還是我們的祖先。[61]

許多泛靈論的文化相信人類是動物的後代，而這些動物祖先也包括蛇和其他爬蟲類。大多數澳洲原住民都相信，世界是由彩虹蛇（Rainbow Serpent）所創造的，而像是阿蘭達人（Aranda）和狄亞里人（Dieri）也都認為，自己族人起源於原始的蜥蜴或蛇，後來才轉變為人類。[62]

事實上，現代西方人也認為自己是從爬蟲類演化而來，我們每個人的大腦，都是圍繞著爬蟲類腦核（reptilian core）而生長，而人體的構造基本上也就是演化後的爬蟲類。

〈創世記〉的作者可能在「Eve」這個名字，留下了一絲古老泛靈論的氣息，但他們可是費盡心思，掩蓋了所有其他痕跡。在〈創世記〉裡，人不是蛇的後代，而是由耶和華用地上的塵土，這種無生命物質所造。蛇不是人類的祖先，反而是引誘人對抗天上的父。

泛靈論只把人類看成另一種動物，但《聖經》則認為人類是神獨特的創造；要說人也是動物，等於是否認神的大能和權柄。確實也如此，等到現代人類發現自己其實是由爬蟲類演化而來，就背叛了上帝、不再聽祂的話語了——甚至是不再相信祂的存在。

▲ 畜牧場裡的悲慘世界

《聖經》以及書中相信「人類比其他動物特別」的信念，其實是農業革命的一項副產品，使人類與動物的關係走向一個新階段。人類開始農耕畜牧之後，導致新一波的生物大滅絕，但更重要的一點則是創造出另一種全新的生命形式：家畜。這種發展在一開始還沒什麼重要性，因為人類當時馴化的哺乳動物和鳥類不到二十種，相較之下，餘下的「野生」物種還有無數千千萬萬。但隨著時間一世紀一世紀過去，現在這種新的生命形式已經成為主導，今天有超過90％的大型動物都遭馴化成為家畜。

對於遭到馴化的物種來說，物種整體達到無與倫比的成功，但物種個體卻是遭到前所未有的苦難。雖然動物界幾百萬年來也碰過各種痛苦磨難，但農業革命產生的完全是新型苦難，而且隨著時間推移，只有變得更糟。

乍看之下，可能覺得家畜過的生活要比牠們的野生表親和祖先好得多。野豬得要整天覓食、尋水、找遮風避雨的地方，而且還會不斷受到獅子、寄生蟲和洪水的威脅。相較之下，家豬有人照顧，有得吃、有得喝、有得住，病了有人醫，也有人保護牠們免受掠食者及天災威脅。確實，大多數的家豬遲早都會進屠宰場，但這樣真的就能說牠們的命運比野豬差嗎？難道被獅子吃，就比被人吃來得好？還是說鱷魚的牙齒，不會比電動屠宰刀來得致命？

要說家畜命運特別悲慘，重點不在於牠們死的方法，而是牠們活的方式。豢養動物從古至今的生活狀況，都受到兩個因素互相拉扯：人類的欲望、動物的需求。人類養豬，是為了得到豬肉；如果希望豬肉供應穩定，就必須確保豬能夠永續生存繁衍。照這道理來

說，家畜應該能夠因此避開各種極端的殘酷對待。如果農夫不照顧好自己的豬，讓豬還沒生小豬就死了，這下就會輪到農夫餓死。

但不幸的是，人類卻有各種方式給家畜帶來無盡苦難，但同時又能確保家畜永續生存繁衍。這個問題的根源在於：家畜仍然承繼著野生動物的種種生理、情感和社交需求，但這對人類的農場來說毫無意義。農夫常無視這些需求，而且不會因此在經濟上付出任何代價。動物被鎖在狹小的籠子裡；角和尾巴被削去剪掉；母幼骨肉分離；而且被人刻意繁殖養出畸形。這些動物飽受痛苦，但仍然繼續生存繁衍。

這種說法，豈不是違反了天擇的最基本原理？演化論認為，所有本能、驅力、情感的演化，都只有一項目的：生存和繁衍。如果

13. 被關在母豬狹欄裡的母豬。這些擁有高度社交能力和智慧水準的生物，大半輩子就在這樣的環境中度過，彷彿已經製成了香腸。

是這樣，看到家畜這樣生生不息，豈不是證明所有需求都得到了滿足？家畜真的有非關生存和繁衍的「需求」嗎？

確實，所有的本能、驅力、情感之所以會演化，是為了滿足生存和繁衍的演化壓力。但就算這些壓力突然消失，本能、驅力和情感並不會隨之消失。至少，不是立刻隨之消失。就算這些本能、驅力和情感已經不再是生存和繁衍所必須，仍然會繼續影響動物的主觀經驗。在這裡，動物其實和人類一樣，雖然農業幾乎可說是在一夜之間改變了整個天擇的壓力，但並未改變牠們的生理、情感和社交驅力。當然，演化絕不會停下腳步，自從一萬二千年前農業興起之後，人類和動物仍然繼續演化。舉例來說，現在歐洲和西亞的人類已經演化出消化牛奶的能力，而乳牛則不再害怕人類，並且產乳量遠遠高於遠古的祖先。但這些都只是表面的改變。不論是牛、豬或人類，深層的感官及情感架構都仍然類似石器時代的情形，沒有多大改變。

為什麼現代人如此熱愛甜食？可不是因為到了二十一世紀初，我們還得大吞冰淇淋和巧克力，才能生存下去。反而是因為，我們石器時代的祖先如果碰到香甜的水果或蜂蜜，最明智的做法就是盡量吃，愈快愈多愈好。

年輕人為什麼開車魯莽、吵架衝動、還愛駭進機密網站？因為他們還是照著遠古基因的指令行事。遵行這些指令，在今天不僅無用，可能還有反效果，但在七萬年前，可是深深切合演化的目的。當時，年輕的獵人如果冒著生命危險追趕猛獁象，就可能勝過所有競爭對手，贏得當地美女的芳心；而我們現在就是還擁有這種男子氣概的基因。[63]

而在人類控制的農場裡，所有公豬、母豬和小豬也仍然遵循著

一樣的演化邏輯。為了在野外生存和繁衍，遠古的野豬需要漫步巡查遼闊的範圍，好熟悉環境，並留意各種陷阱和天敵。牠們還需要和其他野豬溝通合作，形成複雜的豬群，並以年長、經驗豐富的母豬做為領導。演化壓力讓野豬成為具有高度智能的社會化動物（母野豬更是如此），有強烈的好奇心，加上難以遏抑的衝動，想要交往、玩樂、閒逛、探索周遭環境。如果某頭母豬出生時，有罕見的基因突變，讓牠對環境與公豬興趣缺缺，這頭母豬就不太可能生存或繁衍下去。

野豬的後裔——家豬，也同樣繼承了牠們的智慧、好奇心和社交技巧。[64] 一如野豬，家豬也會用豐富多樣的聲音和嗅覺訊號，來互相溝通：母豬能夠辨識自己小豬獨特的尖叫聲，小豬也只要出生兩天，就能判斷自己媽媽和其他母豬叫聲的不同。[65] 賓州大學的柯蒂斯（Stanley Curtis）教授養了兩隻豬，分別名為哈姆雷特和歐姆雷特，柯蒂斯訓練牠們用鼻子控制一支特殊的搖桿，他發現豬打簡單電玩的能力，很快就和靈長類動物不相上下。[66]

今天，工業化畜牧場裡的母豬可沒有電玩可打。牠們被人類鎖在狹小的母豬狹欄（gestation crate）裡，通常是長200公分、寬60公分。狹欄裡為水泥地面，四面為金屬條，懷孕的母豬幾乎沒有轉身或躺下睡覺的空間，更別說要散步了。在這種條件生活三個半月後，母豬會給移到稍寬一點的豬欄，生下和養育小豬。

一般來說，小豬自然的哺乳期是10週到12週，但在工業化畜牧場裡會被強制逼至2週到4週內斷奶，接著就與母親分離，運到他處等待養肥、屠宰。至於母豬則再次被受孕、送回母豬狹欄，開始另一個循環。母豬得要經過五次到十次這樣的循環，然後輪到自己遭屠宰。近年來，母豬狹欄已經在歐盟和美國一些州遭到禁用，

但在其他國家仍然盛行，幾千萬隻懷孕的母豬幾乎一輩子都住在這樣的狹欄裡。

母豬一切生存和繁衍的需要，都由畜牧場的人提供，包括足夠的食物、抵抗疾病的疫苗、遮風蔽雨的保護，另外還有人工授精。客觀來看，母豬再也不需要去探索周遭、與其他豬社交、與小豬有任何情感連結，甚至連走路都沒有必要。但從主觀而言，母豬仍然會對這些事情感受到極強烈的欲望，未能滿足則痛苦萬分。關在狹欄裡的母豬，通常都會有嚴重的挫折和絕望症狀交替出現。[67]

這是演化心理學基本的一課：幾千世代以前所培養出的需求，就算已經不再是今日生存和繁衍所需，仍然會繼續留存在主觀感受之中。可悲的是，農業革命讓人類有了確保家畜生存繁衍的能力，卻忽視了家畜的主觀需求。

▲生物也是演算法

但我們怎麼能確定，動物（以豬為例）也有各種主觀的需求、感覺和情感？我們會不會只是一心把動物賦予人性，也就是把人類的特質賦予到非人類的對象上，像是小孩覺得玩偶能感受到人類的愛和憤怒？

事實上，要說豬也有情感，並不是賦予牠們「人性」，而是賦予「哺乳動物性」。因為情感不是人類獨有的特質，而是所有哺乳動物（同時還包括所有鳥類、可能某些爬蟲類、甚至魚類）共有的特質。所有哺乳動物都演化出情感能力和需求，而光是從豬屬於哺乳動物這一點，就能肯定推斷牠們也有情感。[68]

生命科學家近幾十年間已經證實，情感並不是只能用來寫詩、

譜曲的神祕精神現象，反而是所有哺乳動物生存和繁衍的關鍵。這是什麼意思呢？請讓我們從究竟什麼是「演算法」（algorithm）開始解釋。這點非常重要，不僅因為這項關鍵概念將在以下的章節再三出現，也因為二十一世紀將是由演算法主導的世紀。現在，演算法已可說是這個世上最重要的概念。如果想瞭解我們的未來及我們的生活，就必須盡一切努力瞭解什麼是演算法、以及演算法和情感的關聯。

演算法指的是一套很有系統的步驟，能用以進行計算、解決問題、作出決定。所以，演算法並不是單指某次計算，而是計算時採用的方法。舉例來說，如果想得到兩個數字的平均值，簡單的演算法會是：「第一步：將兩個數字相加。第二步：將總和除以2。」這時，如果輸入4和8，結果就是6；輸入117和231，結果就是174。

食譜是個複雜一點的例子。像是蔬菜湯的演算法，大概會是這樣：

一、在鍋中熱半杯油；

二、將四顆洋蔥切成碎末；

三、把洋蔥碎末炒至金黃色，再注入半鍋水；

四、把三顆馬鈴薯切塊，加入鍋中；

五、將一顆高麗菜切絲，加入鍋中。

諸如之類。你可以試試看不斷重複這種演算法，每次用稍微不同的蔬菜，就會得到一鍋稍微不同的湯。然而，演算法本身並沒有改變。

光有食譜，還煮不出湯來。還得有人讀這份食譜，並依規定的步驟執行才行。但還有一種方法，是製造出內含這種演算法、而且

可以自動照做的機器。接下來,只要為機器供電、加入水和蔬菜,機器就會自動把湯給煮出來。

雖然現在似乎沒有太多煮湯的機器,但大家應該都看過自助飲料機。這種飲料機通常會有硬幣投入孔、放杯子的位置,以及幾行按鈕。第一行按鈕大概是選擇要咖啡、茶或是可可,第二行是選擇不加糖、一匙糖、兩匙糖,第三行則是選擇要加牛奶、豆漿、或是都不加。今天有位男士走向機器,投入硬幣,按下了「茶」、「一匙糖」和「牛奶」,機器就會依據一系列明確的步驟開始執行。先是把一個茶包丟入杯中、倒入沸水、再加上一匙糖和牛奶,叮的一聲!一杯西式好茶就這樣在眼前出現。這就是一種演算法。[69]

過去幾十年間,生物學家已經有明確結論認為,像是那位男士按下按鈕、接著喝茶,也算是一套演算法。當然,這套演算法比自動飲料機要複雜得多,但仍然是一套演算法。人類這套演算法製造出來的不是茶,而是自己的副本——人類就像是製造自動販賣機的自動販賣機。

控制自動飲料機的演算法,是透過機械齒輪和電路來運作。至於控制人類的演算法,則是透過感覺、情感和思想來運作。至於豬和雞、狒狒、水獺,用的也是同一種演算法。我們用以下的生存問題為例:有隻狒狒看到附近樹上掛著一串香蕉,但也看到旁邊埋伏著一隻獅子。狒狒該冒生命危險去拿香蕉嗎?

這可以看做是計算機率的數學問題:一邊是不拿香蕉而餓死的機率,一邊是被獅子逮到的機率。要解開這個問題,狒狒有許多因素需要考慮。我離香蕉多遠?離獅子多遠?我能跑多快?獅子能跑多快?這隻獅子是醒著還是睡著?這隻獅子看起來很餓還是很飽?那裡有幾隻香蕉?香蕉是大是小?是青的還是熟的?除了這些外在

資訊，狒狒還得考慮自己身體的內在資訊。如果牠已經快餓死了，就值得不顧一切去搶香蕉，別再管什麼機率了。相反的，如果牠才剛吃飽，多吃只是嘴饞，那又何必冒生命危險？

想要權衡所有這些變項和機率，得到最好的結果，狒狒需要的演算法會比控制自動飲料機的演算法，遠遠複雜得多，然而計算正確的獎勵也大得多：這隻狒狒的生命。如果是一隻膽小的狒狒（也就是牠的演算法會高估風險），就會餓死，而形成這種膽小演算法的基因，也隨之滅絕。如果是一隻莽撞的狒狒（也就是牠的演算法會低估風險），則會落入獅子的爪下，而形成這種魯莽演算法的基因，也傳不到下一代。這些演算法正是靠著天擇，才達到穩定的品質控管。只有能夠正確計算出機率的動物，才能夠留下後代。

但這還是非常抽象。到底狒狒要怎麼計算機率？牠當然不會忽然從耳後抽出一支鉛筆、從褲子後面的口袋掏出筆記本，然後開始認真用紙筆計算奔跑速度和所需體力。相反的，狒狒的整個身體就是牠的計算機。我們所謂的感覺和情感，其實都各是一套演算法。

狒狒感覺餓、看到獅子的時候會感覺害怕而顫抖，看到香蕉也會感覺自己流口水。牠在一瞬間經歷到襲來的種種感覺、情感和欲望，都只不過是計算的過程。至於計算結果也是一個感覺：這隻狒狒突然覺得湧起一股力量，毛髮直豎，肌肉緊繃，胸部擴張，接著牠會大吸一口氣，「衝啊！我辦得到！衝向香蕉！」

但也有可能，牠是被恐懼打敗，肩膀下垂，胃中一片翻攪，四肢無力腿軟，「媽媽！有獅子！救命啊！」

也有時候，因為兩邊機率太相近，很難決定。而這也會表現成一種感覺。狒狒會感覺十分困惑，無法下決心。「衝呀……不衝……衝呀……不衝……可惡！我不知道該怎麼辦！」

　　要把基因傳遞到下一代，光是解決生存問題還不夠，還得解決繁衍的問題，而這也是機率的計算。天擇演化出喜好和厭惡的情緒反應，做為評估繁衍機率和勝算的快速演算法。美麗的外表也就代表著「能夠成功繁衍後代的機率高」。像是如果有位女人看到某位男士，心想「哇塞！他真帥！」，與某隻雌孔雀看到雄孔雀而心想「我的老天！瞧瞧那尾羽！」，其實都是類似自動飲料機在做的事。

　　光線一從男性身體反射到女性的視網膜上，這幾百萬年演化而成、無比強大的演算法就開始運作了。幾毫秒以內，就已經將男性外觀的各種小線索轉換為繁衍機率，並得出結論：「這很有可能

14. 孔雀和一個男人。你看著這些圖片的時候，身體裡的生化演算法就會
　　開始處理各種關於比例、顏色和尺寸的資料，讓你覺得是受到吸引、
　　覺得排斥、或是全然無感。

是個非常健康、有生殖力的男性，有很優良的基因。如果我和他交配，我的後代也很可能擁有健康的身體、良好的基因。」當然，這項結論並不會用文字或數字表達出來，而是化成熊熊慾火在身體裡燃燒。對於雌孔雀或是大多數女性來說，這並不是以紙筆為之的計算，而是一種「感覺」。

就連諾貝爾經濟學獎的得主，也只有在很少時間會用紙筆和計算機來做計算；人類各種決定有 99％，包括各種關於配偶、事業和住處的最重要抉擇，都是由各種經過演化、千錘百鍊而成的演算法來處理的，我們把這些演算法稱為感覺、情感和欲望。[70]

所有哺乳動物和鳥類（可能還包括一些爬蟲類、甚至魚類），都受到同樣的演算法所掌控，所以不管是人類、狒狒或豬，感覺恐懼的時候，都會在類似的大腦區域，產生類似的神經處理過程。我們或許可以推斷，不管是人、狒狒或豬，對於受驚這種事的體驗，會十分類似。[71]

當然，並不是說一切必然完全相同。豬似乎並不會感覺到屬於智人特徵的那種極端同情或極端殘酷，也無法感受到人類仰望無窮壯麗星空所感受到的那種讚嘆。當然，很可能有相反的例子，是人無法感受到豬的情感，只不過這顯然我也說不上來。

然而有一種核心情感，顯然是所有哺乳動物共有的：母嬰連結（mother–infant bond）。事實上，這也正是 mammal（哺乳動物）這個名詞的語源：mammal 一詞來自拉丁文 mamma，語義就是乳房。

哺乳動物的母親就是如此疼愛自己的後代，願意讓後代從自己身上吸吮營養。至於哺乳動物的嬰孩，則是有強烈的欲望，想要和母親待在一起，待在她們的身邊。如果是在野外，沒能跟在母親身邊的小豬、小牛和小狗，通常活不了多久。而且到不久之前，人類

的嬰兒也同樣是如此。相對的，如果成年的母豬、母牛或母狗因為某種罕見的基因突變，而一點也不關心生下的孩子，當然她們自己可能活得舒適自在又長壽，但她的基因也就不會傳遞到下一代。同樣的邏輯也適用於長頸鹿、蝙蝠、鯨和豪豬。

對於其他情感，我們或許還有爭議的空間，但因為哺乳動物的幼兒必須要有母親的照顧，才能生存，顯然母愛以及強烈的母嬰連結，會是所有哺乳動物共同的特色。[72]

◢ 哺乳動物渴求母嬰連結

科學家經過多年努力，才研究出這一點。然而在不久之前，甚至連人類父母與子女之間的情感連結，都曾遭到心理學家質疑其重要性。在二十世紀上半葉，雖然也有佛洛伊德理論的影響，但蔚為一時主流的行為主義學派認為，父母與子女之間的關係是由物質的回饋所塑造；兒童主要需要的就是食物、居處和醫療照護，之所以和父母建立連結，只是因為父母能夠滿足這些物質需求罷了。如果是那些會要求溫暖、擁抱和親吻的兒童，則被認為是「寵壞了」。當時的育兒專家就警告，如果父母太常擁抱、親吻孩子，會讓他們成年以後很自私、沒有安全感、情感不夠獨立。[73]

1920年代的育兒權威華生（John Watson），就對當代父母三令五申：「絕對不要擁抱和親吻你的孩子，也絕對不可讓他們坐在你的大腿上。如果你非得如此，也只能在他們說晚安的時候，親一下他們的額頭。早上碰面，則是與他們握手即可。」[74]

當時的流行雜誌《嬰兒照護》（Infant Care）也提到，養育孩子的祕訣就是維持紀律，依據嚴格的每日時程表，提供孩子物質需

求。一篇 1929 年的文章也指示家長，如果嬰兒在還不到正常進食時間之前就哭了，「不可以抱他，不可以搖他、哄他別哭，而且也不可以餵奶，要等到確切的餵奶時間才行。嬰兒、甚至是小嬰兒，哭一下並不會有事。」[75]

直到 1950、1960 年代，才有愈來愈多專家達成共識，放棄這些嚴格的行為主義理論，承認情感需求的重要性。在一系列著名、而且殘酷到令人震驚的實驗中，心理學家哈洛（Harry Harlow）在幼猴剛出生不久，就強行將幼猴與母猴分開，隔離在小籠子裡。籠子裡有兩隻假母猴，一隻是金屬假猴、裝有奶瓶，另一隻是絨布假猴、但沒有奶瓶，結果幼猴是使盡全力抱著絨布母猴。

有一件事，這些幼猴都懂，但是華生與《嬰兒照護》雜誌的育兒專家卻不懂：哺乳動物要活下來，光靠食物還不夠，還需要情感上的連結。經過幾百萬年的演化，猴子天生就極度渴求情感連結，也讓牠們認為，比起堅硬、金屬製的物體，毛茸茸的物體比較可能建立起情感連結。（也是因為這樣，兒童比較會緊抱著洋娃娃、毯子、或是臭烘烘的破布，而不是什麼廚具、石頭或是木塊。）正是因為對於情感連結的需求如此強烈，才讓哈洛實驗裡的幼猴不顧能提供奶水的金屬母猴，而投向唯一看來可能回應牠們需求的絨布母猴。但很遺憾，幼猴的真心渴望，始終沒能得到絨布母猴的回應，於是這些幼猴在心理和社交方面出現嚴重問題，長大後成為神經質和反社會的成猴。

我們今天回顧二十世紀初的兒童養育指南，會大感難以置信。專家怎麼可能沒發現兒童有情感需求？怎麼可能不知道，兒童心理和生理的健康，除了需要滿足食物、居處和醫療照護的需求之外，滿足情感的需求也一樣重要？

然而如今，一講到其他哺乳動物，我們依然不斷否認這顯而易見的事實。就像華生和《嬰兒照護》雜誌的育兒專家一樣，整部人類史上的農夫，雖然提供了小豬、小牛物質上的需求，卻往往忽略牠們的情感需求。於是，不論是養豬場或是酪農業，都是以打斷哺乳動物最根本的情感連結做為基礎。農民讓母豬和母牛不斷懷胎，但小豬和小牛卻是出生沒多久，就被迫與母親分離，常常終其一生都未能舐到母親的眼淚、也沒能感受到她的舌頭和身體的溫暖。

　　哈洛對幾百隻猴子所做的事，現在畜牧業及酪農業每年還會在幾十億頭動物身上重現。[76]

◢ 人與神的農業交易

　　對自己的行為，農民是怎樣自圓其說？狩獵採集者很少意識到自己對生態系的損害，但農民則是再清楚不過。他們知道自己在剝削這些家畜，用牠們滿足人類的欲望和任性。他們用的理由是新的**有神論**（theism）宗教。

　　自從農業革命以後，有神論便蓬勃興起、廣泛蔓延。在有神論宗教看來，整個宇宙並不是所有萬物共同組成的議會，而是由一小群神祇、又或是唯一的神（可能是英文大寫的God，或是希臘文裡的Theos）所控制的神權政治。我們通常不會把這個概念和農業連在一起，但至少在一開始，有神論的宗教其實就是個農產事業。像是猶太教、印度教和基督教之類的宗教，其神學、神話和禮拜儀式一開始都是以人類、農作物與家畜的關係為重心。[77]

　　例如《聖經》時代的猶太教，就是以農民和牧人為主要對象，戒律多半是與農務和鄉村生活有關，主要的節慶也都是豐收節。在

現代人的想像中，耶路撒冷的古猶太會堂可能就像大型的現代猶太會堂，祭司穿著雪白的長袍、迎接虔誠的朝聖者，合唱團悠揚吟唱著詩篇，空氣中飄著薰香。但實際上，古猶太會堂更像是屠宰場加上燒烤攤。朝聖者來的時候可不是兩手空空，而是帶著簡直川流不息的綿羊、山羊、雞等動物，在神的祭壇上獻祭，接著烹煮為食。另外，小牛和小孩發出一片吼叫吵雜聲，恐怕叫人難以聽到合唱團的詩篇歌聲。祭司穿著血跡斑斑的套服，切斷祭品的喉嚨，將噴湧而出的血液蒐集在罐中，再潑灑於祭壇上。薰香的味道混合著血液凝固後的臭味、烤肉的香氣，成群黑蒼蠅四處嗡嗡飛著——請參閱〈民數記〉第28章、〈申命記〉第12章、〈撒母耳記上〉第2章。

現代猶太家庭過節的時候，是在前院草坪辦BBQ；而信仰傳統猶太教的家庭，則是上會堂研讀經文。這樣看來，辦一場BBQ可能還比較接近《聖經》時代的精神。

有神論的宗教（例如《聖經》時代的猶太教）是用一種新的宇宙神話，來合理化農業經濟體制。過去的泛靈論宗教，是將宇宙描繪成如同一場盛大的京劇，有無窮無盡、五彩華麗的角色不斷上場。大象和櫟樹、鱷魚和河流、高山和青蛙、鬼魂和精靈、天使與魔鬼，都是這場宇宙大戲的角色。但有神論的宗教改寫了劇本，把宇宙變成易卜生荒涼的戲劇場景，只有兩個主要角色：人和神。

天使和魔鬼也撐過了這次改寫，成為各個大神的使者和僕人。但其他原本泛靈論的卡司，包括所有的動物、植物、以及其他自然現象，現在都成了無聲的裝飾。確實，還是有這位或那位神祇，認定某些動物是神聖的，而且也有許多神帶著動物的特徵，譬如埃及的神祇阿努比斯（Anubis）就有著胡狼的頭，甚至耶穌基督也常被描繪成羔羊的形象。只不過，古埃及人很容易就能分辨阿努比斯與

會潛到村子裡偷雞的胡狼有何差別，而信基督教的屠夫宰殺羔羊的時候，也從不會誤認為這是耶穌。

我們常常認為，有神論的宗教只是將那些大神給神格化，卻忘記它們把人類也給神格化了。在這之前，智人一直只是數千演員當中的一員。但是在新的有神論戲劇之中，智人卻成了中心角色，整個宇宙繞著他而轉。

而同時，諸神則要扮演兩個相關的角色。首先，要由祂們來解釋智人到底有什麼特別，憑什麼要讓人類占主導地位、剝削其他一切生物。例如基督教就說，人類之所以能支配其他生物，是因為造物主給了他們這項權力。基督教還說，上帝把永恆的靈魂只給了人類。既然這永恆的靈魂是整個基督教宇宙的重點，而動物又沒有靈魂，牠們當然就只能充當臨時演員的角色。於是，人類成為造物的頂峰，而其他所有生物只能待在角落。

第二，神要負責在人類和生態系之間進行調解。在泛靈論的宇宙裡，所有角色都是直接彼此交談溝通。如果你需要美洲馴鹿、無花果樹、雲朵或岩石給你什麼，可以自己直接去談。但到了有神論的宇宙，所有非人類的實體都沉默了。於是，人類不再能和樹木與動物交談。但這樣一來，如果需要果樹產出更多果子、乳牛產出更多牛奶、雲朵帶來更多雨水、以及蝗蟲遠離你的作物，又該如何是好？這就是神上場的時候了。祂們承諾風調雨順、五穀豐登、蟲病不興，而人類也要提供一些回報。這就是農業交易的本質。諸神負責保護農業、讓農業豐收，換來人類將部分農產品獻予諸神。這筆交易對人和神都好，卻犧牲了整個其他生態系。

在現今的尼泊爾巴利雅普（Bariyapur）村，信徒每五年會慶祝一次女神嘉蒂麥（Gadhimai）的節日。2009年創下紀錄，二十五萬

頭動物遭宰殺，獻祭給女神。有一位當地司機，向來訪的英國記者
解釋：「如果我們想要什麼，便帶著祭品來這裡獻給女神，所有的
夢想就能在五年之內實現。」[78]

▲ 犧牲了動物的利益

在有神論的許多神話裡，會解釋這筆交易的微妙細節。美索
不達米亞的史詩作品《吉爾伽美什》（*Gilgamesh*）就提到，諸神放
出大洪水毀滅世界，幾乎所有人類和動物都淪為波臣。衝動的神祇
此時才驚覺，這下沒人對他們奉獻了，飢餓和痛苦逼得祂們簡直要
發狂。千幸萬幸，還有一個人類家庭存活了下來——這得感謝恩基
（Enki）這位神祇的先見之明，安排信徒烏特納庇什提（Utnapishtim）
躲在一艘木製的大方舟裡，方舟上也載著烏特納庇什提的親戚，以
及各種動物。等到洪水消退，這位美索不達米亞神話裡的挪亞，便
從方舟中現身，第一件事就是將一些動物獻祭給神祇。根據史詩說
法，所有大神立刻衝到現場：「諸神嗅到香氣，諸神嗅到美味的香
氣，諸神如蒼蠅群聚至祭品周圍。」[79]

至於《聖經》中的洪水故事（寫成時間比美索不達米亞神話
晚了超過一千年），同樣寫到挪亞一出了方舟，就「為耶和華築了
一座壇，拿各類潔淨的牲畜、飛鳥獻在壇上為燔祭。耶和華聞那馨
香之氣，就心裡說：我不再因人的緣故咒詛地，也不再按著我才行
的，滅各種的活物了。」（〈創世記〉6：20-21）

這種洪水故事成為農業世界的奠基神話。當然，我們也可以給
它添上一點現代環保的色彩，說這場洪水是在教訓人類，要我們知
道人類的作為可能會毀掉整個生態系，而人類得負起保護剩餘萬物

的神聖使命。只是就傳統的宗教詮釋而言，洪水正證明了人類的優越傑出、以及動物的毫無價值。在傳統的宗教詮釋中，挪亞雖然奉命拯救整個生態系，但目的是保護神和人類的共同利益，而不是為了動物的利益。非人類的生物本身並沒有價值，就只是為了人類的利益而存在。

畢竟，當「耶和華見人在地上罪惡很大」，就決定「要將所造的人和走獸，並昆蟲，以及空中的飛鳥，都從地上除滅，因為我造他們後悔了。」（〈創世記〉6：7）。可見《聖經》覺得，為了懲罰智人犯下的罪行，把所有動物都消滅掉，也是天經地義，但這就好像只因為人類不乖，所有長頸鹿、鵜鶘和瓢蟲也都不再有意義。《聖經》沒能想到另一種情節：耶和華後悔創造了智人，於是把這種罪惡的猿類，從地球表面抹去，接著就能享受鴕鳥、袋鼠和貓熊的各種可愛表演，直到永遠。

◢ 農業革命也成了宗教革命

不過，有神論宗教仍然存有一些對動物友善的想法。諸神讓人有權掌控動物界，但享有權力的同時，也要負點責任。例如猶太人就奉命必須讓家畜在安息日休息，並盡可能不造成牠們不必要的痛苦。（只不過，每當發生利益衝突，人類的利益仍然永遠勝過動物的利益。）[80]

在猶太經典《塔木德》（*Talmud*）裡有一則故事，一頭小牛在前往屠宰場的路上逃掉，求助於拉比猶太教的創始人之一：葉胡達拉比（Rabbi Yehuda HaNasi）。小牛把頭鑽到這位拉比的長袍下，開始哭泣。但是拉比把小牛推開，說道：「去吧，你被創造就是為了這

個目的。」由於這位拉比如此不慈悲，神便處罰他，讓他生了一場痛苦的疾病，長達十三年。直到有一天，僕人正在打掃拉比的家，發現幾隻剛生出來的老鼠，就把牠們掃地出門。但是拉比立刻趕去拯救了這幾隻無助的小生物，要僕人放過牠們，因為「耶和華善待萬民；他的慈悲覆庇他一切所造的。」(〈詩篇〉145：9)。而因為這位拉比展現了對老鼠的慈悲，神也就展現對他的憐憫，治癒他的疾病。[81]

其他宗教則對動物展現了更高的同理心，特別是源自印度的耆那教(Jainism)、佛教和印度教。這些宗教強調人類和生態系其他部分仍有連結，而且最重要的道德戒律就是不殺生。《聖經》只說「不可殺人」，但古印度的「ahimsa」(非暴力)原則卻適用於眾生。在這方面，耆那教的僧侶特別留意，總是用一塊白布蒙住嘴巴，以免呼吸時不小心殺害小昆蟲，走路的時候也總是帶著掃把，輕輕將路上的螞蟻或甲蟲掃到一旁。[82]

然而，所有農業宗教(也包括耆那教、佛教和印度教在內)都有一套說詞，認為人類就是比較高等，剝削利用動物實屬正當(就算不是殺生取肉，至少也是獲取乳汁、或是借助其勞力)。這些宗教都聲稱，確有一種自然的階層結構，賦予人類控制和使用其他動物的權力，唯一的條件就是人類得遵守一定的限制。舉例來說，印度教雖然認為牛是神聖的動物、並禁吃牛肉，但仍然能為酪農業找到冠冕堂皇的藉口，聲稱牛是一種慷慨的生物，很渴望和人類分享牠們產出的牛乳。

因此，人類就這樣自己談成了一場「農業交易」。根據這項交易，某種宇宙間的大能，給了人類控制其他動物的權力，條件是人類要對神祇、對自然、以及對動物本身履行某些義務。而人們在農

耕生活裡，每天都會感覺宇宙間確實有一股力量存在，也就更容易接受這種說法。

狩獵採集者並不覺得自己比其他生物高級，原因就在於他們很少意識到自己對生態系有什麼影響力。當時典型的部落大概只有幾十人，部落周遭卻有幾千隻以上的野生動物，部落能否存活，有賴於理解和尊重這些動物的欲望。負責找食物的人得要不斷問自己，野鹿會想做什麼？獅子又會想要什麼？否則他們就捕不到鹿、也逃不過獅子。

但農民卻與此相反，他們所居住的是一個由人類的夢想及想法所控制和塑造的世界。雖然人類仍然逃不了強大恐怖的天災（例如颱風和地震），但已經不再那麼需要理解其他動物的想法了。農場上的小夥子很早就懂得怎麼騎馬、給牛套上犁、鞭打倔強的驢子，以及把羊趕去吃草。每天這樣過日子，很容易就會認為，這一定是某種自然秩序、或是上天的旨意。

於是，農業革命既是經濟上的革命，也成了宗教上的革命。新的經濟關係興起，新的宗教信念也同時產生，而替殘酷剝削利用動物的行為，找到了藉口。每次只要哪個碩果僅存的狩獵採集部落，也開始走向農耕，我們就會再次見證這種古老的過程。近年來，印度南部的納雅卡人已經開始出現一些農耕行為，像是養牛、養雞、種茶。毫不意外，他們也開始對動物有了新的態度，而且對於家畜及農作物的態度，明顯與野生生物有所不同。

在納雅卡人的語言中，具有獨特個性的生物稱為「mansan」。例如人類學家那瓦問他們的時候，納雅卡人會說：所有的大象都屬於mansan，「我們住在森林裡，他們也住在森林裡。我們和他們都是mansan……還有熊、鹿、老虎也都是。都是森林裡的動物。」那

乳牛呢？「乳牛不一樣。到哪裡你都得帶牠們走。」那雞呢？「牠們什麼都不是。牠們不是mansan。」那森林裡的樹呢？「算是，他們已經活了這麼久了。」那茶樹呢？「喔，那是我種的，我把茶葉賣掉，才能從店裡買我要的東西。它們不算是mansan。」[83]

像這樣，就把動物從有情感、值得尊重的生命，降格成為不過是人類的資產。這種過程很少僅止於牛和雞，大多數農業社會也開始把不同等級的人，視為只是一種資產。像在古埃及、《聖經》時代的以色列和古代中國，都曾將人類當作奴隸，恣意虐待，僅因細故，便將之處決。

正如農民不會去問牛和雞對於農場營運的意見，當時的一國之主，也絕不會想到要問問農民，該怎樣治理國家。此外，每當某些族群、團體或宗教社群起了衝突，常常就是互相指責「不配當人」。像這樣先將「他者」稱之以野獸，之後也才能待之以野獸。於是，農場也就成了新社會的原型——有著目空一切的農場主人、比較低等而可以剝削利用的其他動物、值得消滅的外部野獸；以及在一切之上有位偉大的神，對這一切安排給予祝福。

◢ 科學革命造就神人

現代科學和工業的崛起，也帶來人與動物關係的第二波革命。在農業革命時，人類已經刪去了動植物的臺詞，讓泛靈論的這齣大戲只剩下人類與神之間的對話。到了科學革命，連神祇的臺詞也就此刪去。

現在，整個世界已經成了獨角戲。人類獨自站在空盪盪的舞臺中間自言自語，不用和任何其他角色談判妥協，不但得到無比的權

力,而且不用負擔任何義務。破解了物理、化學和生物無聲的定律之後,現在人類在這些領域硬是為所欲為。

遠古的獵人到草原上狩獵,會要求野牛的協助,而野牛也向獵人要求一些東西。遠古的農民希望乳牛產出更多奶,會祈求神祇的協助,而神祇也會向農民開出祂的條件。但是在雀巢(Nestlé)的研發部門裡,穿著白色實驗衣的研發人員想提升乳牛的產乳量,他們會去研究遺傳學和基因,而基因不會向他們要求任何回報。

只不過,正如獵人和農民各有自己的神話,研發人員其實也有一套他們相信的神話。他們最有名的神話,根本就是無恥的抄襲了知善惡樹和伊甸園的傳說,只是把地點搬到英格蘭林肯郡的伍爾索普莊園。根據這個神話,有個叫牛頓的人,坐在一棵蘋果樹下,而一顆熟蘋果就這麼掉在他頭上。於是牛頓開始思考,為什麼蘋果是直直落下,而不是往旁邊掉、或是向上飛?這個疑問讓他發現了萬有引力和牛頓運動定律。

牛頓的故事讓知善惡樹的神話再也不同了。在伊甸園裡,是由蛇來開場,引誘人類犯罪,而使神將憤怒降在他們身上。不管對蛇或是對神來說,亞當和夏娃都只是個玩物。但在伍爾索普莊園裡,人類是唯一的主角。雖然牛頓本人是虔誠的基督徒,花在研讀《聖經》的時間遠比研究物理定律要多,但他所促成的科學革命,卻讓上帝就此退場。自此之後,牛頓的繼任者開始寫下他們自己的〈創世記〉神話,不管是神或是蛇,都再也沒有露臉的機會。伍爾索普莊園裡發生的事,是基於單純的**自然律**(natural law),而想找出這些自然律,則完全是人類自發的行為。雖然故事的開頭是有顆蘋果掉到了牛頓的頭上,但蘋果可不是故意的。

在伊甸園的神話裡,人類因為好奇、希望得到知識,而遭到懲

罰，被上帝趕出天堂。但在伍爾索普莊園的神話裡，不但沒人懲罰牛頓，情況還正好相反。多虧他的好奇心，人類才能進一步瞭解宇宙、變得更加強大，並且往科技的天堂又近了一步。全球無數教師傳頌著牛頓的神話，鼓勵學生要有好奇心，暗示著只要我們得到足夠的知識，就能在地球上創造出天堂。

事實上，就算在牛頓的神話裡，還是有神的角色：牛頓自己就是神。等到生物科技、奈米科技和其他科學的果實終於成熟，智人就會得到神的大能，兜了一圈，而再次回到能給人知識的知善惡樹下。

遠古的狩獵採集者，只不過就是另一種動物。到了農民，以為自己是神所造萬物的頂峰。但再到了科學家，則是要讓人類都演化升級為神。

◢ 人本主義崇拜人

農業革命促成了有神論的宗教，科學革命則是催生了人本主義宗教：以人取代了神。有神論者崇拜的是神（希臘文裡的 theos），人本主義者則是崇拜人。像是自由主義、共產主義和納粹主義這樣的人本主義，其奠基概念認為：智人擁有某些獨特而神聖的本質，這些本質是宇宙間所有意義和權力的來源。宇宙間發生的所有事，都會以「對智人的影響」做為好壞判斷的依據。

有神論以神之名，做為傳統農業的理由；人本主義則是以人之名，做為現代工業化農業的藉口。工業化農業將人的需求、任性和願望視為神聖，至於其他因素則不值一哂。例如動物，既然沒有人性的高貴，工業化農業自然不會把牠們放在眼裡。甚至是神，既然

現代科技已經讓人類擁有了超過遠古神祇的力量，自然也沒有祂們派上用場的地方。科技讓現代產業對待牛、豬和雞的方式，甚至比傳統農業社會的飼養方式，更為嚴苛。

在古埃及、羅馬帝國、或古代中國，人類對於生物化學、遺傳學、動物學和流行病學的所知都很有限，於是操縱這一切的力量也很有限。在那些時候，豬、牛和雞可以自由在屋間奔跑，從垃圾堆或附近的樹林裡，找出各種可吃的寶藏。如果有哪個異想天開的農夫，想把幾千隻雞都關在一間擁擠的雞舍裡，大概就會爆發致命的流行病，不但殺死整個雞群，可能連許多村民也會遭殃。這時候，任何祭司、薩滿巫師或神祇，都無法阻擋。

然而，一等到現代科學解開流行病、病原體和抗生素的祕密，工業化的雞舍、牛欄、豬圈也就成為可行。靠著疫苗、藥物、荷爾蒙、殺蟲劑、中央空調系統、自動餵食裝置，現在我們能把成千上萬隻的豬、牛、雞，塞進整齊畫一的狹小籠子裡，用前所未有的效率，生產豬肉、牛奶和雞蛋。

◢ 人類有何獨特之處？

近年來，隨著人們重新思考人與動物的關係，這樣的做法也開始招致愈來愈多的批評。忽然之間，我們對於所謂低等生物的命運有了前所未有的興趣；或許也是因為自己快要變成低等生物了？

如果電腦程式取得了超乎人類的智慧、前所未有的能力，我們是不是該認為這些程式比人類更重要？舉例來說，未來超乎人類智慧的人工智慧，能不能利用人類、剝削人類，甚至為了它自身的需求和欲望，而殺死人類？

如果你認為，就算電腦的智慧和力量都遠超於人，這種事情還是萬萬不可以發生。那麼究竟是什麼道理，讓人類可以利用乳牛、剝削蛋雞、屠殺豬隻？難道除了有更高的智慧、更大的能力之外，人類還有什麼獨特之處，讓我們與牛、雞、豬、黑猩猩和電腦程式有所不同？

如果覺得確實有所不同，那麼這種獨特之處究竟從何而來？我們又怎麼能夠肯定，人工智慧永遠無法取得這種獨特之處？而如果覺得沒有不同，那麼等到電腦超越了人類的智慧和力量，又有什麼理由說人類的生命有特殊價值呢？

究竟，人類最早是怎麼變得如此聰明、強大？非人類的實體又有多大可能將會超過我們？

下一章將會討論智人的本質和能力，一方面進一步理解我們與其他動物的關係，另一方面也要看看人類可能的未來，以及人類與超人類可能有怎樣的關係。

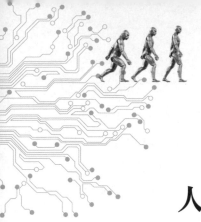

第**3**章

人類的獨特之處

　　毫無疑問，智人是目前世界上最強大的物種。但智人也很喜歡認為自己的道德地位較為高尚，自己的生命比豬、大象或狼更有價值。然而要講道德地位，智人的高度可就沒那麼明顯了。難道，真的是拳頭大就贏？就只因為全體人類的力量大於全體豬隻的力量，就能說人命比豬命更珍貴？美國國力遠勝過阿富汗，難道美國人的人命就比阿富汗人更有價值？

　　在目前的現實處境上，美國人的人命確實更有價值。一般美國人在教育、健康和安全方面能得到的金錢投資，確實遠超過一般的阿富汗人。殺死一名美國公民，引起的國際譴責聲浪也會遠大於殺死一名阿富汗公民。然而一般人會認為，這只不過是因為地緣政治上的權力不對等。雖然阿富汗的影響力遠不及美國，但在托拉博拉（Tora Bora）山間孩子的生命，大家還是會認為：和比佛利山孩子的生命一樣，神聖不可侵犯。

　　然而，如果說人類兒童的生命比小豬的生命重要，我們卻希望這不光是生態上的權力不對等，更希望在某些重要的方面，人命真

的就是比較優越。我們智人喜歡告訴自己，人類一定有某些神奇的特質，不僅能讓我們有如此偉大的能力，也為我們這種特權地位，找到道德上的理由。那麼，究竟人類獨特之處何在？

傳統的一神論會說，只有智人擁有永恆的靈魂。雖然身體會衰老、腐爛，但靈魂會踏上通往救贖或詛咒的旅程，不是在天堂享受永恆的幸福，就是在地獄承受永遠的痛苦。但豬和其他動物沒有靈魂，自然也就不會出演這場宇宙大戲，不過就是活個幾年，接著就死去、化為虛無。因此，我們與其擔心生命短暫的豬，不如多把心思花在人類永恆的靈魂上。

這絕不是幼兒園裡逗小孩的童話，而是非常強大的神話，即使到了二十一世紀初，仍然不斷影響著數十億人類和動物的生命。就現有的法律、政治和經濟制度而言，相信人類有永恆的靈魂、但動物只有短暫的肉體，可說是這些制度的中心支柱。舉例來說，這能夠解釋為什麼人類能夠宰殺動物為食，甚至只是為樂，就恣意欺凌屠戮！

但是最新的科學發現，卻完全與這個一神論的神話互相牴觸。科學實驗確實也證明了這個神話的一部分：正如一神論宗教所言，動物沒有靈魂。經過各種小心研究、仔細檢視，都未發現線索證明豬、鼠或獼猴擁有靈魂。但遺憾的是：同樣的實驗卻也影響了一神論神話更重要的第二項假設，也就是人類擁有靈魂。科學家已經讓智人做過千千萬萬種怪異的實驗，找遍了人心臟裡的每個角落、看遍了大腦裡的每一道縫隙，卻仍未發現什麼獨特之處。完全沒有任何科學證據，能夠證明人擁有靈魂、豬則沒有。

如果只是這樣，或許還能說科學家該繼續找就是了。他們還沒找到靈魂，可能只是找得還不夠仔細？然而，生命科學之所以質疑

靈魂這個概念,並不是因為缺乏證據,而是因為這個概念根本違反演化的基本原理。也正是因為這種矛盾,使得虔誠一神論信徒,對演化論恨之入骨。

◢ 誰怕達爾文?

2012年的蓋洛普(Gallup)調查顯示,美國人只有15%認為智人演化全靠天擇,並無神祇介入;32%認為,人類可能是經由持續幾百萬年的過程,才從早期生命形式演化成現在的模樣,但整件事正是上帝的精心安排;46%則認為,人正如《聖經》所言,是由上帝在大約一萬年前所創。就算大學讀了三年,也完全不會影響這些看法。同一項調查發現,大學畢業生中,46%相信《聖經》裡神造萬物的故事,只有14%認為人類演化沒有什麼神祇監督。就算是碩士和博士畢業生,還是有25%相信《聖經》,只有29%相信人類是單純由天擇所演化而成。[84]

顯然,目前學校對於演化的教學成效已經夠差了,但還有宗教狂熱份子堅持根本不該教孩子演化論,或聲稱應該帶入其他觀點,像是智慧設計論,也就是認為:所有的生物都是由某種更高的智慧(也稱為「上帝」)所設計。狂熱份子說:「兩種都教,再讓孩子自己決定。」

為什麼演化論引起這麼強烈的反彈,但一講到相對論、量子力學,卻似乎一片靜悄悄?為什麼講到物質、能量、空間和時間的理論時,不會有政客要求應該教「其他觀點」?畢竟第一眼看來,和愛因斯坦的相對論或海森堡(Werner Heisenberg)的量子力學相比,達爾文的概念實在沒什麼可怕的。

演化論的基本原理就是「**生殖成就**最高（fittest）者生存」，這個想法再簡單明瞭不過，甚至可說有點單調。相較之下，相對論和量子力學認為人可以扭曲時空、無中生有、某隻貓可以同時既是死的也是活的，這簡直是在嘲弄我們的一般常識，卻沒有人站起來說要保護無辜的學童，不要接觸這些可笑的想法。這究竟為什麼？

相對論不會讓什麼人生氣，是因為它並不牴觸什麼我們寶貴的信仰。空間和時間究竟是絕對或相對，大多數人壓根就不在乎。如果你說空間和時間可以彎曲，好啊，請自便。彎就彎吧，干我什麼事呢？但相較之下，達爾文卻會讓我們失去靈魂。如果真的去理解演化論，就會發現沒有靈魂這件事，而這個想法不只會驚嚇到虔誠的基督徒或穆斯林，還會嚇到許多一般人。雖然他們不見得有任何明確的宗教信仰，但仍希望每個人都具有一生不變的個人本質，甚至在死後也能保存完好。

從字面來看，英文的individual（個體、個人）指的就是：無法（in-）再分割（divide）的東西。於是，說自己是個 in-dividual，也就暗示著我是個完整的整體，而不是個別獨立部分的集合。有人就主張：這種不可分割的本質就算隨著時間過去，也能不增不減，保持原樣。我的身體和大腦會不斷變化，像是神經元會觸發（firing）、荷爾蒙會分泌、肌肉會收縮；但是我的性格、期望和人際關係，從來不會停滯不變，幾年或幾十年後很有可能完全不同；然而，在一切的最深處，我從出生到死亡都還是同一個人，而且我還希望這一點能夠超越死亡。

不幸的是，演化論並不認為有什麼不可分割、不會改變、可能永恆的自我本質。根據演化論的看法，所有生物（從大象和櫟樹，到細胞和DNA分子）都是由更小更簡單的單位所組成，會不斷連

結和分離。大象和細胞之所以不斷演變，正是因為不斷有新的連結和分離。如果是無法分割或改變的東西，就不可能透過天擇而出現。

以人眼為例，就是由許多更小的部分所組成的複雜系統，包含像是水晶體、角膜和視網膜。眼睛可不是橫空出世、一現身就備齊所有部分，而是經過幾百萬年一小步、一小步演化，才成了現在的樣子。與大約一百萬年前的**直立人**（*Homo erectus*）相較，智人和他們的眼睛還非常類似。與大約五百萬年前的**南猿**（*Australopithecus*）相較，相似的地方就少了一點。再與一億五千萬年前的史前哺乳動物 *Dryolestes* 相比，則已是天差地別了。與億萬年前住在地球上的單細胞生物相比，看來就是毫不相似。

然而，就算是單細胞生物，其實也有微小的胞器，能讓這隻微生物辨別明暗，以便向光或背光移動。從這種最原始的感測器，演化成現在的人眼，整個過程曲折而漫長——但如果你也有幾億年的時間，當然就能一步一步走完。要能做到這件事，正是因為眼睛能夠分成許多不同的部分。只要每隔幾代、在某一個部分有了一點小小的變化（像是角膜曲度大了一點），經過幾百萬代，就可能演化出人眼來。如果眼睛就是一個完整的實體、無法再分出任何部分，就絕不可能透過天擇，演化成現在的樣子。

正因如此，如果要說靈魂就是一種不可分割、不會改變、可能永恆的東西，演化論當然無法接受。天擇之所以能夠塑造人類的眼睛，正是因為眼睛可以再分成許多不同的部分。然而，靈魂卻不能再分出局部。如果要說智人的靈魂是從直立人的靈魂一步步演化而來，到底步驟是什麼？智人的靈魂有什麼部分，是比直立人的靈魂更發達的？事實是，若真有靈魂，也沒辦法再分出局部。

　　可能有人會說，人類的靈魂就不是演化來的，而是在某一天突然出現的，一出現就完整無缺。只不過，這某一天究竟是哪一天？我們仔細檢視人類的演化歷程，卻怎麼找都找不出這一天。

　　從古至今的所有人類，都是男性精子使女性卵子受精的結果。讓我們想像一下，第一個有靈魂的嬰兒會是怎樣。這個嬰兒可能很像爸爸媽媽，只不過小孩有靈魂，但爸媽沒有。確實，生物學絕對可以解釋像是小孩角膜曲度比爸媽大一點的情形，只要有某個基因出現一點點的突變，就有可能；然而要說爸媽一絲一毫的靈魂都沒有，小孩身上卻出現了永恆的靈魂，這可就不是生物學說得通的事了。難道只要一次突變（甚至要說多次突變也無妨），就足以讓某隻動物有了一種足以抵抗一切改變、甚至能夠超越死亡的本質？

　　正因如此，靈魂這件事從演化論無法解釋。演化就是變化，而且無法產生永恆的實體。從演化角度來看，我們最接近人類本質的就是我們的DNA，但DNA承載的絕非永恆，而是突變！這讓很多人嚇壞了，寧可不信演化論，也不想放棄自己的靈魂。

◢ 心靈是什麼？

　　另一種用來證明人類比其他動物優越的說法，是說地球上所有動物中，只有智人擁有心靈。

　　心靈（mind）和靈魂大有不同。心靈並不是什麼神祕而永恆的概念，也不是眼睛或大腦之類的器官，而是腦中主觀經驗的流動，例如痛苦、快樂、憤怒和愛。這些心理上的經驗，就是各種緊密相連的感覺、情感和思想，忽然閃現、立刻消失……其他經驗再接著倏然浮現與消散，於電光石火間來去。（我們若回想起這些經驗，

常常會想把它們分成感覺、情感和思想之類，但事實上，一切都是混合在一起的。）把這種種經驗集合起來，就構成了意識流（stream of consciousness）。心靈不像是永恆的靈魂，心靈可分成許多部分，變動不休，而且沒有理由認為這會直到永恆。

靈魂是個有人相信、有人不相信的故事。但意識流則相反，這是我們每分每秒都能直接觀察到的具體現實，再明確也不過，無法懷疑它的存在。甚至就算我們充滿懷疑，自問：「真的有主觀經驗這種事嗎？」我們也能百分百確定，自己就是正在經驗著懷疑。

到底是哪些意識經驗構成了心流？主觀經驗有兩項基本特徵：感覺、欲望。之所以說機器人和電腦沒有意識，是因為雖然它們能力強大，卻沒有什麼感覺，也沒有什麼欲望。機器人可能有電量感測器，在電池快沒電時，向中央處理器發出訊號，讓機器人移向插座、自己插上插頭充電。但是在整個過程中，機器人不會有什麼感覺。相對的，快要耗盡能量的人，則會感覺飢餓，一心渴望能停止這種不愉快的感覺。正因為如此，我們才會說：人類是有意識的生物，而機器人則否；逼人工作到過度飢餓和疲憊而崩潰是一種罪，然而讓機器人工作到電池耗盡，卻沒有任何道德問題。

那麼，動物呢？牠們有意識嗎？牠們有主觀經驗嗎？如果逼一匹馬工作，直到牠筋疲力竭而崩潰，有沒有道德問題？

前面已經提過，生命科學認為：所有哺乳動物和鳥類、以及某些爬蟲類和魚類，都具有感覺和情感。但也有最新理論認為：感覺和情感都只是生化的資料處理演算法。既然機器人和電腦處理資料的時候，不會有任何主觀經驗，也許動物也是一樣？事實上，我們知道就算是人類，大腦也有許多感覺迴路和情感迴路，是在人類完全無意識的情況下處理資料的。所以，或許我們以為動物會有的感

覺和情感（像是飢餓、恐懼、愛、忠誠），也都只是無意識的演算法，而不是主觀經驗？[85]

現代哲學之父笛卡兒（René Descartes）也支持這種理論。十七世紀的笛卡兒認為，只有人類才有感覺和渴望，其他動物都是沒有心靈的**自動物**（automata），和機器人或自動飲料機並沒什麼不同。所以，如果有個人踢狗，狗並不會體驗到什麼。牠會自動退縮、並開始狂吠，但這不過就是像一臺會自動泡咖啡的飲料機，並不會有什麼感覺、或是有什麼渴望。

在笛卡兒那時代，一般人都接受這種理論。十七世紀的醫師和學者會做活狗解剖，觀察內臟器官如何運作，但完全不幫狗麻醉，也不會感到任何不安。在他們眼中，這實在沒什麼不對的，就像我們把自動飲料機打開，觀察一下齒輪和皮帶如何運作，哪有什麼問題？就算到了二十一世紀早期，仍然有許多人認為：動物並沒有意識，而且就算有意識，也是一種與人非常不同、等而下之的意識。

◤ 為什麼股票交易所沒有意識？

想知道動物究竟有沒有像人一樣的心靈意識，首先得先進一步理解心靈如何運作、又扮演怎樣的角色。這些問題非常難回答，但因為這也是後續幾個章節的重點，值得在此花上一點時間。

如果不知道心靈是什麼，就不可能完全掌握像是人工智慧這種新科技的影響。所以，讓我們暫時放下關於動物心靈的問題，先談談目前科學對於心靈和意識的認識。我們會先將焦點擺在研究人類意識的例子（這樣比較容易理解），稍後再回到動物身上，看看人類的情況是不是也能套用在這些長了毛或羽毛的表親上。

老實說，目前科學對心靈和意識的理解少得驚人。目前的正統科學觀點是：意識是由大腦中的電化學反應所產生，而這樣的心理體驗（即意識）能夠完成某些重要的資料處理功能。[86] 然而，從大腦裡的各種生化反應和電流，是怎麼創造出像痛苦、憤怒或愛情這些主觀經驗，至今仍無解答。或許再過十年或五十年，我們會有很好的答案，但這裡必須強調：在此時此刻，我們就是尚未得到解釋。

利用功能性磁振造影（fMRI）掃描、植入電極和其他複雜的小工具，科學家已經能夠肯定：在大腦中的電流與各種主觀經驗之間存在著相關性、甚至是因果關係。只要觀測大腦的活動，科學家就能知道你是醒著、正在做夢、或是處於熟睡狀態。他們只要在你眼前閃過一個圖像，時間稍微超過意識感知的門檻值，就能判斷你是否意識到這個圖像，而且完全不需要問你問題。他們甚至能找出某個腦神經元與特定心思的連結，像是找出一個「柯林頓」神經元、或是一個「辛普森」神經元——在「柯林頓」神經元活躍時，這人就是正在想著美國第四十二任總統；如果在這人眼前秀出辛普森的圖像，同名的神經元也必然會活躍起來。

把範圍放寬，科學家也知道：如果大腦某區域的電化學活動特別活躍，那表示你可能正在生氣。如果這一區平息了、另一區又活躍起來，那表示你可能正在滋生愛意。而且事實上，科學家已經可以用電流刺激正確的神經元，誘發出憤怒或愛的感覺。然而，光是電子跑來跑去，又怎麼會變成一個主觀的柯林頓圖像，又或是憤怒或愛這種主觀感受？

最常見的解釋認為，大腦是相當複雜的系統，有超過八百億個神經元互相連結，組成無數細密的網路。而在幾十億的神經元來回送出幾十億個電訊號時，主觀經驗就此浮現。雖然電訊號的傳送和

接收，只是很簡單的生化現象，但這些訊號的互動卻會創造出複雜得多的東西：意識流。我們在許多其他領域，也能觀察到同樣的動態。譬如，單一輛車的移動只是個簡單的動作，但幾百萬輛同時移動及互動，就出現了交通堵塞。單一股票的買賣再簡單不過，但幾百萬股民同時買賣著幾百萬張股票，就可能造成讓專家也跌破眼鏡的經濟危機。

然而，這種解釋等於什麼都沒解釋，只不過是確認這個問題非常複雜，但並未解釋為何某個現象（幾十億個電訊號從這到那）會創造出另一個完全不同的現象（憤怒或愛的主觀經驗）。至於要用其他也很複雜的過程（例如交通堵塞和經濟危機）來打比方，這種做法也有漏洞。究竟為什麼會交通堵塞？如果你只看某一輛車，永遠都不會明白，因為堵塞是許多車之間互動的結果。A車影響了B車的移動，B車又擋到了C車的路，諸如此類。所以，只要你把所有相關車輛的移動狀況、彼此的互動都對應出來，就能找出交通堵塞的完整解釋。去問「這些移動是怎麼創造出交通堵塞的呢？」其實並沒有意義，因為「交通堵塞」只是人類創出來的一個抽象詞彙，講的正是這裡所有車輛移動事件的集合。

相較之下，「憤怒」並不是我們用來簡稱幾十億個電訊號互動情況的抽象詞彙。早在人類還不知道任何關於電的知識之前，就已經對憤怒有了非常實際的經驗。我說「我很氣！」的時候，講的是一種非常具體的感受。不管再怎麼清楚描述某個神經元的生化反應如何轉變成電訊號、幾十億個類似的反應又轉變出幾十億個其他電訊號，還是值得我們進一步追問：「只不過，這幾十億個電訊號事件結合在一起之後，是怎麼創造出我具體感受到的憤怒？」

有幾千輛車在倫敦市區緩慢前進的時候，我們會把它稱為交通

堵塞。但這時候並不會因此創造出某個倫敦的意識,浮在著名的皮卡迪利圓環上方,對自己說:「老天啊,我有種堵塞的感覺!」

有幾百萬人賣掉幾十億股的時候,我們會把它稱為經濟危機。但也不會跑出一個華爾街的幽靈,嘟囔著說:「媽的,我有種身陷危機的感覺。」

有幾兆個水分子在天空中結合的時候,我們會把它稱為雲。但也不會出現某個雲的意識,宣告著:「我有種下雨的感覺。」

所以到底是為什麼,如果有幾十億個電訊號在我腦子裡運作,就會出現某個心靈的感覺,說「我很憤怒!」?

直到此時此刻,我們還是完全沒能解釋。因此,如果這項討論已經讓你覺得一頭霧水,別擔心,一樣想不通的人不在少數。就連最優秀的科學家,距離要破譯心靈和意識的謎團,也還有一大段路要走。科學的一項美妙之處就在於:科學家面對未知,可以自由嘗試各種理論和猜想,但到頭來也可以承認自己就是沒找出答案。

◢ 為何我們要有意識?

科學家並不知道,光是一群電訊號的集合,究竟是怎麼創造出主觀經驗。更關鍵的是,科學家不知道這種現象在演化上到底有什麼好處。這是我們在理解生命上,最大的空白了。人類有腳,是因為幾百萬個世代以來,可以讓我們的祖先去追兔子、並逃離獅子的爪下。人類有眼睛,是因為在數不清幾個千年以來,可以讓我們的祖先看到兔子去了哪、獅子又從哪來。然而,人類是為什麼要有像是飢餓和恐懼這樣的主觀經驗?

不久之前,生物學家提供了一個非常簡單的答案。主觀經驗對

人類的生存至關重要，因為如果我們不會感到飢餓或恐懼，根本就懶得再去追兔子或躲獅子了。看到獅子，為什麼人要逃？很簡單，他就是被嚇到，所以就逃了。因此，主觀經驗能解釋人類的行為。

　　如今，科學家又提供了更詳細的描繪：人看到獅子，電訊號便從眼睛傳向大腦，刺激某些神經元，神經元又放出更多訊號，於是沿線上的神經元一個個受到刺激、放出訊號。如果能有夠多的神經

元用夠快的速率放出訊號，指令就能傳到腎上腺、讓大量腎上腺素傳遍全身，心臟也收到指令要它跳快一些，同時，在運動中樞的神經元也向腿部肌肉發出訊號，讓肌肉開始伸展或收縮，於是這個人從獅子旁邊逃之夭夭。

諷刺的是，我們愈能清楚描繪這個過程，反而愈難解釋為何要有各種意識和主觀經驗。我們愈理解大腦，心靈反而愈顯多餘。如果整個系統就是電訊號從這裡傳到那裡，那我們何必去**感覺**這種事情？如果就只是一連串的電化學反應，從眼睛裡的神經細胞一路傳到腿部肌肉，何必還要在這個反應串裡加入主觀經驗？主觀經驗到底有什麼作用？骨牌不用有任何主觀經驗，還是能夠一塊一塊自己倒下。那為什麼神經元要有感覺，才能互相刺激、或是告訴腎上腺開始分泌？

事實上，各種身體活動（包括肌肉運動和荷爾蒙分泌）有99％並不需要任何意識和主觀經驗。那麼，不過就是為了剩下那1％，為什麼神經元、肌肉和腺體就需要去感覺了呢？

你可能會這麼說：我們之所以需要心靈，是因為心靈能夠儲存記憶、做出規劃、並且自動產生全新的影像和想法，而不只是回應外界的刺激。例如，一個人看到獅子，並不是直接對這個掠食者自動產生反應；而是先想起，一年前有頭獅子吃了他的阿姨，於是開始想像自己被獅子撕成碎片的模樣，又想到這樣自己的小孩就沒了爸爸。這才是他會逃的理由。確實，很多連鎖反應都是由心靈先開始的，而不是由任何直接的外部刺激開始。因此，可能會有某人的心靈中，突然出現關於過去獅子攻擊人的記憶，而讓他思考獅子造成的危險。於是他就聚集所有部落成員，大家一起思考有什麼新方法，能把獅群嚇跑。

但等一下。究竟這些所謂的記憶、想像和想法又是什麼？它們存在哪裡？根據目前的生物學理論，我們的記憶、想像和想法並不是存在於什麼更高層次而無形的領域，反而也就是幾十億神經元所觸發、集結而成的電訊號。所以，就算我們已經把記憶、想像和想法也納入考量，整件事仍然就只是一連串透過數十億神經元的電化學反應，以腎上腺和腿部肌肉開始活動為結尾。

到底在這個漫長曲折的過程中，有沒有哪個步驟（例如在這個神經元要傳到下個神經元的那一瞬間），能讓心靈介入干預，並決定下個神經元要不要放出訊號？有沒有任何實質動作、或者甚至是某個電子的移動，是出於「恐懼」這種主觀經驗，而不是因為其他分子的作用？如果每個電子的移動都是因為先前其他電子的移動，那我們究竟為何需要體驗到恐懼？我們對此依然一無所知。

◢ 生命方程式

哲學家將這個謎團包裹在一個吊詭的問題中：有什麼事是發生在心靈中、但沒發生在大腦中？如果心靈中的一切事情都是發生在我們龐大的神經元網路，那又何必把心靈獨立出來說呢？而如果確實有些在心靈裡的事，是高於實際神經網路所發生的事情，它們究竟是發生在哪裡？

假設讓我問你，覺得動畫主角辛普森對於美國前總統柯林頓和陸文斯基的醜聞，會有何想法？在這之前，你可能從沒想過這件事情，所以現在你的心靈就得要融合兩個過去不相關的記憶，可能想到的畫面就是辛普森喝著啤酒，看著電視上的柯林頓說著「我與該名女子並無性關係」。這兩種記憶的融合，究竟發生在何處？

一些腦科學家認為，這發生在許多神經元互動所產生的「全局工作空間」（global workspace）。[87] 但在這裡，「工作空間」只是一個比喻。而比喻後的現實是如何？到底不同資訊是在什麼地方交會而融合？從目前的理論看來，這肯定不是發生在什麼精神上的第五維度，而是像兩個原本不相連結的神經元，突然開始彼此發送訊號。於是，在柯林頓神經元和辛普森神經元之間，長出了新的突觸。但如果是這樣，這也不過就是兩個神經元互相連結起來的實際事件，我們為什麼又需要超脫其上的意識經驗？

　　同樣這個謎團，我們也可以用數學術語來呈現。目前的看法認為生物也是演算法，而演算法就能用數學公式來呈現。像是可以用數字和數學符號寫出自動飲料機準備一杯茶的步驟順序，或是寫出大腦發現獅子接近時的一連串動作。若是這樣，只要意識經驗確實有某些重要功能，應該就能用數學來表示，因為意識經驗正是演算法的重要部分。如果我們要寫出「恐懼」的演算法，將恐懼分成一連串的計算，應該要能像這樣：「就在這裡，第93步，這正是主觀經驗到恐懼的時候。」

　　但在數學這個博大精深的領域裡，有沒有任何演算法能指出主觀經驗？到目前為止，我們並不知道有任何這樣的演算法。雖然人類在數學和資訊工程領域知識廣博，但目前創造出來的所有資料處理系統都不需要主觀經驗，就能運作，而且也都不會感受到痛苦、快樂、憤怒或情愛。[88]

　　又或許，我們需要有主觀經驗，才能夠反觀自我？在大草原上遊蕩、計算自己生存和繁衍機會的動物，必須想像出自己的行動和決定，而且有時也得將這種想像傳達給其他動物。如果大腦想要設想出一個自己如何設想決定的模型，就會被困在無限的循環中，開

始胡言亂語！而跳出這個循環，出現的就是意識。

　　這種說法在五十年前可能聽來合理，但到了今天，局面已經有所不同了。包括谷歌和特斯拉（Tesla）在內的幾間公司，正在設計自動駕駛車，而且部分已經上路。控制自動駕駛車的演算法，每秒會做幾百萬次計算，判斷其他車輛、行人、交通號誌和坑洞等種種因素。自動駕駛車能夠自動停紅燈、繞過障礙，並與其他車輛保持安全距離，這一切都不需要感到任何恐懼。自動駕駛車也必須把自己列入考量，將自己的計畫和願望傳達給周遭車輛，因為如果它決定要突然右轉，必然會影響其他車子的應對行為。

　　這種自動駕駛車沒有半點意識，但開起車來也沒有半點問題。自動駕駛車並非特例，還有許多其他電腦程式也能自己運作，但都未發展出意識，也不會有什麼感覺或欲望。[89]

15. 行駛中的谷歌自動駕駛車，它並沒有發展出意識。

▲ 意識是大腦製造的副產品？

如果我們硬是無法解釋心靈、也不知道它有什麼功能，為什麼不乾脆放棄這個概念呢？在科學史上，早有太多概念和理論遭棄而不用。例如，現代早期的物理學家想解釋光的移動，就設想有一種稱為以太（ether）的物質充滿整個世界，而光則是以太的波動。但是物理學家一直沒能找到任何實證，可證明以太存在，反而是找到其他更能解釋光的理論。因此，以太的概念就被丟進科學的垃圾堆裡了。

同樣的，幾千年來人類曾經用「神」來解釋許多自然現象。為什麼會閃電？因為神。為什麼會下雨？因為神。地球上的生命是怎麼來的？神創造的。但在過去幾個世紀裡，科學家並沒有找到任何實證可證明神存在，反而是對閃電、下雨和生命的起源，有了更詳細的解釋。因此，現在除了在幾個哲學的子領域之外，經過同儕審查的自然科學期刊和社會科學期刊上，已經不會出現真心相信神祇存在的學術論文了。歷史學家不會說同盟國是因為有神相助，才贏得第二次世界大戰；經濟學家不會認為是上帝造成1929年的經濟大蕭條；地質學家也不會說板塊運動是神的旨意。

「靈魂」這個概念也是如此。千百年來，我們相信自己所有的行為決定都是出自於靈魂。但因為找不到任何支持的證據，而且又出現了其他更詳細的理論，所以生命科學已經拋棄了靈魂的概念。就個人而言，許多生物學家和醫師仍然可能相信靈魂的概念，但他們絕對不會在嚴肅的科學期刊以此為題。

或許，「心靈」的概念也該像靈魂、神祇和以太一樣，丟進科學的垃圾堆？畢竟，沒有人曾經用顯微鏡看到所謂痛苦和愛情的經

驗意識，而且我們對於痛苦和愛情已經有了非常詳細的生化解釋，不再有主觀經驗的空間。然而，心靈與靈魂（以及心靈與神祇）之間，仍然有一個關鍵的差異：要說有永恆存在的靈魂，這完全是臆測；但對於痛苦的經驗，則是非常直接而具體的現實。如果我踩到一枚釘子，我百分之百肯定會感覺到痛苦（就算至今我對此無法提出科學的解釋）。相較之下，如果傷口感染、讓我因為壞疽而喪命，我的靈魂能不能繼續存在，這我就沒有把握了。

雖然靈魂是個很有趣、也讓人可以鬆一口氣的說法，我也很樂意相信，但我就是無法直接證明它的真實性。像是疼痛和懷疑之類的主觀經驗，因為所有科學家自己也會不斷體驗到，所以他們也無法否認這些經驗的存在。

另一種試圖拋下心靈和意識概念的做法，則是從否認其關聯性下手，而不是去否認它們的存在。包括丹尼特（Daniel Dennett）和狄漢（Stanislas Dehaene）在內的一些科學家，認為所有相關問題都可以從研究腦部活動來解答，完全用不到主觀經驗的概念。這樣一來，科學家就可再也不要用到「心靈」、「意識」、「主觀經驗」這幾個詞彙了。

然而我們從以下的章節就會看到，現代政治和道德就是建築在主觀經驗的概念上，而且一旦講到各種道德上的困境，很難光用腦部活動的說法來圓滿解決。舉例來說，虐待或強姦有什麼錯？如果從純粹的神經學角度來看，一個人遭到虐待或強姦，不過是腦中出現某些生化反應，某些電訊號從一些神經元傳到另一些神經元，如此而已。這有什麼大不了的呢？

大多數現代人之所以對虐待和強姦有道德上的質疑，正是因為裡面牽涉到主觀經驗。如果哪個科學家說主觀經驗無關緊要，他們

面臨的挑戰，就是得要在不引用主觀經驗的情況下，解釋為什麼虐
待和或強姦是錯的。

也有某些科學家雖然承認意識是真實的、也可能有極高的道德
和政治價值，但認為這沒有任何生物學上的功用。也就是說，意識
是大腦某些程序製造出來的副產品，沒有生物學上的用途，就像是
飛機的噴射引擎會發出隆隆巨響，但噪音並不會推動飛機前進。又
好比人類並不需要二氧化碳，但每次呼吸都讓空氣裡多了許多二氧
化碳。同樣的，意識可能就是「在複雜的神經網路訊號傳送之後，
造成的心理汙染」，沒有任何功用，就是存在那裡罷了。

如果確實如此，也就是說這幾百萬年來，幾十億生物所經歷的
痛苦和快樂，都只是某種心理汙染。這絕對是個值得思考的想法，
雖然可能並不正確。但這也讓我們很驚訝的發現，當代科學在今日
要解釋「意識」，這竟然已經是最佳的理論！

◢ 觀察腦波

也許生命科學看這個問題的角度錯了？生命科學認為生命就是
資料處理，而生物就是進行運算和做出決定的機器。然而，把生物
類推成演算法可能是個誤導。在十九世紀，科學家是把大腦和思想
比做蒸汽引擎。為什麼用蒸汽引擎做比喻？因為當時那就是最先進
的科技，能夠推動火車、輪船和工廠，所以要解釋生命的時候，他
們也相信應該是根據類似的原理。於是，他們相信心靈和身體就像
是由各種管線、汽缸、活塞和閥門所構成，能夠蓄積和釋放壓力，
從而產生各種運動和行為。這種想法甚至也對佛洛伊德的心理學影
響甚深，至今仍有很多心理學術語來自機械工程。

　　舉例來說，讓我們看看佛洛伊德的以下主張：「軍隊會控制性驅力，以推動軍事上的侵略性。軍隊召募的就是性驅力達到頂峰的年輕男子，而又限制士兵性交、限制士兵釋放這些壓力的機會，於是讓壓力在士兵體內不斷累積。軍隊接著就會把這種受抑制的壓力重新導向，並允許壓力以軍事侵略的形式釋放。」這根本就是蒸汽引擎的運作原理。先將沸騰的蒸汽限制在一個密閉容器內，讓蒸汽壓力累積得愈來愈高，直到突然打開閥門，讓壓力往預定的方向釋放，就能用來推動火車或紡織機。也不只是在軍隊，我們在各種活動領域都常常抱怨，覺得心裡有股壓力愈來愈大，說如果不能找個方法「釋放壓力」，就快要爆炸了。

　　到了二十一世紀，要再說人類心理就像是蒸汽引擎，可能聽來有點幼稚。既然我們現在有了「電腦」這項遠遠更為複雜的科技，也就開始將人類心理比喻成處理資訊的電腦，而不再說是調節壓力的蒸汽引擎。但就算是這個新的比喻，也可能同樣太過天真。畢竟電腦沒有心靈，就算程式出了問題，它們也不會想要做什麼；就算專制政權把整個國家的網路切斷，網際網路也是不痛不癢。所以，我們又為什麼要用電腦來做為瞭解心靈的比喻呢？

　　話又說回來，我們真能確信電腦沒有感覺或欲望嗎？而且就算它們現在真的沒有，或許某天變得夠複雜之後，電腦也可能發展出意識？如果真發生這種事，我們又要如何確定？等到電腦取代了公車司機、老師、心理醫師，我們要怎麼知道它們是真有感情、又或只是無意識的演算法集合？

　　講到人類，我們現在已經能分辨「有意識的心理經驗」和「無意識的腦部活動」有何差別。雖然我們距離理解意識還很遠，但科學家已經成功找出意識的一些電化學特徵了。科學家的做法是先假

設，如果人類說現在自己有意識，就是真的有意識。基於這種假設，科學家就能開始觀察腦波，看看有那些腦波只會在人類有意識時出現，而無意識時絕不會出現。

這樣一來，科學家就能判斷：例如看似成為植物人的中風病人究竟是完全失去了意識，又或只是失去控制身體和語言的能力。如果病人的腦波顯示出有意識的特徵，那麼很可能病人雖然不能行動或言語，但其實仍有意識。事實上，醫師最近已能夠使用 fMRI 來和這樣的病人進行溝通。醫師會問病人是非題，告訴他們如果想要答「是」，就想像自己在打網球，如果想要答「否」，則在腦中想著自己家的位置。如果病人所想的是打網球，運動皮質就會變得活躍，也就代表他想答「是」；如果活躍的是負責空間記憶的大腦區域，也就代表病人想答「否」。[90]

◢ 圖靈測試

這一套用在人類身上很方便，但用在電腦上又如何？由於電腦是以矽為基礎，而人類的神經網路是以碳為基礎，兩者架構大不相同，因此人類意識的特徵很可能無法套用。我們似乎陷入一個惡性循環了。一開始，是我們相信「人類說自己有意識的時候，就是真的有意識」，接著我們就能找出人類意識的腦波特徵，再接著就能用這些特徵來「證明」人類確實有意識。但如果人工智慧也說自己有意識，我們該信嗎？

到目前為止，我們對這個問題還沒有很好的答案。早在幾千年前，哲學家就已經發現，沒有辦法明確證明除了自己以外的任何事物具有意識。而且就算只把範圍限制在其他人類，我們也只是假定

他們有意識，無法真正確定。搞不好，其實全宇宙只有我自己在感覺著什麼，而其他所有人類和動物都只是沒有心靈的機器人？或許是我在做夢，而遇見的每個人都只是我夢裡的角色？又或許，我是被困在一個虛擬世界裡面，看到的一切生物都只是模擬？

　　根據目前的科學定論，我所體驗到的一切，都是腦電活動的結果，所以理論上確實能夠模擬出一個我完全無法與「真實」分辨開來的虛擬世界。一些腦科學家相信，在不太遠的未來，我們就能做到這種事。也有可能，根本你就已經是住在這樣的世界裡？搞不好今年根本是2216年，你是個窮極無聊的青少年，泡在一個「虛擬世界」的遊戲裡，正在模擬二十一世紀早期這個原始卻又叫人興奮的世界。只要你一承認這種事情確有可能，數學邏輯就會把你帶向一個非常可怕的結論：因為只會有一個真實的世界，而可能的虛擬世界數量無窮無盡，所以你現在這個世界碰巧是真實的可能性，根本趨近於零。

　　這個知名而難纏的問題，稱為「他心問題」（Problem of Other Minds），目前為止的所有科學突破，都還無法克服這項問題。目前學者對此提出的最佳測試方法，稱為「圖靈測試」（Turing test），但這項測試其實只是檢測是否符合社會常規而已。圖靈測試認為：想判斷某臺電腦算不算具備心靈，做法是安排測試者同時和電腦及另一個真人溝通，而測試者不知道哪個是電腦、哪個是真人。測試者可以任意問問題、玩遊戲、辯論、甚至是調情，時間長短不限；然後再來判斷哪個是電腦、哪個是真人。如果測試者無法決定、或根本選錯，就等於電腦通過了圖靈測試，我們應該認定它具有心靈。但這種測試當然不能做為證明。承認其他心靈的存在，只能說早已是一種社會和法律上的習慣。

圖靈測試是由英國數學家圖靈（Alan Turing, 1912-1954）於1950年發明的，圖靈可說是電腦時代的創始人之一。他也是同性戀者，但當時同性戀在英國違法，因此他在1952年遭判犯有同性戀行為，被迫接受化學閹割。兩年後，圖靈自殺身亡。

　　圖靈測試其實就是複製了每個同性戀男子在1950年的英國，必須通過的日常測試：你能裝成異性戀者嗎？圖靈從自己的個人經驗已知道，你究竟是誰根本不重要，重要的只是別人對你的看法。根據圖靈的觀點，未來的電腦就像是1950年代的男同性戀者，電腦究竟有沒有意識並不重要，重要的只是人類會怎麼想而已。

▲ 劍橋意識宣言

　　瞭解了心靈的概念、也發現我們所知竟是如此有限之後，就可以回到原來的問題：動物是否具有心靈？

　　包括狗在內的一些動物，想必能夠通過修改版的圖靈測試。因為人類想要確定某個實體是否具有意識時，會尋找的不是什麼數學性向或記憶能力，而是能否與人類建立情感關係。

　　人類有時候會非常喜歡某些東西，像是武器、汽車、甚至是內衣褲，從而產生強烈的情感依附（甚或戀物癖），但這些依附都只是單向的，並不會形成雙向關係。對大多數狗主人來說，狗能夠成為他們的夥伴、與人建立情感關係，就足以讓他們相信：狗並不是沒有心靈的**自動物**。

　　但這對於懷疑論者來說還不夠，他們會說情感也只不過是演算法，而目前所有已知的演算法，都是無須意識便能動作。就算動物展現了複雜的情感行為，我們仍然無法證明「這絕對不是什麼極度

複雜、但無意識的演算法所為」。當然，這種說法也能應用到人類身上。人所做的一切事情（包括做實驗的時候說自己有意識），理論上也都有可能是無意識的演算法所為。

然而就人類而言，只要某個人說自己有意識，我們自然是全盤接受。根據這項最小的假設，我們現在已經可以找出意識的腦波特徵，並用來有系統的判別某個人是處於有意識或無意識的狀態。既然動物的大腦有許多特徵和人腦類似，隨著我們愈來愈瞭解意識的腦波特徵，也就有可能用來判斷其他動物究竟有沒有意識、或是在何時具有意識。如果某隻狗的大腦，顯示出與有意識人腦類似的腦波特徵，將會是很強力的證據，證明狗也有意識。

根據初步對猴子和小鼠（mice）的測試，科學家已經指出：至少猴子和小鼠的大腦，確實顯示了有意識的腦波特徵。[91] 但是考量到動物大腦和人類大腦仍有差異，而且我們距離解譯所有意識的祕密，也還有一大段距離，可能需要再幾十年，才真正能夠研發出決定性的測試。與此同時，究竟該由哪方來負舉證責任？我們到底是該先把狗視為無意識的機器，直到證明並非如此為止；還是該把狗看做是像人類一樣有意識，直到出現令人信服的反證為止？

2012 年 7 月 7 日，許多神經生物學和認知科學的權威專家，齊聚在劍橋大學，簽署〈劍橋意識宣言〉（The Cambridge Declaration on Consciousness），其中提到：「各種證據均指出，非人類動物擁有構成意識所需之神經結構、神經化學及神經生理基質，並且有能力展現帶有意圖的行為。因此，證據已充分顯示，用以產生意識的神經基質並非人類所獨有。非人類動物，包括所有哺乳動物、鳥類、以及章魚等其他生物，均擁有這些神經基質。」[92]

由於仍然沒有最直接的證據，因此這項宣言就只差一步，並未

直接說出其他動物也具有意識。儘管如此,這確實已經讓舉證責任轉向了另外一方。

回應科學界的轉向,在2015年5月,紐西蘭國會開全球國家先例,通過《動物福利法修正案》,在法律上承認動物也像人類一樣具有情感。該法規定,從此必須認知到動物具有情感,因此在例如畜牧等情境下,必須適當維護動物的福利。

在一個羊多於人的國家(三千萬頭羊、四百五十萬人),這項聲明的影響十分重大。加拿大魁北克省也已經通過類似的法案,其他國家可能很快也將跟進。

◢ 實驗室大鼠的憂鬱生活

許多企業同樣已經體認到動物也有情感,但這常常反而讓動物落入相當不愉快的實驗室試驗。例如,製藥公司經常使用大鼠(rat)來試驗抗憂鬱藥物,在一種常見的試驗計畫中,需要取一百隻大鼠(以求統計信度),分別放進裝滿水的玻璃管內。這些大鼠會一次又一次努力想爬出玻璃管,但都無法成功。經過十五分鐘之後,大多數的大鼠都會放棄而不再動作,只是漂在管子裡,對周遭情況了無興趣。

接著,另外取一百隻大鼠,同樣丟進玻璃管,但這次會在十四分鐘後、正當牠們快要絕望之時,把牠們撈出來、擦乾、給食物、讓牠們休息一下,然後再重新丟回玻璃管裡。第二次,大多數的大鼠都能撐上二十分鐘才放棄。

為什麼這次多了六分鐘?因為過去曾有成功的記憶,觸動了大腦釋放出某些生化物質,讓大鼠覺得又有了希望,而延遲了絕望的

時間。只要我們能找出這種生化物質，就可能做為人類的抗憂鬱藥物。只不過，大鼠的腦中隨時都有許許多多種化學物質，怎麼才能知道究竟是哪一種？

為了這個目的，還需要更多組沒接受過這項實驗的大鼠，在找出認為可能是抗憂鬱成分的化學物質之後，每一組各注入不同的化學物質，然後把牠們丟進水裡。譬如注射化學物質 A 的組別，仍然只撐了十五分鐘，那就可以把物質 A 從可能清單上劃掉。如果注射化學物質 B 的組別撐了二十分鐘，這下就可以告訴執行長和股東，你們可能中了大獎。

16.（左圖）大鼠抱著希望，掙扎著想逃離玻璃管。
　　（右圖）大鼠漂在玻璃管中，已經放棄希望了。

持懷疑態度的人可能已經跳出來，認為這段敘述把大鼠講得太人性化，實在是想太多。他們認為，大鼠既不會感覺到希望、也不會感覺到絕望，雖然有時候牠們動作很快，有時候在原地不動，但牠們並不會有任何感覺，大鼠只是由無意識的演算法來驅使而已。

但如果真是這樣，這個實驗又有何意義？精神病的藥物就是為了要誘發改變，而且不只是想改變病人的行為，更是要改變病人的感覺。

病人找上心理醫師，說：「醫師，想想辦法讓我不要這麼憂鬱吧。」他們可不是要醫師用機械刺激，讓他們就算心情低落仍然動作靈敏，而是要**感覺**很開心。如果藥廠覺得用大鼠做實驗，有助於開發這樣的神奇藥丸，只有一種可能，就是他們認定了大鼠的行為也帶有如同人類的情感。事實上，這也正是各家精神醫學實驗室共同的前提。[93]

▲ 有自我意識的黑猩猩

還有另一種認為人類比其他動物優越的論點，雖然已經接受老鼠、狗或其他動物也有意識，但認為牠們沒有像人類一樣的「自我意識」。這些動物可能會感到沮喪、快樂、飢餓或滿足，但並沒有自我的概念，不知道自己感受到的沮喪或飢餓只屬於這個稱為「我」的實體。

這種想法非常常見，但也非常言不及義。顯然，如果一條狗覺得餓了，牠叼起的肉就是要給自己吃的，而不是要去餵另一隻狗。讓一條狗去聞聞附近其他狗尿過的樹，牠也立刻知道這氣味究竟是自己的、隔壁那條可愛的拉不拉多的、又或是某條陌生狗的。對於

自己、交配對象或是敵人的氣味，狗會有非常不同的反應。[94] 這樣一來，哪能說牠們沒有自我意識？

這種主張有個更複雜的版本，說的是自我意識可區分成不同程度，只有人類知道自己是個有過去和未來、長久延續的自我，或許是因為只有人類可以用語言來思考過去的經驗、思考未來的行動。至於其他動物，則只能活在當下，就算牠們似乎還記得過去、或是在打算未來，也只不過是在反應當下的刺激或瞬間的衝動。[95]

舉例來說，松鼠會貯藏堅果過冬，並不是因為牠記得自己去年冬天餓了肚子，也不是為了未來著想，只不過就是一時衝動，牠並不知道這種衝動是何起源、有何目的。正因如此，就算是那些從來沒遇過冬天、當然也就不可能記得冬天是什麼滋味的年輕松鼠，也會在夏天貯藏堅果。

然而我們現在還不清楚，為什麼講到要對過去或未來有意識，會覺得語言是一個必要條件。只因為人類用語言這麼做，其實算不上是什麼證明。人類也會用語言來表達自己的愛和恐懼，但其他動物也能不靠語言就感受、甚至表達出愛和恐懼。事實上，人類自己也常常在沒說出口的情況下，意識到過去和未來的事件。特別是在夢境裡，我們可以不用語言就瞭解整個敘事情境，反而是醒過來之後，要用語言重述，卻變得非常困難。

許多實驗指出，至少某些動物，包括鸚鵡和叢鴉之類的鳥類，確實能夠記得一些個別事件，並且也能有意識的未雨綢繆。[96] 但這點永遠無法真正證明，因為不管動物表現出多複雜的行為，懷疑論者永遠可以說：這只是出於動物腦中無意識的演算法，而非出於心靈中有意識的圖像。

要說明這個問題，讓我們以瑞典富魯維克動物園的雄性黑猩猩

桑提諾（Santino）為例。牠為了在獸欄裡別那麼無聊，就培養出一種頗刺激的新嗜好：對動物園的遊客丟石頭。這個行為本身並不特殊，黑猩猩生氣的時候，投擲石頭、木棒、甚至排泄物，都是常有的事。只不過，桑提諾還會事先準備。一大早，動物園還沒開放遊客入場，桑提諾已經開始收集石頭，堆成一堆，看起來心平氣和得很。導遊和遊客很快就知道必須對桑提諾多加提防，特別是牠站在那堆石頭附近的時候。這下桑提諾比較難找到目標可丟了。

2010年5月，桑提諾又出了新招來回應。一大早，牠就從睡覺的地方把稻草給搬出來，放在遊客通常聚集觀看黑猩猩的牆邊。然後，牠再把收集到的石頭藏在稻草堆下。大概一個小時後，第一批遊客走近，桑提諾仍然一派平靜，沒有任何被激怒或是充滿攻擊性的跡象。但等到受害者一走進牠有把握的範圍，桑提諾就突然拿出藏好的石頭，砲擊遊客，把遊客嚇得四處逃竄。2012年夏天，桑提諾更是加速提升軍備，除了稻草堆下面，也會把石頭藏在樹上、建築物裡、還有一切方便隱藏的地方。

◢ 哪一方該負舉證責任？

但就連桑提諾的例子，也無法讓懷疑論者信服。早上七點，桑提諾開始到處收集石頭的時候，我們怎麼能確定牠是覺得中午拿來丟人很有趣？會不會桑提諾也是被某種不自覺的演算法所驅動，就像是年輕的松鼠未曾經歷冬天、也知道要貯藏堅果？[97]

同樣的，懷疑論者會說：就算是雄性黑猩猩攻擊某隻幾週前傷害牠的對手，也不是真的在報先前的仇，只是一時間覺得憤怒、無法克制。母象如果看到獅子威脅牠的小象，之所以冒生命危險衝向

前去，並不是因為記得這是牠深愛而且照顧了好幾個月的孩子，只是天生對獅子有著深不可測的敵意。狗在主人回家時，興奮不已，並不是因為認出這就是從小養牠、抱牠的人，只是這條狗很開心罷了，沒有任何其他理由。[98]

對於這些說法，我們既無法證明為真、也無法證明為假，因為這其實就是「他心問題」的變化版本。由於我們並不知道有任何需要意識的演算法，所以不管動物做了什麼，都可以視為是無意識的演算法，而不是有意識的記憶和計畫。所以，桑提諾的例子其實也和前面一樣，真正的問題在於舉證責任。對於桑提諾的行為，最可能的解釋到底是什麼？我們是不是該假設牠就是有意識的對未來做規劃；而想反對的人，才該想辦法提出反證？或者，我們該假設黑猩猩是由一種無意識的演算法驅動，牠只是感受到一種神祕驅力，要把石頭藏在稻草下面；而不贊同這種想法的人，才該提出反證？

而且，就算桑提諾不記得過去、也不會想像未來，難道這就代表他缺乏自我意識？畢竟，如果有個人既不忙著回憶過去、也不急於夢想未來，我們還是會認定他有自我意識。舉例來說，媽媽看到自己剛會走路的小嬰兒，要晃到大馬路上了，她可不會先想想過去還是未來，而是會像那頭母象一樣，衝過去救孩子。這種時候，為什麼我們不會把對大象的那一套說法，拿來用在她身上，說「媽媽趕去救孩子脫離危險時，其實沒有任何自我意識，只是由一時的衝動所驅使」？

同樣的，想想年輕情侶第一次約會熱吻、士兵衝入猛烈炮火中搶救受傷戰友、藝術家狂亂落筆繪出傑作，這些人都不可能忽然暫停，思考一下過去和未來，但難道這就意味著他們缺乏自我意識，而且比不上那些吹噓著自己過去成就和未來計畫的政客競選演說？

2010年，科學家做了一項難得感人的大鼠實驗。他們將一隻大鼠關在一個很小的、透明壓克力製的大鼠抽血固定器裡，再把抽血固定器放進一個大得多的實驗箱，接著讓另一隻大鼠能夠在實驗箱裡自由走動。被關入抽血固定器的大鼠會發出痛苦的訊號，結果讓自由的大鼠也表現出焦慮和壓力。大多數情況下，自由的大鼠會嘗試拯救被關住的同伴，試了幾次之後，通常都能成功打開機關、把被關的大鼠解放出來。

　　研究人員接著把實驗再做一次，但這次在大實驗箱裡放了巧克力。現在那隻自由的大鼠有兩種選擇：放出被關的同伴，或是自己獨享巧克力。許多大鼠都會選擇先放出同伴，再共享巧克力。（不過也有的比較自私，或許證明了某些大鼠就是比較壞心眼。）

　　懷疑論者全盤否認這些結果，認為自由的大鼠放出同伴不是因為同情，只是希望阻止煩人的求救訊號。大鼠是因為覺得不愉快、想解決這個問題，而不是因為什麼崇高的理由。或許也是，但同一套道理完全也可以套用到人類身上。如果我給乞丐錢，是不是只是因為我覺得，看到乞丐令我不悅，於是做出這種反應？我到底是真正關心乞丐，或是只想讓自己好過點？[99]

　　在本質上，我們人類和大鼠、狗、海豚或黑猩猩，並沒有多大的差異之處。正如牠們，我們也沒有靈魂。也正如我們，牠們也有意識，有著充滿感覺和情感的複雜世界。當然，每隻動物都有自己獨特的特質和才能，而每個人也有自己獨特的天賦。不過，我們倒也沒有必要進一步為動物都強加人性，覺得牠們就像是長了毛的人類。這種畫蛇添足的做法，不僅在科學上無法立足，也讓我們無法真正從動物的立場，來給予牠們理解和評價。

聰明的馬

1900年代，德國有匹名馬「聰明的漢斯」（Clever Hans）。牠在德國許多城鎮村莊巡迴表演，不僅德語水準非同凡響，數學能力更是驚人。如果有人問牠：「漢斯，4乘3是多少？」漢斯就會用馬蹄點地12下。有人用文字寫給牠看：「20減11是多少？」漢斯也會展現普魯士的一絲不苟，點個9下。

1904年，德國教育部門組成特別科學委員會，由一名心理學家領軍調查這件事。委員會的十三名成員（其中還包括一位馬戲團經

17. 西元 1904 年，德國馬「聰明的漢斯」正在表演。[100]

人類大命運
Homo Deus

理和一名獸醫）一心認為這必定是個騙局，但費盡九牛二虎之力，還是找不出任何欺偽不實之處。就算把漢斯與主人分開，由全然陌生的人問牠問題，漢斯仍然多半都能答對。

直到1907年，心理學家方斯特（Oskar Pfungst）進行另一項調查，才終於查出真相。原來漢斯之所以能答出正確解答，靠的是觀察提問者的身體語言和臉部表情。如果有人問漢斯3乘4是多少，漢斯從過去的經驗知道，提問者心中會期待牠點蹄點到一定次數。於是牠開始點著，並且仔細觀察提問人。隨著漢斯慢慢接近答案，提問人會顯得愈來愈緊張，並在漢斯點到正確數字時，緊繃的情緒達到頂峰。漢斯知道的是，如何從人的肢體姿勢和表情看出這點。於是牠就停下來，看著提問人原本的緊張轉變成難以置信的表情、或是哈哈大笑。漢斯便知道，自己又答對了。

常有人用聰明的漢斯做為例子，告誡不該誤以為動物有人性，或高估牠們有什麼驚人的能力。但事實上，這裡教我們的一課，卻正好相反。從這個故事可以看出，我們為動物強加人性，反而是低估了動物的認知能力，並忽略了其他生物獨特的能力。確實，漢斯在數學方面絕對算不上有什麼才能，任何八歲小孩的算術能力都比牠強。但如果講的是從肢體語言來推論情感和意圖，漢斯就是個真金實銀的天才了。

如果有個瑞典人用我不懂的瑞典話，問我4乘3是多少，我絕不可能光看他的臉部表情和肢體語言，就用腳點出正確的12下。聰明的漢斯之所以擁有這個能力，是因為馬匹通常就是用肢體語言相互溝通。但漢斯了不起的地方在於：牠不只成功解讀了同類的情感和意圖，還看穿了原本不熟悉的人類。

如果動物真的那麼聰明，為什麼現在不是馬在駕人拉車、大鼠

用人做實驗、海豚趕人跳火圈？智人一定有什麼獨特的能力，才讓自己主宰了其他所有動物。

但如今，我們已經推翻了過去的自以為是，知道「智人和其他動物相比，並非高高在上；智人也沒有什麼與眾不同的獨特本質，例如靈魂或意識之類」。我們終於可以回到現實，正視究竟是什麼生理能力或心理能力，讓人類取得了優勢。

◢ 團結力量大

多數研究提到，智力和工具製作是人類興起的關鍵因素。雖然其他動物同樣也會製作工具，但是人類在這一點的能力，無疑遠遠勝出。可是說到智力，就沒那麼明確了。雖然有一整個相關產業致力於智力的定義和評量，但距離達成共識，還有一段很遠的路程。幸好我們在這裡並不需要踏入這個雷區，因為不管如何定義智力，顯然光靠工具和智力，仍然不足以讓智人征服世界。

根據大多數對智力的定義，人類在大約一萬年前，就已經成為地球上最聰明的動物了，也是工具製作的冠軍，卻仍然只是一種不太重要的生物，對周遭的生態系也沒什麼影響力。顯然，除了智力和工具製作之外，他們還缺了某種關鍵因素。

也或許，人類之所以最後能主宰這顆星球，並不是因為有什麼第三個因素，而只是因為智力和工具製作的能力都提升了？看來不然，因為翻閱歷史，「個人的智力和工具製作能力」與「人類物種的能力提升」並沒有直接關係。兩萬年前的一般智人，智力和工具製作能力可能都要超過現代人的平均。現代學校和雇主雖然三不五時會測試我們的性向，但不管測出來的結果有多差，福利國家仍

然會保障每個人的基本需求。但在石器時代，則是由天擇每天二十四小時來測試你，而且在這數不盡的測試中，只要有一項不過，就可能致命。然而，儘管我們石器時代的每一位祖先，工具製作能力可能更優秀，面對外在險惡的環境時，頭腦可能更清晰、感覺更敏銳，但是兩萬年前的人類仍然比今天弱小得多。

在這兩萬年之間，人類從原本用石矛頭的長矛來獵殺猛獁象，演變成能製造太空船探索太陽系，並不是因為雙手變得更靈巧，也不是因為大腦發展得更大了（事實上，現代人的大腦似乎還小了一些）；[101] 我們征服世界的關鍵因素，其實是在於能夠讓許多人類團結起來的能力。[102]

如今人類完全主宰地球，並不是因為單一人類比單一的黑猩猩或狼更聰明、或是手指更靈巧，而是地球上只有智人這個物種，能夠大規模而靈活的合作。智力和工具製造當然非常重要，但如果人類還沒學會如何大規模靈活合作，即便大腦再聰明、手指再靈巧，現在仍然是在敲燧石，而不是撞擊鈾原子！

只不過，譬如螞蟻和蜜蜂，早在人類之前幾百萬年，就已經學會了集體合作，為什麼沒能早早統治人類？原因在於牠們的合作缺乏靈活性。蜜蜂的合作方式雖然非常複雜巧妙，但牠們無法在一夜之間徹底改造其社會制度。舉個例子，如果蜂巢面臨突如其來的威脅或機會，蜜蜂並沒有辦法把蜂后送上斷頭臺，改制為蜜蜂民國。

至於大象、黑猩猩這種有社交能力的哺乳動物，雖然合作起來比蜜蜂更靈活，但牠們的朋友與家人數量都太少。牠們的合作是以彼此認識為基礎——如果你我都是黑猩猩，而我想跟你合作，就必須真的認識你，知道你是怎樣的黑猩猩：你究竟是猩格高尚、還是猩品低落？如果我不認識你，怎麼可能跟你合作？

據我們所知，只有智人能夠與無數陌生個體，進行非常靈活的合作。正是這種實際具體的能力，說明了為何目前是由人類主控地球，而不是什麼永恆的靈魂、或是獨有的意識。

◢ 勝利屬於合作的一方

歷史已經提供充分證據，點出大規模合作極端重要。勝利幾乎永遠屬於合作更順暢的一方；這不只適用於人與動物的爭鬥，也適用於人群與人群之間的衝突。因此，羅馬之所以征服希臘，不是因為羅馬人的腦子比較大、或工具製造技術比較高明，而是因為他們的合作更具效率和效益。

縱觀歷史，紀律嚴明的軍隊就是能擊敗散兵游勇，團結的菁英就是能凌駕烏合之眾。例如在1914年，為數僅三百萬的俄羅斯貴族、官員和商人，就能作威作福，控制超過一億八千萬個農民和工人。俄羅斯菁英熟知如何合作守衛其共同利益，但那一億八千萬平民卻無法有效動員。事實上，那些菁英有一大部分的努力重點，正是要確保這一億八千萬底層民眾無法學會合作。

想掀起一場革命，光靠人數，絕對遠遠不夠。革命靠的通常是一小群人集成的網路，而不是一大群人的動作。如果你想發動一場革命，不要問「有多少人會支持我的想法？」而是要問「我有多少支持者能夠有效合作？」

俄國1917年爆發十月革命，引爆點並不是一億八千萬農民起身反抗沙皇，而是一小群共產主義信徒在對的時間，站到了對的位置。在1917年初，俄國中上階級人數至少有三百萬，但列寧的布爾什維克派（後來演變為共產黨）人數僅有兩萬三千名。[103] 然而，

共產主義信徒組織嚴密，依舊奪下了俄羅斯帝國。當俄羅斯的權力從沙皇老朽的掌握、與克倫斯基（Kerensky）臨時政府同樣顫抖的指間滑落，共產主義信徒一把接起，緊握住權力的韁繩，一如鬥牛犬對骨頭緊咬不放。

共產黨徒這一握，一直到1980年代末之前，從未放開。有效的組織讓他們掌權長達七十多年，而最後也是因為組織的缺陷，才頹然傾塌。

◢ 革命萬歲！

1989年12月21日，羅馬尼亞共產獨裁者齊奧塞斯庫（Nicolae Ceauşescu）在首都布加勒斯特市中心，組織了一項大規模的支持者示威活動。在先前幾個月之間，蘇聯已經從東歐共產主義政權收回支援，柏林圍牆已倒下，革命席捲波蘭、東德、匈牙利、保加利亞和捷克斯洛伐克。

齊奧塞斯庫自1965年以來，一直統治羅馬尼亞，就算羅馬尼亞的蒂米什瓦拉市，已經在12月17日出現抗暴運動，齊奧塞斯庫仍然相信，自己能擋下這波海嘯般的浪潮。而他的反制措施之一，就是在布加勒斯特安排大規模集會，希望向羅馬尼亞人和世界各國證明，大多數民眾仍然敬愛他、或至少是害怕他。當時已經吱嘎作響的黨機器，奮力動員了八萬人，塞滿市中心廣場，並號令羅馬尼亞全國民眾，放下手邊工作，聆聽廣播或收看電視。

在一片看似熱情的群眾歡呼聲中，齊奧塞斯庫登上陽臺，俯瞰廣場，他在先前幾十年間，這動作已經做了不下數十次。在妻子艾蓮娜、黨領導和大批保鏢陪同下，齊奧塞斯庫開始了註冊商標一般

的沉悶演講，並在群眾機械式鼓掌的掌聲中，顯得志得意滿。

接著就出事了。這段影片現在上 YouTube 還看得到，只要搜尋
「Ceauşescu's last speech」（齊奧塞斯庫的最後演說），你就能親眼目睹
歷史的進展。[104]

從 YouTube 影片可以看到，齊奧塞斯庫才剛開始另一個冗長的
句子，說到：「我要感謝在布加勒斯特發起及組織這項偉大集會的
人，這是……」接著他忽然被眼前的景象給驚呆了，瞠目結舌，難
以置信。他再也沒有把那句話說完。你可以看到，就在那一秒，他
的世界整個崩毀。觀眾居然有人在噓他？到現在，大家仍在討論究
竟誰是第一個膽敢發出噓聲的人。但一聲之後，就是接二連三，短
短幾秒鐘，群眾口哨聲此起彼落、辱罵聲不絕於耳，並一起大喊著
「蒂·米·什瓦·拉！蒂·米·什瓦·拉！」

而且這一切都透過電視直播，羅馬尼亞國民有四分之三正聽從
命令，坐在電視機前，他們的心激動的跳著。惡名昭彰的羅馬尼亞
祕密警察立刻下令停止直播，但電視臺工作人員並未聽命，訊號只
有短暫受到干擾。攝影師把攝影機指向天空，因此觀眾不會再看到
黨領導人在陽臺上有多驚慌，但錄音師還是繼續錄著音、技術人員
也還是繼續播送，整件事的中斷只有一分多鐘。

廣場上的群眾噓聲不斷，齊奧塞斯庫則是不斷大喊：「哈囉！
哈囉！哈囉！」好像問題是出在麥克風一樣。他的妻子艾蓮娜開始
斥喝觀眾「安靜！安靜！」，直到齊奧塞斯庫轉頭向她斥喝「是妳
給我閉嘴！」，眾人聽得清清楚楚。齊奧塞斯庫接著開始向激動的
群眾喊話：「同志們！同志們！請靜下來，同志們！」

但同志們已經不願意安靜下來了。羅馬尼亞共產政府崩潰的時
刻，就是有八萬人在布加勒斯特市中心廣場，意識到他們比那個在

陽臺上戴著皮帽的老人強得太多。

但真正令人震驚的，還不是這個系統崩潰的時刻，而是這種政權居然已作威作福了幾十年！為什麼世上的革命如此罕見？群眾早就有能力衝上陽臺，把這種人撕成碎片，但為什麼幾世紀以來，他們卻是一直聽話、鼓掌、歡呼，完全聽從陽臺上的人所下的任何命令？

▲ 民主──你依然是民，而我繼續作主

齊奧塞斯庫和親信統治羅馬尼亞兩千萬人，長達四十年，靠的就是確保了三項重要條件。首先，將忠誠的共產官僚安插控制所有的合作網路，例如軍隊、工會、甚至是體育協會。第二，不論在政治、經濟或社會方面，只要是任何可能合作反共產的競爭組織，一律禁止成立。第三，他們擁有來自蘇聯和東歐共產政黨的支援。雖然偶有爭執，但這些共產政黨還是會在必要時互相伸出援手，或至少會確保沒有外人來到這個社會主義天堂多管閒事。在這種情況下，雖然領導菁英對人民造成各種艱困痛苦，兩千萬羅馬尼亞人卻無法組織起任何有效的反對運動。

一直要到這三項條件都不再存在，齊奧塞斯庫才終於垮臺。在1980年代末期，蘇聯撤回了保護傘，各個共產主義政權也像骨牌一樣，逐一倒下。到了1989年12月，齊奧塞斯庫已經再也無望取得任何外援，鄰近國家掀起的革命更像是給反對陣營一記強心針，而且共產黨本身也分裂成不同陣營，互相攻擊。溫和派希望拉下齊奧塞斯庫，開始改革，以免最後無法挽回。

最後，就是齊奧塞斯庫自掘墳墓：他自己安排了在布加勒斯特

的集會，還透過電視直播，讓革命份子把握絕佳機會，集結力量反抗齊奧塞斯庫。想讓革命星火燎原，哪有比電視直播更快的辦法？

然而，雖然權力已經從陽臺上笨拙的掌權者手中滑落，卻不是由廣場上的群眾所承繼。雖然他們人數眾多、群情激昂，卻不知道該怎樣組織起來。因此，正如1917年「十月革命」時的俄羅斯，權力又來到了一小群政治玩家的手中，他們唯一擁有的，就是良好的組織能力。

於是羅馬尼亞的革命成果，就這樣被自稱「救國陣線」的組織所竊據，而這個組織實際上就是共產黨溫和派的煙幕彈。救國陣線與當時的集會群眾，並沒有真正的關係，而是一群中階黨政官員，

18. 世界崩毀的那一刻：

齊奧塞斯庫瞠目結舌，不敢相信自己的眼睛和耳朵。

由共產黨的前中央委員會委員及宣傳部長伊列斯古（Ion Iliescu）率領。伊列斯古和救國戰線的同志搖身一變，成了民主政治家，抓緊每一支可用的麥克風，宣稱自己是改革的領導者，再透過他們長久以來的統治經驗和親信網路，繼續控制國家、侵占資源。

在共產的羅馬尼亞，幾乎一切都歸於國有。但到了民主的羅馬尼亞，卻是迅速將一切資產私有化，再以低廉的價格售予前共產黨人；只有這些共產黨人知道發生了什麼事，並且合作互謀其利。控制著國家基礎設施和天然資源的國營公司，被以出清特賣價，出售給前共產政府官員，同時共產黨的士兵基層也能用極低的價格，買到房屋和公寓。

伊列斯古自己當了羅馬尼亞總統，同事們則成了部長、國會議員、銀行董事、億萬富翁。直到如今，控制著這個國家的新羅馬尼亞菁英份子，仍然大多是前共產黨人及其家屬。別人吃肉，那些冒著生命危險、在蒂米什瓦拉和布加勒斯特抗議的群眾卻只能喝湯，就是因為他們不知道如何合作，建立一個高效的組織來維護自己的利益。[105]

2011年的埃及革命，也出現同樣命運。1989年電視所扮演的角色，到了2011年由臉書和推特接手。在新媒體協助下，群眾得以協調整合，讓成千上萬的人潮，在對的時間淹沒街道和廣場，推翻穆巴拉克政權。然而，要把十萬人帶到解放廣場是一回事，但想要真正抓緊政治機器的操縱桿、在正確的房間握到正確的手、讓國家有效運作，又是另一回事。因此，穆巴拉克下臺的時候，示威者並無力填上那個空缺。埃及只有兩個組織擁有足以治國的組織能力：軍隊和穆斯林兄弟會。因此，這場革命的成果先由兄弟會竊據，之後再由軍隊劫持。

比起過去的獨裁者、或是在開羅和布加勒斯特的示威者，不管是羅馬尼亞前共產黨人或是埃及的軍事將領，都算不上真的比較聰明、又或手指更為靈巧。他們的優勢只在於靈活合作。一方面，他們的合作效率高於群眾，二方面，比起頑固的齊奧塞斯庫和穆巴拉克，他們也展現了更大的靈活度。

◢ 在暴力與色情之外

如果說，智人之所以統治世界，是因為只有我們能夠大規模靈活合作，這顯然又破壞了我們認為人類比較神聖的信念。我們希望人類真的是特殊的，值得擁有各種特權。為了證明這一點，我們會指出人類的各種驚人成就：我們蓋了金字塔和長城；我們解開了原子和DNA的結構；我們還抵達了南極、登上了月亮。如果說這些成就都源於每個人都擁有的某種獨特本質（例如不朽的靈魂），那要說人類生命有神聖之處，或許還說得過去。但因為這些勝利其實都是靠著大規模合作而來，就很難再說為什麼每個人類都值得我們如此敬重。

整個蜂巢的能力，會遠比單一隻蝴蝶來得高，然而這並不會讓單隻的蜜蜂比單隻的蝴蝶更神聖。羅馬尼亞共產黨人成功主宰了沒有組織的羅馬尼亞大眾，難道我們該說共產黨人的生命比一般國民更神聖？人類所知的合作方式遠比黑猩猩更有效率，因此人類是將太空船射向月球，而黑猩猩只能在動物園對遊客扔石頭。但難道這就讓人類變得比較高級？

也有這個可能，不過我們得先想想：到底為什麼人類可以互相配合得這麼好？為什麼只有人類能夠打造出這麼龐大而複雜的社會

系統？對於像黑猩猩、狼和海豚這些社會性哺乳動物，社交合作大多必須以彼此認識為基礎。以黑猩猩為例，一定要等到互相熟識、建立起社會階層之後，才有可能一起獵食。因此，黑猩猩得花很多時間在社交互動、權力鬥爭。如果兩隻不認識的黑猩猩碰在一起，通常不但不能合作，反而會互相咆哮、扭打，或是盡速逃離。

但是，巴諾布猿（bonobo，與黑猩猩同為一屬）則有些不同，巴諾布猿常常是用性行為，來紓解壓力，建立社會連結。所以並不意外，同性的性行為也是稀鬆平常。如果兩群互不相識的巴諾布猿碰在一起，一開始會先展現恐懼和敵意，讓吼叫聲和尖叫聲不絕於叢林。但很快的，其中一群的雌性巴諾布猿會走出來，邀請陌生的巴諾布猿別打仗了，來做愛吧。通常另一方都會接受這項邀請，於是不到幾分鐘，原本可能的戰場就成了歡場，巴諾布猿用著幾乎所有你想得到的姿勢性交，甚至還包括倒吊在樹上。

智人同樣很瞭解這些合作技巧，有時候是組成像黑猩猩那種權力階級，有時候也像巴諾布猿用性愛鞏固社會連結。但不管講的是打鬥或交配，光靠彼此相識，並無法成為大規模合作的基礎。想解決希臘債務危機，辦法絕不可能是邀請希臘政治家和德國銀行家來大打一架、或是雲雨一場。研究指出，不論是友好或敵對的關係，智人能夠真正熟識的對象不超過一百五十人。[106] 不管人類是靠什麼打造出大規模合作網路，總之絕不只是彼此熟識而已。

對於想靠實驗來破解人類社會祕密的心理學家、社會學家、經濟學家，這實在是壞消息。由於組織和經費因素，絕大多數的實驗對象都只是個人或小群體。然而，想用小群體的行為來推斷大眾社會的動態，風險實在很高。有一億人口的國家，運作方式從根本上就和一百人的小部落，大不相同。

▲ 最後通牒賽局

　　讓我們用行為經濟學上最著名的「最後通牒賽局」（ultimatum game，又稱為承讓賽局）實驗為例。這項實驗通常有兩名參與者，其中一人會得到100美元，可以自由分配給自己和另一位參與者。他可能會全留、分成兩半、或是把大多數給對方。另一位參與者只有兩個選項：接受、或拒絕。如果他拒絕對方的分法，兩人都得兩手空空回家。

　　古典經濟學理論主張，人類是理性的計算機器。所以他們認為大多數人會自己留99美元，只給對方1美元；而且他們也認為另一位參與者會接受這樣的分法。畢竟如果有人問你要不要1美元，理性的回答自然就是接受。另一位參與者拿到99美元，又有什麼關係呢？

　　古典經濟學家可能一輩子都待在實驗室和講堂，從沒冒險進入真實的世界。大多數參與最後通牒賽局的人，只要拿的錢太少，就會拒絕，理由就是「不公平」。他們寧願不拿這1美元，也不想看起來像個傻蛋。也因為這就是現實世界的運作方式，所以很少人會向對方提出極低的數字。大多數人就是直接平分，或是讓自己占點小好處，像是給對方30美元或40美元。

　　最後通牒賽局影響深遠，不僅戳破古典經濟學理論，也建立起近幾十年最重要的一項經濟學發現：智人的行事並不是依照冷冰冰的數學邏輯，而是根據有溫度的社交邏輯。

　　我們是由情感所控制。正如先前所見，這些情感實際上都是很複雜的演算法，反映出遠古狩獵採集部落的社會機制。如果在三萬年前，我幫你抓了一隻野雞，但你卻只分我一支雞翅，我可不會

對自己說：「還有一支雞翅，總比什麼都沒有好。」而是演化演算法快速運轉，讓腎上腺素和睪固酮流向全身，血液沸騰，然後向地上重重一跺腳，發出怒吼。短期來說，我可能得餓肚子回來，甚至還會挨上一兩拳。但長期來說這是有好處的，因為你以後別想再坑我。我們會拒絕不公平的方案，是因為如果在石器時代，溫和接受一切要求，就只能等死。

觀察現代仍存的狩獵採集部落，結果同樣支持這種觀點。大多數部落都很重視公平，如果獵人獵到一頭肥鹿回來，每個人都會得到一份。黑猩猩也是如此。如果有一隻黑猩猩殺了一頭小豬，同一群的其他黑猩猩會聚在一旁伸出手來，而且通常也都會拿到一份。

最近，靈長類動物學家德瓦爾（Frans de Waal）在一項實驗中，將兩隻捲尾猴關在相鄰的籠子裡，兩隻都能看到對方的一切動作。德瓦爾的研究團隊在每個籠子都放了一些小石頭，訓練這些猴子把石頭交給研究人員。每次猴子拿一個石頭給他們，就會得到食物，一開始的獎勵是一片黃瓜。兩隻猴子都高高興興的把黃瓜吃了。幾回合後，德瓦爾進到實驗的下一個階段。這一次，第一隻猴子交出石頭，得到的是一顆葡萄。葡萄可比黃瓜美味多了。但第二隻猴子交出石頭的時候，拿到的卻仍然是一片黃瓜。這隻猴子之前拿到黃瓜還很高興，但現在卻火冒三丈。牠拿到黃瓜之後，先是難以置信的看了一會兒，接著就怒氣沖沖，把黃瓜丟向研究人員，並開始跳來跳去、大聲尖叫。牠可不是什麼好惹的角色！[107]

從這個令人發噱的實驗（可以上 YouTube 觀看）和最後通牒賽局，讓很多人以為：靈長類動物就是天生有道德觀，而平等是個普遍而永恆的價值。人類天生就是平等主義者，而不平等的社會必會招致怨恨和不滿，絕不可能運作順暢。

▲ 社會從來不平等

真是這樣嗎？這些理論應用在黑猩猩、捲尾猴和小型狩獵採集部落或許很合用；或是在實驗室裡對一小群人做測試，也不會有什麼問題。然而，一旦觀察大批群眾的行為，就會看到一個全然不同的現實。大多數的人類王國和帝國都極度不平等，但其中的穩定性和效率卻好得不得了。

在古埃及，法老王可以躺在舒適的墊子上，住的是涼爽而豪華的宮殿，穿的是黃金的涼鞋和鑲滿寶石的外衣，由美麗的女僕剝好甜滋滋的葡萄放進他嘴裡。透過敞開的窗戶，他可以看到農民在田裡工作，穿的是骯髒的破衣，頭上頂著無情的太陽，回家能有一根黃瓜吃，就已經是天大的幸福。然而，農民很少起身反抗。

1740年，普魯士國王腓特烈二世入侵西里西亞（Silesia），發動一系列讓他贏得「腓特烈大帝」稱號的血腥戰爭，讓普魯士成為一大強權；卻也導致數百萬人死亡、殘廢、一無所有。他麾下的兵士多半是倒楣的新兵，得承受鐵的紀律和嚴苛的演練。可以想見，這些士兵對他們的最高指揮官並沒多大的好感。腓特烈有一次看著部隊集合、準備出擊，就和一位將軍說到，他最驚訝的是「我們站在這裡，面對這六萬大軍，卻安全無虞；他們都是我們的敵人，每個人都比我們武裝完整、身強體壯，但他們一見我們就發抖，我們卻對他們毫無所懼。」[108]

腓特烈確實是可以安全無虞的看著這群人。在接下來幾年，雖然戰事辛勞，但這六萬武裝大軍從未反叛，很多人還為他獻上非凡的勇氣、冒著生命危險，甚至獻出寶貴的生命。

這些埃及農民和普魯士士兵的反應，為什麼和最後通牒賽局、

或捲尾猴實驗的情況這麼不同？原因就在於：大批群眾的行為，就
是和小型團體的情況有所不同。如果今天的最後通牒賽局實驗是有
甲乙兩方各一百萬人，要分1,000億美元，科學家究竟會觀察到怎
樣的情況？

這裡面的動態很有可能十分奇特而迷人。舉例來說，因為一百
萬人不可能直接做出共同的決定，因此可能兩方各出現一位統治菁
英。這時，如果甲方領導人說要給乙方領導人100億美元，而自己
留下900億美元，情況會如何？乙方領導人有可能會接受這種不公
平的報價，接著把這100億美元大部分直接轉到自己的瑞士銀行帳
戶，同時用各種賞罰手段，避免底下的人叛亂。領導人可能威脅和
嚴懲異議份子，並且告訴那些溫和有耐心的人，他們死後可以在來
世得到永恆的獎勵。

這正是古埃及和十八世紀普魯士的情況，而且至今在全球許多
國家依舊如此。

這樣的威脅和承諾，通常都能成功創造穩定的階級制度和群眾
合作網路，但前提是民眾相信自己是順應著自然不可避免的法則、
或是神祇神聖的命令，而不只是聽命於另一個人。所有的大規模人
類合作，到頭來都是奠基於我們「想像的秩序」。這一套又一套的
規矩雖然只存在於我們的想像之中，我們卻會認為這就像重力一樣
真實而不可侵犯。

「向天神獻上十頭牛，就會下雨；孝順父母，就會上天堂；如
果不相信我說的話，你就會下地獄。」只要智人住在相信同樣一套
故事的地方，就會遵守一樣的規矩，於是不僅很容易預測陌生人會
有什麼行為，也很方便組織大規模合作的網路。智人也常常用可見
的標記（例如頭巾、鬍子或西裝）來代表「你能相信我，我跟你信

仰的故事是一樣的」。但我們那些黑猩猩堂兄弟，並無法創造和流傳這樣的故事，也因此無法大規模合作。

◢ 意義之網

人之所以很難理解「想像的秩序」這種概念，是因為覺得現實只分兩類：客觀現實和主觀現實。所謂客觀現實，就是事物的存在與我們的信念和感受無關。例如重力就是一項客觀現實，早在牛頓之前便已存在，而且不論信不信它，都同樣會受到重力影響。

但主觀現實則相反，事物的存在與否，是取決於個人的信念和感受。例如，假設我覺得頭一陣劇痛，去看醫生。雖然醫師對頭部做了徹底檢查，卻沒查到什麼問題。於是她又要我去做血液檢查、尿液檢查、DNA檢測、X光、心電圖、fMRI，什麼都做了。等到檢查結果出爐，她說我完全健康，可以回家了。可是我仍然覺得頭痛得不得了。雖然所有客觀測試都找不出我有什麼問題，儘管除了我以外沒人感覺痛苦，但對我來說，這種痛苦是百分之百真實。

多數人以為，現實只有客觀和主觀兩種，並沒有第三種可能。於是，只要他們說服自己某件事並非出於自己的主觀感受，就貿然認為這件事必然屬於客觀。如果有那麼多人相信上帝，如果錢確實能讓世界運轉，如果民族主義會促成戰爭、也會建立帝國……那麼這些事物或概念一定不只是我個人主觀的信念。也就是說，上帝、金錢和國家，一定是客觀的現實囉？

然而，現實還有第三個層次：**互為主體的**（intersubjective）。這種互為主體的現實，並不是因為個人的信念或感受而存在，而是靠著許多人的溝通互動而存在。歷史上有許多最重要的驅動因素，都

具有互為主體的概念。像是金錢，並沒有客觀的價值。1元的美鈔
不能吃、不能喝，也沒法拿來穿，但只要有幾十億人都相信它的價
值，你就可以拿它來買東西吃、買飲料喝、買衣服穿。如果有位麵
包師傅忽然不再相信美鈔了，不願意讓我用這張綠色紙，換他的麵
包，也沒什麼關係，只要再走幾條街，又有另一家超市可買。然而
如果超市的收銀員、市場的小販、購物商場的銷售員，都一律拒絕
接受這張紙，美鈔就會失去它的價值。當然，這些綠色紙張還是存
在，但它們已經再無用處。

　　這種事其實不時會發生。1985年11月3日，緬甸政府毫無預警
的宣布50緬元和100緬元的紙鈔不再是法定貨幣。民眾根本沒有兌
換紙鈔的機會，一輩子的積蓄瞬間成了幾堆毫無價值的廢紙。為了
取代失效的貨幣，政府發行了新的75緬元紙鈔，號稱是要紀念緬甸
獨裁者奈溫將軍（General Ne Win）的七十五歲生日。1986年8月又
發行了15緬元和35緬元的紙鈔。據傳，這位獨裁者深信命理，相信
15和35是幸運數字。但是對國民來說，可就一點也不幸運了。到了
1987年9月5日，緬甸政府又突然下令，所有35緬元和75緬元的紙
鈔同樣不再是法定貨幣。

　　會像這樣因為人類不再相信而一夕蒸發的，並不只有金錢的價
值。同樣的事情也可能發生在法律、神祇，甚至整個帝國上。這一
秒它們還在忙著塑造世界，下一秒卻忽然不復存在。

　　天神宙斯和天后赫拉，曾經是地中海一帶的重要力量，但現
在不再有人相信，也就令祂們失去所有力量。蘇聯曾經一度能夠摧
毀全人類，但也是在一支筆的力量下便煙消雲散——1991年12月8
日，在維斯庫里（Viskuli）附近的一幢鄉間大宅，俄羅斯、烏克蘭
和白俄羅斯的領導人簽署了〈白拉維沙協定〉（Belavezha Accords），

協定中聲明：「吾等白俄羅斯共和國、俄羅斯聯邦暨烏克蘭，做為1922年蘇聯成立條約之簽署創始國，茲此聲明終止蘇聯做為國際法之主體及地緣政治之現實。」[109] 就這樣，蘇聯從此消失。

　　要說金錢是個互為主體的現實，相對還比較容易接受。大多數人也很願意承認：那些古希臘神明、邪惡的帝國和異國文化價值觀都只是一種想像。但如果說的是**自己的神、自己的國家、自己的價值觀**，由於正是這些概念給了我們生命的意義，要承認這些概念也都是虛構的，就沒那麼容易了。我們希望自己的生命有客觀意義，希望自己的種種犧牲不只是為了腦子裡的各種空想。但事實上，大多數人生活的意義，都只存在於彼此述說的故事之中。

19. 俄羅斯、烏克蘭和白俄羅斯的領導人共同簽署〈白拉維沙協定〉。
　　筆碰上了紙，天靈靈地靈靈！蘇聯消失無蹤。[110]

在大家一起編織出共同故事網的那一刻，意義就產生了。對我來說，譬如在教堂結婚、在齋戒月禁食、或在選舉日投票，這些動作為什麼有意義？原因就在於我的父母也認為這有意義，還有我的兄弟姊妹、鄰居朋友、附近城市的居民、甚至是遙遠異國的民眾，都認為這有意義。為什麼這些人都認為這有意義？因為他們的朋友和鄰居也有同樣的看法。

人類會以一種不斷自我循環的方式，持續增強彼此的信念。每一次的互相確認，都會讓這張「意義之網」收得更緊，直到你別無選擇，只能相信大家都相信的事。

只不過，經過幾十年、幾世紀，意義之網也可能忽然拆散，而由一張新的網取而代之。**讀歷史正是看著這些網的編織和拆散**，並讓人意識到，對這個世代的人來說最重要的事情，很有可能對他們的後代變得毫無意義。

◢ 把人民像蒼蠅捕進網中

1187年，薩拉丁（Saladin）在哈丁戰役（Battle of Hattin）擊敗十字軍，占領了耶路撒冷。教皇因此發起了第三次十字軍東征，希望奪回聖城。讓我們假設有位名叫約翰的年輕英國貴族，遠離家鄉征討薩拉丁。約翰相信，自己這麼做是有客觀意義的，如果自己在東征過程中去世，靈魂就能夠升上天堂，享受永恆的無上喜悅。

如果這時候跟他說，靈魂和天堂都只是人類編出來的故事，肯定會把他嚇壞。約翰一心相信，如果他抵達聖地，卻被一個長著大鬍子的穆斯林戰士，一斧頭劈在他頭上，他當然會痛苦萬分，兩耳嗡嗡、兩腿一軟、視野一黑——然後就會突然發現，自己由一片明

亮的光芒籠罩，聽到天使的歌聲、悠揚的豎琴絃音，看到發著光、有著翅膀的天使，召喚他通過一道雄偉的金色大門。

約翰對這一切的信念之所以這麼強，是因為有一張細細密密又極度強大的意義之網，包覆著他。他最早的記憶，就是亨利爺爺有一把生鏽的劍，掛在古堡的主廳。當他還在蹣跚學步，就已經聽過亨利爺爺在第二次十字軍東征戰死的故事，說爺爺現在已經在天堂休息，有天使作伴，一直關照著約翰和他的家人。吟遊詩人來訪城堡時，常常吟唱著十字軍在聖地英勇作戰的歌謠。

約翰上教堂的時候，很愛看彩繪玻璃窗，其中一扇正是布永的戈德弗里（Godfrey of Bouillon，第一次十字軍東征的領導者）拿長槍刺穿一個面容邪惡的穆斯林，另一扇則是罪人的靈魂在地獄裡燃燒。約翰也會認真聆聽當地神父的講道，那是他認識的最有學問的人。幾乎每個禮拜天，神父都會搭配各種精心設計的比喻、還有令人莞爾的笑話，講述著世上只有天主教是唯一的救贖，羅馬教皇是我們神聖的父，我們必須聽從他的指示。如果我們殺人或偷竊，上帝會叫我們下地獄；但如果我們殺的是異教徒穆斯林，上帝會歡迎我們上天堂。

在約翰剛滿十八歲的一天，一位騎士很狼狽的騎馬來到城堡大門，語帶哽咽的大喊：十字軍在哈丁被薩拉丁擊敗了！耶路撒冷淪陷了！

羅馬教皇宣布將發動新一波十字軍，並承諾不幸喪生者將得到永恆的救贖！身邊所有人看來都是既震驚又憂慮，但約翰臉上發出超脫俗世的光亮，宣告：「我將對戰異教徒，收復聖地！」每個人靜了一下，接著臉上露出笑容，流下感動的淚水。母親擦擦眼淚，緊緊抱著約翰，說她有多麼引以為榮。他的父親則是大力在他背上

拍了一掌，說道：「兒子，如果我還是你這年紀，必會和你同行。
事關我們家族的榮譽，相信你一定不會讓我們失望！」約翰有兩個
朋友也宣布要一同從軍。而且，就連約翰的死對頭、那個住在河另
一邊的男爵，也特地來家裡拜訪，祝他一路順利。

　　當約翰離開城堡時，村民紛紛從小屋裡出來，向他揮手致意。
而對於這位即將前去對抗異教徒的十字軍勇士，所有的美麗姑娘也
露出崇拜的眼神。約翰從英國出航，航過各個陌生而遙遠的彼方，
例如諾曼地、普羅旺斯、西西里島，許多異國的騎士也紛紛加入，
大家都有著共同的目標、共同的信念。

　　但等到軍隊終於在聖地上岸，開始與薩拉丁的部下戰鬥，約翰
才驚訝的發現，這些邪惡的撒拉遜人怎麼也和自己有同樣的信念。
當然，想必撒拉遜人沒搞清楚，竟然以為基督徒才是異教徒、而穆
斯林則是服從神的旨意。但撒拉遜人也接受一樣的基本信念，也就
是為神和耶路撒冷而戰的戰士一旦戰死，將會直接上天堂。

◢ 事過境遷，意義不再

　　就像這樣，中世紀文化一絲一縷的編織著意義之網，把約翰和
同時代的人，都像蒼蠅一樣捕進網中。約翰絕不可能想像得到，這
一切故事都只是出於想像虛構。說他的父母和叔伯都錯了，還有可
能。但還有吟遊詩人、他所有的朋友、村裡的姑娘、知識淵博的神
父、住在河另一邊的男爵、在羅馬的教皇、在普羅旺斯和西西里島
的騎士、甚至還包括那些穆斯林，難道真有可能是這些人都在胡思
亂想？

　　時間就這麼過了好多好多年。在歷史學家的注視下，意義之網

被拆散，又張起了另一張新的意義之網。約翰的父母已然身故，他的所有兄弟姊妹也不在人世。這時已不再有吟遊詩人唱著十字軍東征的故事，新的流行是在劇院上演愛情悲劇。家族的城堡被燒成一片平地，而重建之後，亨利爺爺的劍已經失去影蹤。教堂的彩繪玻璃在一次冬季的狂風中粉碎，換上的玻璃不再描繪布永的戈德弗里和地獄裡的罪人，而是英國國王打敗法國國王的偉大勝利。當地的牧師已經不再稱呼教皇是「我們神聖的父」，而是「羅馬的那個魔鬼」。在附近的大學裡，學者鑽研著古希臘手稿、解剖屍體，並在緊閉的門後竊竊私語，說著：或許根本沒有靈魂這種東西。

　　但時間轉眼又過了好多好多年。原本是城堡的地方，現在成了購物商場。在當地的電影院裡，《聖杯傳奇》(*Monty Python and the Holy Grail*) 已經播了無數次。在一座空教堂裡，無聊的牧師看到兩名日本遊客，簡直喜出望外，開始滔滔不絕，解說教堂裡的彩繪玻璃。遊客不停禮貌的微笑點頭，但完全沒聽懂。

　　教堂外面的階梯上，一群青少年正用 iPhone 看著一部 YouTube 影片，是約翰‧藍儂那首〈Imagine〉的 remix 版。約翰‧藍儂唱著：「Imagine there's no heaven, it's easy if you try.」(想像世上如果沒有天堂，試試看，這並不難。) 一名巴基斯坦清潔工正在打掃人行道，旁邊有收音機正播報新聞：敘利亞屠殺仍在繼續，聯合國安全理事會的會議落幕了，但未能達成任何協議。突然之間，天空打開了一個時光通道，一道神祕的光照在其中一位青少年臉上，他突然張口宣告：「我將對戰異教徒，收復聖地！」

　　異教徒？聖地？對於現在絕大多數的英格蘭人來說，這些詞彙已經不再具有任何意義。就連那位牧師，也很可能覺得這年輕人是精神病發作。相反的，如果一位英國青年決定加入國際特赦組織，

前往敘利亞保護難民、維護難民的人權,現在大家會覺得他是個英雄,但在中世紀,大家會覺得這人瘋了。在十二世紀的英格蘭,沒有人知道什麼叫人權。你要大老遠跑到中東,冒著生命危險,而且居然不是要殺死穆斯林,而是保護某一群穆斯林別被另一群穆斯林殺了?你絕對是腦子出了很大的問題。

這正是歷史開展的方式。人類編織出一張意義之網,並全心相信它,但這張網遲早也會拆散,直到我們回頭一看,實在無法想像當時怎麼可能有人真心這麼相信著。事後看來,為了到達天堂而參加十字軍,聽起來就像是徹底瘋了。事後看來,冷戰似乎又是件更瘋的事。不過才短短四十年前,怎麼可能有人因為相信能打造出共產主義的天堂,就不惜為此冒著核戰浩劫的危險?而在現在的一百年後,我們現在對民主和人權的信念,也有可能會讓我們的後代,感到同樣的難以理解。

◢ 大同世界

智人統治世界,是因為只有智人能夠編織出互為主體的意義之網:其中的法律、約束力、實體和地點,都只存在於他們共同的想像之中。因為有這張網,讓所有動物只有人類能夠組織十字軍、社會主義革命和人權運動。

其他動物也有可能想像各種事情。貓埋伏著要抓老鼠時,雖然可能沒看到老鼠,但很可能能夠想像老鼠的形狀、甚至是味道。但是就我們目前所知,貓只能想像實際存在這個世上的東西,例如老鼠。牠們無法想像自己看不見、聞不著、嚐不到的東西,比如美元或谷歌、歐盟。只有智人能夠想像出這種虛幻的事物。

　　因此，貓和其他動物至今仍然只能處於客觀的世界，溝通系統也只用來描述現實，但智人能用語言創造出前所未有的現實。在過去七萬年間，智人所發明出具備互為主體性的現實，愈發強大，讓智人在今天稱霸世界。黑猩猩、大象、亞馬遜雨林和北極冰川，究竟能否活過二十一世紀？這一切的結果，將要看像是歐盟和世界銀行這種組織的意願和決定而定；而這幾個實體其實都屬互為主體，只存在我們共同的想像之中。

　　沒有任何其他動物有能力對抗我們，並不是因為牠們少了靈魂或少了心靈，而是因為牠們少了必要的想像力。獅子能跑、能跳、能抓、能咬，卻沒辦法開銀行帳戶或提出訴訟。而在二十一世紀，一位知道怎麼提出訴訟的銀行家，擁有的權力絕對遠遠高於大草原上最兇猛的獅子。

　　能夠創造出互為主體的實體，這種能力不僅讓人與其他動物有所不同，也讓人文科學與生命科學出現區隔。歷史學家希望瞭解像神祇、國家這種互為主體的實體如何發展，但生物學家很難認同有這種事情存在。有些人認為，如果我們能解開遺傳密碼、繪出大腦的每個神經元網絡，就能知道人類所有的祕密。畢竟，如果人類沒有靈魂，如果所有思想、情感和感覺都只是生化演算法，人類社會再怎麼奇特的現象，不是應該都不脫生物學的範疇？從這個角度來看，十字軍東征就是由演化壓力形成的領土爭執，英格蘭騎士前往聖地征伐薩拉丁，其實也就像是狼群想搶下隔壁狼群的勢力範圍。

　　相反的，人文科學強調互為主體的實體，認為這種重要性不下於荷爾蒙和神經元。要用歷史的方式思考，也就代表著要將想像中的故事賦予實際的力量。當然，歷史學家並不會忽視像氣候變遷和基因突變之類的客觀因素，但他們更重視的是那些人們發明、並信

以為真的故事。北韓與南韓之所以如此不同,並不是因為平壤居民和首爾居民基因不同,也不是因為北邊氣候較冷、較多山;而是因為北邊相信的是非常不同的一套故事。

或許某一天,神經生物學能有重大突破,讓我們用純粹生化的詞彙,來解釋共產主義和十字軍東征。然而我們現在離那裡還非常遙遠。

在二十一世紀,歷史和生物學的界線可能會變得模糊,但並非因為發現了如何用生物學來詮釋歷史事件,而是因為我們會因應意識型態的虛構故事,而改寫DNA鏈;為了政治和經濟利益,而重新設計氣候;用網路空間,取代山川的地理環境。

隨著人類的種種**虛構想像**(fiction),翻譯成基因和電訊編碼,互為主體的現實將會吞沒客觀現實,而使得生物學與歷史融合在一起。因此,到了二十一世紀,**虛構想像**有可能成為世界上最強大的力量,甚至超越隕石和天擇。

因此,如果我們想瞭解人類的未來,光是破解基因體、處理各種資料數字,仍遠遠不足。我們必須破解種種賦予世界意義的虛構想像!

20. 藝術創作者帕洛克（Jackson Pollock）靈感湧現的一刻。

第二部

智人為世界賦予意義

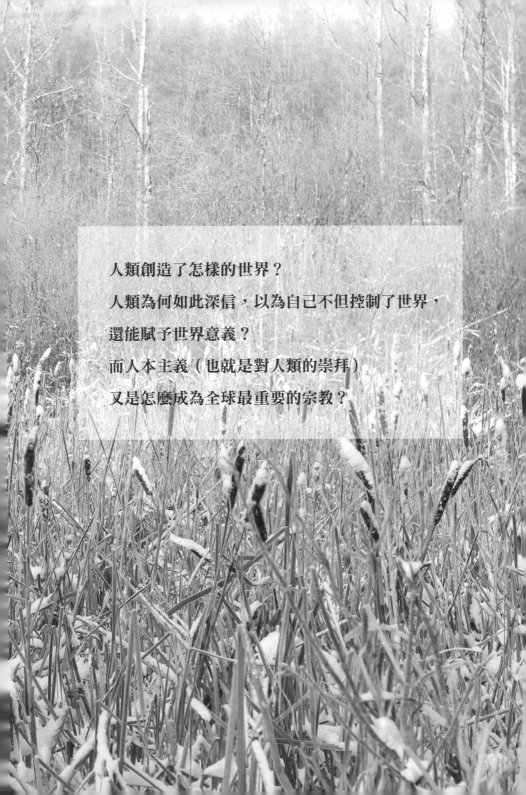

人類創造了怎樣的世界？

人類為何如此深信，以為自己不但控制了世界，

還能賦予世界意義？

而人本主義（也就是對人類的崇拜）

又是怎麼成為全球最重要的宗教？

第**4**章

說書人

　　狼或黑猩猩這些動物，都活在一種雙重現實之中。一方面很熟悉外在的各種客觀實體，像是樹木、岩石和河流；但另一方面，也知道自己的主觀經驗，像是恐懼、喜悅和欲望。相較之下，智人則是活在一種三重現實之中：除了樹木、河流、恐懼和欲望，智人的世界還有各種關於金錢、神祇、國家和公司的虛構故事。歷史逐漸開展，神祇、國家和公司的影響也就不斷成長，而河流、恐懼和欲望則成為被犧牲的代價。世界上還是有河，人類也依然受到恐懼和欲望的驅使，但是耶穌基督、法國、蘋果公司都學會了如何築壩攔水、將河流控為己用，以及形塑我們最深切的焦慮和渴望。

　　到了二十一世紀，新科技可能會讓這些虛構故事更為強大。為了瞭解我們的未來，就必須回顧像是耶穌基督、法蘭西共和國和蘋果公司這些故事，看看它們究竟是如何得到這麼大的力量。人類認為自己創造了歷史，但歷史其實就是圍繞著各種虛構故事而轉。單一人類個體的基本能力，從石器時代以來並沒有多大改變，真要說有什麼改變，很可能是變弱了。但成長的是各種虛構故事的力量，

推動了歷史，讓我們從石器時代走到了矽晶時代。

　　這一切開始於大約七萬年前，認知革命讓智人開始談著只存在於人類想像之中的事情。而在接下來的六萬年間，智人編織出許多虛構故事，只是這時的故事仍然規模有限，流傳也不廣。某個部落裡崇拜的祖靈，可能到了隔壁部落就已經一無所知；某個地方能用作通貨的貝殼，翻過山脈就可能毫無價值。但光是像祖靈或是貝殼的價值這種虛構故事，就已經能促成幾百、甚至是幾千個智人通力合作，遠超過尼安德塔人或黑猩猩，也就讓智人大占優勢。然而，如果只倚靠狩獵或是採集，並不足以支持城市、甚至王國的運作，因此只要智人仍然是狩獵採集者，就不可能有真正的大規模合作。也因此，石器時代的各種神祇、精靈和惡魔，說來並不強大。

　　到了大約一萬二千年前，農業革命揭開序幕，為人類提供了必要的物質基礎，能夠擴大並強化人際網路。有了農業，開始有可能養活擁擠城市裡的幾千個市民、或是紀律嚴明的軍隊裡成千上萬的士兵。然而，這種人際網路也遇到了新的障礙。在維護這種集體神話、組織大規模合作的過程中，早期農民只能依賴人腦的資料處理能力，但人腦實在能力有限。

▲ 蘇美神祇相當於現代公司

　　農民深信各種偉大神祇的故事。他們為最敬愛的神祇，興建神廟、舉辦慶典、甘心奉獻，雙手送上土地、什一奉獻，或是各種祭品禮物。在大約六千年前的蘇美文化，城市開始成形，而神廟不僅是信仰中心，也是最重要的政治和經濟樞紐。蘇美神祇的功能，很類似現代的品牌和公司。

在今日，公司是個虛構的法律實體，能夠擁有財產、借貸、雇用員工，進行買賣交易。在烏魯克（Uruk）、拉格什（Lagash）和舒魯帕克（Shurupak）這些古城裡，神祇也是法律實體，能擁有田地和奴隸、發放和接受貸款、支付薪資、建造水壩和開築運河。

由於神不會死，也沒有後代互相爭奪遺產，也就累積愈來愈多的財富和權力。愈來愈多蘇美人發現自己成了神的員工，拿著神的貸款，耕作神的土地，也得向神繳稅和什一奉獻。就像現在有人是谷歌的雇員、有人是微軟的員工，在古代的烏魯克，可能某個人是大神恩基（Enki）的雇員，而鄰居則在女神伊南娜（Inanna）手下。恩基和伊南娜的神廟刻畫了烏魯克的天際線，神紋也出現在建物、產品和衣服上。對蘇美人而言，恩基和伊南娜再真實不過，就像我們眼中的谷歌和微軟，一樣真實。與先前石器時代的鬼魂和神靈相比，蘇美的神祇已經是非常強大的實體。

不用說，各種業務當然不會由神祇親自動手，祂們根本只是人類的想像，也只會出現在想像之中。所有日常業務都是交給神廟的祭司（正如谷歌和微軟也需要有血有肉的真人來管理業務）。然而，隨著神祇名下的財產和權力愈來愈多，祭司開始無力應付。雖然祭司可能代表了神威浩蕩的天空之神、無所不知的地之女神，但自己畢竟還是血肉之軀。他們很難統統記住，究竟哪些是女神伊南娜的莊園、果園和田地，有哪些伊南娜的員工已經領了薪資，又有哪些伊南娜的佃戶還沒付佃租，這位女神對債務人收取的又是多高的利率。這正是一大主因，導致無論是在蘇美、或全球其他地方，就算農業革命已經發生數千年，人類的合作網路卻遲遲無法大幅擴張。既沒有幅員遼闊的王國，也沒有遍及四海的貿易網路，更沒有全球信仰的宗教。

障礙終於在大約五千年前打破了：蘇美人發明了文字與金錢。這兩者就像是雙胞胎，同時、同地由同樣的父母產出，讓人突破了人類大腦的資料處理限制。文字和金錢讓人開始能夠向成千上萬的人收稅，組織起複雜的官僚體系，打造出遼闊的王國。在蘇美，這些王國都是由同為人類的神職領袖來領導，以神之名統治管理。在鄰近的尼羅河谷則是更進一步，將神職領袖直接與神結合，創造出活生生的神祇——法老。

在埃及人的概念裡，法老不只是神的代理人，而是一位真真正正的神。整個埃及都屬於這位神，所有人都必須服從祂的命令，繳納祂定下的稅。在法老統治下的埃及，就像蘇美神廟的景況，神並不會親自管理祂的商業帝國。雖然有些法老鐵腕統治、有些法老歌舞昇平，但不論哪種情形，實際行政管理還是交給手下幾千名能讀會寫的行政官員來處理。正如任何其他人類，法老還是有著生物的身軀，也就有著生物的需求、欲望和情緒。但那個「生物的法老」根本無足輕重。真正統治尼羅河谷的，是一個想像中的法老，存在於數百萬埃及人口耳相傳的故事之中。

法老自己安坐於首都孟菲斯，在宮殿裡吃著美味葡萄、與妻妾遊樂，而手下的官員則是在整個王國四處奔波，從地中海岸邊、遠至努比亞沙漠。官僚計算每個村莊必須上繳的稅款，記錄在長長的莎草紙捲軸上，送到孟菲斯。如果孟菲斯來了一道書面命令，要求為軍隊招募士兵或為工程徵集工人，官員就會努力補滿所需人數。他們會計算王室的糧倉裡還有多少小麥，清理運河和水庫需要多少工作天數，又該把多少豬鴨送往孟菲斯，好讓法老的後宮嬪妃大快朵頤。就算這位肉身神祇駕崩，把整個身體做了防腐處理，用極盡奢華的葬儀、一路護送到孟菲斯市郊的王室墓地，整個官僚體系還

是不斷運作。官員還是繼續書寫捲軸、收稅、發布命令，繼續給這部法老機器的齒輪上油。

如果蘇美的神祇讓我們想起現代的公司品牌，那麼像法老這種「活神」就像是現代的個人品牌，一如貓王（Elvis Presley）、瑪丹娜、或是小賈斯丁。和法老一樣，貓王也有著生物的身軀，也有生物的需求、欲望和情緒。貓王得吃、得喝、也得睡。但貓王絕不只是一個生物軀體而已，他也像是法老，是一個故事、一個神話、一個品牌，而在這裡，品牌的價值要遠高於生物軀體的價值。

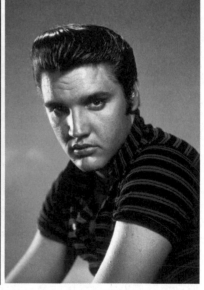

21. 品牌並非現代才發明的概念。就像貓王一樣，法老的重點也在於品牌，而不在於活的軀體。對於數百萬的歌迷來說，貓王的形象重要性遠超過肉體現實，就算他過世已久，歌迷依然為之傾倒。

　　貓王一生中，這個品牌賣唱片、門票、海報和權利金，賺進數以百萬計的美元。但在所有的必要工作裡，只有非常小的一塊，真正需要貓王這個生物軀體，絕大多數都是由一支小團隊完成的，這支戰鬥力十足的小團隊是由經紀人、律師、製作人和祕書所組成。因此，就算生物的貓王已然過世，這個品牌仍然可以運轉不休。就算到今天，歌迷還是可以購買貓王的海報和專輯；廣播電臺還是要支付播放授權金；每年也還是有超過五十萬的歌迷，如朝聖者般，湧向田納西州孟菲斯的貓王故居：雅園（Graceland）。

▌鱷魚也能成為神明

　　在文字發明之前，故事受限於人類大腦的能力，不能講得太複雜，否則就沒人能記得。但出現文字之後，忽然人類可以開始創造長篇複雜的故事，記在黏土板、莎草紙上，不再單靠人腦來記憶。沒有任何古埃及人能記得法老所有的土地、稅收和什一奉獻資料；貓王從未完整讀過所有以他之名簽署的合約；沒有任何人真能對歐盟的所有法律和規章瞭若指掌；也沒有任何銀行家或中情局探員能清楚全球每一美元的流向。但是這些細節都寫在某個地方；把所有相關文件集結起來，就形成了法老、貓王、歐盟和美元的身分和力量。

　　正是如此，文字讓人能夠以演算法的方式組織整個社會。前面為了談情緒是什麼、大腦又如何運作，曾提過「演算法」一詞，提過這是一系列有條理的步驟，能用來計算、解決問題和作成決定。在沒有文字的社會裡，人類得在腦中完成所有的計算和決定。而有了文字之後，人類就能組成龐大的人際網路，每個人完成巨大演算

法裡的一個小步驟,而最後的重要決定是由整個演算法來判斷。這正是官僚體系的本質。

以現代化醫院為例。你一到醫院,掛號處就會給你一份標準表格,詢問一套制式的問題。你的答案將會轉交給護理師,由護理師依據醫院規定,判斷該做哪些初步檢驗。例如她可能決定要量你的血壓和心跳,再抽血做個檢查。值班醫師檢視初步檢驗結果,遵照嚴格的規定,確認該請你前往哪一科。到了各專科,就會進行更完整的檢查,例如X光或fMRI,過程都有厚厚的醫療指示手冊詳細規定。接著,再由專科醫師根據權威的統計資料庫分析結果,決定該用哪種藥物、或進行哪一項進一步的檢驗。

有了這種演算法架構,誰是掛號員、護理師或值班醫師,無傷大雅,他們的人格類型、政治意識或當時的心情,也無關緊要。只要他們遵守所有規定的流程,把你治好的機率就很高。根據這種演算法典範,你的命運是操縱在「系統」的手裡,而不是哪個碰巧擔任這個或那個職位、有血有肉的人。

醫院的情形,同樣也能套用到軍隊、監獄、學校、公司和古代王國。當然,古埃及的科技絕對遠遠不及現代醫院複雜,但整個演算法的道理卻是一致的。在古埃及,大多數決定同樣不是由某個智者來決定,而是用記在莎草紙、黏土板的文字,連結起由所有官員組成的官僚網路。以法老這位活神之名,這個官僚網路便重組了人類社會、重塑了自然世界。

舉例來說,從西元前1878年到1814年,埃及由法老辛努塞爾特三世(Senusret III)和他的兒子阿蒙涅姆赫特三世(Amenemhat III)統治,挖了一條巨大的運河,將尼羅河連接到法雍谷地(Fayum Valley)的沼澤。他們運用複雜的水壩、水庫及運河支渠系統,將尼羅河的

部分河水引至法雍，創造了一座巨大的人工湖，蓄水量足足有五百億立方公尺。[111] 相較之下，胡佛水壩攔水形成的米德湖是美國最大的人造湖，最大蓄水量只有三百五十億立方公尺。

　　法雍工程計畫賦予法老能力，讓法老得以約束尼羅河，避免土地遭到大洪水的蹂躪，並在乾旱時提供寶貴的水源。此外，法雍谷地本來是一片鱷魚肆虐、沙漠圍繞的沼澤，現在搖身一變，也成了埃及的糧倉。在這個新的人工湖岸邊，建起了一座新城，古埃及稱之為 Shedet，而希臘人稱為 Crocodilopolis，也就是「鱷魚之城」。全城最重要的建物就是鱷魚神索貝克（Sobek）的神廟，索貝克的地位等同於法老（當代雕像有時也會看到有鱷魚頭的法老）。

　　神廟裡有一頭名為佩蘇卓斯（Petsuchos）的聖鱷，咸認為是索貝克的神靈轉世。就像活神法老，這位活神佩蘇卓斯也有滿是關愛眼神的祭司悉心照料，為這隻幸運的爬蟲類提供美食、甚至玩具，讓祂穿上金色披風、戴上鑲嵌著寶石的王冠。畢竟，佩蘇卓斯正是這些祭司依附的品牌、一切權威和生計的依靠。一旦佩蘇卓斯過世，立刻就會有一隻新的鱷魚被選出來填補空缺，而過世的鱷魚則被仔細防腐，製成木乃伊。

◢ 信仰產生力量

　　在辛努塞爾特三世和阿蒙涅姆赫特三世的時代，埃及人既沒有推土機、也沒有炸藥，甚至連鐵器、役馬或輪子也尚未出現（輪子一直要到西元前 1,500 年才在埃及普及）。當時的尖端科技是青銅器，但價格昂貴，極為罕見，大多數建築工具仍然是石器或木器，純由人力操作。今日有許多人認為，古埃及的各種偉大建築——所

有那些水壩、水庫、金字塔，一定是來自外太空的外星人所建。如果一個文化連輪子和鐵器都沒有，怎麼可能完成這樣的奇蹟？

但真相與這種說法大不相同。埃及之所以能闢出法雍湖、建起金字塔，原因不是外星人的幫助，而是傑出的組織技能。靠著幾千位識字的官僚，法老招募了成千上萬的勞工，也取得了足以供應這些勞工多年勞動的食物。如果能有幾萬名勞工合作數十年，就算只是用石器，當然也足以闢出人工湖、建起金字塔。

可以想見，法老自己幾乎是連手指都不用動。法老不用自己收稅，不用自己畫藍圖，自然也不用自己去拿鏟子。但那些埃及人相信，唯有向活神法老和祂的守護神索貝克祈禱，才能讓尼羅河谷倖免於毀滅性的洪水和乾旱。他們也沒錯。雖然法老和索貝克都只是想像的實體，並無法提高或降低尼羅河的水位，但如果有幾百萬人都相信法老和索貝克，於是合作建起水壩、挖出運河，發生洪水和乾旱的機率就能大幅降低。如果與蘇美的神祇相比（更不用說是石器時代的神靈），古埃及的神祇已經是真正力量強大的實體，能夠建起城市、招募軍隊，還控制了數百萬人、牛和鱷魚的生命。

這裡說想像的實體能夠建造或是控制事物，乍聽可能很奇怪。但我們現在卻很習慣說：美國製造了第一顆核彈、中國建造了三峽大壩，或是谷歌正在打造自動駕駛車。所以，為什麼不能說是法老建了一座水庫、索貝克挖了一條運河？

◢ 紙上討生活

就這樣，文字帶來了強大的虛構實體，組織了數百萬人，也重塑了河流、沼澤和鱷魚的現實。同時，文字也讓人類習慣了透過抽

象符號的中介，來體驗現實，於是更容易相信這樣的虛構實體確實
存在。

　　狩獵採集者整天爬樹、找蘑菇、追野豬、抓兔子，於是他們每
天的現實也就是樹木、蘑菇、野豬和兔子。農民整天在田裡工作，
耕地、收割、磨玉米、照顧家畜，於是他們每天的現實就是赤腳踩
著泥土的感覺，牛拖著犁發出的味道，以及剛出爐的熱騰騰麵包的
口感。相較之下，古埃及的書吏將大把的時間花在閱讀、書寫和計
算，於是他們每天的現實就是莎草紙上的墨痕，能夠決定誰擁有哪
塊地、每頭牛該值多少、哪個農民每年該繳多少稅金。用他寫莎草
紙的鐵筆，書吏就能左右整個村落的命運。

　　在時間來到現代之前，絕大多數人仍然不識字，但最重要的管
理者愈來愈是透過書面文字，來看到現實。對於識字的菁英份子來
說（不管是在古埃及、或是二十世紀歐洲），一張紙上寫的任何事
情，都至少與樹木、牛隻和人類一樣真實。

　　1940年春，納粹從北方攻進法國，大部分的法國猶太人都嘗試
往南逃離法國。如果要跨越邊界，就需要取得西班牙和葡萄牙的入
境簽證。於是成千上萬的猶太人夾雜在洪水般的難民潮中，一起包
圍了波爾多（Bordeaux）的葡萄牙領事館，希望得到這張能救命的
紙。雖然葡萄牙政府下令，駐法領事需要經過外交部批准，才能簽
發入境簽證，但在波爾多的領事德索薩・曼德斯（Aristides de Sousa
Mendes, 1885-1954）決定無視命令。這個舉動最終讓他三十年的外
交職涯隨風而逝。納粹坦克正不斷進逼波爾多，德索薩・曼德斯等
人長達十天，夜以繼日工作，幾乎不睡，就是不停簽發入境簽證、
在文件上蓋章。德索薩・曼德斯簽發了數千張簽證，最後疲憊不支
倒地。

葡萄牙政府當時根本不想接受這些難民,派出專員將這位不聽命令的領事,押回國解職。然而,雖然這些官員對人類的苦難似乎毫無感受,卻對文件深表尊重,不管是法國、西班牙或葡萄牙的官僚,對於德索薩‧曼德斯抗命簽發的簽證,仍然願意遵守,於是讓可能多達三萬人逃出了納粹的死亡陷阱。

　　德索薩‧曼德斯手中的武器可說只有一個橡皮圖章,卻完成了大屠殺期間,單人推動最大規模的救援行動。[112]

22. 葡萄牙駐法國領事德索薩‧曼德斯,乃是拿著橡皮圖章的天使。

23. 德索薩・曼德斯在 1940 年 6 月簽發的幾千張救命簽證之一。

　　只不過，文字紀錄的神聖性通常造成的影響卻是負面居多。從1958年到1961年，毛澤東統治的共產中國實行大躍進，希望讓中國轉眼成為超級強國。為了有餘糧轉為資金，投入野心勃勃的工業和軍事計畫，毛澤東下令將農業產量增為兩倍和三倍。這項不可能的命令，從北京的辦公室沿著官僚階層一路傳下，透過省級行政人員一直下達到村長。地方官員不敢發出批評，也希望拍拍上級馬屁，於是捏造各種農業產量激增的假報告。這些虛假的數字又在官僚階層中一路回傳，每到一級就又誇大一些，在這裡添上一筆、那裡加一個零。

於是，到了1958年底，中國政府報告上的糧食年產量，已經
比實際多了50％。政府對報告深信不疑，向外國出售了幾百萬噸的
稻米，換購武器和重型機器，以為還有足夠的餘糧養活中國人口。
結果迎來史上最嚴重的饑荒，數千萬中國人死於非命。[113]

同時，中國農業奇蹟的熱情報導傳向全世界。坦尚尼亞總統尼
耶瑞瑞（Julius Nyerere）是個理想主義者，對中國的成功深感佩服。
為了讓坦尚尼亞的農業現代化，尼耶瑞瑞決心依循中國模式，建立
集體農場。農民起身反對這項計畫，但尼耶瑞瑞派出軍警，摧毀傳
統村莊，並將數十萬農民強行安置到新的集體農場。

坦尚尼亞政府的宣傳，把農場描繪得如同小天堂，但這些天堂
多半只存在於政府文件中。在首都沙蘭港（Dar-a-Salam）寫出的方
案和報告裡，宣稱著在這天或那天，這個或那個村落的村民已安置
到了這座或那座農場。但在現實中，村民到達了目的地，卻發現那
裡什麼都沒有──沒有房舍、沒有田地、沒有工具。但官員卻對自
己和尼耶瑞瑞總統報告說，整個計畫無比成功。事實上，短短不到
十年，坦尚尼亞就從非洲最大的食物出口國，轉成糧食淨進口國，
如果沒有外援，已然無法自給自足。1979年，坦尚尼亞農民有90％
生活在集體農場，但生產的糧食只占了該國農業產量的5％。[114]

雖然歷史處處可見這樣的悲劇，但更有效率的行政管理，通常
還是利大於弊，至少從政府的角度看來是如此。沒有統治者能夠抵
擋用一支筆就能改變現實的誘惑，而如果因此導致災難，補救的辦
法似乎也就是寫出更多的備忘錄，發出更多的規定、法令和命令。

我們可能覺得，書面文字這種工具只是用來溫和的描述現實，
但它卻逐漸變得威力無窮，能夠重塑現實。如果官方報告與客觀現
實有所衝突，最後必須讓步的往往是現實。只要你和稅務機關、教

育體系或其他繁冗的官僚機構打過交道，就知道幾乎沒有人在意真相。表格上寫的，才更重要。

◢ 非洲的國界是這麼來的

在文本與現實發生衝突時，真的是有時現實必須讓步嗎？這會不會只是對官僚體系的一種常見而誇大的誹謗？不管服務的主子是法老或是毛澤東，大多數官僚都仍然是講理的人，肯定會說：「我們是用文字來描述田地、運河和糧倉的實況。如果描述準確無誤，我們做出的就是講求實際的決定。但如果描述得不準確，就會造成饑荒、甚至叛亂。這種時候，我們或未來的政權領導者就能從錯誤中學習，努力讓描述更準確、符合真實。於是隨著時間過去，我們的文件紀錄就能愈來愈精確。」

某種程度上確實如此，但這忽略了歷史上一股相反的動力。隨著官僚體系不斷握有更多權力，會逐漸變得就算犯錯也無動於衷。這時，他們不再是改變故事以符合現實，反而是去改變現實來符合他們筆下的故事。到最後，外部現實終於與這些官僚的幻想達成一致，現實不得不遷就官僚體系。

舉例來說，許多非洲國家的邊界無視山川或貿易路線，造成歷史和經濟區域遭到不必要的分割，地方種族和宗教也遭到割離。同一個部落可能赫然發現自己被分進了好幾個國家，而同一個國家也可能納入了許多敵對的部落。這樣的問題雖然在世界各地都在所難免，然而在非洲卻格外激烈。原因就在於現代非洲各國邊界所反映的，並不是當地國家自己的期許和爭奪，而是由從未踏足非洲的歐洲官僚，一筆畫定。

十九世紀後期，歐洲強權各自主張在非洲據有領地，但又擔心
一旦互有扞格，可能導致全面的歐洲大戰，於是各方在1884年共
聚柏林，在紙上瓜分非洲，彷彿非洲就只是一塊大餅。

當時，歐洲人對非洲內陸的絕大部分景況仍然一無所知。英、
法、德已經擁有非洲沿海地區的精確地圖，也清楚知道尼日河、剛
果河和尚比西河是在哪裡入海。但他們幾乎不知道這些河流上游內
陸的狀況，不知道河流沿岸的王國和部落，也不知道當地的宗教、
歷史和地理。這些事情，歐洲外交官根本不放在心上。他們只是在

24. 這是十九世紀中葉，歐洲人畫的非洲地圖。
歐洲人對於非洲內陸所知甚少，仍逕行瓜分非洲、訂定邊界。

柏林一張光亮的會議桌上，攤開一幅還有一半空白的非洲地圖，在這裡和那裡畫了幾條線，就私相授受了整個非洲大陸。

等到歐洲人拿著先前早已商議定案的地圖，兵馬終於打進非洲內陸，才發現在柏林畫的許多邊界，根本難以適用於非洲的地理、經濟和種族現實。但為了避免產生新的衝突，這些侵略者仍然堅持原協議，於是這些想像出來的線條，就落實成了歐洲殖民地的實際邊界。在二十世紀下半葉，歐洲帝國瓦解、殖民地紛紛獨立，但新成立的國家擔心重訂邊界會帶來無止境的戰爭和衝突，因此邊界仍未改變。現今非洲國家面臨的許多困難，都是由於這些邊界毫無道理。歐洲官僚筆下的幻想遇到非洲的現實，卻是現實被迫投降。[115]

▲ 現實向文字低頭

現代教育體系也有許多現實向文字低頭的例子。如果我要量自己桌子的寬度，要用哪個度量衡單位並無關緊要。不管說它是200公分、又或是78.74英寸，桌子並不會有所改變。但如果是官僚體系要測量人的時候，用哪個標準的差別就很大了。

學校一旦開始用說一不二的分數來評量學生，數百萬學生和教師的生活也就大為改觀。各種分數和標記，是歷史上相對晚近的發明。狩獵採集者從來不需要去標記評量自己的成就，甚至在農業革命幾千年後，也很少有教育機構會使用精確的分數。像是到了年尾，某個中世紀的補鞋學徒並不會收到一張紙，說他的鞋帶技術拿了個A、但鞋扣技術只有C⁻。在莎士比亞的年代，牛津大學的畢業生離開學校時，只有兩種可能：拿到學位、或是沒拿到學位。沒人想過要給某個學生74分、另一個學生88分這種事。[116]

一直要到工業時代出現了大眾教育體系，才開始固定使用精確的分數。先是工廠和政府習慣用數字語言來思考，接著學校也有樣學樣，開始根據每個學生的平均分數，來判斷這個學生的價值；至於老師和校長的價值，則是根據學校的總體平均分數來判斷。官僚體系採用這個標準之後，現實就變了。

　　一開始，學校的重點應該是啟發和教育學生，而分數只是衡量教導是否成功的工具。但是想當然耳，學校很快就開始一心追求高分。每個孩子、教師和督學都知道，考試考高分需要的技能，與真正瞭解文學、生物學或數學所需的技能，並不相同。每個孩子、教師和督學也都知道，如果被迫兩者只能擇一，大多數學校要的會是分數。

　　書面文字的力量，隨著各種神聖經文的出現而達到巔峰。古代文明的祭司和書吏，習慣將各種文件看作是現實的指南。起初，這些文本會告訴他們關於稅收、田地和糧倉的實況。但等到官僚得到了權力，文本也就得到了權威。祭司不僅記錄了神祇的財產，也記錄了神祇的作為、誡命和祕密。而就此寫出的經文，號稱描述著完整的現實，也讓一代又一代的學者，習於從《聖經》、《古蘭經》或《吠陀經》裡，尋找一切問題的解答。

　　理論上，如果某本宗教經典扭曲現實，門徒遲早都會發現，而讓這本經典權威掃地。林肯就說過，你不可能在所有的時候騙過所有的人。只不過，那是林肯一廂情願了。實際上，人類合作網路的力量，有賴於真實與虛構之間的微妙平衡。太過扭曲現實，力量就會被削弱，讓你敵不過更看清楚現實的對手。但想要有效組織大量人力，卻仍然得倚靠虛構的神話，如果堅持一切都須是百分之百的現實、絕不加入任何虛構，信眾也就不會太多。

◢ 順從虛構的信念

如果用時光機把現代科學家送回古埃及，就算她用演化論、相對論和量子物理，戳破了埃及祭司的一切虛構，還是無法在當時擁有力量。當然，如果這位科學家可以運用知識製作出槍炮，就能在面對法老和鱷魚神索貝克時大占優勢。但為此，她必須開採鐵礦、建造熔鐵爐、製作火藥，也就需要許多辛勤工作的農民為她工作。你真的覺得，和農民大談 $E = mc^2$，就能讓他們對你五體投地嗎？如果你真這麼想，歡迎現在買張到阿富汗或敘利亞的機票，好好一展長才。

法老統治下的埃及、歐洲的各個帝國、以及現代的學校體系，這些真正有力的人類組織，並不一定都是把現實呈現得清清楚楚。這些組織大部分的力量，都在於能夠將虛構的信仰建立在一個讓人順從的現實之上。

舉例來說，整個「金錢」的概念正是如此。政府製作出本身並無價值的一些紙張，宣布它們是有價值的，接著就開始用它們來計算一切的價值。政府有權強迫公民只能用這些紙張納稅，於是公民別無選擇，至少得擁有個幾張。這下，這些鈔票就變得真的有價值了，官員的價值也跟著得到肯定，而政府既然控制著鈔票的發行，權力也就水漲船高。如果有人提出異議說「鈔票只是沒有任何價值的一張紙！」，而且還很認真的把鈔票當成紙，他的日子肯定不會好過。

同樣的事情，也發生在教育體系認為入學考試是評量學生的最好方法。教育體系擁有足夠的權力，能夠影響大學入學標準、以及公職或私人企業的聘用標準。於是，學生就會全力投入，一心取得

好成績。那些眾人垂涎的職位都由成績好的人搶下，而這些人又自然會大力支持這個讓自己得到好處的系統。教育體系掌控著各項關鍵考試，也就讓它更有權力能影響大學、政府及職場。如果有人提出異議說「學位證書只是一張紙！」，而且還很認真的只把證書當成紙，他的日子肯定不會好過。

▲ 一神教以自我為中心

各種宗教經典也是同樣的運作模式。各種宗教組織聲稱，自己的經典裡有著我們所有問題的答案，而且他們也會對法院、政府和企業施加壓力，要大家照著這本經典來行事。

這時，如果有個聰明人讀到經文，再看看周遭的世界，會發現確實好像符合事實——「經文說，你必須向神繳納什一奉獻；而你看，大家真的都繳了。經文說，女不如男，不能擔任審判，甚至不能在法庭上作證；而你看，現在確實沒有女法官，法庭也確實不願接受女性的證詞。經文說，只要好好研讀神的話語，就能在生活中得到成功；而你看，現在所有那些好的工作，確實都是由這些熟讀經文的人擔任。」

這樣一來，聰明人自然就會去研讀這本宗教經典。也因為他是個聰明人，很有可能就會成為這本經典的權威，甚至是成為法官。如果他當上了法官，一定不會允許婦女上法庭作證，如果要選繼任法官，顯然也會選個熟讀這本經典的人。如果有人提出異議說「這本書只是一疊紙！」而且還很認真的只把這本書當成一疊紙，這個異端份子的日子肯定不會好過。

就算各種宗教經典根本是扭曲了民眾對於現實本質的理解，宗

教經典的說書人卻還是能大權在握，時間長達數千年。舉例來說，《聖經》對歷史的看法從根本就有問題，卻仍然成功傳遍世界，幾百萬人深信不疑。《聖經》推銷的是一神論的史觀，聲稱整個世界是由某個唯一、全能的神所掌管，而祂非常關心我、也關心我的作為。如果發生了什麼好事，一定是祂在獎勵我的善行。而如果發生了任何災難，也必然是祂在懲罰我的罪惡。

因此，古代猶太人相信，不論是遭受大旱，或是遭到巴比倫王國的尼布甲尼撒二世（Nebuchadnezzar II）入侵猶太王國而流離失所，也都是因為他們犯了罪，以致受到神的懲罰。至於波斯的居魯士大帝（Cyrus）打敗巴比倫人，允許猶太流亡者回返家園重建耶路撒冷，當然是因為慈愛的上帝聽到了他們悔恨的禱告。《聖經》並不會承認，有可能是因為菲律賓火山爆發而引起乾旱，尼布甲尼撒二世的入侵是為了巴比倫的商業利益，居魯士也是基於自己的政治考量而支持猶太人。很顯然，《聖經》對於全球生態、巴比倫經濟或波斯政治體系，是沒什麼興趣的。

所有人類的童年，都有這種以自我為中心的特徵。不論是受了哪種宗教或文化的薰陶，兒童都會認為自己是世界的中心，對其他人的處境和感受也就興趣缺缺。正因為如此，父母離婚對兒童會造成莫大的創傷。一個五歲的小孩並無法理解，某件重大事情可能不是因為他而造成的。不管爸媽跟他說了多少次，說爸媽都是獨立的人、有自己的問題和希望、他們離婚不是因為他，這個孩子就是不懂。他一心認為，所有事情都是因為他自己的關係。

大多數人長大之後，就會擺脫這種幼兒期的妄想。但一神論者卻是繼續堅持，至死方休。就像孩子覺得爸媽是因為他才會吵架，一神論者也相信，波斯人與巴比倫人是因為自己才會開打。

在《聖經》時代，有些其他文化對歷史的看法遠遠更為準確。在泛靈論和多神論宗教的眼中，世界就像是各方權力競逐的場地，而不只有單一的神祇。也因此泛靈論者和多神論者很容易相信，有很多事情不管是與我、或是與我最愛的神，都無關聯，既不是為了懲罰我的罪惡、也不是為了獎勵我的善行。

不論是希羅多德（Herodotus）或修昔底德（Thucydides）這些希臘歷史學家，或是像司馬遷這些中國歷史學家，都已經發展出非常精緻的史觀，與今日的現代觀點極為類似。他們認為，之所以會爆發戰爭和革命，是由於無數的政治、社會和經濟因素所導致。人有可能完全沒犯下任何錯，卻仍然成為戰爭的受害者。因為具有這樣的史觀，所以希羅多德才會對波斯政治深感興趣，而司馬遷也極為重視蠻夷文化和宗教。[117]

現代學者多半會同意希羅多德和司馬遷的史觀與見解，而不是同意《聖經》的世界觀。正因如此，所有現代國家都會投入大批心力，蒐集關於其他國家的情資，分析全球生態、政治和經濟趨勢。於是，在美國經濟表現不佳的時候，就連福音派的共和黨人，偶爾也是把錯怪到中國頭上，而不是懺悔自己的罪。

然而，即便希羅多德和修昔底德比《聖經》的作者群更瞭解現實，但這兩種世界觀一發生衝突，《聖經》卻將敵手一擊倒地。最後是希臘人採用了猶太人的史觀，而不是猶太人接受希臘人的史觀。從修昔底德的時代又過了一千年之後，希臘人反而變得相信，如果有蠻族入侵，肯定是神在懲罰自己的罪行。不管《聖經》的世界觀錯得多麼離譜，卻能為人類的大規模合作，提供更好的基礎。

就算到了今天，美國總統宣誓就職的時候，手也是要放在《聖經》上面。同樣的，包括英美在內的許多國家，證人上法庭作證，

也會把手放在《聖經》上面，發誓說出事實、完整的事實、也唯有事實。然而，發這個誓的時候，所憑依的書裡竟是充滿虛構、神話和謬誤，豈不諷刺？

▲ 這招確實很管用

靠著虛構故事，能讓人類更容易合作。但代價在於：這些虛構故事同時也會決定我們合作的目標。因此，我們可能擁有非常複雜的合作制度，卻只是為了服務虛構的目標和利益。這樣一來，雖然整個制度看來運作良好，但可能只是從這個制度的標準來看。

例如一位穆斯林的毛拉（mullah，對精通穆斯林神學的人士的尊稱）會說：「我們的制度很有用。現在全世界有十五億穆斯林，比起以往，也有更多人研讀《古蘭經》，服從阿拉的旨意。」這裡關鍵的問題是：這真的是判斷成功的正確標準嗎？學校的校長會說：「我們的制度很有用。在過去五年內，考試成績已經提升7.3％。」這真的是判斷學校的最好方式嗎？至於古埃及的官員也會說：「我們的制度很有用。比起世界上任何人，我們收到的稅更多、挖出的運河更多、蓋起的金字塔更大！」確實，法老時代的埃及在稅收、灌溉系統和金字塔建設方面領先全球。但這真的是最重要的事嗎？

人類有許多物質、社會和心理上的需求。我們實在很難判斷，比起從事狩獵採集的祖先，古埃及的農民是否真得到更多的愛、或是更好的社會關係？事實上，古埃及在營養、健康和兒童死亡率方面，情況反而很可能是更糟了。

有一份大約出自西元前1850年的文件，時值阿蒙涅姆赫特三世在朝（就是那位闢出法雍湖的法老），提到有位叫做杜阿卡帝（Dua-

Khety)的有錢人,要兒子佩皮去上學,好讓他以後當個書吏。在路上,杜阿卡帝很生動的向兒子描述農民、勞工、軍人和工匠的生活多麼悲慘,好鼓勵佩皮把所有心力投入學習,才能逃離大多數人不快樂的命運。

根據杜阿卡帝的說法,自己沒有田地的農民,生活就是充滿艱辛和苦難,只得破布遮身,又得整天勞動,直到手指起滿水泡。接著,法老的官吏還要把他拉去服勞役。而他如此勞苦工作,卻只換來一身疾病。就算真的能活著回家,身心也已遭摧殘殆盡。而即使是擁有土地的農民,命也不見得比較好,每天從河邊用桶子把水挑回田裡,沉重的負擔壓彎肩膀,脖子上也滿是潰爛腫脹。早上是水韭田、下午是椰棗樹、晚上還有香菜田要灌溉。最後,他終於不支倒地,一命嗚呼。[118]

雖然這段文本可能有意誇大,但與實情也相去不遠。法老時代的埃及是當時最強大的王國,但對於底層的農民來說,這些強大的國力只代表他們得繳稅、得被迫服勞役,並不代表能得到健康照護或社會安全服務。

此等缺憾並非埃及獨然。無論是中國歷代、穆斯林各個帝國或歐洲各個王國,雖然都是成就斐然,但就算到了西元1850年,一般人的生活比起遠古狩獵採集者,仍然不見得更好,而且實際上可能更糟。

1850年,不管是中國農民、或是在曼徹斯特工廠裡的勞工,工時都比狩獵採集者更長,工作對身體的負擔更重、對心理的壓力也更大;他們的飲食比遠古更不均衡,衛生條件更為低落,而傳染病則是遠遠更為常見。

假設有以下兩個度假體驗行程，任君挑選：

石器時代體驗：第一天，在原始森林徒步旅行十小時，在河邊開闊的空地搭營過夜。第二天，獨木舟順流而下十小時，在小湖旁露營。第三天，向當地人學習如何在湖裡釣魚，在附近的樹林裡採蘑菇。

現代無產階級體驗：第一天，在受到汙染的紡織工廠工作十小時，在擁擠的公寓過夜。第二天，在當地百貨公司擔任收銀員十小時，回到同一棟公寓睡覺。第三天，向當地人學習如何開立銀行帳戶、填寫貸款表格。

你想挑哪個體驗行程？

◢ 關鍵是：誰會感覺痛苦？

因此，想評估人類合作網路究竟是好是壞，一切都得看用了什麼標準和觀點。評斷法老時代的埃及，我們要看的是產量、營養、還是社會和諧？重視的是貴族、底層農民、還是豬和鱷魚？歷史絕不是單一的敘事，而是同時有著成千上萬種不同的敘事。我們選擇講述其中一種敘事，就等於選擇讓其他的敘事噤聲。

人類合作網路對自我加以評價時，常常用的就是自己發明的標準，屢獲好評也就毫不意外。特別是以虛構實體之名（例如神祇、國家和公司）而建立的人類網路，自然也就是從虛構實體的角度來判斷是否成功。這樣一來，宗教的成功就在於信眾徹底遵循神的誡命；國家的成功就在於提升國家的利益；企業的成功就在於錢財滾滾而來。

因此，檢視任何人類網路的歷史時，我建議，可以三不五時暫停一下，改由真實實體的觀點來看事物。怎麼知道某個實體是否真實？答案很簡單，只要問問自己「它是否會感覺痛苦？」就行了。

放火燒了宙斯的神廟，宙斯並不會感覺痛苦。歐元貶值，歐元不會感覺痛苦。銀行破產，銀行不會感覺痛苦。國家在戰爭中遭到擊敗，國家也不會真正感覺痛苦。這些實體，都只是隱喻。

但相對的，如果是士兵在戰爭中受傷，他確實會感覺痛苦。飢餓的農民沒有食物可吃，會感覺痛苦。母牛被迫與新生小牛分離，會感覺痛苦。這些實體，則屬於真實。

當然，我們有可能因為自己相信了虛構故事，而感到痛苦。例如，相信各種民族傳說和宗教神話，可能導致戰爭，而讓數百萬人失去家園、失去肢體，甚至失去生命。戰爭的起源是虛構，但痛苦則是百分之百真實。正因如此，我們才應該努力區分是虛構、或是真實。

◢ 回歸故事的本質

虛構故事本身並沒有錯，而且有其必要。如果沒有金錢、國家或公司這些人人共同接受的故事，就不可能有複雜的人類社會能夠正常運作。要先讓大家都相信了同樣的虛構規則，我們才可能一起踢一場足球；也要讓大家都相信了一些類似的虛構故事，才能讓市場或法庭真正發揮作用。

然而，這些故事只是工具，不該成為目標、甚至標準。一旦我們忘了這些都只是虛構，就會開始與現實漸行漸遠。於是，可能只是為了「替公司賺很多錢」、或是「保護國家利益」，就讓我們掀

起無邊戰火。公司、金錢和國家，都只存在於我們的想像之中。是人類發明了這些概念，好讓它們為人類服務；但為什麼最後反而是人類要為這些概念服務，甚至犧牲性命？

　　在二十一世紀，我們還會創造出比以往更強大的虛構概念、更極權的宗教。在生物科技和電腦演算法的協助下，這些宗教不但會控制我們每分每秒的存在，甚至將能夠形塑我們的身體、大腦和心靈，創造出完整的虛擬世界，連地獄和天堂也能創造。這樣一來，要再區分虛構與真實、宗教與科學，將會變得更加困難。但要辨別清楚，卻又比以往更加重要了。

第5章

一對冤家

虛構故事是人類社會的基礎和支柱。隨著歷史不斷演進，關於神祇、國家和公司的故事愈見強大，開始主宰了客觀的現實。正因為相信著偉大的鱷神索貝克、天命、或是《聖經》，讓人能夠鑿出法雍湖、建起長城、蓋出沙特爾大教堂（Chartres Cathedral）。但遺憾的是，盲目信從這些故事，也就意味人類的努力往往是用來榮耀某些虛構的實體，例如神和國家，而不是讓真正擁有感受的生命過得更美好。

現在的情況又是如何？乍看之下，會覺得現代社會和古埃及或中世紀的中國大不相同。現代科學興起之後，是不是已經改變了人類遊戲的基本規則？有沒有可能，雖然傳統神話仍然重要，但現代社會制度已經逐漸偏向某些過去還不存在的客觀科學理論，例如演化論？

我們當然可以說：科學理論也是一種新的神話，現代人相信科學，就像古埃及人相信鱷神索貝克。但是這種比較，禁不起推敲。索貝克只存在於信徒的想像之中。確實，信仰鱷神索貝克，鞏固了

埃及的社會制度，也讓古埃及人建起水壩、開出運河，得以防洪防旱。然而，信仰本身並不會提升或降低尼羅河的水位。相較之下，科學理論絕不只是某種讓人合作的方式。有一種說法是「天助自助者」，這等於是兜了個圈子來說：根本沒有上天，但是對上天的信仰能夠激勵我們自己來做某件事，做為一種助力。相較之下，以抗生素為例，就算人不自助，抗生素也能助人，這可是和上天相去甚遠——不管你相不相信抗生素，它就是有療效。

因此，現代世界才會與前現代世界大不相同。埃及法老和中國皇帝經過幾千年的努力，仍然未能控制饑荒、瘟疫和戰爭的問題。而現代社會不過短短幾世紀，就已經接近大功告成了。這難道不是因為我們擁抱了客觀的科學知識、拋棄了互為主體的神話嗎？有沒有可能，這個過程在未來幾十年間加速進展？隨著科技讓我們能夠將人類升級、克服老化、找到幸福快樂的關鍵，難道不會讓人們不再那麼關心虛構的神祇、國家和公司，而一心專注於解譯物理和生物學的現實？

雖有可能，但實際上事情要遠遠更為複雜。現代科學確實改變了遊戲的規則，但並不是「以事實代替神話」如此簡單。神話仍然主宰人類，科學只是讓神話更為強大。科學非但沒有摧毀互為主體的現實，反而是讓它比以往更能完全控制客觀現實和主觀現實。在電腦和生物工程的協助下，人類開始重塑現實以符合心中的幻想，虛構與現實的界線將會變得更模糊。

索貝克的祭司幻想著有鱷神存在，法老則幻想能夠長生不死。但在現實中，所謂的鱷神只是一條非常普通的沼澤爬蟲類、穿著金色的衣服，而法老也和最貧窮的農民一樣，終將過世。雖然法老的遺體會用防腐的油膏和香水製作成木乃伊，但還是一樣死得徹徹底

底。相較之下，二十一世紀的科學家卻有可能打造出真正的超級鱷魚，並讓人類菁英在人世就得到永恆的青春。

於是，科學興起之後，至少會讓某些神話和宗教變得比以往更為強大。為了瞭解原因、面對二十一世紀的挑戰，我們必須再次回到一項最令人煩惱的問題：現代科學和宗教的關係，究竟為何？這個問題似乎早已提了百萬遍，能說的早已說完。但實際上，科學和宗教就像夫妻，上了五百年的婚姻諮商，仍然未能真正瞭解彼此。他還是一心想著灰姑娘，而她也還是一心念著白馬王子，但兩人卻吵著該輪到誰倒垃圾。

◢ 宗教不等於迷信

之所以會誤解科學和宗教的關係，多半是由於對宗教有錯誤的認知。人們常誤以為宗教就是迷信、靈性、相信超自然力量、或是崇拜神祇。但宗教並不是這些概念。宗教並不等於迷信，因為大多數人都不可能把自己最相信的事稱為迷信。自己相信的，一定是「真理」；只有別人相信的，才會是「迷信」。

同樣的，也很少有人認為自己相信的是超自然力量。對那些相信惡魔、神靈、精靈的人來說，絕不會認為這些是「超自然」，而會認為這些都是大自然的一部分，與豪豬、蠍子和細菌並沒有兩樣。像是疾病這件事，現代醫師歸咎於看不見的細菌，巫毒祭司則歸咎於看不見的神靈——這沒什麼超自然的：如果你讓某個神靈生氣了，祂就會進到你的身體裡，讓你痛苦萬分。這豈不是再自然不過？只有不相信神靈的人，才會覺得這些事情超出自然的秩序。

如果你說宗教就是信仰超自然的力量，那等於是說：你認為自

己可以不靠宗教，就瞭解所有自然現象，而宗教只是一種選配——是在完全瞭解大自然的全貌後，還能選擇要不要再另外加點宗教的「超自然」教條。但大多數宗教都認為，如果沒有宗教，你根本不可能瞭解世界；不懂這些教條，你就不可能瞭解疾病、旱災或地震的真正原因。

　　另外，要說宗教就是「相信神」也有問題。我們常常會說，某個虔誠的基督徒是信仰宗教的，因為她相信神（上帝），而某個狂熱的共產主義人士算不上是信仰宗教，因為共產主義並沒有神。然而宗教是由人所創、而非由神所創；宗教的定義應該是在於社會功能，而非是否有神。只要是任何無所不包的故事，能夠為人類的法律、規範和價值觀，賦予高於一般人的合法性，就應該算是宗教。宗教能夠為人類社會結構找的理由，就是這些結構反映了高於一般人的法則。

　　宗教會說，人類都受制於某種道德法則系統，這個系統並非由人所創、也並非人所能改變。於是，虔誠的猶太人會說，這個道德法則系統就是由上帝所創，揭示在《聖經》之中。虔誠的印度教徒則會說，這些法則是由梵天（Brahma）、毘濕奴（Vishnu）和濕婆（Shiva）所創，揭示在《吠陀經》中。至於其他宗教，從佛教和道教，到共產主義、納粹主義和自由主義，也都會說自己那套高於一般人的法則都是源於大自然的自然律，而不是這個上帝或那個神祇所創。當然，每個宗教都各自信奉著不同的自然律、由不同的先知所揭示，從佛陀、老子，再到馬克思和希特勒，各顯神通。

　　一個猶太男孩去找他爸爸，問說：「爸，為什麼我們不能吃豬肉啊？」這位爸爸若有所思的摸著他又長又捲的鬍子，回答道：「楊克勒啊，世界本來就是這樣啊。你還小，還不懂，如果我們吃

豬肉,上帝會懲罰我們,我們最後不會有好下場。這不是我說的,甚至也不是拉比說的。如果是拉比創造這個世界,或許他就會創造一個讓豬肉也符合猶太戒律的世界。可是創造這個世界的不是拉比,而是上帝。雖然我不知道為什麼,但上帝說了,我們不該吃豬肉。所以我們就該聽話。懂了嗎?」

1943年,一個德國男孩去找他爸爸,那是一位資深蓋世太保,男孩問:「爸,為什麼我們要殺猶太人呢?」這位爸爸穿著他筆挺的制服和發亮的皮靴,鄭重解釋道:「弗烈茲啊,世界本來就是這樣啊。你還小,還不懂,如果我們允許猶太人活下去,他們就會造成人類退化、滅絕。這不是我說的,甚至也不是元首說的。如果是希特勒創造這個世界,或許他就會創造一個沒有天擇法則的世界,讓猶太人和雅利安人能夠和諧共處。可是創造這個世界的不是希特勒,他只是設法找出了自然律,然後告訴我們該怎樣遵照自然律來生活。如果不服從這些自然律,最後不會有好下場。懂了嗎?」

2016年,一個英國男孩也跑去找他爸爸,那是一位自由民主黨的國會議員,男孩問:「爸,為什麼我們要管中東那些穆斯林的人權啊?」這位爸爸放下手上那杯茶,想了一下,回答道:「鄧肯啊,世界本來就是這樣啊。你還小,還不懂,但所有人、包括中東的穆斯林,其實本質都相同,都該享有一樣的自然權利(天賦人權)。這不是我說的,甚至也不是國會說的。如果是國會創造這個世界,或許在所有那些什麼量子物理以外,也會有個人權委員會,規定讓普世都有人權。可是創造這個世界的不是國會,國會只是想讓一切都合乎道理,我們必須尊重這件事,就算中東的穆斯林也該擁有自然權利,否則我們自己的權利很快也會遭到侵犯,最後不會有好下場。懂了嗎?」

▲ 共產主義也是宗教

自由主義者、共產主義者、或其他現代信仰的追隨者，並不喜歡自己相信的系統被稱為「宗教」，原因就在於他們總覺得宗教就是迷信、相信超自然的力量。如果你告訴共產主義者或自由主義者，說他們是宗教信徒，他們可能會覺得你在罵他們、說他們是盲目相信著白日夢。但事實上，說他們信仰的主義也是一種宗教，這只意味著他們也相信某些道德法則系統，認為這些法則雖然不是人類所發明，但人類仍然需要遵守。

據我們所知，所有人類社會都有此類信仰。每個社會都會告訴成員，他們必須服從一些高於一般人的道德法則，而如果違反這些法則，就會導致災難。

當然，不同的宗教就會有不同的故事細節、不同的誡命、以及不同的獎懲。像是在中世紀歐洲，天主教的教會就認為上帝不喜歡富人。耶穌曾說，駱駝穿過針的眼，比財主進神的國還容易。而為了讓富人也能進入神的國，教會鼓勵他們要多多奉獻，並且威脅說「否則就等著在地獄裡燃燒」。

現代共產主義也不喜歡富人，但威脅的方式卻不是說「等著死後被地獄之火焚燒」，而是說現在就會產生階級衝突。共產主義所說的「歷史規律」，其實就像是基督教上帝的誡命，都代表著高於一般人的力量，無法透過人類意志加以改變。人類可以決定明天上午的足球賽不要管越位規則，因為是人類發明了那條規定，當然也就能夠任意改變。但至少就馬克思看來，歷史規律並非人力所能改變。不管資本家做什麼，只要他們繼續累積私人財富，就必然造成階級衝突，也就注定會被無產階級站起來推翻。

如果你碰巧是個共產主義人士，可能會認為共產主義和基督教當然大不相同，因為共產主義是對的、而基督教義是錯的。資本主義制度本身就是帶有階級衝突，但是富人可不會在死後落入地獄、遭受永恆的折磨。不過，即使共產主義是對的，也不代表共產主義就不是一種宗教，反而證明共產主義就是個真金實銀的宗教。不論任何宗教的追隨者，都相信只有自己的宗教才是真實的。而或許，真有一種宗教是對的？

◢ 如果你遇見佛陀

　　我們說宗教是一種工具，用來維護社會秩序、組織人類進行大規模合作，這種說法可能讓某些人感到惱怒，因為對他們來說，宗教最重要的，就是代表一條通往靈性的途徑。然而，一方面宗教和科學的差距比我們一般認為的更小，另一方面，宗教和靈性的差距卻比想像的更大。**宗教就是一份契約，而靈性卻是一趟旅程。**

　　宗教對世界提出一套完整的描述，並且提供一份定義清晰的契約，載明各項預定目標。「上帝存在。祂告訴我們應當遵守某些作為。如果你服從上帝，你就能進天國。如果你不服從祂，你就會在地獄燃燒。」正是因為這類契約寫得清清楚楚，才讓社會得以訂出各種共同的規範和價值觀，約束人類的行為。

　　但靈性之旅就不是這麼一回事了。這通常都是以神祕的方式，要把人帶向未知的目的地。旅程的一開始，通常都是某些大哉問，例如：我是誰？生命的意義是什麼？什麼是善？在大多數人欣然接受由當權者提供的現成答案時，真正的靈性追求者可不會那麼容易滿足。他們會下定決心，追尋著某一個大哉問，不論要追到何方。

　　因此，對大多數學者來說，做學術研究也是一份契約，而不是
一趟靈性之旅，因為做學術研究也就是把我們帶往前人、政府和銀
行所認同的預定目的罷了，這就像大學生說「我要讀個四年，通過
所有考試，拿到大學畢業證書，找份薪水夠好的工作。」但如果你
到了半路碰上某些大哉問，將你轉向某個預料之外、起初絲毫沒想
過的目的地，學術研究也可能忽然變成一趟靈性之旅。舉例來說，
某個學生可能一開始主修經濟學，想找份華爾街的賺錢工作；學著
學著，卻不知怎的，最後進了印度教的修行所、或是到了辛巴威去
幫助愛滋病毒帶原者，我們就可以說這是一趟靈性之旅了。

　　為什麼說這樣的過程有「靈性」？這是來自古代二元論宗教的
遺緒。二元論相信有兩個神，一善一惡，善神創造了純潔而永恆的
靈魂，住在一個充滿靈性而幸福的世界；惡神（有時稱為撒旦）則
創造了另一個由物質和物慾構成的世界。

　　撒旦不知道怎樣才能讓自己創造的事物永續，因此在物質和物
慾的世界裡，一切終將腐敗瓦解。而為了將祂所創造的瑕疵品賦予
生命，撒旦就會誘惑來自純潔靈性世界的靈魂，再將靈魂關在物質
構成的身體裡。這就成了「人」，也就是：一個美好而有靈性的靈
魂，受困在邪惡的臭皮囊裡。由於靈魂的監獄（也就是身體）會衰
老死亡，撒旦就必須不斷用各種肉體的歡愉來誘惑靈魂，其中最重
要的就是食物、性和權力。等到這身臭皮囊終於回歸塵土、讓靈魂
有機會逃回靈性世界，對肉體歡愉的渴望就會誘惑它再次回到另一
具臭皮囊裡。於是，靈魂就這樣從一具臭皮囊裡，轉移到另一具臭
皮囊裡，虛耗光陰，追求食物、性和權力。

　　二元論告誡人們要打破這些物質枷鎖，踏上回歸靈性世界的旅
程——我們對靈性世界完全陌生，但那才是我們真正的家。在這趟

旅程中，我們必須拒絕所有物質上的誘惑和契約。出於這種二元論的背景，只要是在旅程中質疑著各種俗世的慣習和契約、前往未知的目的地，我們都會稱為「靈性」之旅。

這種旅程與宗教有根本的差異，因為宗教是要鞏固世俗秩序，但靈性之旅反而是要逃離世俗秩序。通常，靈性之旅的流浪者最重要的義務之一，就是要挑戰各大宗教的信仰和慣例。禪宗佛教就曾說「逢佛殺佛」，講的是在靈性的道路上，如果發現佛教已經落入制式、僵化、固定，就必須連這些一起擺脫。

對宗教來說，靈性是個危險的威脅。宗教通常會努力避免信眾踏上靈性的追求之旅，而許多宗教系統所面對的挑戰，也不是來自那些追求食物、性和權力的普通人，而是來自那些追求靈性和真實、無法用陳腔爛調打發的人。正因如此，推動新教徒反抗天主教教會權威的，並非抱持享樂主義的無神論者，而是一位虔誠而苦修的修士：馬丁‧路德（Martin Luther, 1483-1546）。路德對於生命有許多存在主義的疑惑，希望得到解答，而且他拒絕接受教會用各種儀禮、儀式和契約提出的答案。

當時，教會向信眾提出一些非常誘人的契約交易。如果你犯了罪，擔心死後受到永恆的詛咒，該做的就只是打開錢包、買一張贖罪券。十六世紀初，教會還雇用了專業的「贖罪券販子」，來去於歐洲各個城鎮村莊，定價販售贖罪券。想要一張進入天堂的簽證嗎？十枚金幣。想讓已過世的爺爺奶奶一起上天堂嗎？沒問題，但得要三十枚金幣。在販子當中，最著名的就是道明會的修士約翰尼斯‧帖次勒（Johannes Tetzel），據傳有句名言：「銀錢叮噹落銀庫，靈魂立即出煉獄。」[119]

25. 教皇販售贖罪券賺錢（圖片出處為新教徒發行的小冊）。[120]

馬丁・路德愈想愈覺得不對，也連帶質疑起提供這套交易契約的教會。救贖怎麼可能是付錢了事？教皇又怎麼可能有權寬恕人們的罪、打開天堂的大門？

　　於是路德根據新教傳統，在1517年10月31日，帶著一份長長的文件、一把槌子和幾根釘子，走到威登堡（Wittenberg）諸聖堂的大門。文件總共列出九十五條論點，反對當代宗教作為，其中就包括反對販售贖罪券。路德把文件釘上教堂大門，點燃宗教改革，呼籲所有關心救贖的基督徒起身反抗教皇權威，找出其他前往天堂的道路。

　　從歷史的觀點來看，靈性之旅總是悲劇一場，因為這是一條孤獨的道路，只適合個人，不適合整個社會。

　　人類要合作，就不能只有大哉問，而需要堅定的答案。推倒某些荒謬的宗教制度，也往往在其他地方又促成了新的宗教制度。這種事情曾發生在二元論者身上，他們的靈性之旅最終也變成了宗教體制。這種事情也發生在路德身上，他挑戰了天主教會的法則、制度和儀式後，卻發現自己也正在寫下新的法則、建立新的制度、發明新的儀式。甚至連佛陀和耶穌也未能倖免。在堅持追求真理的路上，他們顛覆了傳統印度教和猶太教的法則、儀式和制度。但到頭來，以他們之名建立的法則、儀式和制度，數量卻是史上最多，無人能出其右。

◢ 科學和宗教誓不兩立？

　　現在我們已經更瞭解宗教的概念，可以回頭檢視宗教和科學之間的關係。對於這種關係，有兩種極端的觀點。第一種觀點認為科

學和宗教誓不兩立，而現代史就是科學知識與宗教迷信的鬥爭史。隨著時間逐漸過去，科學的光明驅散了宗教的黑暗，世界愈來愈世俗、理性和繁榮。

然而，雖然某些科學發現和科研成果肯定不利於宗教，兩者卻非必然對立。像是穆斯林教條認為，伊斯蘭教是由先知穆罕默德於七世紀在阿拉伯創立，而這點就有充分的科學證據可資證明。

更重要的是，科學如果想要打造出可行的人類制度，必然需要宗教協助。雖然科學家能夠研究世界如何運作，但卻沒有科學方法能告訴我們，人類該做些什麼。科學告訴我們，人類沒有氧就無法生存；然而，我們是否能用窒息來處死罪犯？能夠回答這種問題的並非科學，唯有宗教。

因此，科學家的實用研究仍有賴宗教見解的襄助。像是長江的三峽大壩，中國政府在1992年決定建造大壩時，物理學家可以計算大壩必須承受多少壓力，經濟學家可以預測大壩可能需要多少建造成本，而電機工程師可以預測大壩能發多少電。但政府必須考慮的不只這些。三峽大壩蓄水後，將淹沒陸地面積超過六百平方公里，其中包括許多城鎮村莊、數千處考古遺跡、以及獨特的風景和動物棲地。超過百萬人流離失所，數百種物種瀕臨滅絕。看起來，大壩是白鱀豚滅絕的直接原因。

不論你個人對三峽大壩有何看法，顯然蓋不蓋大壩也會是倫理問題，而非純粹的科學問題。不論任何物理實驗、經濟模型、或是數學方程式，都無法確定究竟是發出幾兆瓦的電、賺進幾十億人民幣比較有價值，還是保住某座古塔或白鱀豚比較有價值。因此，中國無法單靠科學理論的基礎來運作，還是需要一些宗教或意識型態才行。

有些人一下就跳到另一個極端，說科學和宗教本來就是兩個完全分開的國度。科學就去研究事實，宗教就去討論價值觀，兩者井水不犯河水，老死不必互相往來。宗教對科學事實不予置喙，科學對宗教信仰也該沉默是金。如果教宗相信「人命神聖，因此墮胎是罪」，生物學家對此既不能證明、也不該駁斥。私底下，每個生物學家都歡迎與教宗辯論；但是做為科學家，生物學家卻不該加入戰局。

這種論點可能聽來合理，但是對宗教仍有誤解。雖然科學確實只管事實，但宗教卻從來不是只管倫理判斷。宗教想發揮任何實際的引導作用，就得提出一些「事實」上的要求，這時候就可能和科學有所衝突。許多宗教教條最重要的部分，並不是關於倫理原則，反而是關於「事實」的主張聲明，像是「上帝確實存在」、「靈魂會因為犯下的罪而在死後受罰」、「《聖經》是由神所著，而非由人所著」、「教皇永遠是對的」。這些都是關於「事實」的主張聲明。許多最激烈的宗教辯論、或是科學和宗教之間的激烈衝突，都是源於這種關乎「事實」的主張聲明，而不是來自關於倫理的判斷。

讓我們以墮胎為例。虔誠的基督徒常常反對墮胎，而許多自由主義者則擁護墮胎權。雙方主要的爭議點其實在於「事實」，而非倫理。不論基督徒或自由主義者，都同意人命神聖、謀殺是可憎的罪行。他們是對某些生物學事實有不同意見：究竟人命是受孕那一刻就開始？出生那一刻開始？還是在兩者之間的某一刻？

有些文化甚至認為，就算到了出生那一刻，生命也還沒有真正開始。像是非洲南部喀拉哈里沙漠的庫恩人（!Kung）和北極的因紐特人（Inuit），都認為人命是在嬰兒得到名字之後才開始。嬰兒出生時，家族會先等待一段時間，如果決定不要留下它（可能因為

肢體畸形、或因為經濟困難），家族就會把它殺掉。這時只要還沒有舉行命名儀式，就不算是謀殺。[121]

受這些文化薰陶的人，可能也和自由主義人士或基督教的信徒一樣同意人命神聖、謀殺是可憎的罪行，但是他們卻能容許殺嬰。

◢ 科學能辨真偽

宗教的自我宣傳，往往只強調它們精美的價值觀。只不過，神卻往往藏在那些用小字印製的事實聲明之中。像是天主教，總宣揚自己是博愛和同情的宗教。這不是太好了嗎？誰能反對這些事呢？既然如此，為什麼現在不是全人類都是天主教徒？

因為如果你真的去讀那些小字，就會發現天主教同時也要求你盲從某位「永遠不會犯錯」的教皇，就算他曾經號令信眾發動十字軍東征、把異教徒綁在樁上活活燒死，也不能違逆教皇的旨意。這些實際的指示，並不只是來自倫理判斷，而是來自倫理判斷與事實聲明的結合。

讓我們從縹渺的哲學領域回歸歷史現實，便會觀察到宗教故事幾乎總是包括三個部分：

第一、倫理判斷，例如「人命神聖」。

第二、事實聲明，例如「人命是在受孕那一刻開始」。

第三、實務指示：把倫理判斷與事實聲明合併，

　　　就會得到實務指導方針，

　　　像是「就算受孕才剛一天，你也不得墮胎」。

對於宗教的倫理判斷，科學無法加以反駁或證實。但對於宗教的事實聲明，科學家就大有意見了。只要是關於事實的問題，例如「在受孕一週後，人類胎兒是否已有神經系統？有痛覺了嗎？」生物學家就遠比教士有資格回答。

為了解釋得更清楚，讓我們深入研究一項真實的歷史案例。宗教自吹自擂的時候，對這個案子絕口不提，但這件事對社會和政治的影響卻無與倫比。

在中世紀歐洲，教皇的政治權力無遠弗屆。不管在歐洲何處，只要發生衝突，教皇都會聲稱自己有裁決權。為了鞏固自己的權力主張，歷任教皇都曾一再提到〈君士坦丁御賜教產論〉（Donation of Constantine）。這個故事是這麼說的：羅馬皇帝君士坦丁在西元315年3月30日簽署一份諭令，授權教皇聖思維一世（St. Sylvester Ⅰ）和後繼者，永遠控制羅馬帝國西部領土。

歷任教皇將〈君士坦丁御賜教產論〉這份珍貴文件留傳下去，每當有雄心勃勃的君主、喜爭好辯的城市、或是桀驁不馴的農民起身反抗，教皇就會拿這份文件，做為強大的宣傳工具。

中世紀歐洲民眾十分尊重流傳久遠的帝國法令，認為文件歷史愈長，就承載著愈多權力。他們也一心堅信，國王和帝王都是上帝的代表。其中，由於君士坦丁讓羅馬帝國從異教領土變成了基督教帝國，也就特別受到尊崇。如果現在市議會想做的事，與偉大的君士坦丁本人所下的諭令有所衝突，對中世紀歐洲人來說，顯然就該服從古代的文件。於是，每當教皇碰上政治抗爭，他總是高舉〈君士坦丁御賜教產論〉，要求對方服從。

倒也不是每次都靈。只不過，〈君士坦丁御賜教產論〉仍然是教皇的宣傳利器和中世紀政治秩序的重要基石。

如果仔細研究〈君士坦丁御賜教產諭〉，也會發現這個故事仍是由前述的三個部分組成：

倫理判斷	事實聲明	實務指示
人民尊重古代帝王諭令的程度，應該要高於尊重當今民意	君士坦丁大帝在西元 315 年 3 月 30 日，將歐洲統治權賜予教皇	西元 1315 年的歐洲人，應該要服從教皇的諭令

古代帝王諭令的倫理權威，絕對不是什麼理所當然的事。大多數的二十一世紀歐洲人都會認為：現代公民的民意，當然要比那些早已死透的大帝所下的諭令，來得重要。

但這種事情沒辦法用任何實驗或方程式來確認，因此科學根本無法加入這場倫理辯論。就算有位現代的科學家時光倒轉七百年、回到中世紀，她也無法向當時的歐洲人證明，為何不該用古代帝王諭令來解決當代的政治爭端。

然而〈君士坦丁御賜教產諭〉的故事基礎並不只有倫理判斷，裡面還有些非常具體的事實聲明，而這就是科學非常有資格來證明或推翻的了。

1441 年，天主教神父兼語言學先驅的瓦拉（Lorenzo Valla）發表了一項科學研究，證明〈君士坦丁御賜教產諭〉實為偽造。瓦拉分析了這份文件的風格、文法、以及所用的詞彙及片語，證明有些詞彙在西元四世紀的拉丁文裡根本還沒出現，很有可能是在君士坦丁大帝死後約四百年，才偽造出來的。此外，文件所注記的日期為

「3月30日，君士坦丁第四次擔任執政官，加利卡努斯（Gallicanus）首次擔任執政官。」

在羅馬帝國，每年會選出兩位執政官，文件以執政官的任期做為年代標記，也是慣例。君士坦丁第四次擔任執政官確實是在西元315年，但凸槌的是，加利卡努斯卻要到西元317年，才首次擔任執政官。如果這份這麼了不起的文件確實是在君士坦丁的時代寫就，絕不可能會有如此離譜誇張的錯誤。這就等於美國開國元勳傑佛遜等人，把〈美國獨立宣言〉的日期寫成「1776年7月34日」一樣不可思議。

今天所有的歷史學家都同意，〈君士坦丁御賜教產論〉是在大約八世紀的時候，在教廷中偽造而成。雖然瓦拉從未質疑這份古代帝王諭令的倫理權威，但他的科學分析確實影響了這份諭令的實務指示——也就是歐洲人應該要服從教皇的諭令。[122]

▲《聖經》由誰在何時寫的？

2013年12月20日，烏干達國會通過《反同性戀法》，認定同性戀活動屬於刑事犯罪，某些犯行可能重判到無期徒刑。

整件事情得到基督教福音教派的推動和支持，認為上帝禁止同性戀行為。他們引用〈利未記〉第18章第22節「不可與男人苟合，像與女人一樣，這本是可憎惡的」和〈利未記〉第20章第13節「人若與男人苟合，像與女人一樣，他們二人行了可憎的事，總要把他們治死，罪要歸到他們身上」，做為舉證。

在過去這幾世紀裡，正是因為同一則宗教故事，造成全世界有數百萬人受苦受難。這個故事的三個成分，可以簡單整理如下：

倫理判斷	事實聲明	實務指示
人類應當服從上帝的命令	大約三千年前，上帝命令人類不得有同性戀活動	人類不得有同性戀活動

　　這個故事是真的嗎？關於「人類該服從上帝」這個倫理判斷，科學家無從置喙。就個人來說，誰都可以有自己的想法。你可能認為人權比神的權威更重要，所以如果上帝命令我們侵犯人權，我們就不該聽祂的話。然而，沒有任何科學實驗，能夠判斷這個問題孰是孰非。

　　相較之下，對於這裡的事實聲明，也就是說在三千年前，宇宙的創造者命令智人不得從事男男行為，科學就有許多意見了。畢竟我們怎麼知道這個聲明是真的？

　　檢視相關文獻，會發現雖然這項聲明曾一再出現在幾百萬筆的書籍、文章和網站裡，但一切都指向唯一的一個源頭：《聖經》。這樣一來，科學家就會問，究竟《聖經》是由誰、在什麼時候寫的呢？

　　請注意，這是一個事實問題，而非價值問題。虔誠的猶太人和基督徒聲稱，至少〈利未記〉是上帝在西奈山吩咐摩西的故事，而且從那一刻開始，從未有一字增減。科學家又會繼續追問：「但我們怎麼能確定？」畢竟，就連教皇都曾經說〈君士坦丁御賜教產論〉是君士坦丁自己在第四世紀寫的，但事實上卻是在四百年後，由教皇自己的手下偽造的。

我們現在已經有大批科學方法，能夠找出是誰在何時寫成《聖經》。相關的科學研究已經進行超過一個世紀了，如果對這些發現有興趣，已有許多專著可供參考。我把結論簡單說來：多數經過同儕審查的科學研究都一致認為，《聖經》是許多不同文本的集合，而這些文本則是由許多不同的人類作家，在他們聲稱的事件過了幾百年之後才寫成的，要等到《聖經》時代過了許久，這些文本才終於集結成一本宗教經典。

舉例來說，雖然大衛王的時代應該是在西元前1000年左右，但是一般認定：〈申命記〉是在大約西元前620年，於猶大王約西亞（King Josiah）的宮廷所寫成，做為加強約西亞權威的宣傳活動。〈利未記〉的成書年代甚至還要更晚，絕不早於西元前500年。

至於要說古代的猶太人很小心的保存了《聖經》文本、絕不增刪任何一字，科學家也指出了破綻：《聖經》時代的猶太教，根本不是以經文為基礎的宗教。相反的，當時的猶太教正如許多中東的鄰近宗教，是典型的鐵器時代異教，既沒有猶太會堂、猶太初等學校（yeshiva）、拉比，甚至連猶太經典都沒有。當時擁有的是繁複的聖殿儀式，多半就是將動物獻祭給一位善妒的天神，希望祂能保佑人民、賜下每季的雨水和戰爭的勝利。此時的宗教菁英是一群祭司家族，只談出身，不論智力。祭司多半是文盲，忙著處理聖殿儀式，無暇書寫或研讀任何經文。

在第二聖殿（Second Temple）時期，另一批對立的宗教菁英逐漸成形。部分受到波斯和希臘的影響，撰寫和詮釋文本的猶太學者地位愈來愈高，最後終於成為我們所知的「拉比」，而他們編纂的文本也成了《聖經》。至於拉比能享有何種權威，則是出於個人的智力，而非出身。這群新的文人菁英和舊有的祭司家族之間，衝突

已然無可避免。拉比的幸運之處，在於羅馬人為了敉平猶太戰爭
（Great Jewish Revolt），於西元70年一把火燒毀了耶路撒冷及聖殿。
聖殿成了斷垣頹瓦，祭司家族剎時失去了宗教權威與經濟權力的基
礎，甚至失去了根本的存在理由。

以猶太教聖殿、祭司和英勇戰士為特點的傳統猶太教，從此消
失於史上。取而代之的，是一個以書籍、拉比和細心學者為特點的
新猶太教。學者的強項在於詮釋，而運用這種能力，他們不只能解
釋為何全能的上帝允許自己的聖殿遭毀滅，還能說出一套大道理，
解釋為何《聖經》故事裡的舊猶太教與當時的猶太教大不相同。[123]

因此，從目前最科學的證據來看，〈利未記〉裡反對同性戀的
看法，反映的不過是古代耶路撒冷幾個祭司和學者的偏見。雖然科
學無法判斷人類究竟是否應該服從上帝的旨意，但對於《聖經》的
源頭就有許多話可說。如果烏干達的政客認為，只要兩個男人在一
起找了樂子，創造出宇宙、銀河和黑洞的那股力量就會因此震怒，
這時科學就能派上用場，駁斥這個實在沒道理的念頭。

◢ 科學不是萬靈丹

事實上，要分辨倫理判斷與事實聲明，並不總是那麼容易。宗
教就是有一種麻煩的傾向，喜歡將事實聲明轉化為倫理判斷，使得
原本應該很簡單的爭議，變得混沌而模糊。

例如，原本只該是事實聲明的「《聖經》是由上帝所著」，就
常常成為倫理上的禁令：「你應該要相信《聖經》是由上帝所著」。
於是，不分青紅皂白的相信某項事實聲明，就成了美德；而懷疑這
項聲明，則成了罪過。

相對的，倫理判斷之中，卻又往往隱藏著事實聲明，支持者不會特別去提，因為他們認為這早已是不證自明的事實。於是，像是「人命神聖」這種倫理判斷（無法用科學測試），裡面就可能包含著「每個人都擁有永恆的靈魂」這種事實聲明（而這是可以用科學來爭論的）。

同樣的，美國民族主義者宣稱「美國民族是神聖的」，這種看似屬於倫理判斷的說法，實際上仍是以某些事實聲明為基礎，例如「在過去幾個世紀裡，美國帶領著大多數的科學、經濟和道德進步」。雖然我們不可能用科學來檢查究竟美國民族是否神聖，但只要拆解一下這個議題，我們就能用科學來檢查美國帶來的科學、經濟和道德進展，貢獻度是否確實如他們所宣稱。

正因為人類的價值觀裡永遠都藏著一些事實聲明，也就讓有些哲學家，如哈里斯（Sam Harris, 1967-）等人認為，科學能夠解開一切的倫理困境。哈里斯主張，所有人的終極價值都是同一項：將痛苦最小化、快樂最大化；因此，所有的倫理爭論都是關於「如何將快樂最大化」的事實論證。[124] 伊斯蘭基本教義派想上天堂，是為了快樂；自由主義者想增加人類自由，是因為這樣能得到最大的快樂；德國民族主義者也認為，如果讓柏林控制整個世界，每個人都會更快樂。哈里斯認為，伊斯蘭基本教義派、自由主義者和民族主義者之間，並沒有倫理上的爭議，只是對於如何達到大家共同的目標，彼此之間出現了在事實上的意見不合。

然而，就算哈里斯說得沒錯，所有人都重視快樂，但實際上也很難用這種觀點來平息倫理爭議，特別是「快樂」根本沒有科學上的定義或測量方法。讓我們再次以三峽大壩為例。就算我們同意，這項計畫的終極目標是讓世界成為一個更快樂的地方，可是該怎麼

度量和計算，才能判定「製造出廉價電力」會比「保護傳統生活方式」或「拯救稀有的白鱀豚」更有益於全球的快樂？只要我們還無法真正理解意識，就無法為快樂和痛苦制定出通用的度量標準，也就無法比較不同人之間的快樂和痛苦，更不用說跨物種的情況了。

十億中國人享有更廉價的電力時，會產生多少單位的快樂？整個白鱀豚物種滅絕時，又會產生多少單位的痛苦？甚至回歸根本，難道快樂和痛苦真的是可以用數學相加相減的實體嗎？吃冰淇淋很愉悅，找到真愛更令人愉悅，但難道只要有足夠的冰淇淋，累積起來的快樂就能等於找到真愛的快樂？

因此，雖然科學在倫理爭論能發揮的作用，比一般想像要多，但仍有極限（至少目前如此）。如果沒有一些宗教元素做為引導，就不可能維持大規模的社會秩序。就算是大學和實驗室，也需要宗教的支持。宗教能為科學研究提供倫理上的理由，也因此能夠影響科學研究的議題、以及科學發現和科研成果的運用方式。

想要真正理解科學的歷史，就不能不談宗教信仰。科學家很少會談這項事實，但科學革命的背景，也正是出於史上最教條武斷、最觀念偏狹、也最宗教狂熱的一個社會。

▲ 冤家路窄常碰頭

我們常常認為，科學與世俗主義、寬容包容的價值觀有關。但若真是如此，絕對難以想像科學革命竟然出現在近代歐洲的初期。

在哥倫布、哥白尼和牛頓的時代，歐洲的宗教狂熱者密度是全球最高，而容忍度又是全球最低。亮起科學革命這道光芒的社會，驅逐了猶太人和穆斯林、燒死了成批的異端份子、把每個愛貓的老

太太都當作女巫、每次滿月都發起一場新的宗教戰爭。

如果你在大約西元1600年前往開羅或伊斯坦堡,看到的是擁有多元文化和寬容的大都市,有遜尼派、什葉派、東正教基督徒、天主教徒、亞美尼亞人、科普特人(Copt)、猶太人、甚至偶爾還有印度教徒,足以稱得上是各教派和平共存。雖然仍有意見分歧和爭端騷亂、鄂圖曼帝國也經常出現宗教歧視,但是和歐洲相比,這裡仍然是自由主義的天堂。

如果你接著去了當時的巴黎或倫敦,看到的會是城裡充滿宗教極端主義,只有主流教派得以生存。在倫敦是天主教徒殞命,在巴黎是新教徒喪生,猶太人早遭驅逐,穆斯林更是想都別想進城。然而,科學革命卻是始於倫敦和巴黎,而非開羅或伊斯坦堡。

講到**現代性**(modernity)的歷史,一般習慣將它講成是一場科學與宗教之爭。理論上,科學和宗教都是為了追求真理;而因為各自推崇不同的真理,也就注定有所衝突。但事實上,科學或宗教根本都沒那麼在乎真理,因此兩者十分容易妥協、共存,甚至合作。

宗教最在乎的,其實是秩序。宗教的目的就是創造和維持社會結構。**科學最在乎的,則是力量。**科學的目的是透過研究,得到力量,以治療疾病、征討作戰、生產食物。個人而言,科學家和神職人員可能很在意真理;但整體而言,科學和宗教對真理的喜好,還不及於力量和秩序。因此,兩者一拍即合。對於真理毫不妥協的追求,其實是一種靈性之旅,宗教或科學機構之內很少得見。

所以,對於現代歷史更準確的一種看法,其實是:科學與特定宗教(也就是人本主義)達成協議的過程。現代社會相信人本主義的教條,而科學的用途不是為了質疑這些教條,反而是為了實現。

就算在二十一世紀，也不太可能有純粹的科學理論取代人本主義教條，但讓兩者目前攜手同行的契約，可能會瓦解，取而代之的是科學和其他「後人本主義宗教」之間、截然不同的契約。

　　《人類大命運》接下來的第6章〈與「現代」的契約〉、第7章〈人本主義革命〉這兩章，將會談談科學與人本主義之間的現代契約。至於第三部、也是本書最後一部〈智人失去控制權〉，將會解釋為何這項契約正在瓦解、又將由什麼新的契約取代。

第**6**章

與「現代」的契約

　　「現代」就是一份交易契約，所有的人都在出生那天簽訂了契約，從此規範了我們的生活，直到死亡為止。很少有人能夠撤銷或超越這份契約，這份契約形塑了我們吃什麼、做什麼、夢想什麼，也決定了我們定居在哪裡、要愛什麼人，甚至是如何死去。

　　乍看之下，這份契約非常複雜，因此很少有人會去瞭解自己究竟簽署了什麼。這就像是下載某個軟體後，有一份使用同意書，裡面有幾十頁的法律語言；於是你瞄了一眼，立刻向下滾到最後一頁，勾了「我同意」，接著完全忘了這件事。但事實上，這份契約簡單到不可思議，只要一句話就能總結：人類同意放棄意義、換取力量。

　　在現代之前，多數文化都相信人類是某項偉大宇宙計畫的一部分。這項計畫的設計者是某些萬能的神、又或是永恆的自然律，人類無法改變。是這項宇宙計畫讓人的生命有了意義，但同時也限制了人的力量。人類就像是舞臺上的演員，腳本讓他們所講的每個字、所掉的每滴眼淚、所做的每個手勢，都有了意義；但同時也對

他們的表演設下嚴格限制。哈姆雷特不能在第一幕就殺了克勞迪亞斯（Claudius），也不可能忽然離開丹麥，跑去印度打坐冥想。莎士比亞不可能允許這種事發生。同樣的，人類也不可能永生不死、不可能免於一切疾病、不可能一切恣意妄為，這些事情就是不在腳本中。

前現代的人放棄了力量，而相信自己的生命換得了意義。對當時的人來說，是否在戰場上英勇戰鬥、是否擁護嫡傳的國王、是否在早餐吃了禁忌的食物、甚至是否和隔壁鄰居有了姦情，都承擔著重要的意義。

當然，這會帶來一些不便，但卻能讓人心裡覺得受到保護。如果發生什麼可怕的事，譬如戰爭、瘟疫、或乾旱，大家還是能安慰自己說：「我們都是在一齣偉大的宇宙戲劇裡，扮演著自己的角色，這一切都是神或自然律的旨意。雖然我們不知道腳本，但可以放心，一切都有目的。就算是這場可怕的戰爭、瘟疫或乾旱，也都是在某項更偉大的計畫裡的場景。而且，我們知道這位劇作家值得信賴，故事最後一定有個美好而有意義的結局。因此就算發生了戰爭、瘟疫或乾旱，也都是為了最後的美好結局；就算現在看不到美好結局，來世總會等到的。」

現代文化則不再相信有這種偉大的宇宙計畫存在。我們並不是活在一齣比日常生活更高位階的戲劇之中，生活沒有劇本、沒有劇作家、沒有導演、沒有製片；而且，也沒有意義！就我們目前最進步的科學所知，整個宇宙就是個「盲目而沒有目的」的過程，充滿各種雜音和憤怒，但毫無意義。我們只是在一顆行星上，占據著再小不過的一點，存在了一段再短不過的時間，如馬克白所說的那個可悲演員，在臺上得意或失意了一會，就再也悄無聲息。

既然沒有劇本，人類也不是在什麼偉大戲劇中扮演什麼角色，雖然人類還是可能面臨各種可怕的事，但並不會有什麼神祇來拯救我們，或是讓這一切痛苦有意義。整件事不會有個快樂的結局，也不會有什麼悲慘的結局，其實根本就不會有結局。事情就是一直發生，一件接著一件串接下去。

　　現代世界並不相信目的，只相信原因。如果要幫「現代」訂個座右銘，應該就會是「衰事總是會降臨」。

　　但另一方面，如果說衰事就是會降臨，那也並非因為有什麼劇本或目的；因此之故，人類也不用自限於任何預定的角色，只要能找對方法，我們就能為所欲為。除了自己的無知之外，沒有什麼能限制我們。瘟疫和乾旱的背後沒有什麼宇宙計畫，我們能夠消滅它們。戰爭並不是通往美好未來的必要之惡，我們能夠帶來和平。我們死後並沒有天堂等著我們，但我們能夠在地球上就創造天堂，永遠活在天堂裡。一切只要克服一些技術困難，就行了。

　　投入更多研究資金，就能促成科學突破，加速科技進展。新科技會促進經濟成長，而經濟成長又能投入更多研究資金。時間每再過個十年，我們就能享受更豐足的食物、更快速的交通工具、更有效的藥物。總有一天，我們會累積夠多的知識、夠先進的科技，終於能夠發明各種萬靈丹，讓人青春永駐、快樂幸福，而且這一切將不會有什麼神祇前來阻擋。

　　於是，這份現代契約向人類提出巨大的誘惑，但也伴隨著巨大的威脅。「無所不能」似乎是伸手可得，但是在我們腳下卻也有著完全虛無的深淵，隨時可讓我們跌落。就實務而言，現代生活就是在一個沒有意義的宇宙裡，不斷追求更多力量。現代文化的力量是史上最強，而且還在不停研究、發明、發現、成長。但同時，現代

文化也比史上任何文化，更感受到**存在性焦慮**（existential angst）。

　　本章討論現代對力量的追求，下一章則會檢視人類如何利用這種不斷成長的力量，試圖以某種方式，將意義重新帶回這個無限空虛的宇宙。沒錯，我們現代人曾經承諾要放棄意義，以換取力量；但也沒人押著我們，逼我們非得實現承諾。我們認為自己夠聰明，能夠盡享這份現代契約的好處，而無須付出代價。

◤ 從前，經濟停滯是常態

　　科學進步與經濟成長攜手共進，更進一步推動了現代對力量的追求。整部人類歷史上，科學多半是以蝸速進展，經濟更是遭到深度冰封。雖然人口的緩步成長確實使生產隨之成長，而每次科學偶有發現，也有可能帶動平均每人的經濟成長，但拉大鏡頭來看，整個過程是極度緩慢的。

　　如果在西元1000年，是100個村民生產了100噸小麥，到了西元1100年，可能是105個村民生產了107噸小麥，這種成長可說是有名無實，既不改變生活節奏、也不影響社會政治秩序。今天所有的人熱切追求成長，但在前現代時期，人民對此卻是毫不在意。不論王公貴族、牧師神父或農民大眾，都認為人類生產大致就是維持穩定，某人想得到更多，就只能從別人那兒偷；也認為到了孫輩的生活水準，大概也不會有何躍進。

　　這種停滯現象，有一大部分原因在於很難為新計畫籌措資金。沒有足夠的資金，就很難排乾沼澤、建築橋梁、開闢港口，更別提要培育新的小麥品種、發現新的能源、或是開拓新的貿易路線。當時資金稀缺，是因為沒有什麼**信用**（credit）的概念；之所以沒有什

麼信用，是因為人類不相信成長；而之所以不相信成長，正是因為經濟停滯不前。於是，停滯就成了個惡性循環。

假設你是住在一座每年都會爆發痢疾的中世紀城鎮。你下定決心，一定要找到解方。於是，你需要資金成立一間工作坊，購買藥草和各種罕見的化學品，付助手薪水，還得前往遠地拜訪名醫。另外，在你全心投入研究時，還得養活自己和家人。但你自己沒什麼錢。你想去找當地的磨坊主、麵包師傅和鐵匠，拜託他們在這幾年間供應你的需求；你也向他們保證，等到你找出解方、財源滾滾，就會還債。

很遺憾，磨坊主、麵包師傅和鐵匠不太可能同意。他們今天就得養活家人，而且對你能找到什麼靈丹妙藥，並沒有信心。他們可不是什麼三歲小孩，從小到大，哪聽過有人能為可怕的疾病找出新藥物？想拿到食物和各種生活必需品，就得付現。但你都還沒找到這種良藥，所有時間又都投入研究，怎麼可能有錢？你只好心不甘情不願，再回田裡去耕作。於是痢疾依舊每年給城鎮帶來苦難，沒人嘗試找出新療法，也沒有任何一枚金幣換了手。就是這樣，經濟沒了活力，科學停滯不前。

◢ 銀行家與吸血蝙蝠有何不同

一直要到了現代，因為人們開始相信未來，促成了信貸這項奇蹟，才終於打破這個惡性循環。信貸正是信任在經濟上的表現。如今，如果我想開發新藥、但手上資金不足，我可以去向銀行貸款，或是找上私人投資或創投基金。

2014年夏天，伊波拉病毒在西非爆發疫情，你猜猜那些忙著開

發抗伊波拉藥物和疫苗的製藥公司，股票表現如何？股價簡直是一飛衝天。德克米拉（Tekmira）製藥公司的股價上漲五成，百歐克斯（BioCryst）更大漲九成！

在中世紀，每當爆發瘟疫，人們只能淚眼望天，祈求上帝原諒他們的罪過。而現在，如果民眾聽說又有了什麼致命的新流行病，則是立刻拿起手機，趕快打給股票經紀商。對於證券交易所來說，流行病也是商機。

如果有夠多人創業成功，民眾對未來的信任也就會增加。信用擴張，利率下降，企業家更容易募資，於是經濟成長。因此，民眾對未來更加信任，經濟繼續成長，科學也隨之進步。

這件事說來容易。如果真那麼簡單，又為什麼得等到現代，經濟成長才終於啟動？幾千年來，人類之所以不相信未來會成長，不是因為前人太過愚魯，而是因為這根本違反直覺、違反演化經驗、違反世界運作的方式。自然系統多半是呈現平衡狀態，而且生存之爭又多半是零和賽局，有一方蓬勃成長，就必有另一方付出代價。

舉例來說，在某個山谷裡，每年長出的草量都差不多。這些青草能夠養活大約一萬隻兔子，而這些兔子裡動作慢、腦袋笨或運氣差的，又差不多能養活一百隻狐狸。如果某隻狐狸特別聰明努力，吃掉的兔子比較多，就有其他狐狸可能餓死。而如果所有狐狸都忽然比以前更會抓兔子，兔群數量將會大減，但隔年就會有更多狐狸餓死。就算這個「兔子市場」偶有波動，但長遠來看，狐狸絕不會期望每年都能成長 3％ 的獵兔量。

當然，真正的生態系更為複雜，並非所有生存之爭都是零和賽局。許多動物能合作愉快，甚至有些還有貸款機制。自然界最著名的例子就是吸血蝙蝠。這些蝙蝠成千上萬住在洞穴裡，每天晚上

飛出來找尋獵物。只要發現有鳥類睡著、或是哺乳動物心不在焉，牠們就會在獵物的皮膚上切出一個小口，吸血為食。然而，不是每隻吸血蝙蝠每天晚上都能找到受害者。為了應付這種生命裡的不確定性，吸血蝙蝠就會彼此「貸血」。沒找到獵物的吸血蝙蝠回家之後，會去找上那些運氣比較好的朋友，分一些牠們偷來的血。這些蝙蝠對於自己曾把血借給誰，記得一清二楚，所以如果哪天自己餓著肚子回家，就會去找那隻欠債的蝙蝠，討點血回來。

不過，蝙蝠不像銀行家，牠們從不收利息。如果 A 蝙蝠曾讓 B 蝙蝠吸過 10 cc 的血，B 蝙蝠還的就是 10 cc。而且蝙蝠之所以貸血，並不是為了創立什麼新的蝙蝠業務、或是促進吸血市場成長。由於所吸取的血液是由其他動物產生，蝙蝠並無法增加產量。雖然血液市場也有波動，但蝙蝠並不會假設 2017 年的血量會比 2016 年成長 3%、而且到了 2018 年還會再漲 3%。因此，蝙蝠也不相信會有成長這回事。[125]

幾百萬年以來，人類的生活條件也和吸血蝙蝠、狐狸和兔子相去不遠。於是，人類也很難相信成長的概念。

◢ 奇蹟般的大餅

由於演化的壓力，讓人類習慣把世界看作一大塊靜態的大餅。如果有人拿走的那一小塊比較大，一定有另一個人拿到的比較小。雖然可能有某個家族或城市似乎蓬勃成長，但人類整體明天的生產量並不會超過今天。因此，像是基督教和伊斯蘭教等傳統宗教，都是希望運用現有的資源來解決人類的問題，可能是將這塊大餅重新分配，又或是承諾給一塊空中的大餅。

　　相反的，「現代」則堅信：經濟成長不僅可能，還是絕對必要的！雖然祈禱、行善和冥想能帶來心靈的安慰和啟發，然而想解決饑荒、瘟疫和戰爭等問題，唯一的方法就是成長。「現代」的基本教條，可以總結為一個簡單的想法：「如果有個問題要解決，可能就需要有更多東西；為了有更多東西，就得生產更多才行。」

　　現代政治和現代經濟篤信成長的必要，原因有三。首先，生產愈多、能消費的就愈多，愈能提升生活水準，號稱也就能享受更快樂的生活。第二，只要人類持續繁衍成長，光是為了維持現狀，經濟成長就已經是必要的了。例如，印度的人口年增率為 1.2％。也就是說，除非印度經濟每年成長至少 1.2％，否則失業率就會上升，薪資將會下降，平均生活水準也會下滑。第三，就算印度的人口停止成長，中產階級也對目前的生活水準感到滿意，但那些為數仍有數億的貧困印度人民，又該怎麼辦？

　　經濟不成長，整塊經濟大餅也就這麼大，想多給窮人一點，就必須從富人那裡挖來一些。這必定會造成一些非常困難的選擇，也很可能導致諸多不滿、甚或暴力相向。如果想避開這些選擇、不滿或暴力，我們就需要一塊更大的餅。

　　不論是宗教的基本教義派、第三世界的獨裁主義、又或只是婚姻觸礁，在「現代」的眼中，幾乎任何公共或私人的問題，都能用「更多東西」來解決。像巴基斯坦或埃及這樣的國家，只要能維持亮眼的經濟成長率，國民也就能享受得起私家車和冰箱之類的種種好處，走著俗世幸福的道路，而不會隨著那些基本教義派起舞。同樣的，像剛果或緬甸這樣的國家，如果能有經濟成長，就能產生繁榮的中產階級，做為自由民主的基石。至於夫妻失和這種問題，只要能買棟更大的房子（不用擠在一個狹小的房間）、買臺洗碗機

（不用吵著該輪到誰洗碗）、每週兩次參加昂貴的婚姻治療，據稱也就能挽回婚姻，繼續廝守下去。

於是，經濟成長就成了幾乎所有現代宗教、意識型態和運動的共通重點。例如蘇聯妄自尊大的五年計畫，對成長的迷戀絲毫不下於美洲最殘酷的剝削資本家。也正如基督徒和穆斯林都相信天堂、只是對於路徑有所異議，冷戰時期的資本主義者和共產主義者，也都相信能夠透過經濟成長在地球上創造天堂，只是對於該用什麼方法有所異議。

◢ 成長掛帥

今天，不論是印度教復興主義者、虔誠的穆斯林、日本民族主義者或中國共產黨員，雖然可能各自宣稱，自己有非常不同的價值觀和目標，但都同樣相信，實現這些目標的關鍵就在於經濟成長。例如，虔誠的印度教徒莫迪（Narendra Modi）之所以能在2014年當選印度總理，主因正是他成功促進了家鄉古吉拉特邦的經濟成長，許多選民認為只有莫迪，才能讓印度低迷的經濟起死回生。類似的觀點也讓伊斯蘭教徒艾爾多安（Recep Tayyip Erdoğan）自2003年起，在土耳其掌權至今。他所屬的政黨名為「正義與發展黨」（JDP），正強調對經濟發展的承諾，而艾爾多安政府也確實在超過十年間，維持著令人佩服的經濟成長率。

至於日本首相、民族主義者安倍晉三，自2012年上臺，承諾將挽救日本沉寂二十年的經濟困局，其措施大膽而不尋常，有「安倍經濟學」（Abenomics）之稱。與此同時，鄰國中國的共產黨，雖然嘴上仍推崇馬列思想，但實際作為卻是依循鄧小平的名言：「發

展才是硬道理」以及「不管白貓黑貓，能抓到老鼠就是好貓」。用一般話來說，也就是：不擇手段，推動經濟成長，哪管馬克思和列寧高不高興。

至於新加坡這個徹底務實的城市國家，更是進一步貫徹這種思維，讓部長的薪資與國家GDP掛鉤。新加坡經濟若成長，政府部長就能加薪，彷彿這正是行政工作唯一的重點。[126]

我們可能覺得，對成長著迷再自然不過，但這只是因為我們生活在現代世界。過去可不是這樣的。不論是印度的大君、鄂圖曼的蘇丹、鎌倉的幕府、或是漢朝的皇帝，都很少會把自己的政治命運賭在經濟成長上，但莫迪、艾爾多安、安倍晉三和中國國家主席習近平，卻都這麼做了，可見「經濟成長」這回事是如何在全球各地成功取得了近乎宗教的地位。

確實，把「相信經濟成長」稱為宗教並不會與事實出入太遠，因為這種信念號稱能解決許多、甚至是絕大多數的倫理難題。由於經濟成長據稱是一切美好事物的源頭，於是能鼓勵大家放下各種倫理的異見，共同採取任何能夠最大化長期成功的措施。因此，雖然莫迪所領導的印度有成千上萬的教派、黨派、運動和大師，而且終極目標可能各有不同，但卻都得通過同樣的經濟成長瓶頸，所以何不把大家集合在一起呢？

於是乎，「更多東西」這項信條等於是在呼籲個人、公司和政府，不要在意任何可能阻礙經濟成長的事物，像是維持社會平等、確保生態和諧、或是孝順父母。在蘇聯，領導階層認為成長最快的方式就是國家控制的共產主義，所以任何妨礙集體化的事物，都會遭到掃除，包括幾百萬的富農（kulak）、言論自由、以及鹹海。現在普遍認為，某些版本的自由市場資本主義，更能確保長期成長；

於是，我們保護了貪婪的大亨、富有的農民及言論自由，至於會妨礙自由市場資本主義的事物，則遭到摧殘，像是生態棲地、社會結構和傳統價值觀。

舉個例子：某位任職高科技新創公司的軟體工程師，時薪一百美元。某天，她的父親不幸中風，需要有人協助買東西、做飯、甚至是洗澡。她可以讓父親搬過來和自己住，她一早去上班，晚上再早點回來，親自照顧父親。如此一來，不管是她的收入、或是新創公司的生產力，都會受到影響，但父親卻能享有女兒充滿愛和尊重的照顧。

或者，這位工程師也能請一位墨西哥看護，時薪十二美元，和父親住在一起，照顧父親的所有需求。這樣一來，工程師、她任職的新創公司、甚至是這位看護和墨西哥的經濟，都將受益。

這位工程師該怎麼選擇？

自由市場資本主義的答案非常明確。如果經濟成長要我們放下家人間的情感，鼓勵大家和父母分住，再從世界另一邊聘用看護，又有何不可？然而，這是個倫理判斷的問題，而不是事實聲明的問題。如果有人專心做軟體工程、有人專心照顧老人，我們無疑能製造出更多軟體，也能讓老人受到更多專業照護。然而，經濟成長真的比家人之間的情感維繫更重要嗎？一旦運用自由市場資本主義的邏輯做出這樣的倫理判斷之後，自由市場資本主義也就從科學，跨界來到了宗教。

多數資本家可能並不喜歡「宗教」這個標籤，但如果是宗教走向資本主義，宗教家倒是能抬頭挺胸。資本主義所應許的，並不像其他宗教那種空中的大餅，而是飄降在這個俗世上的奇蹟，而且有時還真能實現。許多讓人最後克服饑荒和瘟疫的信貸，都是出自對

資本主義成長動能的強大信念。甚至，說到減少人類的暴力、增加寬容與合作，也得給資本主義一些掌聲。

下一章〈人本主義革命〉將會提到，雖然還有其他因素，但資本主義讓人不再將經濟視為零和賽局（認為你獲利就是我損失），而是一種雙贏局面（認為你得利也就是我得利），確實是全球和平的重要推手。這種互利概念對全球和平的助益，可能遠遠超過基督教幾世紀不停講著要「愛你的鄰居」和「連左臉也轉過來由他打」。

資本主義的巨輪不會停轉

資本主義深信「成長」這項最高價值，可說第一條誡命就是：將利潤投入有助於「增加成長」的事。在人類史上，王公貴族多半是把利潤虛擲在華麗的狂歡饗宴、豪奢的樓臺宮宇，以及不必要的戰爭衝突。又或是把金幣放入鐵箱，密封起來，深埋地底。今天，虔誠的資本主義信徒會用利潤來雇用新員工、擴大工廠規模，或是開發新產品。

就算自己不懂這些事，他們也會把錢交給某些懂的人，像是銀行家、或是創投業者，再由這些人把錢借給各種需要錢的產業。拿了貸款，農民種新的麥田、營建承包商蓋新的房屋、能源公司探索新的油田、軍火業者開發新的武器。這一切活動得到的利潤，就讓這些產業能夠償還貸款，而且是連本帶利。於是，我們現在不但有了更多的小麥、房子、石油和武器，而且銀行和基金裡還有更多的錢，能夠繼續借出去。這是個永不停轉的巨輪，至少資本主義是這麼認為的。絕不會有某個時刻，資本主義忽然說：「好囉，成長夠了，我們輕鬆點吧。」

如果想知道為什麼資本主義的巨輪絕不會停止，你可以花一個小時，與一個手上有十萬美元、想知道該怎麼辦最好的朋友談談。他會向你抱怨：「銀行利率這麼低，活存年利率才0.5％，我才不想把錢放在存款帳戶裡。如果丟到公債，大概可以賺2％。我有個表哥，去年在西雅圖買了一層公寓，現在漲了20％，或許我也該去搞搞房地產；可是大家都在說房地產也要泡沫化了。那你覺得股市怎樣？我也有朋友說，現在最好是買新興市場的ETF，像是巴西或中國。」在他中間喘口氣的時候，你可以問他：「為什麼你有了十萬美元，還不滿足呢？」他的解釋就能讓你知道，為什麼資本主義永不停息，絕對比我說得更清楚。

　　透過各種無所不在的資本主義遊戲，這種概念甚至已經深深根植於兒童和青少年的心裡。像是西洋棋這種前現代的遊戲，假設的就是一種停滯的經濟。你在開局的時候有十六枚棋，而等到遊戲結束，也絕不可能多出任何一枚。雖然有些極少數情況，能讓你把兵變成王后，但就是不會有多出來的新棋子，也不可能把騎士升級成坦克。所以，西洋棋玩家永遠不用考慮投資這回事。相較之下，許多現代桌遊或電腦遊戲，都把投資成長當作重點。

　　其中特別有趣的，是模仿文明的戰略遊戲，像是《當個創世神》（*Minecraft*）、《卡坦島》（*The Settlers of Catan*），或是《文明帝國》（*Sid Meier's Civilization*）。這些遊戲可能是設定在中世紀、石器時代、或某些想像的童話王國，但原則永遠相同，而且一定是出於資本主義。玩家的目標就是要建立一座城市、一個王國、或者是一整個文明。一開始可能只有一些很簡陋的基礎，可能是個村莊和附近的田野。你手上的資產能提供最早的一批小麥、木材、鐵或黃金，而你必須好好投資這筆財產：有些購買沒有生產力、但仍然必要的東西，像

是士兵；也有些購買能用於生產的資產，像是更多村莊、田野和礦藏。這裡要致勝的策略，通常就是把能用於生產的資產盡可能最大化，至於沒有生產力但仍然必要的資產，則是勉強可以維持就好。只要能蓋出更多村莊，就代表下一輪你能有更多收入，於是不但可以購買更多士兵（只在有必要的時候），還能繼續擴大對生產的投資。很快的，村莊就能升級成城鎮；然後，能蓋出大學、港口和工廠；接著，能夠探索海洋；最終建立文明，贏得遊戲。

◢ 科學讓人類發現自己的無知

然而，經濟真能永遠維持成長嗎？會不會有一天耗盡資源，終歸停止？為了確保永遠成長，我們必須找到永不枯竭的資源。

解決方法之一，就是探索、征服新的土地。幾個世紀以來，不論是歐洲經濟成長、或是資本主義制度擴張，確實都有賴於帝國在海外的征服行動。不過，地球上的島嶼和大陸就只有這麼多。雖然某些企業家確實也打算探索征服新的行星、甚至是星系，但與此同時，現代經濟還是得找到更好的擴張方式。

這時，是科學為現代提供了這個答案。在前面的例子裡，狐狸經濟之所以不能成長，是因為狐狸不知道如何讓兔子生得更多。兔子經濟之所以停滯，是因為兔子不知道如何讓草長得更快。然而，人類經濟之所以能夠成長，是因為人類可以找出新的原料、新的能源。

傳統把世界看成一塊固定大小的餅，隱藏的假設是世界上只有兩種資源：原物料和能源。事實上，資源有三種：原物料、能源，還有知識。原物料和能源取之有盡：用得愈多，就剩下愈少。相反

的，知識卻是不斷成長：用得愈多，反而擁有愈多，而且隨著知識不斷增長，還能帶來更多原物料和能源。

如果我投資一億美元探勘石油，而且在阿拉斯加成功找到一片油田，我手上會有更多石油，但我的孫子能擁有的石油就少了。相較之下，如果我投資一億美元研究太陽能，而且成功找到更有效利用太陽能的新方法，我和我的孫子都能擁有更多能源。

幾千年來，人類之所以無法用科學來推動成長，是因為大家誤以為各種宗教經典和古老傳統裡，已經提供了世界所有重要知識。如果石油公司相信已經找出了全球所有的油田，就不可能再浪費時間和金錢來探勘。同樣的，如果人類文化覺得已經知道了所有該知道的事，就不會費心尋找新的知識。而在現代之前，這正是大多數人類文明所持的立場。

然而，科學革命打破了人類這種天真的信念。科學最大的發現正是讓人類**發現自己的無知**。人類發現自己對這個世界，所知竟如此之少，就突然有了很好的理由，要去追求新知，於是開啟了用科學推動進步的道路。

一代接著一代，科學讓我們找到了新的能源、新的原物料、更好的機械技術、新的生產方法。到了此時此刻，人類手中的能源和原物料已遠超以往，整體產能一飛衝天。蒸汽機、內燃機和電腦等種種發明，打造出過去從來沒有的全新產業。

展望二十年後的情形，我們可以信心滿滿，預期在2040年代的生產和消費，都會遠超過今日。我們相信奈米科技、基因工程和人工智慧，能夠再次為「生產」重新定義，在我們這個不斷擴大的超市裡，開出新的商品區。

◢ 方舟症候群

因此,資源短缺的問題看來很有機會克服,但現代經濟真正的敵人是生態崩潰。不論是科學進步或經濟成長,都發生在地球這個脆弱的生物圈裡,而隨著進步和成長的大舉啟動,也就衝擊到生態穩定。如果想讓全球每個人都過著像美國人一般的豪奢生活,我們得要多幾個地球才行,但我們就只有一個地球。如果進步和成長最後破壞了整個生態系,要付出代價的不會只是吸血蝙蝠、狐狸和兔子:智人也無法置身事外。生態崩潰將造成經濟崩盤、政治動盪、人類生活水準下降,還可能對人類文明的存在造成威脅。

想要防患未然,方法之一就是放慢進步和成長的步調。如果投資者今年想要6%的報酬率,或許過了十年、他們可以學會只要有3%就滿足,過了二十年、只要有1%就滿足了,那樣等到三十年後,經濟就能停止成長,而我們對現況也心滿意足。

然而,成長的信條絕對會堅決反對這種異端想法,反而認為我們應該加快腳步。如果我們的發現和發明,讓生態系失去穩定、危及人類,那就該趕快再發現和發明些什麼,來保護自己——如果臭氧層變薄,增加了皮膚癌的風險,就該發明更好的防晒油、更佳的癌症療法,這樣也能刺激新的防晒和癌症治療產業成長。如果這些新產業汙染了大氣和海洋,造成全球暖化、大規模生物滅絕,那麼我們應該趕快打造虛擬世界和高科技避難所,就算地球變得像地獄一樣又熱又乾、汙染嚴重,也無礙我們繼續享受一切。

北京的汙染狀況已經極度惡劣了,民眾必須避免戶外活動,而有錢人則會花上幾千美元,裝設室內空氣清淨系統。至於超級有錢人,甚至連院子都會蓋上保護設施。2013年,供外國外交官及中國

高層子女入學的北京國際學校,甚至更進一步,斥資五百萬美元,在六個網球場及運動場地蓋起了巨大的圓頂帳篷。其他學校紛紛跟進,中國空氣清淨市場發展蓬勃。至於多數北京居民,當然自家不可能負擔如此的奢侈品,也無法把孩子送到國際學校。[127]

人類發現自己陷入了雙重的競賽。一方面,我們認為必須加快科學進步和經濟成長的腳步。十億中國人和十億印度人都希望過著像中產階級美國人一樣的生活——如果美國人都還是開著休旅車、逛著購物中心,中國人和印度人實在看不出,有什麼理由不去全力追求美式生活夢想。另一方面,我們又必須至少在生態世界末日來臨前,懸崖勒馬。每一年,要處理這種雙重競賽的挑戰,都愈來愈艱巨,因為只要德里貧民窟的居民更接近美國夢一步,都是把地球更推近末日的邊緣。

好消息是:人類已經享受了幾百年的經濟成長,卻一直沒成為生態崩潰的受害者。其他許多物種沒能撐過這個過程;人類也曾面臨一些經濟危機和生態災難,但總能化險為夷。

但是,沒有任何自然律能夠保證未來繼續一帆風順。究竟科學能否永遠拯救經濟免於冰封、地球免於沸騰,實在沒人說得準。而且,由於腳步不斷加快,能夠犯錯的空間也不斷縮小。以前可能只要一個世紀發明出一項神奇的產品,便已足夠,但現在可能每兩年就得出現一項奇蹟。

我們也該思考,生態末日對於不同的人類階級,又有什麼樣的不同後果。**歷史從無正義**。每當災難發生,就算這場悲劇根本就是由富人所引起,但窮人受到的苦難幾乎總是遠遠高於富人。在乾旱的非洲國家,全球暖化已經開始影響窮人的生活,這些人受影響的程度遠比富裕的西方人來得高。矛盾的是,科學的力量愈大,反而

可能愈危險；原因就在於這讓富人自鳴得意。

　　以溫室氣體的排放為例。大多數學者和愈來愈多的政治家，已經開始體認到全球暖化的現實和危險程度，但也僅止於體認，而未有任何實際作為，未能真正改變我們的行事做法。對於全球暖化，我們已經談得很多，但到了實際作為，人類卻不願為了制止這場災難，而真正在經濟、社會或政治上有所犧牲。2000年到2010年間，

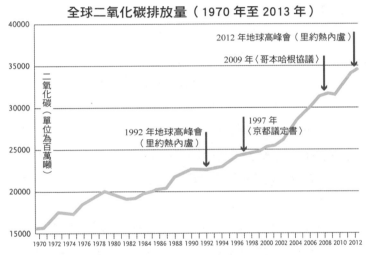

全球二氧化碳排放量（1970 年至 2013 年）

資料來源：全球大氣研究排放數據資料庫（Emission Database for Global Atmospheric Research, EDGAR），歐盟執委會

26. 迄今，不管是所有關於全球暖化的言論，或是所有的研討會、高峰會和協議，都未能抑制全球溫室氣體排放。仔細觀察這張圖，就會發現只有在經濟危機和經濟停滯期間，二氧化碳排放量才會減少。因此，溫室氣體排放之所以在 2008 年至 2009 年間出現小幅下滑，其實是因為全球金融危機；至於 2009 年簽署的〈哥本哈根協議〉（Copenhagen Accord）則未有明顯成效。唯一能確保阻止全球暖化的方式，就是停止經濟成長，但是任何政府都不會願意。

溫室氣體排放量非但完全沒有減少，反而還以每年2.2％的速率成長；過去在1970年到2000年間，年成長率僅為1.3％。[128]

1997年協議減排溫室氣體的〈京都議定書〉，目標只是減緩、而非阻止全球暖化，但美國這個全球第一大汙染者卻拒絕簽署，也全未嘗試大幅減少溫室氣體排放，惟恐有礙經濟成長。[129]

2015年12月，〈巴黎協定〉（Paris Agreement）訂出了較遠大的目標：在2100年以前，追求全球平均溫度升幅要低於1.5°C（以工業革命前的全球平均氣溫為準）。然而，有許多為了達成這項目標所必要的痛苦措施，卻都被輕描淡寫的延遲到2030年、甚至是二十一世紀的下半葉，其實也就是把燙手山芋丟給下一代。目前的主政者一派貌似環保，只想收割立即的政治利益，卻把減少排放（也就會減緩成長）的重大政治代價，留給未來的主政者。

有太多政客和選民認為，只要經濟繼續成長，科學家和工程師永遠都能拯救我們免於面對末日。談到氣候變遷的問題，「成長」的真正信徒還不只是希望奇蹟發生，而是認為奇蹟的出現是理所當然。

把未來人類的希望，放在「假設未來的科學家能有些現今不可知、卻能拯救地球的發現」上，這種想法真的理性嗎？目前讓整個世界運作的多數總統、部長和執行長，都是非常理性的人，但是為什麼他們願意下這樣的賭注？或許是因為，他們覺得賭的不會是自己個人的未來。就算情況極度惡化，科學再也無法阻擋洪水襲來，工程師仍然能夠為上層階級，打造出一艘高科技的挪亞方舟，至於其他幾十億人，就隨波而去吧。

這種對於高科技方舟的信念，正是對人類未來及整個生態系的最大威脅之一。如果有人一心相信自己死後能上天堂，就不該把核

武交到這種人手中；出於同樣理由，要決定全球生態議題時，也不該交給相信這種高科技方舟的人。

窮人又是怎麼回事？他們為什麼不抗議？畢竟萬一洪水真的來臨，將是窮人擔起所有代價。然而，如果經濟停滯，窮人也是首當其衝。在資本主義世界裡，窮人的生活唯有在經濟成長時，才可能有所改善。因此，如果得要放慢當下的經濟成長，以求減少未來的生態威脅，並不太可能得到他們的支持。保護環境是個好主意，但如果有人連房租都交不出來，對於沒錢的恐懼，就會遠遠高過對冰帽融化的擔心。

毫無意義的競賽追逐

就算人類動作夠快，能夠同時應付經濟和生態崩潰的危機，光是這場競賽本身，也是大有問題。對個人而言，這造成極高的緊張和壓力。經濟成長和科學進步已經為時數個世紀，我們會以為，至少在那些最先進的國家，應該能夠享有平靜、平和的生活。如果前人知道我們現在擁有什麼工具，一定會以為我們的生活如在天堂、無憂無慮。但事實卻絕非如此。雖然人類達成諸多成就，卻一直有股壓力，逼著我們繼續生產、繼續努力。

我們怪自己、怪老闆、怪貸款、怪政府、怪學校，但罪魁禍首其實不是他們，而是這份「現代」的契約，我們都在出生的那一天就已然簽字畫押。在前現代的世界裡，人類就像是在社會主義官僚體系裡的低階職員，每天只要一打完卡，接下來就是等著別人去做點什麼事。但到了現代，人類自己成了負責的老闆，也就日夜不停感到壓力。

251

整體而言，這種競賽就表現為不斷的動盪。在過去，社會和政治制度能夠歷經幾世紀而不衰，但現在，幾乎是每個世代都會打破舊世界、再創造新世界來取代。〈共產黨宣言〉說得精闢，現代世界就是自找著永遠的不安定和變動。各種固定的關係和古老的偏見都遭到掃除，而新的結構等不到固定，便已經陳舊了。一切固定的東西都煙消雲散。在這樣混沌的世界，光是生活已不容易，要妥善管理，更是難上加難。

　　因此，「現代」就得更加努力，以確保人類不論個人或整體，都不會想到要退出這場競賽（雖然這場競賽正是所有緊張和混沌的源頭）。為此，現代繼續高舉**成長**，做為最高價值的大纛，要求我們為此冒一切危險、做出任何犧牲。整體而言，現代鼓勵政府、企業和組織，以成長做為成功標準，並將穩定視為洪水猛獸。個人而言，現代要我們不斷提高收入和生活水準，就算目前的生活已經令你相當滿意，還是應該努力爭取更多。

　　昨天的奢侈品，成了今天的必需品。曾經，一間三房的公寓、一輛車、加上一部桌上型電腦，就已經讓你相當滿意；到了現在，你就會想要擁有五房的獨棟住宅，車庫裡有兩輛車，加上有許多的 iPod、平板電腦和智慧型手機。

　　要說服個人「想要更多」，並非難事。人類很容易就會貪婪。真正的關鍵在於：必須說服像是國家或教會這種集合體，讓它們也遵循這種新的理想。幾千年來，社會努力抑制個人欲望，讓欲望達成某種平衡。大家都知道，雖然人人都想得到更多，但如果大餅只有固定大小，唯有克制，才能讓社會和諧，而貪婪就是件壞事。但是「現代」已經讓整個世界顛倒了是非，讓人類整體以為平衡比混沌更可怕，而貪婪因為能促進成長，反而成了一件好事。「現代」

於是讓人開始追求更多，以致打破了長久以來抑制貪婪的紀律。

混沌所造成的焦慮，有一大部分會因為自由市場資本主義而得到紓解，這也正是資本主義受歡迎的原因之一。資本主義思想家不斷安撫我們：「不用擔心，一切都會沒事的。只要經濟成長，其他一切交給市場那隻看不見的手，就行了。」資本主義就這樣批准了一個貪婪而混沌的系統，整個系統飛速成長，沒人知道究竟發生了什麼事、或是我們正在前往何方。（共產主義也同樣相信成長，並認為能夠透過國家計畫來操縱成長，避免混沌。雖然一開始曾經有成效，但最終還是不敵混沌的自由市場大軍。）

◢ 人本主義來救援

如今，知識界常常抨擊自由市場資本主義。確實，由於資本主義主導了這個世界，我們應該盡全力瞭解它有何缺點，以免末日就在眼前。但是在批評資本主義的當下，我們仍應看到它的優點與成就。

如果我們暫時忽略生態可能在未來崩潰，並以人口和成長做為成功的標準，資本主義可說是極其成功。以 2016 年為例，雖然我們的世界可能是充滿壓力、一片混沌，但各種關於崩潰和暴力的末日預言並未成真，反而是關於永遠成長和全球合作的吹牛誇口，確實實現。雖然偶爾也會出現經濟危機和國際戰爭，但是長期而言，資本主義不僅勝出，甚至還控制了饑荒、瘟疫和戰爭。

在幾千年間，不論是祭司、神父、牧師、拉比、穆夫提（mufti，伊斯蘭教的法典說明官），都說人類不可能只靠自己就控制饑荒、瘟疫和戰爭等問題。然而，接著出現了銀行家、投資家和產業人士，

不到兩百年的時光，就實現了這些夢想。

於是，這份與「現代」的契約承諾，給予我們前所未有的力量，而且確實兌現了。但是代價又如何？為了換來力量，這份契約要求我們放棄意義。這種叫人心裡發寒的要求，人類該如何應對？遵守要求，可能會帶來一個黑暗的世界，沒有任何倫理、美學或同理心。然而從目前看到的事實，人類不僅比過去任何時候都更有力量，而且也更為和平、合作愉快。人類是怎麼做到的？在一個似乎沒有神祇、沒有天堂、沒有地獄的世界上，道德、美麗、甚至是同理心，是如何不但存活、而且發展蓬勃？

當然，資本家又會說這一切都要歸功於市場那隻看不見的手。但市場那隻手不僅我們看不見，就連它本身也是盲目的，光靠它本身，絕不可能挽救人類社會。事實上，如果沒有某些神祇、國王或教會也伸出一隻看不見的手，別說整個市場，就連一個市集也難以維持。如果真的萬物可賣，包括法院和警察也能收買，信任就會煙消雲散，信用將會蕩然無存，商業也就無以為繼。[130]

所以，究竟是什麼讓現代社會免於崩潰的命運？拯救人類的並不是供需法則，而是因為興起了一種革命性的新宗教：人本主義。

第7章

人本主義革命

　　與「現代」的契約給了人類力量，但條件是我們不再相信整個世界有一項偉大的宇宙計畫，能讓生命有意義。然而，如果細查契約條款，會發現有一條賴皮的例外條款：如果人類不用透過偉大的宇宙計畫也能找到意義，就不算是違背契約。

　　這條例外條款正是現代社會的救贖，因為如果真的沒有意義，就不可能維持秩序。現代在政治、藝術和宗教方面成就斐然，都是並未透過什麼偉大宇宙計畫，就為生活找到了意義。雖然我們現在知道，自己不是什麼神聖戲劇裡的角色，也沒有誰真的在意我們或我們的行為，因此不會有人限制我們的力量，但我們仍然相信自己的生活有意義。

　　在2016年，人類確實是魚與熊掌都能兼得。不但擁有的力量遠超以往，而且讓前人都跌破眼鏡：上帝已死，但社會並未崩潰。縱觀歷史，先知和哲學家都認為，如果人類不再相信有一項偉大的宇宙計畫，所有法律和秩序都會消失。但今天，對全球法律和秩序造成最大威脅的，卻正是那些還在繼續相信唯一真神和偉大計畫的

人。對神懷有畏懼的敘利亞，比起世俗的荷蘭，要來得暴力許多。

　　如果沒有什麼宇宙計畫，我們也不用遵守什麼神聖的典律或自然律了。那為什麼社會不會崩潰呢？是為什麼，你能夠旅行數千公里，從荷蘭的阿姆斯特丹到羅馬尼亞首都布加勒斯特、或從紐奧良到蒙特婁，而不會被販奴者綁架、遭亡命之徒伏擊、或被敵對的部落殺害？

◢ 向人心探尋

　　正是人本主義讓人類擺脫了人生無意義、存在沒依據的困境。人本主義這個革命性的新信念，在過去幾個世紀間，征服了世界。人本主義宗教崇拜人性，期望由「人本」來扮演神在基督教或伊斯蘭教裡的角色，或是大自然的法則在佛教和道教扮演的角色。傳統認為，是偉大宇宙計畫為人類生活帶來意義，但人本主義讓角色逆轉，認為是人類經驗為宇宙賦予意義。

　　根據人本主義的想法，人類必須從自己的內在經驗找出意義，而且不只是自己的意義、更是整個宇宙的意義。這是人本主義的主要誡命：**為無意義的世界創造意義**。

　　因此，現代帶來的主要宗教革命，並不是對神失去信心，而是對人類有了信心。要走到這一步，足足花了數個世紀。思想家寫著宣傳小冊、詩人寫著詩、音樂家譜著交響曲、政治家推動了各種契約，他們共同使人相信，「人本」可以讓宇宙充滿意義。

　　想知道人本主義革命的影響有多麼深遠，可以看看現代歐洲文化與中世紀歐洲文化有多麼不同。在西元 1300 年，倫敦、巴黎和西班牙托萊多（Toledo）的市民，還不相信人類自己就能判斷善惡、

正誤、美醜，認為只有神才能創造和定義善良、公義和美麗。雖然當時已經認為人類確實享有獨特的能力和機會，但同時也認為人類就是一種無知和墮落的生物，如果沒有外力監督指導，就不可能理解永恆的真理，而會沉溺在一時的感官享受及世俗幻象之中。中世紀的思想家還指出人類不免一死，各種意見和感覺就如風般易逝。今天全心愛著某樣東西，明天就覺得厭惡，而等到下星期，甚至連自己也已過世，深埋地底。因此，任何根據人類意見而得的意義，都必然是脆弱且短暫的。

這麼說來，如果要講絕對的真理、講生命的意義、以及宇宙的意義，其根據就必須是某種高於人類的來源所產生的永恆法則。從這個觀點，神不但成了意義的本源，也成了權威的本源。意義和權威始終是攜手共進。那些判斷著我們的行動究竟屬於好壞、對錯、美醜等等意義的人，同時也就取得權威，能告訴我們該如何思考、如何行動。

以神做為意義和權威的源頭，這可不只是個哲學上的理論，而是影響了日常生活的各方各面。假設西元1300年的某個英國小鎮有位已婚婦女，很喜歡到隔壁鄰居家，與鄰人做愛。等她溜回家，忍住笑意、整理衣服的時候，心裡卻會開始不停想著：「這是怎麼回事？我為什麼會這麼做？這是好事還是壞事呢？這代表我是怎樣的人？我還該繼續這樣嗎？」為了回答這樣的問題，這位婦女該做的事就是去找當地的神父，向他告罪，請求聖父給予指導。神父對《聖經》內容瞭若指掌，而《聖經》內容已記載了上帝對於通姦的看法。基於上帝永恆不變的話語，這位神父可以明確判斷：這個婦女犯了一項不可饒恕的罪，如果不悔改，就會下地獄。所以她必須立即悔改，捐十枚金幣給即將成行的十字軍，六個月內不得吃肉，

還得前往坎特伯里，到聖多默・白凱（St. Thomas Becket）主教的安息地朝聖。而且不用說，這種可怕的罪惡絕對不可以再犯。

◢ 向心理治療師告解

現在的情況就大不相同了。幾世紀以來，人本主義一直想讓我們認為，人類自己就是意義的本源，因此，自由意志也正是最高的權威。我們不需要等待某個外在的實體說三道四，而能夠用自己的感覺和欲望來判斷。從小，我們就不斷聽到各種人本主義的口號：「要聆聽自己的聲音，對自己真誠，相信自己，跟著你的心，做讓自己快樂的事。」

盧梭的教養小說《愛彌兒》正是集各家大成，可說是十八世紀討論感受的聖經。盧梭認為，要尋找生活的行為規則時，發現這些規則是「在我心深處，出於自然，無人能抹去。想做什麼，只需要請教自己；我覺得好、就是好，我覺得壞、就是壞。」[131]

因此，如果是一位現代女性，想知道自己外遇有何意義，她不太可能會再盲目接受神父或某本古書的判斷，而是仔細審視自己內心的感覺。如果這時的感覺還不太清楚，她會打電話給閨蜜，兩人見面喝喝咖啡，傾吐心聲。如果就連這樣也還是覺得捉摸不定，她就會找上心理治療師，把一切都告訴他。理論上，現代的心理治療師與中世紀的神父，倒是站在同一個位置（已經有太多人做過兩者的比較了），但實際上，兩者有一項巨大的差別：心理治療師並沒有一本規定著善惡對錯的聖經。

這位婦女說完故事的時候，心理治療師很不可能忽然破口大罵「妳這個邪惡的女人！妳犯了一條可怕的罪！」當然，他也一樣很

不可能讚美「太好了！妳真棒！」相反的，不管這位婦女究竟說了什麼和做了什麼，心理治療師最有可能做的事，就是用一種溫暖關懷的聲音，問道：「那妳對這一切有什麼**感覺**呢？」

確實，心理治療師的書架上，還擺著佛洛伊德、榮格等人的著作，也擺著厚達千頁的《精神疾病診斷與統計手冊》，簡直能把書架壓垮。但這些都不是什麼神聖的經典。《精神疾病診斷與統計手冊》診斷的是生命中的疾病，而不是生命的意義。大多數心理學家相信，唯有從人的感覺出發，才有權判斷人類行為的真正意義。

因此，不論這位心理治療師對病人的婚外情有何看法，也不管佛洛伊德、榮格或《精神疾病診斷與統計手冊》對婚外情又有何看法，這位心理治療師都不該把自己的意見，強加在病人身上。相反的，他該做的是幫她走進心中最私密的房間。只有在那裡，她才能找到答案。

中世紀的神父彷彿和上帝有一條熱線，能夠為我們區辨好壞，但現代的心理治療師只會幫助我們接觸到自己內心的感覺。

這可以部分解釋為何婚姻制度的命運不斷變化。中世紀將婚姻視為由神授予的聖事，神同時也授權給父親，能依據自己的願望和利益，為孩子安排嫁娶。於是，婚外情等於是明目張膽的同時挑戰了神權和父權。不管這一對戀人怎麼想、怎麼感覺，這都是一種不可饒恕的罪。

今天，人們是因為相愛而結婚，而這種關係的價值是來自於他們的個人感受。因此，如果曾經把你送入某人懷抱的這種感受，今天又把你送進另一人的懷抱，又會有什麼問題呢？如果今天，結髮二十年的配偶已不再能滿足你的情慾和性慾，而這個新情人既善良又熱情，而且還很能感受到你的需求，為什麼不好好享受呢？

▲ 人本主義的倫理觀點

不過你可能會跳出來說，等等！我們也不能忽視另一方的感覺啊！這位婦女和情人可能在彼此的懷中是覺得很甜蜜，但如果被彼此的另一半發現，大家可能都會有一段時間痛苦萬分。而如果導致離婚，就連孩子也可能有幾十年帶著情感上的傷痕。而且就算配偶從未察覺，光是要隱瞞這件事，就會造成極大的壓力，並讓人愈來愈覺得孤立和憤怒。

在人本主義的倫理中，最有趣的討論就是像婚外情這種彼此感覺有所衝突的情境。如果某個行為讓一方感覺良好、另一方卻感覺痛苦，情況會如何？這些感受該如何彼此衡量？兩個情人之間感覺幸福，是否會比配偶和孩子感覺不幸更重要？

不論你想站在哪一邊都沒關係，這裡更重要的，是要看出雙方其實用的都是同一套論點。現代人對婚外情的看法各有不同，但無論立場如何，理由都比較偏向於人的感受，而不會是因為《聖經》或神的誡命。人本主義告訴我們，除非這件事讓人感覺不好，才有可能是件壞事。

謀殺之所以是錯的，並不是因為有什麼神曾說「不可殺人」，而單純就是因為這會讓被害人與被害人家屬和親友十分痛苦。偷竊之所以是錯的，並不是因為有什麼古籍說過「不可偷盜」，而單純就是因為如果有人失去財產，會感覺不開心。如果某種行為不會讓任何人感覺不好，就等於沒什麼錯。如果在同一份古代的文本裡，說上帝曾經告誡我們：不可以製作任何人類或動物的形象（〈出埃及記〉20：4）；但我就是喜歡雕刻這些人物動物，過程中又不會傷害到任何人，這究竟能有什麼錯？

同樣的邏輯也能應用到同性戀的論爭上。如果兩個成年男性喜歡與彼此發生性行為，過程中不會傷害到任何人，這又有什麼錯？為什麼該用法律禁止呢？這就是兩個男人間的私事，應該可以根據他們自己的個人感受來自由決定。如果在中世紀，兩個男人向神父告解，說他們彼此相愛、感受到前所未有的快樂，神父的判斷並不會因為他們究竟高不高興而有任何改變；而且，他們居然不感到愧咎，這可是罪上加罪！今天的情況就不同了，如果兩個男人相愛，大家會說：「如果感覺對了，就愛吧！不要讓什麼神父牧師的影響你，傾聽你的心就對了，你自己最知道什麼對你好。」

很有趣的是，今天就算是宗教狂熱份子，也會在試圖煽動大眾時，採用這種人本主義的論調。例如過去十年間，以色列的LGBT社群每年都會在耶路撒冷的街道，舉行同志遊行。在這個充滿衝突的城市，這天難得顯得如此和平，因為不管是猶太教徒、穆斯林或基督徒，都忽然有了共同的敵人：同志遊行。真正有趣的是這些教徒的論點。他們並不會說「這些罪人不該舉辦同志遊行，因為上帝禁止同性戀！」而是透過所有麥克風和攝影鏡頭，高聲疾呼「看到同志遊行居然穿過耶路撒冷這座聖城的中心，實在深深傷害了我們的感情！同志希望我們要尊重他們的感受，那他們也應該要尊重我們的感受！」

法國《查理週刊》（*Charlie Hebdo*）曾刊出伊斯蘭教先知穆罕默德的漫畫，結果在2015年1月7日，便有穆斯林狂熱份子屠殺《查理週刊》的員工。

接下來幾天裡，許多穆斯林組織紛紛發出聲明，譴責恐怖攻擊行為，但有些就是忍不住加入一條但書。例如埃及記者組織（EJS）雖然譴責恐怖份子使用暴力，但同樣譴責《查理週刊》「傷害全世

界數百萬穆斯林的感情」。[132] 請注意，埃及記者組織並未譴責《查理週刊》不服從神的旨意。而這種情形，我們就能稱之為進步。

◢ 人本主義的政治觀點

我們的感覺不只能提供私人生活中的意義，也能為社會和政治程序提供意義。想知道該由誰來統治國家、採用何種外交政策、使用何種經濟手段時，我們不會從古籍經典裡找答案，也不會只聽教宗或諾貝爾獎得主的命令。相反的，大多數國家都是用民主選舉，詢問人民對當前事務的看法。我們相信選民能做出最好的選擇，而個人的自由意志選擇，正是最終的政治權威。

然而，選民又是怎麼知道該選什麼？至少在理論上，選民要探索自己內心最深處的感受、順心而為。但這並不容易。想要碰觸到自己真正的感受，就得先過濾掉那些沒有意義的宣傳口號、無恥政客無盡的謊言、狡猾公關放出的各種煙霧彈，以及被收買的專家提出貌似專業的想法。先清掉所有這些喧囂吵雜，才能聽到自己真正內心的聲音。接著，我真正內心的聲音會在我耳裡輕聲說「投給卡麥隆」、「投給莫迪」、或是「投給希拉蕊」，於是我就在選票上蓋下印記──這就是我們決定該由誰來領導國家的方式。

在中世紀，大家會覺得這種方法實在愚不可及。對於重要的政治決定，怎麼可能會以無知俗人一時的感覺，做為判斷基礎呢？當英格蘭在玫瑰戰爭之後面臨分裂時，從來沒人提過要用全國公投來解決。哪有可能讓每個鄉巴佬或妓女都能有一票，選擇要蘭開斯特家族、還是約克家族！

同樣的，教皇伍朋二世（Urban II）發起第一次十字軍東征時，

也從沒說這是人民的意願。這當然是神的旨意——政治權威是從天而降，而不是升起於凡人的心。

27. 聖靈以鴿子的形態出現，送來裝滿聖油的壺，好為法蘭克王國創始人克洛維國王（King Clovis）進行洗禮。這張圖片出自大約西元 1380 年的《法蘭西大編年史》。根據法國的建國神話，這個壺之後保存在蘭斯大教堂，之後繼任的法國國王加冕，也都是用這些聖油進行塗油。每次要加冕時，這個壺都會自動填滿，因此每次加冕都是一項奇蹟，顯示是上帝選定了這位國王，並給予祝福。如果上帝不希望路易十世、路易十四或路易十六成為國王，這個壺就不會重新填滿。

◢ 人本主義的美學觀點

在倫理和政治上是這樣，到了美學領域也同樣適用。

在中世紀，藝術已有客觀的標準。這些美學標準不會因為人的喜好而隨波逐流，而是人類的品味應該要去適應這些高於一般人的標準。這在當時十分合理，因為當時認為，啟發藝術的是一些超越人類的力量，不是人類自身的感受。他們認為，是繆斯、天使和聖靈執起了畫家、詩人、作曲家和建築師的手，完成各種創作。很多時候，如果作曲家譜出一首美麗的聖歌，眾口讚頌的不是那位作曲家，原因就像是大家不會去讚頌那支筆一樣。筆只不過是由人的手指所控制和指引，而人又是由上帝的手來控制和指引。

中世紀的學者深信古希臘理論，認為是星辰在天上的運動，創造出天堂的音樂，滲透到整個宇宙。如果人類身體和靈魂的內在運動，能夠與星辰所創造的天堂音樂達到和諧同調，就能享有身心的健康。因此，人類音樂該回應的是整個宇宙的神聖旋律，而不是血肉之軀的作曲家心中的意見和奇想。最美麗的聖歌和曲調，通常都不是出自人類藝術家的天分，而是神靈所降下的靈感。

這種觀點到了現代，當然已不再流行。今天，人本主義者認為藝術創作和美學價值的唯一來源，就是人的感受。音樂是由我們內心所發、也依我們內心判斷，既不需要遵循星辰的韻律，也不需要聽從繆斯和天使的命令。星辰根本就是悄然無聲，而繆斯和天使也只存在於我們的想像之中。

現代藝術家試圖接觸的是自己的內心和感受，不是上帝。也就難怪，現在我們要評判藝術時，已經不認為有任何客觀標準了，而是再次轉向我們的主觀感受。

28. 教皇聖國瑞一世（Gregory the Great）譜出了以他為名的〈國瑞聖歌〉。
聖靈仍是以最愛的鴿子形象出現，坐在他右肩上，在他耳邊低語。
聖靈才是聖歌的真正作者，上帝才是藝術和美麗的本源。

　　在倫理上，人本主義的座右銘是「感覺對了，就做吧」。在政治上，人本主義告訴我們「選民能做出最好的選擇」。在美學上，人本主義說「看的人覺得美，就是美」。

　　因此，藝術的定義變得開放了。

　　1917年，藝術家杜象（Marcel Duchamp）買了一座量產的普通小便斗，他宣布這是一件藝術品，並命名為「噴泉」（Fountain，見第272頁），簽了名，送到紐約的藝術展場上展出。這件作品若是給中世紀的人看到，根本理都懶得理，會認為簡直是胡言亂語，連批評都是浪費氧氣。

　　但是在現代人本主義的世界，杜象這件作品咸認是重要的藝術里程碑。在全球各地無數的美術教室裡，都會給學美術的大一學生看看杜象的這件「噴泉」。接著在老師一聲指示下，就像是群魔亂舞吵了起來。這是藝術！不是！就是！不可能！

　　等到學生好好發洩了一陣，老師就會讓討論重新聚焦，詢問：「藝術究竟是什麼？我們怎麼判斷某件事物是藝術作品？」經過幾分鐘你來我往，最後老師就會把全班引向正確的方向：「只要有人認為是藝術，就是藝術！有人認為美，就是美！」

　　如果有人認為一座小便斗也是一件美麗的藝術品，它就是藝術品。難道還有什麼更高的權威，能說大家都錯了？

　　今天，杜象這件傑作的複製品，在全球許多最重要的博物館展出，包括舊金山現代藝術博物館、加拿大國家美術館、倫敦泰特美術館和巴黎龐畢度藝術中心。（這些複製品可是展在畫廊裡，而不是洗手間。）

▲ 人本主義的經濟觀點

這種人本主義的思維,也深深影響了經濟層面。在中世紀,整個生產流程是由公會操縱,個別的工匠或客戶很少有機會表達自己的意見或品味。怎樣叫好椅子,由木匠公會決定;怎樣是好麵包,由麵包師公會定義;哪些歌曲算是高尚、哪些又是垃圾,也有「名歌手(Meistersinger)公會」來判斷。與此同時,王公貴族與市議會控制了工資和價格,偶爾也會逼迫民眾購買特定貨品,價格數量都不由民眾決定。但是在現代自由市場中,這些公會、議會和王公貴族,都被一個新的最高權威取而代之:顧客的自由意志。

假設豐田(Toyota)想製造出一款完美的汽車,公司可能會成立一個包含各領域的專家委員會——找來最好的工程師和設計師,集合最好的物理學家和經濟學家,甚至再聘幾位社會學家和心理學家當顧問;為了萬無一失,或許再加上一、兩位諾貝爾獎得主,一位奧斯卡最佳女主角,以及幾位全球知名的藝術家。經過五年研究開發,豐田終於推出一款完美的汽車,生產了幾百萬輛,運往世界各地的汽車經銷商。然而,這款車卻一輛都沒賣出去。這是否代表顧客犯了錯,有眼無珠?

在自由市場上,顧客永遠是對的。如果顧客不想要、不想買,就代表這款車不好。就算所有大學教授和所有神職人員都高聲疾呼這是一輛非常棒的車,也不會有任何影響;顧客不要,就是爛車。沒有人有權說顧客錯了,而且如果哪國政府斗膽強迫公民違背意願一定得買某輛車,這個政府的下場會如何,可得求老天保佑。

汽車的這種情形,也適用於其他所有產品。讓我們聽聽瑞典烏普薩拉大學的安德森(Leif Andersson)教授怎麼說。他的專長是農

場動物的基因改良，讓豬長得更快、牛產乳產得更多、雞的肉量也增加。接受《國土報》（Haaretz）訪問時，記者達隆（Naomi Darom）詢問安德森，這樣的基因操作是否會給動物造成許多痛苦。這些加強版的乳牛，乳房太大，幾乎無法走路，而升級版的雞也是肉量過多，幾乎站不起來。安德森教授的答案十分堅定：「一切都要回到個別消費者、以及消費者願意為肉品付出多少價格的問題⋯⋯我們必須記住，如果沒有升級版的雞隻，就不可能維持現在的全球肉品消耗量⋯⋯如果客戶只問什麼肉最便宜，這就是我們給的答案⋯⋯客戶需要決定自己最看重什麼，看看究竟是價錢、還是其他。」[133]

安德森教授晚上就寢時，並不會良心不安。只要顧客願意購買這些強化版動物的各種產品，就代表他已經滿足了顧客的需求和欲望，也就代表他做得再正確不過。

同樣的邏輯，如果某一間跨國企業想判斷自己是否還符合「不作惡」（Don't be evil）的座右銘，判斷標準也就在於財務報表。如果現在看來財源滾滾，代表有幾百萬人都愛它的產品，也就代表這是一股善的力量。如果有人對此提出反對，說民眾也可能做出錯誤的選擇；很快就會有人提醒他，顧客永遠是對的，人的感受感覺才是一切意義和權威的源頭。如果有幾百萬人都是透過自由選擇，購買了這間公司的產品，你憑什麼說他們錯了？

◤ 人本主義的教育觀點

最後，人本主義思想的興起，也徹底改變了教育制度。在中世紀，所有意義和權威都來自外部，因此教育的重點就在於順從、背誦經文、研讀古老傳統。教師向學生提出問題，學生就得背出亞里

斯多德、所羅門王、或聖湯瑪士‧阿奎那（St. Thomas Aquinas，歐洲中世紀經院派哲學家暨神學家）是如何回答的。

相較之下，現代人本主義教育則要教導學生自己思考。能知道亞里斯多德、所羅門王和阿奎那等先賢先哲對政治、藝術和經濟有何想法，是很不錯，但因為意義和權威的本源在於我們的內心，所以更重要的是你自己對這些事情的看法。

不管是在幼兒園、中小學或是大學，你可以隨便找一位老師，問她想教的是什麼。她可能就會回答：「這個嘛，我教的科目是歷史（或量子物理、或藝術），但最重要的是我想教學生如何思考。」雖然不見得總是成功，但這正是人本主義教育的目標。

以下，我以五張照片，圖解人本主義：

29. 人本主義政治：選民能做出最好的選擇。

30. 人本主義經濟：顧客永遠是對的。

31. 人本主義美學:看的人覺得美,就是美。
照片中的白色瓷器,就是杜象的作品「噴泉」,
在蘇格蘭國家畫廊的現代藝術特展中展出。

32. 人本主義倫理：感覺對了，就做吧！

人類大命運
Homo Deus

33. 人本主義教育：為自己想！自己思考！

　　隨著意義和權威的源頭，從天上轉移到人類的內心感受，整個宇宙的本質也隨之改變。對於外在世界，原本的印象是充滿著各種神祇、繆斯、精靈、食屍鬼，但現在就是一片空無的空間。對於內心世界，原本的印象只是包涵各種原始激情的一塊飛地，但現在忽然變得如此具有深度、廣度，難以度量。對於天使和魔鬼的概念，也已經從漫遊在森林和沙漠間的實體，轉換為人類心靈中的內部力量。天堂和地獄也不再是雲層之上和火山之下的實際地點，而認為是人類內在的精神狀態。只要你心中燃起憤怒和仇恨的火焰，便是正在經歷地獄的苦痛；只要你原諒敵人、懺悔錯誤、與窮人分享財富，就是享有天堂的幸福。

　　尼采所謂的「上帝已死」，指的就是這個意思。至少在西方，上帝已經成了一個抽象概念，有人接受、有人不接受，但幾乎不會造成任何差別。在中世紀，如果沒有上帝，我就沒有了政治、道德和美學的權威來源，無法判斷正誤、好壞、美醜。這還得了？相較之下，今天要說自己不信上帝，卻是再容易不過，因為這並不會讓我付出任何代價。就算我完全是個無神論者，仍然能夠從內在的經驗得到非常豐富的政治、道德和美學價值觀。

　　如果我相信上帝，那是因為我選擇相信。如果內心叫我要信上帝，我就信。我相信神，是因為自己感覺到了神的存在，我的心告訴我，祂就在那裡。但如果我不再感覺到神的存在，如果我的心突然告訴我世上沒有神，我也就不再相信神了。

　　不管是哪一種，權威的本源都在於我自己的感覺。所以，就算有人說自己信上帝，其實他更信的，是自己內心的聲音。

人類大命運
Homo Deus

計算「知識」的三條公式

正如所有其他權威來源，「感受」也有其缺點。人本主義假設
每個人都有一個真正的內在自我，但是我們去叩內心之門的時候，
卻常常是沒有回應、或是眾聲喧嘩。為了克服這個問題，人本主義
又宣稱有另一個新的權威來源，同時還提出配套的新方法，告知大
家如何使用這種權威，以取得真正的知識。

在中世紀歐洲，取得知識的主要公式是：

$$知識 = 經文 \times 邏輯 \text{*}$$

如果想知道某個重要問題的答案，他們會閱讀相關經文，並用
邏輯來理解經文的確切含義。舉例來說，學者如果想知道地球是什
麼形狀，就會快速掃過《聖經》裡的內容，尋找相關參考記述。有
人就會指出，〈約伯記〉第38章第13節提到，上帝「叫這光普照
地的四極，將惡人從其中驅逐出來。」於是學者就會用邏輯推斷，
因為這個世界有「四極」，一定就是個平坦的正方形。但另一位賢
者不接受這種詮釋，要大家看看〈以賽亞書〉第40章第22節，裡
面提到「神坐在地球大圈之上，地上的居民好像蝗蟲。」這豈不就
證明了地球是圓的？

---

* 這裡的公式用的是乘法，是因為兩項元素需要彼此，才能運作。至少在中世紀
學者看來，沒有邏輯，就不可能理解《聖經》。如果你的邏輯值為零，就算你
把《聖經》每一頁都讀得滾瓜爛熟，知識總值仍然為零。反過來說，如果你的
經文值為零，邏輯再好也沒用。如果公式裡用的是加法，代表的就是如果邏輯
很好，就算不讀經文，也能擁有很多知識。這在你我看來可能覺得合理，但是
中世紀學術圈並不同意。

在實務上，這代表著追求知識的學者會花費多年時間，泡在學校和圖書館裡，讀著愈來愈多的經文文本，不斷鍛鍊自己的邏輯，讓自己能夠正確瞭解文本的意義。

科學革命的知識公式，則非常不同：

$$知識 = 實驗數據 \times 數學$$

如果想知道某個重要問題的答案，我們要做的就是蒐集相關的實驗數據，再用數學工具加以分析。舉例來說，要測量地球真正的形狀為何，可以先從在世界各地觀測太陽、月亮和行星開始。等到累積了足夠的觀測值，只要運用三角學，不僅能推斷地球的形狀，就連整個太陽系的結構也能推知。在實務上，這代表著追求知識的科學家花費多年時間，泡在觀測站、實驗室和研究考察裡，蒐集愈來愈多的實驗數據，不斷鍛鍊自己的數學工具，讓自己能夠正確解讀數據的意義。

這條計算知識的科學公式，讓我們在天文學、物理學、醫學等學門取得驚人突破，但是它有一個重大缺點：無法處理價值和意義的問題。中世紀學者可以完全肯定謀殺和偷竊是錯的，也知道人類生活的目的，就是要遵行上帝的指示，因為經文裡就是這麼說的。但科學家無法做出這樣的倫理判斷。不管有多少實驗數據、數學功力多強，都不可能證明謀殺是錯的。然而，人類社會如果缺乏這種價值判斷，就無以維繫。

要克服這種困難，方法之一是在新的科學公式之外，繼續運用舊的中世紀公式。如果碰上的是很實際的問題，像是確定地球的形狀、搭橋、或治病，就蒐集實驗數據，做數學分析。但如果碰上倫

理問題，像是能不能允許離婚、墮胎和同性戀，就轉向經文求助。
從維多利亞時代的英國、到二十一世紀的伊朗，許多現代社會都採
用這種解決方案。但是人本主義還提供了另一種選擇。等到人類對
自己有了足夠的信心之後，一條取得倫理知識的新公式出現了：

$$知識 = 經驗 \times 感性$$

如果我們想知道任何道德問題的答案，我們需要連接到我們內
心的經驗，並以最大的感性來觀察它們。在實務上，這代表著追求
知識的方法要靠多年的經驗累積，並鍛鍊感性，好讓我們正確理解
這些經驗。

究竟「經驗」是什麼？經驗並不是實驗數據，也不是由原子、
電磁波、蛋白質或數字所組成。經驗是一種主觀現象，有三個主要
成分：知覺、情緒及想法。在任何時刻，我的經驗都包括了我的一
切感知（熱、愉悅、緊張等等）；我所感覺到的情緒（愛、恐懼、
憤怒等等）；以及一切出現在我腦海中的想法。

而「感性」又是什麼？感性包括兩件事。第一，是注意到自己
的知覺、情緒和想法。第二，是允許這些知覺、情緒和想法影響自
己。當然，並不是略有風吹草動，就反應激烈，但重點是要對新的
經驗抱持開放態度，允許新的經驗改變自己的觀點、改變自己的行
為、甚至改變自己的個性。

經驗和感性會形成彼此加強的無限迴圈。沒有感性，就無法經
驗體會任何事物；沒有經驗體會各種事物，又無法培養感性。感性
並不是能夠靠著讀書或聽演講來培養的抽象能力，而是一種實作技
巧，必須在實踐中慢慢成熟。

◢ 設法感受身為人的感覺

讓我們以喝茶為例。最初，我是在早上讀報的時候，喝著加了許多糖、品質最普通的那種茶。那時喝茶只是一個藉口，主要是想享受糖分帶來的快感。直到某天，我才發現自己看了報紙、攝取了糖分，但幾乎不算真的喝了茶。於是，我把糖量減少，把報紙放在一邊，閉上眼睛，專心喝茶。我開始感受到茶獨特的香氣和風味。很快的，我開始試試不同的茶，有紅茶、綠茶，比較各種茶高雅的口感、細緻的茶香。

不過短短幾個月，我就無法再滿足於超市品牌，而是到高檔的哈洛德（Harrods）百貨買茶。裡面我又特別喜歡一種「貓熊茶」，產自四川雅安山區，是一種以貓熊糞便為肥料種植的茶葉。就是這樣，我一杯一杯喝著茶，磨練著對茶的感性，學會了品茶。如果在我喝茶的初期，就拿了明代的瓷杯來品茗貓熊茶，可能並不會感覺與用紙杯泡茶包，有太大差距。

欠缺必要的感性，就無法體驗到某些事物；欠缺長期的經驗，就無法培養感性。

關於茶的這一套，也可以應用到所有其他美學和倫理知識。我們並不是一出生就帶著良知。在人生旅程上，害人者人恆害之、敬人者人恆敬之。如果我們注意到這件事，道德的感性就會愈來愈敏銳，這些經驗就能提供有價值的道德知識，告訴我們什麼是善的、什麼是對的，以及自己是怎樣的人。

因此，人本主義認為：生命就是一種內在的漸進變化過程，靠著經驗，讓人從無知走向啟蒙。人本主義生活的最高目標，就是透過各式智力、情緒及身體的經驗，充分發展你的知識。十九世紀初

建構現代教育體系的重要人物威廉‧洪堡德（Wilhelm von Humboldt）曾說，存在的目的就是「用生命能體驗到最廣泛的經驗，蒸餾成智慧。」他也寫道：「生命只有一座要征服的高峰：設法感受一切身為人的感覺。」[134]

這正可做為人本主義的座右銘。

◢ 踏上綠野仙蹤的黃磚路

根據中國哲學，世界是由**陰陽**這兩種相對、但又相依的力量所維繫。對於實際的物理世界來說，可能並不為真；但對於由科學和人本主義的契約所創造的現代世界來說，的確如此。

每股科學的陽，都包含著一股人本主義的陰，反之亦然。陽給了我們力量，而陰則是提供意義和倫理判斷。**現代性**的陽和陰，分別就是理性和感性、實驗室和博物館、生產線和超市。人們常常只看到陽的一面，認為現代世界就是枯燥、科學、邏輯和實用，像是實驗室或工廠。然而，現代世界其實同時也是個奢華的超市。人類史上，從沒有任何文化如此重視人的感受、欲望和經驗。人本主義將生命看作是一連串的經驗，於是這個新神話便為從旅遊到藝術等等許多現代產業奠下基礎。旅行社和餐廳真正賣的不是機票、也不是什麼高檔晚餐，而是新奇的體驗。

同樣的，現代之前的敘事多半強調外部事件和行動，但到了現代的小說、電影和詩，常常強調的就是感受、感覺。希臘羅馬史詩或中世紀的騎士文學，記錄的都是英勇的行為，而不是種種感受。這一章講的可能是某個勇敢的騎士，如何挑戰可怕的食人魔，最後殺了食人魔。另一章又講了騎士如何從噴火惡龍手中，救出美麗的

公主，最後殺了那條龍。再一章講的是邪惡的巫師抓走了公主，但騎士追了上去，最後殺了巫師。毫無疑問，這裡的英雄一定是個騎士，不會是木匠或農民，因為中世紀對木匠或農民的刻板印象，就是這些卑微人物不會有英雄的作為。

重點是，這裡的英雄也不會有什麼內心的重大轉折過程。不論是阿基里斯、亞瑟王、羅蘭或蘭斯洛特，都早在踏上征途之前，就已經是無畏的戰士了，已擁有騎士的世界觀。到了最後，他們仍然是無畏的戰士，世界觀也仍然維持不變。他們殺了這麼多食人魔、救出這麼多公主，在在肯定了他們的勇氣和堅毅，卻不見得真讓他們學到什麼。

到了人本主義，重點放在感受和經驗，而不是各種行為，於是藝術也因此改變了。在華茲華斯、杜斯妥也夫斯基、狄更斯、左拉的筆下，講的不是什麼英勇的騎士或騎兵，而是刻畫一般勞工和家庭主婦心裡的感受。有些人認為，講到現代關注內心生命而非外在行為，喬伊斯的《尤利西斯》正是巔峰之作——以洋洋灑灑的二十六萬字，描述了兩位都柏林人迪達勒斯（Stephen Dedalus）與布魯姆（Leopold Bloom）的一天，他們在那一天裡，所做的就是……幾乎什麼都沒做。

很少有人真能把《尤利西斯》完整讀完，但這種焦點轉移，現在也同樣成了多數大眾文化的基礎。

在美國，電視節目《我要活下去》（Survivor）常常獲譽（或遭斥）為掀起了實境秀的狂熱。《我要活下去》是電視節目史上第一部登上尼爾森收視排行榜首的實境秀，2007年的《時代》雜誌也將它列入史上百大電視節目。[135] 在每季節目中，參賽者穿著不能再小的泳裝，孤立在某個熱帶小島上。前方有各種挑戰等著他們，而在

每集最後，都會投票讓其中一人離開。最後剩下的人，就能抱走一百萬美元。

如果有觀眾來自荷馬時代的希臘、羅馬帝國或中世紀歐洲，會發現這個概念十分熟悉而有吸引力。有二十位挑戰者走了進來，但最後只有一位英雄能夠走出去。「太好了！」古希臘羅馬的王公貴族、或是十字軍的騎士，就會一邊這麼想，一邊坐下來觀看。「接下來一定是精采萬分的冒險舉動、生死交關的戰鬥場面，以及英雄與叛徒的誓不兩立。這些戰士可能會在背後刺人一刀，或是把彼此的內臟都給掏出來！」

他們可要失望了。這裡的背後刺人一刀，只是個比喻。節目每集大約一小時，而牙膏、洗髮精和麥片的廣告就占了十五分鐘。另外再有五分鐘左右，是用來處理幼稚得不可思議的挑戰，像是誰能把最多椰子扔進籃框，又或是能在一分鐘內吃下最多隻蟲。其他時間，這些「英雄」只是不斷談著自己有什麼感受——他說這、她說那，我覺得這樣、我覺得那樣……

如果真有一個十字軍騎士坐下來看這節目，大概會窮極無聊又極度不耐，最後掄起戰斧把電視劈了。

在我們今日看來，可能會覺得中世紀的騎士都是毫無感性的野蠻人。如果身邊有這樣的人，大概會被我們送去看心理治療師，要他們好好探索一下自己的感受。

而這正是《綠野仙蹤》裡面那個錫樵夫的遭遇。他和桃樂絲及她的朋友一起走著黃磚路，希望等他們到達奧茲國之後，大巫師能給他一顆心。同樣走上黃磚路的，還有稻草人和獅子，稻草人想要的是大腦，而獅子想要的是勇氣。

到了旅程的終點，卻發現大巫師只是個江湖術士，沒有辦法完

成他們的願望。但是他們發現了更重要的事：他們所希望擁有的一切，早就在自己心裡了！

要變得敏感、聰明、勇敢，從來就不需要什麼巫師的魔法，只要繼續沿著黃磚路走下去，放開心胸迎接任何經驗就行。

一模一樣的教訓，也發生在寇克艦長與畢凱艦長乘著企業號，航行在星系的時候；發生在湯姆和哈克沿著密西西比河，順流而下的時候；發生在《逍遙騎士》（*Easy Rider*）的懷特和比利，騎著哈雷機車的時候；以及其他無數公路電影中的無數其他角色，離開了在賓州（或是新南威爾斯）的家鄉，開著一輛舊的敞篷車（或是搭著巴士），碰上一場又一場改變生命的經驗，接觸著自己，談論著他們的感受，最後到達舊金山（或是愛麗絲泉），成了一個更好、更聰明的人。

◢ 戰爭的真相

「知識 ＝ 經驗 × 感性」這個公式不僅改變了我們的流行文化，甚至也改變了我們對某些重量級議題的看法，例如戰爭。

史上大多數時候，如果有人想知道某場戰爭究竟是否公義，他們會去問上帝、問經文、問王公貴族、問牧師神父。但很少有人會去問問二等兵或一般平民的意見或經驗如何。

荷馬、維吉爾和莎士比亞等人筆下的戰爭敘事，都是以皇帝、將軍和英雄的行動為重點，雖然並未隱瞞戰爭的苦痛，但是各種榮耀和英雄主義卻提得更多。普通士兵出場的方式，大概就像是被巨人歌利亞屠殺成堆的屍體，又或是混在歡呼的人群之中，肩上舉著勝利的大衛。

人類大命運
Homo Deus

讓我們以下面這幅畫為例，主題是1631年9月17日的布萊登菲爾德戰役（Battle of Breitenfeld）：

34. 華特的畫作：《布萊登菲爾德戰役中的瑞典國王古斯塔夫‧阿道夫》

在這幅畫中，畫家華特（Jean-Jacques Walter）讚頌瑞典國王古斯塔夫‧阿道夫（Gustav Adolph）帶領軍隊在該日取得決定性的勝利。阿道夫在畫中英姿勃發，頗有戰神氣魄。這給人的印象就是國王仿若下棋的棋手，指揮戰場如同棋局。至於那些棋子，大概就是一堆都沒什麼差別的角色、或是背景裡的小點。這些人進攻、逃跑、被殺、死亡時有何感受，華特並不在意，因為他們就只是一群不知名的群體。

就算有些畫家所畫的重點已經不是指揮官，而是戰場本身，仍

然是以一種居高臨下的觀點，更看重整體的調度，而不是其中個體
的感受。舉例來說，下圖是由斯奈爾斯（Pieter Snayers）所繪，1620
年 11 月的白山戰役（Battle of White Mountain）：

35. 斯奈爾斯的畫作：《白山戰役》

　　畫中描繪天主教在三十年戰爭中的一場著名勝利，擊敗了反叛
的新教異端。斯奈爾斯煞費苦心，在畫中記錄各種陣型、調度及部
隊移動，以慶賀這場勝利。觀者很容易就能看出不同的部隊、各自
的武器，以及在戰鬥序列中的位置。但對於小兵的經驗和感受，斯
奈爾斯賦予的重要性就遠遠不如了。

　　正如華特的觀點，斯奈爾斯所用的視角也彷彿我們是奧林帕斯
山上的眾神，讓我們覺得戰爭就是一場巨大的棋局。

　　但如果你仔細看（可能得用上放大鏡），就會發現白山戰役要

比棋局複雜那麼一些。乍看像是幾何抽象的圖像，細看才發現是血腥屠殺場面。在某些地方甚至可以看清個別士兵的面容，他可能是在奔跑或逃跑、開槍或是執矛刺殺敵人。然而就算是這些場景，也是要從整體畫面來定位，才有意義。如果看到砲彈將某個士兵炸得粉碎，我們首先會知道，這屬於偉大天主教勝利的一部分。接著，如果這是個新教士兵，他的死代表的是叛亂和異端的罪有應得；而如果這是個天主教士兵，他的死則是為了崇高理念的偉大犧牲。

畫面上方可以看到天使在戰場上空盤旋，執著白色橫幅，以拉丁文說明這場戰役發生了什麼事、為何如此重要。橫幅裡講的是：上帝幫助皇帝斐迪南二世（Ferdinand II），在1620年11月8日擊敗了敵人。

幾千年來，我們講到戰爭，看到的是神、皇帝、將軍，以及偉大的英雄。但在過去這兩個世紀，國王和將軍慢慢被推到一旁，注意力開始移到小兵和他們的經驗上。像是《西線無戰事》這種戰爭小說、或是像《前進高棉》這種戰爭電影，講的都是新兵的故事，新兵對自己和世界都所知甚少，卻背負了希望和假象的沉重負擔。他認為戰爭是光榮的、開戰的原由是公義的、領軍的將軍是天才。但經過幾星期真正戰火的洗禮，所有的泥濘、流血、加上死亡的氣味，讓他的想像逐一破滅。如果他活了下來，這個原本天真的士兵離開戰場後，就會成為更聰明的人，不再相信學校、電影和政客花言巧語中的陳詞濫調與虛假理想。

但矛盾的是，現在這種敘事又已蔚為主流，甚至是學校、電影和政客也一再重複。就連《現代啟示錄》、《金甲部隊》、或是《黑鷹計畫》這些好萊塢大片，都不斷警告「戰爭與你在電影中所看到的不同」。隨著在膠卷、散文或詩歌中得到重視，底層小兵的感受

成了戰爭敘事的最終權威，每個人都學會必須給予尊重。有個冷笑
話就是這麼說的：「要有幾個越戰退伍老兵，才能換好一顆燈泡？」
「你不會知道，因為你當時不在那裡。」[136]

　　至於畫家，筆下也不再出現馬背上的將軍、或戰場上的調度，
而是努力描繪小兵的感受。請先回頭看一下《布萊登菲爾德戰役》
和《白山戰役》，接著再請看下面兩幅，咸認為二十世紀描繪戰爭
的傑作：迪克斯（Otto Dix）的《戰爭》（*Der Krieg*）以及李亞（Thomas
Lea）的《兩千碼的凝視》（*The 2,000-Yard Stare*）。

36. 迪克斯的畫作：《戰爭》（1929-32）

37. 李亞的畫作:《兩千碼的凝視》(1944)

迪克斯曾在第一次世界大戰期間服役於德軍，李亞則曾為《生活》雜誌報導1944年的貝里琉島（Peleliu Island）戰役。在華特和斯奈爾斯的眼中，戰爭是一種軍事和政治現象，想讓我們知道的是某場戰役發生了什麼事；而在迪克斯和李亞的眼中，戰爭則是一種情感現象，想讓我們知道的是戰爭造成什麼感受。他們並不在乎將軍有多天才、或是哪場戰役有什麼戰術上的細節。

迪克斯所畫的士兵可能是在凡爾登（Verdun）、伊普爾（Ypres）或索姆河（Somme），但這無關緊要，因為不管身在何處，戰爭都是地獄。李亞所畫的，剛好是一名貝里琉島上的美國大兵，就算換成硫磺島上的日本士兵、史達林格勒的德國士兵、或是敦克爾克大撤退的英國士兵，臉上也會出現一模一樣的兩千碼凝視。

在迪克斯和李亞的畫中，戰爭的意義並不是來自戰術調動或神聖的宣告。想要瞭解戰爭，不該去仰望山頂的將軍、或是天上的天使，反而該看進二等兵的眼睛。李亞畫出了受創士兵張大的眼睛，為我們打開一扇窗，一窺戰爭的恐怖真相。而在迪克斯的畫裡，真相已經如此令人難以承受，必須用防毒面具加以掩飾。戰場上空並沒有飛翔的天使，只有一具腐爛的屍體，掛在殘破的拱梁上，手指定定的指責這殘酷的戰地煉獄。

像迪克斯和李亞這樣的藝術家，便協助推翻了傳統上的戰爭階級。更早的許多戰爭，殘酷程度當然不下於二十世紀的戰爭。但在那之前，這些殘酷的經歷都是處於更廣大的背景中，賦予了正面的意義。戰爭可能彷若地獄，同時也是通往天堂的門戶。在白山戰役中的天主教士兵，可以安慰自己：「確實，我感到苦痛。不過教皇和皇帝曾宣布，我們是為了公義而戰，所以我的苦痛是有意義的。」

迪克斯的邏輯則相反。他認為個人經驗才是所有意義的源頭，因此他的想法會是：「我感到苦痛，而這是壞事，所以整場戰爭也就是壞事。如果德意志皇帝和神職人員支持這場戰爭，他們肯定是犯了錯。」[137]

◢ 人本主義的分裂

到目前為止，我們一直把人本主義講得好像是個單一而連貫的世界觀。但事實上，人本主義就像是任何興盛的宗教（如基督教和佛教）一樣，不免分裂。經過傳播和演變，人本主義已分裂成幾個互相衝突的教派。雖然所有人本主義教派都認為人類經驗是權威和意義的本源，但對於人類的經驗卻各有詮釋。

人本主義主要有三大分支。第一是正統教派，認為每個人都是獨特的個人，擁有獨一無二的內在聲音、永不重複的一連串經驗。每個人都像是一道不同的光線，從不同的角度照亮世界，為這個宇宙增添色彩、深度和意義。因此，我們應該讓每個人都盡量自由自在的體驗世界，聽從自己內心的聲音，表達自己心中的真實。不管在政治、經濟或藝術領域，個人的自由意志都應該比國家利益或宗教原則更重要。個人能享有愈多自由，整個世界就會變得更美麗、更豐富、更具有意義。

由於這種正統人本主義教派強調自由，也就稱為**自由人本主義**（liberal humanism），或簡稱**自由主義**（liberalism）。 *

---

* 在美國政治裡，常常把自由主義解釋得太過狹隘，而與「保守主義」相對。
　但廣義而言，多數美國保守派其實仍然屬於自由主義。

　　自由主義政治認為：選民能做出最好的選擇。自由主義藝術認為：看的人覺得美，就是美。自由主義經濟學認為：顧客永遠是對的。自由主義倫理認為：只要感覺對了，就該去做。自由主義教育認為：我們要為自己思考，因為我們從內心就能找到所有答案。

　　在十九世紀和二十世紀，人本主義的社會公信度及政治力量與日俱增，開始產生兩個截然不同的分支：**社會人本主義**（包括各種社會主義和共產主義運動），以及**進化人本主義**（以納粹為最著名的代表）。兩個分支都同意自由主義的看法，也就是人類的經驗是意義和權威的本源，也都不相信有什麼超自然力量或神聖的法則經典。舉例來說，如果你問馬克思，讓十歲小孩在煙霧瀰漫的工廠裡工作十二個小時，究竟有什麼錯？他會告訴你，這讓孩子感覺不舒服。我們之所以應該避免剝削、壓迫和不平等，不是因為上帝的旨意，而是因為這使人痛苦。

　　然而，社會人本主義者和進化人本主義者都指出，自由主義對人類經驗的理解還有不足。自由主義認為，人類的經驗就是個人現象。但世界上有這麼多人，常常感受到的是各種不同的事，彼此的欲望也有所衝突。如果所有的權威和意義都來自個人經驗，在彼此之間發生衝突時，又該怎麼辦？

　　2015年7月15日，德國總理梅克爾碰上一名來自黎巴嫩的巴勒斯坦難民少女，她的家人正在德國尋求庇護，但即將遭驅逐出境。這位名為琳姆（Reem）的少女，以流利的德語向梅克爾說：「看到別人能享受生命，自己卻不能，真的很痛苦。我不知道我的未來會如何。」梅克爾回答「政治有時是很殘酷的」，並解釋道，目前在黎巴嫩的巴勒斯坦難民多達數十萬，德國不可能全部接受。這直言不諱的回覆，讓琳姆大為驚愕，落下淚來。梅克爾拍了拍這位絕望

女孩的背，但立場並未動搖。

這件事掀起一場公關風暴，指責梅克爾冷血無感。為了平息批評，梅克爾改變了方向，讓琳姆及家人得到庇護。在接下來幾個月裡，梅克爾把門開得更大，迎入數十萬難民。然而，事情不可能人人都滿意。她很快便遭受嚴厲抨擊，說她被情感蒙蔽、立場不夠堅定。許多德國父母擔心，梅克爾這樣的急遽政治轉向，可能會讓自己孩子未來的生活水準降低，甚至得面對一波伊斯蘭化的浪潮。他們為什麼要冒著犧牲自己家庭的安和樂利的風險，幫助一些甚至可能不相信自由主義價值的陌生人？

◢ 民主投票只適用於有共同關係的人

每個人對這件事的感受都很強烈。一邊是絕望的難民，一邊是焦慮的德國人。在這兩種感受之間的矛盾，該如何解決？[138]

自由主義者永遠都會因為這種矛盾而苦惱。洛克（John Locke）、傑佛遜、穆勒（John Stuart Mill）等自由主義大家苦心思索，仍然未能為這種難題提出簡便的解決方案。民主投票幫不上忙，因為接下來的問題就是誰有投票權？是只有德國公民？還是也包括那數百萬想移民到德國的亞洲人和非洲人？為什麼把某一群人的感受看得比另一群人高呢？同樣的，講到以巴衝突，以色列公民人數八百萬，阿拉伯國家聯盟人數三億五千萬，又怎麼可能用公投表決？出於顯然的原因，以色列人對於這種公投的結果不可能有信心。

民主投票要有約束力，前提是投票的人覺得大家還算是某種自己人。如果其他投票人的經驗對我來說十分陌生，而且我相信這些人並不瞭解我的感受、也不在意我最在意的事，就算最後的投票結

果是100比1，我也不會接受這個結果。民主投票通常只能適用於一群有共同關係的人，像是有共同的宗教信仰、或是有共同的民族神話。這些人早已有基本的共識，只是仍有某些異議尚待解決。

因此很多時候，自由主義會與古老的集體認同、部落情感，相互融合，形成現代民族主義。現在許多人認為，民族主義是一種反對自由主義的力量；但至少在十九世紀，民族主義是與自由主義密切相關。自由主義歌頌個人的獨特經驗。每個人都有獨一無二的感受、品味和癖好，而且只要不傷害到他人，就應該擁有表達和探索的自由。同樣的，像是馬志尼（Giuseppe Mazzini）這樣的十九世紀民族主義者，也是歌頌著個別國家的獨特之處。他們強調，許多人類經驗屬於集體的經驗，像是人不能自己跳波爾卡舞（polka）、也不可能自己發明和保存德語。透過語言、舞蹈、食物和飲料，每個國家就會讓自己的國民共同擁有與他國不同的經驗，並發展出自身獨特的感性。

像馬志尼這樣的自由民族主義者，畢生致力於保護自己國家獨特的經驗，不受帝國壓迫或消滅；他們也希望各國能形成和平的國際社群，各自都能自由表達和探索自己國民共有的感覺，而不傷害鄰國。至今，這仍然是歐盟的官方意識型態。歐盟的2004年憲章就提到歐洲「多元一體」（united in diversity），各國仍然「對自己的民族特性感到自豪」。而為了保存德國民族共有經驗，就算是自由主義的德國人，也有可能反對大開移民閘門。

當然，自由主義與民族主義攜手共進，非但無法解決所有的難題，還會創造出許多新難題。集體經驗的價值，與個人經驗的價值，究竟孰高孰低？為了保存波爾卡舞、德國臘腸和德語，是否就能不惜讓數百萬難民面臨貧困、甚至死亡？此外，像是1933年的

德國、1861年的美國、1936年的西班牙、2011年的埃及,如果是
國家內部對基本認同爆發的衝突,又該如何解決?在這些時候,民
主投票並不能解決問題,因為各方就是沒有理由會尊重結果。

　　最後,跳著自己國家的波爾卡舞時,只要再跨出微小、但又重
要的一步,就會讓你從只是相信自己的國家與其他國家「不同」,
走向相信自己的國家「更優」。十九世紀的自由民族主義,是要求
哈布斯堡和沙皇尊重德國人、義大利人、波蘭人和斯洛維尼亞人的
獨特經驗。到了二十世紀的極端民族主義,就成了發動征服戰爭,
把那些跳著不同舞蹈的人,關進了集中營。

社會主義與自由主義之辯

　　社會人本主義走的路,則非常不同。社會主義責怪自由主義太
過注重自己的感覺、不管他人的經驗。沒錯,人類的經驗是一切意
義的根源,但世界上有幾十億人,每個人的價值都不下於我。自由
主義要人眼光向內,強調自己或本國的獨特性;而社會主義則要人
別再迷戀於自己和自身的感覺,要注意他人的感受,注意自己的行
動如何影響他人的經驗。

　　社會主義主張:想達成全球和平,方法並不是去歌頌每個國家
的獨特,而是要讓全世界的勞工都結合起來;想達成社會和諧,方
式並不是讓每個人都很自戀的探索自己的內在,而是要請所有的人
先放下自己的願望,把他人的需要和經驗視為優先。

　　自由主義者可能提出反駁,認為透過探索自己的內心世界,才
能培養對他人的同理心及瞭解。但這種論點並無法說服列寧或毛澤
東。他們會解釋說,個人的自我探索是一種資產階級耽溺的罪惡,

要接觸自我的內在，就很可能落入資本主義的陷阱。我當下的政治觀點、喜好與厭惡、興趣和抱負，都並非反映真實的自我，只是反映出我的成長和社會環境。而這都是由我的階級、鄰里、教育所塑造的。無論富有或貧窮，都是從一出生就遭到洗腦。富人被教導要無視窮人，而窮人則被教導要無視自己真正的興趣。無論再多的自我反思或心理治療，也不可能有所幫助，因為心理治療師也是為了資本主義制度而工作。

事實上，自我反思很有可能只是讓我更無法瞭解真正的自己，因為這讓人太注意個人的抉擇，卻忽略了社會的情境。如果我現在很富有，會以為是因為我做了聰明的選擇。如果我現在很貧困，會以為是自己犯了什麼錯誤。如果我感到憂鬱，信仰自由主義的心理治療師很可能說，這是我父母的錯，並鼓勵我找些新的生活目標。而如果我說，我之所以憂鬱，可能是因為遭到資本家剝削、並在主流社會制度下無法實現自己的目標，這位治療師很可能就會回答，我只是把自己內心的困難，投射到整個「社會制度」，以及把自己和母親之間未解決的問題，投射到「資本家」身上。

但如果是從社會主義的觀點，我並不需要花上好幾年，來談我的母親、我的情感、我的種種情結，而是該問問自己，是誰掌握了我國的生產工具？國家的主要進出口貨物為何？執政的政客和國際金融之間有何連結？必須瞭解當前的社會經濟制度、考量所有其他人的經驗，我才能真正瞭解自己的感受；也只有透過共同的行動，才能改變整個制度。

然而，哪有人能夠真正考量所有人的經驗，真正公平的逐一衡量？正因如此，社會主義並不鼓勵自我探索，而是主張建立強而有力的集體制度，像是社會主義政黨和工會，為我們解讀這個世界。

如果做個比較：自由主義政治認為選民能做出最好的選擇，自由主義經濟認為客戶永遠是對的；但社會主義政治認為黨能做出最好的選擇，社會主義經濟認為工會永遠是對的——各種權威和意義仍然來自人類的經驗（因為無論黨或工會，都仍然是由人民組成，以減輕人民苦難為目的），但是個人必須聽從黨和工會的決定，而不是聆聽自己的個人感受。

◢ 進化人本主義登場

對於人類經驗互相衝突的問題，進化人本主義有不同的解決方案。進化人本主義根源於達爾文的演化論，認為衝突是福不是禍，能夠促成天擇，推動進步。畢竟，就是有些人比別人更優越，而在人類經驗有所衝突時，最優越者就該勝出。

進化人本主義者認為，就是這一套「進化」邏輯（編注：進化與演化的英文都是evolution，但進化觀已不同於達爾文的演化觀），驅使人類消滅了野狼，讓牧人無情剝削著馴化的羊，同時也要求在上位者壓迫在下位者。也因此，歐洲人征服非洲人、聰明的商人讓愚蠢的人破產，也都算是好事。只要遵照這種進化邏輯，人類就會不斷變得更加強壯、更加優越，最後成為「超人類」。進化並不是到了智人就停止，後面還有很長的路要走。如果光是因為人權或人類平等之名，就去壓抑人類的最優越者，就不可能產生超人類，甚至可能導致智人退化、滅絕。

但究竟誰才是這些上位者，引領著未來超人類的到來？這可能是整個種族、某些特定部落，又或是橫空出世的個別天才。但不論是誰，讓他們處於上位的就是更優越的能力，表現出來的也就是能

創造更新的知識、發展更先進的科技、打造更繁榮的社會，又或開創更美麗的藝術。愛因斯坦或貝多芬的經驗，絕對比某個誰都不是的醉鬼，來得更有價值；把兩者視為平等，豈不可笑？

同樣的，如果某個國家一向領導著人類的進步，比起某些對人類進化少有貢獻、甚至根本毫無貢獻的國家，該國當然就應該視為在上位的國家。

於是，進化人本主義的想法反而與迪克斯這種自由主義藝術家完全相反。進化人本主義認為：人類的戰爭經驗不但極有價值，甚至屬於必要。電影《黑獄亡魂》（*The Third Man*）的場景位於二次大戰後的維也納。劇中的蘭姆（Harry Lime）回想當時的衝突，說道：「到頭來，情況也不是那麼糟……義大利被波吉亞家族（Borgias）統治三十年，戰亂、謀殺、流血事件頻頻，仍然出現了米開朗基羅、達文西、以及文藝復興。而在瑞士，大家一片友好、情同手足，五百年來民主又和平，但他們有什麼成就？還不就是咕咕鐘。」

首先，蘭姆在事實方面幾乎是全錯，瑞士大概是近代初期歐洲最血腥的一個角落（最主要的輸出就是傭兵），而咕咕鐘其實是德國人發明的；但這些事實的重要性，遠不及蘭姆的想法本身，也就是戰爭經驗能夠推動人類有所成就，戰爭讓天擇全然脫韁，藉此消滅弱者、獎勵殘暴及野心。戰爭暴露出生命的真相，喚醒人類去擁抱力量和榮耀，喚起優越者征服四方的意願。尼采的結論是：戰爭是「生命的學校」，「殺不死我的，就會使我更強」。

英軍的瓊斯（Henry Jones）中尉也表達了類似的想法。二十一歲的瓊斯，於第一次世界大戰西線陣亡的三天前，給弟弟寄了一封信，描述他的戰爭經歷：

你有沒有想過，雖然戰爭這麼恐怖，至少還算是件大事？

我是說，在戰爭裡，人得面對現實。和平的時候，全世界大概有九成的人，過的大概都是邪惡而商業化的生活，愚蠢、自私、豪奢、執著在雞毛蒜皮的小事；但到了戰時，一切換成了野蠻，但至少更誠實了、也更直接。換個方法來看：和平的時候，每個人過的只是自己的小生命，做些瑣碎小事，擔心的是自己舒不舒服、錢夠不夠用這種事，一切只是為自己活著。這種生活也太噁心了吧！但在戰時，就算你確實被殺（而且人本來就只能多活幾年，難免一死），卻能確切知道，自己的死，是為了幫助自己的國家。事實上，你是完成了一個理想，而在我看來，這在一般的日常生活裡很少能夠做到。因為日常生活的基礎是商業化和自私；如果你也想「有點成就」，就不可能當不沾鍋。

就我個人而言，我常常很高興自己碰上了戰爭。這讓我意識到生命真是一件小事。我認為戰爭讓每個人都有機會「跳出自己」，大概可以這麼說吧……確實，就說我自己，我敢說自己一輩子從沒這麼激動興奮過，簡直像是眼看著一場大特技秀要開場了，就像四月的時候那樣。我在過去大約半小時裡感覺到的興奮，實在不是這個世上任何事情能比的。[139]

記者波登（Mark Bowden）的暢銷著作《黑鷹計畫》裡，也有類似的話，講到美國士兵尼爾森（Shawn Nelson）的戰鬥經驗：

很難描述他的感覺……就像是忽然頓悟。接近死亡，反而讓他感到前所未有的活著。過去在生命裡，他也曾經有過幾分之幾秒的時

298

間，感覺死亡擦身而過，就像曾有一輛狂飆的車忽然急轉彎，差那麼一點就要把他撞個正著。而在那天，他就是一直活在那種感覺裡，死亡就在他臉前呼吸⋯⋯ 一刻、一刻、又一刻，時間有三小時以上⋯⋯戰鬥就是⋯⋯ 一種心理和身體意識全開的狀態。在街上的那些時候，他不是尼爾森，他沒有與什麼更大的世界相連，沒有帳單要付，沒有情感連結，什麼都沒有。他只是一個人，要從這一奈秒活到下一奈秒，從這口氣活到下一口氣，清楚知道這可能是自己的最後一奈秒、最後一口氣。他覺得自己永遠不一樣了。[140]

希特勒也是受到自己的戰爭經驗所改變和啟發。在自傳《我的奮鬥》裡，他談到自己的單位到達前線後不久，士兵剛開始的熱情轉成恐懼，這就像是每個士兵都得打一場無情的內心戰爭，繃緊每條神經，才不會被恐懼擊倒。

希特勒說，他是在跨越 1915 年到 1916 年的那個冬天，贏得了這場內心的戰爭。他寫道：「終於，我的意志成了無可爭議的主人⋯⋯我現在感到平靜而堅定，而且這種感覺能夠持久不衰。現在就算命運帶來終極的種種考驗，也無法擊潰我的精神、或是打破我的理性。」[141]

戰爭的經驗向希特勒揭示了世界的真相：這是一座叢林，遵守著無情的天擇法則。人要是拒絕承認這項真理，就無法生存。想要成功，不僅需要瞭解叢林法則，還得開心的擁抱叢林法則。

該強調的是，就像反戰的自由主義藝術家一樣，希特勒也認為普通士兵的經驗十分神聖。事實上，講到在二十世紀將普通人的個人經驗，冠上巨大權威，希特勒的政治生涯可說是最好的例子。在

為期四年的戰爭中,希特勒並非高級軍官,最高應該只升到下士。他沒受過正式教育、沒有專業技能,也沒有政治背景。他不是成功的商人或工會份子,沒有什麼位居高位的親友,也沒有值得說嘴的財富。一開始,他甚至還不是德國公民,只是個一文不名的移民。

希特勒向德國選民懇求信任時,只說得出一項對他有利的論點:他在戰壕裡的經驗所學到的,是在任何大學、企業總部或政府部門永遠學不到的東西。人們跟隨他、投票支持他,是因為認同了他的想法,也認為這個世界是一座叢林,殺不死我們的,只會讓我們更強壯。

自由主義是與溫和版的民族主義結合,希望保護每個人類社群的獨特經驗。但像是希特勒這種進化人本主義者,則認為只有特定國家是人類進步的引擎,認定這些國家必須教訓、甚至是消滅任何阻礙他們的人。

但我還是要提醒一下,希特勒和納粹只是進化人本主義的一個極端版本。就像是史達林的古拉格勞改營,並不會讓我們全盤否定所有社會主義理念和論點;納粹主義雖然造成許多恐怖,也不該妨礙我們找出其中可能有價值的見解。納粹主義的誕生,是把進化人本主義搭配了特定的種族理論,再加上極端民族主義情感。並非所有進化人本主義者都是種族主義者,也不是只要相信人類有進化的潛力,就得建立警察國家和集中營。

到了現在,奧許威茲集中營的意義,應該像是一個血紅的警告標誌,而不是像黑幕直接掩蓋了人類地平線的一整個區塊。對於形塑現代文化,進化人本主義已經扮演過重要的角色;到了二十一世紀,進化人本主義要扮演的角色,有可能甚至更為重要。

▲ 哪一種音樂較高級

　　為了確保讀者瞭解這三種人本主義分支的差異，請讓我們比較幾項人類經驗：

　　經驗 1 號：音樂學教授坐在維也納歌劇院，聆聽貝多芬第五號《命運交響曲》的開場。「Pa pa pa PAM！」的聲音一波波撞擊他的鼓膜，訊號透過聽覺神經傳遞到大腦，腎上腺讓他的血液充滿腎上腺素。他的心跳加速、呼吸急促，脖子起了雞皮疙瘩，背脊如有電流通過—— Pa pa pa PAM！

　　經驗 2 號：時間是 1965 年。一部福特的「野馬」敞篷跑車，在太平洋海岸公路上油門全開，從舊金山前往洛杉磯。年輕強壯的駕駛把搖滾樂手查克·貝瑞（Chuck Berry）的音量調到最大。「Go! Go Johnny go!」聲音一波波撞擊他的鼓膜，訊號透過聽覺神經傳遞到大腦，腎上腺讓他的血液充滿腎上腺素。他的心跳加速、呼吸急促，脖子起了雞皮疙瘩，背脊如有電流通過—— Go! Go Johnny go, go, go！

　　經驗 3 號：在剛果雨林深處，站著一個矮人族的獵人。他聽到附近村落傳來一群女孩合唱著成年曲。「Ye oh, oh. Ye oh, eh.」的聲音一波波撞擊他的鼓膜，訊號透過聽覺神經傳遞到大腦，腎上腺讓他的血液充滿腎上腺素。他的心跳加速、呼吸急促，脖子起了雞皮疙瘩，背脊如有電流通過—— Ye oh, oh. Ye oh, eh.

　　經驗 4 號：一個滿月的夜晚，在加拿大洛磯山脈某處。一匹狼站在小丘頂，聽著發情的母狼嚎叫。「Awoooooo! Awoooooo!」的聲音一波波撞擊牠的鼓膜，訊號透過聽覺神經傳遞到大腦，腎上腺讓牠的血液充滿腎上腺素。牠的心跳加速、呼吸急促，脖子起了雞皮疙瘩，背脊如有電流通過—— Awoooooo! Awoooooo!

人類大命運
Homo Deus

　　這四種經驗裡，哪一種最有價值？

　　自由主義者大概會說，不管是音樂學教授、年輕駕駛、剛果獵人，人人經驗的價值都相同，都值得同樣珍惜。每個人類的經驗都能提供某種獨一無二的東西，用新的意義使世界更豐富。有些人喜歡古典樂，有些人喜歡搖滾樂，還有些人喜歡非洲傳統歌謠。學音樂的學生應該盡可能什麼音樂都接觸，最後再到 iTunes 商店，輸入信用卡號，買下自己喜歡的音樂。聽起來美的，就是美；而且顧客永都都是對的。

　　但再說到那匹狼，因為狼不是人類，牠的經驗價值也就遠低於人。正因此，狼命的價值遠不及人命，殺一匹狼來救一個人，再合理也不過。畢竟，狼又不懂美，當然也不會有信用卡。

　　這種自由主義的概念，也體現在「航海家」（Voyager）太空探測船攜帶的黃金唱片上。1977年，美國人向外太空發射了「航海家一號」太空探測船。這艘探測船現在已經離開了太陽系，成為史上第一具進入星際空間的人造物體。在航海家一號上面，除了當時最先進的科學設備，美國航太總署（NASA）還放了一張黃金唱片，希望向任何好奇而前來查看的外星人，介紹地球。

　　這張唱片上，記錄著關於地球及地球居民的各種科學與文化資訊、一些圖像和聲音、以及世界各地的幾十首音樂——做為地球世俗藝術成就的樣本。音樂樣本不按排序，蒐集了許多古典音樂，包括貝多芬第五號《命運交響曲》的第一樂章；當代流行音樂，包括查克·貝瑞的〈Johnny B. Goode〉；世界各地傳統音樂，包括剛果矮人族女孩唱的成年曲。雖然唱片裡也有犬類的嚎叫聲，但並未歸類於音樂樣本，而是降級到另一個區塊，與風聲、雨聲、浪聲放在一起。

因此，我們傳給南門二（Alpha Centauri）恆星系的那些可能聽眾的訊息是：貝多芬、查克・貝瑞、矮人族儀式歌曲有同樣的價值，但狼嚎聲完全是另一個類別。

三種主義，三種觀點

社會主義的看法，大概有一點也和自由主義相同，也就是認為狼的經驗並沒有價值。

但講到另外三種經驗，社會主義的態度就大不相同了。社會主義的虔誠信徒會認為：音樂的真正價值並不在於個別傾聽者的經驗，而在於對他人及社會整體的影響。毛澤東就曾經說：「為藝術的藝術，超階級的藝術，和政治並行或互相獨立的藝術，實際上是不存在的。」[142]

因此，要評價音樂經驗的時候，社會主義注意的地方會是：貝多芬是在歐洲即將進軍征服非洲時，為歐洲白人上層階級寫出第五號《命運交響曲》。這首交響曲反映了啟蒙時代的理想，推崇上層階級的白人，並將征服非洲正當化，認為是「白人應承擔的負擔」。

而社會主義講到搖滾樂，會提的是：這種音樂乃是由受壓迫的非裔美籍音樂家所開創，靈感來自藍調、爵士和福音歌曲等音樂。但是在1950和1960年代，搖滾樂遭到主流白人美國劫持，被迫服務消費主義、美國帝國主義、以及可口可樂殖民主義。於是搖滾樂被商業化，被享有特權的白人青少年挪用到他們那種小資產階級幻想中的叛亂。查克・貝瑞自己就向資本主義屈服了，他原本的歌詞是「一個名為Johnny B. Goode的**有色男孩**」，但卻在白人電臺的壓力下，改為「一個名為Johnny B. Goode的**鄉下男孩**」。

至於剛果矮人族女孩合唱的成年曲，社會主義也會批判：這正是父權結構的一部分，同時對男女兩性洗腦，讓他們遵循壓抑的性別秩序。如果這種歌進了全球市場，則又只是用來加強西方對整個非洲的殖民幻想，特別是對非洲女性。

　　所以，哪一種音樂最佳？是貝多芬的第五號交響曲、〈Johnny B. Goode〉、還是矮人族的成年曲？政府是該出資興建歌劇院、搖滾樂演出場所，還是非洲文化展覽廳？我們又該在中小學或大學教那些學音樂的學生什麼呢？別問我了，問問黨的文化書記吧。

　　像是「文化比較」這種地雷區，自由主義是小心繞開，以免做出什麼政治不正確的失態舉動；社會主義是一切交給黨來處理，要找出通過地雷區的正確路途；但進化人本主義卻是開開心心的跳進來，把所有地雷都引爆，享受這場混亂。

　　進化人本主義的第一步，可能就是指出：自由主義和社會主義都會畫條線，把自己和其他動物隔開，直接認定人就是比狼優越，所以人類的音樂比狼嚎更有價值。然而，人類也會受到演化力量的影響。正如人類比狼優越，某些人類文化也會比其他文化先進。人類的經驗也有明確的階級層次之分，而我們對此並無須抱歉。泰姬瑪哈陵就是比稻草屋更美；米開朗基羅的大衛像就是比我五歲姪女剛做出的黏土雕像更優；貝多芬譜出的音樂也超越了查克‧貝瑞或剛果的矮人族。看吧，我們就是敢說！

　　進化人本主義認為，如果有人說所有的人類經驗價值都一樣，他若不是笨蛋、就是懦夫——而這種粗鄙或膽怯的態度，就會造成以「文化相對論」（cultural relativism）或「社會平等」這些名義來妨礙社會進步，只會造成人類退化、滅絕。如果自由主義者或社會主義者回到石器時代，他們可能也不特別欣賞拉斯科（Lascaux）洞穴

或阿爾塔米拉（Altamira）洞穴的壁畫，並且堅稱尼安德塔人的塗鴉也不輸這些壁畫。

◢ 最慘烈的人本主義宗教戰爭

一開始，要區分自由人本主義、社會人本主義和進化人本主義有何不同，似乎是件無聊事。畢竟，不論哪個人本主義教派，都與基督教、伊斯蘭教或印度教有巨大的差異，相較之下，不同人本主義教派之間的差別簡直微不足道。只要我們都同意上帝已死，只有人類經驗才能為宇宙帶來意義，這個時候，再去討論人類經驗到底是一律平等、或是有某些比較優越，真有那麼重要嗎？

然而，隨著人本主義征服了世界，這些原本的內部分裂竟逐漸擴大，驟然引發了史上死傷最慘重的一場人本主義宗教戰爭。

在二十世紀的第一個十年間，正統教派的自由主義仍然對自己信心滿滿。他們相信，只要讓個人享有最大的言論自由，隨心所欲而行，世界就能享有前所未有的和平與繁榮。雖然世界仍然受制於傳統的階層結構、蒙昧主義的宗教、以及殘酷無情的帝國，要徹底擺脫還需要一些時間，然而每過十年，都會出現新的自由和成就，總有一天，我們就能在地球上創造天堂。1914年6月，原本日子還過得平靜而幸福，自由主義者覺得歷史也站在自己這一邊。

等到1914年耶誕節，在連綿的戰火下，自由主義者已經幾乎得了砲彈休克症，而且在接下來的幾十年間，這套思想同時遭到左右夾攻。在社會主義信徒看來，自由主義就只像是亞當的那片無花果樹葉，是在為整個無情、剝削、種族歧視的制度遮羞；高舉著「自由」的大纛，在意的其實是「財富」；說著要讓個體有權去做自己感

覺良好的事，最後卻演變成要保護中上階級的財富和特權。如果連房租都付不起，還談什麼居住自由？如果連學費都付不起，又有什麼學習自由？如果連車都買不起，旅行的自由又有什麼意義？一則著名的嘲諷笑話就說，在自由主義之下，每個人都有餓死的自由！更糟的是，自由主義鼓勵每個人把自己視為獨立個體，於是同一階級的成員各自分立，無法團結起來對抗壓迫他們的體制。於是，自由主義讓不平等永無止境，使大眾走向貧困，令菁英走向孤立。

自由主義先挨了左邊來的這一拳，已經步履蹣跚，但進化人本主義又從右邊襲來。在種族主義和法西斯主義眼中，自由主義和社會主義都妨礙了天擇，造成人類退化。他們提出警告，如果認定每個人的價值都相同、生育的機會也相同，天擇就無法運作。身為最優越者的那些人，將無法繼續演化成超人類，只能被大批平庸的人淹沒，人類終將滅絕。

於是，從1914年到1989年，三種人本主義教派掀起一場兇殘的宗教戰爭，自由主義節節敗退，眼看著共產主義和法西斯政權搶下許多國家。而且自由主義的核心思想這時看來，不僅太過天真，甚至可能非常危險。只要讓每個人都有自由，世界就能和平繁榮？瞧瞧世界變成了什麼樣！

從事後來看，第二次世界大戰似乎是自由主義的偉大勝利，但當時看來可不是這樣。戰爭在1939年9月開打，衝突的一方是強大的自由主義同盟國，另一方則是孤伶伶的納粹德國。就連法西斯主義的義大利一開始也是隔岸觀火，直到隔年6月才參戰。自由主義同盟國在數字上和經濟上都大占優勢。1940年，德國GDP為3.87億美元，而德國的歐洲對手們GDP總值為6.31億美元（不包括大英國協的成員國，以及英、法、荷、比等國的殖民地）。但是在1940年

春天，德國只花了三個月，就攻下法國、低地國、挪威和丹麥，讓
同盟國挨了一記決定性重擊。英國則是靠著英吉利海峽，才免遭同
樣的命運。[143]

◢ 社會主義差點席捲天下

　　直到自由主義同盟國與蘇聯結盟，才終於打敗德國。蘇聯承受
了這場衝突的主要力道，付出遠高於其他國家的慘痛代價——在這
場戰爭中，蘇聯人民死亡人數達到二千五百萬，相較之下，英美則
是各五十萬人。能夠打敗納粹主義，大半功勞其實應該歸於共產主
義，而至少從短期看來，共產主義也是戰爭的最大受益者。

　　蘇聯參戰時，是個孤立、不受重視的共產主義國家，但二戰後
卻成了全球兩大超級強權之一，領導著一個不斷擴張的國際區塊。
到了1949年，東歐成為蘇聯的附庸，中國共產黨贏得中國內戰，
美國則陷入了反共的歇斯底里。世界各地的革命份子和反殖民運動
份子，熱切將眼光投向莫斯科及北京，而自由主義卻是與種族主義
的各個歐洲帝國畫上等號。每當這些帝國崩潰，取而代之的通常是
軍事獨裁政權或社會主義政權，而非自由民主政體。1956年，蘇聯
總理赫魯雪夫，自信滿滿的向自由主義西方誇下海口：「不論你們
喜不喜歡，歷史站在我們這一邊。我們將會把你們埋葬！」

　　赫魯雪夫真心如此相信，也有愈來愈多的第三世界領導人和第
一世界知識份子，抱持同樣看法。1960和1970年代，「自由」一詞
在許多西方大學裡已過度濫用。激進左派運動很自由的致力於破壞
秩序，讓北美和西歐社會動盪不斷加劇。劍橋大學、巴黎大學和加
州大學柏克萊分校（當時還有「柏克萊人民共和國」的戲稱）的學

生，除了會翻閱毛主席的「小紅書」，也會把古巴革命英雄切·格瓦拉的肖像掛在床頭。

1968年，整個西方世界頻頻爆發抗議與騷動事件，左派浪潮達到高峰。這一年，發生了惡名昭彰的特拉特洛爾科大屠殺（Tlatelolco Massacre），墨西哥安全部隊殺害數十名學生；所謂的朱利亞峽谷街戰役（Battle of Valle Giulia），學生在羅馬與義大利警方發生衝突；至於金恩博士遭到暗殺，也在一百多個美國城市引發暴動抗議。該年5月，學生占領了巴黎的街道，戴高樂總統逃到位於德國的法國軍事基地，至於法國的有錢人則是在床上顫抖，做著斷頭臺的噩夢。

到了1970年，全球有一百三十個獨立國家，但只有三十個國家是自由民主政體，而且多半是塞在歐洲的西北一隅。當時，在第三世界各大國家當中，只有印度在獨立後走上自由的道路。但就算是印度，也與西方集團保持距離，而與蘇聯親近。

1975年，自由主義陣營遭受最羞辱的一場失敗：越戰結束，北越如同大衛，打倒了美國這個巨人歌利亞。很快的，共產主義便奪下南越、寮國與柬埔寨。1975年4月17日，柬埔寨首都金邊落入赤棗手中。兩星期後，全球人民看著電視，看到直升機從美國駐西貢大使館的屋頂，撤走最後一批美國人。許多人都認定，美國這個帝國正在崩潰。

就在大家還來不及說出「骨牌效應」這個詞之前，印度總理英迪拉·甘地（Indira Gandhi）突然也宣布印度進入緊急狀態。看來，全球最大的民主政體也正要走上社會主義獨裁的道路。

自由民主看起來，愈來愈像是老年白人帝國主義者專屬的俱樂部，已經無法對世界其他地方、甚至是對自己國家的青年，有任何貢獻了。

38. 美國駐西貢大使館的倉皇撤離情形，拍攝於 1975 年 4 月 29 日。[144]

　　華盛頓特區自詡為自由世界的領導者，但大多數盟友卻都是專制獨裁的國王，例如沙烏地阿拉伯的哈利德國王（King Khaled）、摩洛哥的哈桑國王（King Hassan）和伊朗的國王；或是軍事獨裁者，例如希臘的上校軍團、智利的皮諾契將軍（General Pinochet）、西班牙的佛朗哥將軍（General Franco）、南韓的朴正熙將軍、巴西的蓋澤爾將軍（General Geisel），以及臺灣的蔣介石特級上將。

　　雖然西方得到諸多國王和將軍的支持，但在軍事上，華沙公約組織的數量優勢，仍然遠超過北約組織。光是想在常備兵力達到平

衡，西方國家就可能不得不放棄自由民主和自由市場，成為永久處
於戰備狀態的極權主義國家。最後是靠著核武，才拯救了命懸一線
的自由民主。北約採行「互相保證毀滅」（Mutual Assured Destruction,
MAD）原則，就算蘇聯發動的是傳統攻擊，也會遭受北約發動全面
核武回應。自由主義國家提出威脅：「如果你攻擊我們，我們一定
會確保沒人能活著走出來。」

躲在這個恐怖而荒謬的盾牌背後，自由民主和自由市場守住了
最後的堡壘，西方繼續享受著性愛、搖滾樂，以及洗衣機、電視、
和冰箱。沒有核武，就不會有披頭四，不會有胡士托音樂節，也不
會有物資幾乎滿到溢出的超市。可是在1970年代中期，雖然有了
核武為恃，前景似乎仍將歸於社會主義。

◢ 自由主義捲土重來

接著，一切都改變了。自由民主從歷史的垃圾箱裡爬了出來，
抖了抖身子，接著征服了世界。事實證明，超市的力量遠大於古拉
格集中營。

這場閃電戰始於南歐，希臘、西班牙和葡萄牙的專制政權崩
潰，讓位給民主政府。1977年，英迪拉‧甘地解除緊急狀態，在印
度重建民主。1980年代，東亞和拉丁美洲的軍事獨裁政權也由民主
政府取代，例如巴西、阿根廷、臺灣和南韓。直到1980年代末、
1990年代初，自由主義的浪潮化為一波十足的海嘯，沖垮了強大的
蘇聯帝國，讓人對於眼前的歷史終局，懷有更高的期望。經過數十
年的失敗和挫折，自由主義在冷戰取得決定性的勝利，縱然千瘡百
孔，還是成了這場人本主義宗教戰爭的最後贏家。

　　隨著蘇聯帝國垮臺，自由民主政體不僅取代了東歐共產政權，甚至也取代了許多前蘇聯加盟共和國，例如波羅的海三小國、烏克蘭、喬治亞和亞美尼亞。就連俄羅斯，現在也假裝自己是個民主政體。冷戰勝利形成了一股新動力，將自由主義模式傳向世界其他地方，特別是在拉丁美洲、南亞和非洲。雖然也有某些自由主義的實驗徹底失敗，但成功案例的數量已足以令人嘆服。像是印尼、奈及利亞和智利，雖然曾由軍事強人統治數十年，但現在都是以民主政體運作。

　　如果有個自由主義者在1914年6月沉沉睡去，直到2014年6月才醒來，大概還是會覺得十分自在。我們又再一次相信，只要讓每個人擁有更多的自由，世界就能和平繁榮。整個二十世紀看起來就像是犯了一個大錯。

　　回到1914年的春天，人類在自由主義這條公路上奔馳，卻轉錯了彎、進了死路。要再過了八十年、經歷三次駭人的全球戰爭，我們才終於又回到公路上。當然，這幾十年並不是全然的浪費；我們還是得到了抗生素、核能、電腦，還有女性主義、去殖民主義，以及性解放。此外，自由主義本身在經驗中受傷之後，也不再像一個世紀前那麼自負。它向社會主義和法西斯主義這些對手，學來各種想法和制度，特別是承諾向大眾提供教育、衛生和福利服務。

　　但驚人的是，自由主義的核心思想幾乎沒有什麼改變，仍然尊重個人自由，也仍然堅信選民最清楚、顧客永遠是對的。在二十一世紀初期，自由主義也成了我們唯一的選項。

　　到了現在，除了由個人主義、人權、民主、自由市場所組成的自由人本主義套裝方案之外，我們似乎沒有什麼真正值得考慮的替代方案。

2011年曾有一波社會抗爭運動席捲西方世界，像是占領華爾街（Occupy Wall Street）、或是西班牙的15-M運動，但這些運動都並非反對民主、反對個人主義或人權，甚至也不是反對自由市場經濟的基本原則。正好相反，他們是責怪政府未能達成這些自由人本主義的理想。這些運動要求市場必須真正自由，而不是被那些「大到不能倒」的企業或銀行控制和操縱。他們要求要有真正具代表性的民主制度，能夠照顧一般大眾，而不只是照顧有錢的遊說者和有力的利益團體。

就連那些用最嚴厲詞彙抨擊股票交易所和國會的人，也無法提出另一種可行的世界運作模式。雖然西方學者和運動人士最愛挑自由主義套裝方案的毛病，但至今仍未能提出任何更佳的選項。

對自由主義來說，中國造成的挑戰似乎要比西方那些社運抗議人士更為嚴峻。雖然中國在政治和經濟方面有所開放，卻仍然既非民主國家、亦非真正的自由市場經濟；但這一切並不妨礙中國成為二十一世紀經濟巨人的腳步。只不過，這個經濟巨人卻投下了一個非常小的意識型態陰影——甚至包括中國人自己在內，現在似乎沒人知道中國究竟相信什麼。理論上，中國仍然信奉共產主義，但實際上卻不是這麼一回事。

有些中國思想家和黨政領導人，操弄著回歸儒家思想的概念，但那不過是個方便的幌子。這種意識型態的真空狀態，就讓中國在面對從矽谷出現的種種新**科技宗教**（techno-religion）時，成了一個希望無窮的棲地（科技宗教將在後面的章節討論）。然而，這些信仰著長生不死與虛擬天堂的科技宗教，大概還需要一、二十年，才能站穩腳步。所以到目前為止，中國也尚未真正對自由主義提出替代方案。對於破產的希臘人來說，已經對自由主義模式感到絕望，

但想靠著模仿中國找出替代方案，卻也是死路一條。

那麼，試試 **激進伊斯蘭主義**（radical Islam）如何？又或是基督教基本教義派、彌賽亞派猶太教、復興主義印度教？中國人是不知道自己信什麼，但宗教的基本教義派卻又是太知道自己信什麼了。在尼采宣稱上帝已死超過一個世紀之後，上帝似乎又要重臨人世。但這只是海市蜃樓。上帝**確實**死了，這不過就是擺脫身體那一瞬間的事而已。激進伊斯蘭主義對自由主義套裝方案，並不構成嚴重威脅，因為雖然他們滿懷狂熱，卻並不真正瞭解二十一世紀的世界，對於我們身邊種種新科技帶來的全新危險和契機，也提不出什麼看法。

◤ 科技與宗教的探戈

宗教和科技總是跳著一曲優雅微妙的探戈。雙方互相推動、互相依賴，不能與對方離得太遠。科技之所以有求於宗教，是因為每種發明都有許多可能的應用方式，工程師需要一些先知做出關鍵的決定、指出可行的方向。

在十九世紀，工程師發明的是火車、無線電和內燃機；但是二十世紀證明，運用同樣的工具，也可以創造出法西斯社會、共產獨裁政權或自由民主政體。沒有宗教信仰，科技列車就不能決定要駛往哪個方向。

另一方面，科技常常也限制了我們對宗教的想像，像是侍者遞上菜單，多少就會限制我們想吃什麼。新科技殺死舊神、催生了新神，所以農業時代的神和狩獵採集時代的神不一樣，工廠工人想像的天堂也與農民不同；有了二十一世紀的革命性新科技之後，出現

前所未有的新宗教的可能性,絕對遠遠超過讓中世紀的信條起死回生。伊斯蘭基本教義派可以繼續像唸咒一般,複誦著「伊斯蘭就是答案」,但宗教只要與當今的科技現實脫節,恐怕就連民眾所問的問題都無法理解。

例如:等到人工智慧在大多數的認知工作上超越人類,就業市場會有何改變?如果出現許多在經濟上完全沒有用處的人,形成一個龐大的新階級,會造成怎樣的政治衝擊?如果在奈米科技和再生醫學的力量下,未來的八十歲就像是現在的五十歲,對人際關係、家庭和退休基金又有何影響?如果生物科技讓我們能夠訂做嬰兒、並讓貧富之間出現前所未見的巨大鴻溝,人類社會又將如何發展?

對於這些問題,在《古蘭經》或伊斯蘭律法、《聖經》或是《論語》裡都不可能找到解答,因為不論是中世紀中東、或是古代中國,都不會有人懂電腦、遺傳學和基因工程、或是奈米科技。激進伊斯蘭主義或許能承諾,可在這個充滿科技和經濟風暴的世界,提供一個下錨點。但如果想要衝出風暴,就不能只有下錨點,而是需要海圖和方向舵。因此,對於生於斯長於斯的人,激進伊斯蘭主義或許有吸引力,但對於失業的西班牙青年、或是焦慮的中國億萬富翁來說,激進伊斯蘭主義卻是絲毫不誘人。

確實,現在還是有數億人口,虔誠信奉著伊斯蘭教、基督教或印度教。但對於歷史來說,單單人數的意義並不大。**塑造歷史的,往往是一小群向前看的創新者,而不是向後看的大眾。**一萬年前,多數人都是狩獵採集者,整個中東只有寥寥可數的少數先驅者是農民;但未來是屬於農民的。1850年,全球有超過90%的人是農民,而不管是在恆河、尼羅河或長江沿岸,都沒有人知道蒸汽機、鐵路或電報線。然而在曼徹斯特和伯明罕,一小群領導工業革命的工程

師、政治家和金融家，就已經決定了這90％農民的命運。蒸汽機、鐵路和電報改變了食品、織品、車輛和武器的生產方式，讓工業強國擁有遠勝於傳統農業社會的決定性優勢。

◢ 十九世紀的迷惘

然而，就算當工業革命傳遍世界各地，逆流而上滲透了恆河、尼羅河和長江沿岸，大多數人民還是繼續相信著《吠陀經》、《聖經》、《古蘭經》和《論語》，而非蒸汽機。不管是今日或十九世紀，世界上的各種祭司、神祕主義者或大師也從沒少過，個個都宣傳自己握有所有人類困境的解決方案，能處理包括工業革命後出現的種種新問題。

例如在1820年代到1880年代之間，埃及（在英國支持下）征服了蘇丹國，希望讓該國現代化，納入新的國際貿易網路。他們的作為破壞了傳統蘇丹社會的穩定，民怨四起、反抗頻傳。1881年，地方宗教領袖阿卜杜拉（Muhammad Ahmad bin Abdallah）宣稱自己就是馬赫迪（Mahdi，伊斯蘭教典記載的救世主），由上帝所派，要在人間建立上帝的律法。他的支持者擊敗了英埃聯軍，並將聯軍指揮官戈登（Charles Gordon）將軍斬首，令維多利亞時代的英國大為震驚。這些人接著在蘇丹建立實行伊斯蘭律法的神權國家，直到1898年才被推翻。

與此同時在印度，達耶難陀・娑羅室伐底（Dayananda Sarasvati）發動印度教復興運動，基本原則就是《吠陀經》絕對不會錯。1875年，他創立雅利安社（Arya Samaj，意為「貴族社會」），致力於傳播《吠陀經》的知識；但老實說，達耶難陀對《吠陀經》的解釋常

與自由人本主義有驚人的相似度，例如，他早在西方出現平權思想之前，便已支持婦女應享有平等權利。

與達耶難陀同時代的教宗碧岳九世（Pius IX），對女性的看法就保守得多，但與達耶難陀同樣認為「世上有高於一般人的權威」存在。碧岳九世發動了一系列天主教教義改革，確立「教宗一貫正確論」（Papal Infallibility）這項新教條，認定教宗在公告信仰教理上，不能夠有錯誤（並不是指教宗在任何事都永遠正確）。這種概念乍看之下，可能還以為來自中世紀，但其實是近到1870年，才成為具有約束力的天主教教義，當時達爾文發表《物種原始論》已過了十一年。

而在教宗確立自己應當「一貫正確」的三十年前，失意的清代文人洪秀全，大病一場，病中出現幻覺，看到上帝以一位老人的形象現身，說洪秀全是耶穌基督的弟弟。上帝接著交付洪秀全一項神聖的使命，要他驅逐自十七世紀以來統治中國的滿族「惡魔」，在大地上建立「太平天國」。當時，中國在鴉片戰爭遭到擊敗，現代工業與歐洲帝國步步進逼，數百萬清代人民深感絕望，而洪秀全的話則讓他們大受鼓舞。可惜的是，洪秀全並未把他們帶向太平的天國，只引發了反清的太平天國之亂，時間從1850年到1864年，是整個十九世紀最慘烈的一場戰爭，至少二千萬人喪命，人數遠超過拿破崙戰爭或美國內戰。

就在工業化的工廠、鐵路和輪船遍布世界的同時，還是有數以億計的人，堅信洪秀全、達耶難陀、碧岳九世和馬赫迪提出的宗教教條。但對我們大多數人來說，講到十九世紀，並不會認為這是個信仰的時代。談到十九世紀有遠見的人，我們想到的大概不會是馬赫迪、碧岳九世或洪秀全，而是馬克思、恩格斯和列寧。確實也該

是如此。雖然社會主義在 1850 年還只是個邊緣的運動，但聲勢成長迅猛，對世界帶來的改變，要遠大於中國和蘇丹那些自稱為救世主的人。如果你也認為全國的健康照護、退休基金和義務教育十分重要，該致謝的應該是馬克思和列寧（以及俾斯麥），大概不會是洪秀全或馬赫迪。

◢ 史上第一個科技宗教：共產主義

到頭來，為什麼馬克思和列寧成功，洪秀全和馬赫迪失敗？並不是社會人本主義的哲學優於伊斯蘭教或基督教神學，而是馬克思和列寧更努力去理解當代的科技和經濟現實，他們並不會把時間耗費在細讀古代文本、或沉迷在先知的預言中。

蒸汽機、鐵路、電報和電力造成前所未聞的問題，但也帶來前所未有的機會。都市無產居民已經形成一個新階級，而這些人的經驗、需求和希望，當然與《聖經》時代的農民大不相同。為了回應這些需求和希望，馬克思和列寧研究蒸汽機如何運作、煤礦如何經營、鐵路如何塑造經濟，以及電力如何影響政治。

曾有人希望列寧用一句話來定義共產主義。他回答：「共產主義就是讓各個工人委員會有權力，加上全國的電力化。」若沒有電力、鐵路、廣播，就不會有共產主義。所以，十六世紀的俄羅斯不可能建立共產主義政權，因為共產主義需要將資訊及資源集中在一個樞紐。要能達到馬克思所稱「各盡所能、各取所需」的理想，就必須讓距離遙遠的各種產品，都能夠方便蒐集及分配，而且整個國家也要能夠監控和協調國內所有的活動。

馬克思等人瞭解新的科技現實及人類經驗，因此能夠針對工業

社會的新問題,提出切中要點的答案,也能提出原創的想法,告訴眾人如何從這些前所未有的機會中得利。社會主義人士為這個美麗新世界,打造了一個美麗新宗教,承諾以科技與經濟提供救贖;於是,這成了史上第一個科技宗教,也改變了意識型態論述的基礎。

在馬克思之前,人民對彼此定義和區分的標準,是在於對上帝的看法,而不是生產的方式。但在馬克思之後,比起關於靈魂和來世的辯論,科技與經濟結構的問題遠遠更加重要,造成的分裂也更加嚴重。在二十世紀下半葉,生產方式成了熱議的主題,叫人幾乎忘了人類自己的存在。即使是最嚴詞抨擊馬克思和列寧的人,也接受了他們對歷史和社會的基本態度,更仔細去思考科技和生產,而上帝和天堂就顯得沒那麼重要了。

在十九世紀中葉,還很少有人如同馬克思一樣見識敏銳,因此只有少數國家快速踏上工業化。也就是這少數國家,征服了整個世界。大多數社會連發生什麼事都還不清楚,也就沒搭上這班進步的列車。像是達耶難陀的印度和馬赫迪的蘇丹,當時多半還是一心想著上帝,而非蒸汽機,以致遭到工業化後的英國占領和剝削。一直要到最近這幾年,印度才終於取得重大進展,縮小了和英國之間在經濟與地緣政治上的差距。至於蘇丹,目前仍在遙遠的後頭掙扎。

◢ 二十一世紀的末班車即將離站

二十一世紀初,進步的列車又將再次離站,而且這可能是「智人」這站發出的末班車。錯過的人,永遠都不會再有上車的機會。想上車,就必須瞭解二十一世紀的科技,特別是生物科技和電腦演算法的力量。

　　這些力量的潛能遠大於蒸汽機和電報，而且不會只用來生產食品、織品、車輛和武器。二十一世紀的主要產品將會是人的身體、大腦和心靈，懂得與不懂如何進行這些大腦及身體工程的兩種人，彼此的差距將遠遠大於狄更斯的英國和馬赫迪的蘇丹。事實上，還會大於智人與尼安德塔人之間的差距。在二十一世紀，搭上列車，就能獲得創造和毀滅的神力；留在原地，就面臨滅絕。

　　一百年前曾經最先進的社會主義，就是沒有跟上新科技，才崩垮的。前蘇聯領導人布里茲涅夫和前古巴總統卡斯楚，兩人堅守著馬克思和列寧在蒸汽時代構思的想法，未能理解電腦和生物科技的力量。反觀自由主義，適應資訊時代的能力高出許多。這也就能夠部分解釋，為何赫魯雪夫在1956年的預言從未實現，為何最後竟然是自由主義的資本家埋葬了馬克思主義。如果馬克思重回人世，他可能會勸那些已寥寥可數的信眾，少花點時間讀《資本論》、多花點時間研究網際網路和人類基因體。

　　激進伊斯蘭主義的處境，更比社會主義惡劣許多。它甚至還未能學會接受工業革命，也就難怪對基因工程和人工智慧幾乎是無話可說。伊斯蘭教、基督教和其他傳統宗教，至今仍在世界上扮演重要角色，然而他們現在多半是反動，而不像過去曾經是一股創新的力量。舉例來說，基督教過去就曾經傳播「上帝之前，人人平等」這種異端概念，這改變了人類的政治結構、社會階層制度、甚至是性別關係。耶穌在「山上寶訓」還更進一步，講到溫柔和受壓迫的人是上帝最愛的子民。這種觀點翻轉了整個權力金字塔，為世世代代的革命提供依據。

　　除了社會和倫理上的改革，基督教也曾推動重要的經濟和科技創新。天主教會建立了中世紀歐洲最先進的行政系統，並率先使用

檔案管理、目錄、時間表和其他資料處理技術。在十二世紀歐洲，最像矽谷的地方大概就是梵蒂岡。教會建立了歐洲最早的經濟合作組織：修道院，在一千年間帶領歐洲經濟，並引進先進的農業和行政措施。修道院是最早使用時鐘的機構，而且幾個世紀以來，修道院和主教座堂學校一直是歐洲最重要的學習中心，協助成立了諸多歐洲頂尖大學，例如波隆那大學、牛津大學、薩拉曼卡大學。

今日，天主教會仍享有數億信眾的忠誠和什一奉獻。但天主教和其他有神論的宗教，卻早已從創造轉為反動，忙於守舊，而非率先開創新科技、新經濟方法，或是突破性的社會思想。他們現在主要做的，是對各種運動所擴展的科技、方法及思想，感到憤怒。生物學家發明避孕藥，而教宗不知該如何反應。電腦科學家發展網際網路，而拉比還在討論是否該允許正統派猶太教徒上網。女性主義思想家呼籲女性取回自己身體的所有權，而學識淵博的穆夫提還在辯論該如何應對如此煽動的想法。

讓我們問問自己：二十世紀最有影響力的發現、發明或創造是什麼？你會發現這個問題很難回答，因為候選者實在太多，有像是抗生素之類的科學發現；有像是電腦之類的科技發明；也有像是女性主義之類的意識型態創造。

讓我們再問問：在二十世紀，像是伊斯蘭教或基督教這類的傳統宗教，最有影響力的發現、發明或創造是什麼？你也會發現這個問題很難回答，但這是因為候選者實在太少。在二十世紀，神父、拉比和穆夫提究竟發現了什麼，值得和抗生素、電腦或女性主義相提並論？

細察這兩個問題後，如果說二十一世紀將會發生重大改變，你認為會出自何處？是伊斯蘭國（Islamic State）、還是谷歌？確實，

伊斯蘭國也懂怎麼把影片放上YouTube；但除了這種酷刑產業之外，最近的敘利亞或伊拉克究竟發明了什麼？

目前仍有幾十億人，包括許多科學家，繼續將宗教經文視為權威的來源，然而這些文本已不再能帶來創造力。例如，基督宗教有些較進步的教派，已經能接受同性戀婚姻或女性神職人員。但他們之所以接受，肇因於何處？可不是因為讀了《聖經》、聖奧古斯丁或是馬丁·路德的文本，而是因為讀了傅柯（Michel Foucault）的《性事的歷史》，或是哈樂薇（Donna Haraway）的〈半機械人宣言〉。[145]

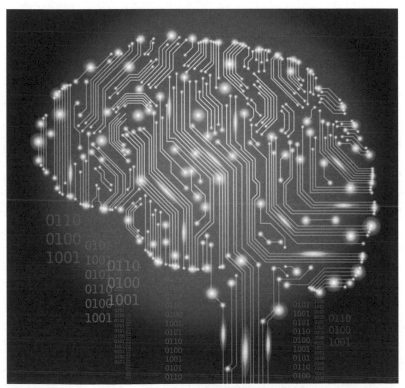

39. 人腦如電腦，電腦如人腦。人工智慧蓄勢待發，即將超越許多人的智能。

然而，不管多進步，只要是虔誠的基督宗教信徒，就無法坦承自己的倫理觀是來自傅柯或哈樂薇。所以他們又回到《聖經》、聖奧古斯丁和馬丁·路德的文本，翻天覆地的徹底搜索，一頁接著一頁、一個故事接著一個故事，集中最大的注意力，最後終於找到他們需要的箴言、比喻或裁定，只要解釋的方式夠有創意，就能代表上帝也為同性婚姻賜福、女性也能領授司鐸。然後，他們就能假裝這個想法是來自《聖經》，雖然其實是來自傅柯的《性事的歷史》。

　　《聖經》早已不再真正啟發靈感，但仍獲尊為權威的來源。

◢ 還能依感覺繼續走下去？

　　就是因為如此，傳統宗教才無法提出對自由主義的替代品。傳統宗教的經文，對基因工程或人工智慧無法提出任何意見，不管是牧師、神父、拉比或穆夫提，多半都並不瞭解生物學和電腦科學的最新突破。想瞭解這些突破，別無他法，只能閱讀科學文章、進實驗室做實驗，而不是去背誦和辯論古代文本。

　　但這也不代表自由主義就能安享榮耀、高枕無憂。確實，自由主義在人本主義宗教戰爭當中勝出，而且在當下，我們也沒有其他可行的替代選項。然而它成功的時候，可能也已播下敗亡的種子。

　　獲勝的自由主義理想，正在推動人類走向長生不死、快樂幸福和化身為神。而由於據說顧客和選民的期望永遠都是對的，科學家和工程師也把愈來愈多的心力，投入這些自由主義的計畫。但是科學家所發現、工程師所開發的這一切，很有可能就會不知不覺暴露出自由主義世界觀的不足，以及顧客和選民又有哪裡錯誤。等到基因工程和人工智慧徹底發揮潛力，自由主義、民主和自由市場的概

念，可能就會變得像燧石刀、錄音帶、伊斯蘭教和共產主義，一樣過時了。

　　本書第1章〈人類的三大新議題〉，曾預測人類在二十一世紀會嘗試讓自己長生不死、幸福快樂、化身為神。這些預測並不是真那麼原創或有遠見，而只是反映自由人本主義的傳統理想。人本主義長期崇拜人類的生命、情感及欲望，於是人本主義文明希望讓人有最長的生命、最高的幸福、最大的力量，也就不足為奇。

　　但本書的第三部〈智人失去控制權〉則要描述，為了實現這種人本主義夢想，將會釋放出新的後人本（post-humanist）科技，從根本上顛覆人本主義。

　　人本主義相信自己的**感覺**，於是我們在與「現代」的契約中得利了，且無須付出代價。我們不需要有什麼神來限制我們的力量、賦予我們意義，只要依從顧客和選民的自由選擇，就能得到所需的所有意義。但這樣一來，如果我們發現，原來顧客和選民從來就沒有自由選擇，現在居然能用科技來計算他們的感覺、設計他們的感覺、或擊敗他們的感覺，一切會變得怎樣？

　　現在的整個世界似乎都與人類經驗唇齒相依，但如果以後人類的經驗也成了可設計的產品，就像是能在超市裡買到的任何物品，情況又將如何發展？

第三部

智人失去控制權

人類還能繼續管理世界、賦予世界意義嗎？

生物科技和人工智慧將如何威脅人本主義？

誰可能繼承人類的角色，

哪個新宗教可能取代人本主義？

第8章

實驗室裡的定時炸彈

　　時至今日，主導世界的仍然是全套自由主義的各種思想：個人主義、人權、民主、自由市場。然而二十一世紀的科學，正在破壞自由主義秩序的基礎。如同前面章節提到的，科學不討論價值觀的問題，因此科學無法論斷自由主義的「自由比平等更重要」或「個人比集體更重要」這些抽象倫理判斷，究竟是對是錯；不過，自由主義的基礎同樣也有它自己深信不疑的事實聲明，但這些事實聲明就是過不了科學審查這一關。

　　自由主義重視個人自由，是因為相信人類有自由意志。自由主義認為，選民和顧客的決定既不是命中注定、也不是任意隨機，雖然人都會受到外部力量和隨機事件的影響，但到頭來，人人都是揮舞著自由的魔杖，為自己做決定。正因如此，自由主義認為選民和顧客至上，也總告訴我們要隨心而為、做讓自己覺得快樂的事。是我們的自由意志讓整個宇宙充滿意義；外人絕不可能知道你真正的感覺、也不可能預測你會做什麼選擇，所以你也不該讓什麼「老大哥」來決定你的興趣和欲望。

　　「人類有自由意志」看起來彷彿不是倫理判斷，而是對世界的事實描述。然而，這種說法雖然在洛克、盧梭或傑佛遜的時代可能很有道理，但根據生命科學的最新發現，卻已經不再成立。自由意志與當代科學之間的矛盾，已經成了實驗室裡的一頭大象（譯注：這是俚俗語，意思是：成了科學界的禁忌），許多人假裝專心看著顯微鏡和fMRI掃描儀，而不願面對這個問題。[146]

　　在十八世紀，智人就像個神祕的黑盒子，我們完全不知道內部如何運作。所以如果有人拿刀把另一個人刺死，學者想問原因的時候，一個聽來有說服力的答案會是：「因為他自己做了這個選擇，用自由意志選擇了謀殺；也如此，他必須對自己犯下的罪行，負起全責。」到了二十世紀，科學家打開了智人這個黑盒子，既沒找到靈魂、也沒找到自由意志，只找到基因、荷爾蒙、神經元──這些東西與現實世界的萬物都遵守著相同的物理定律和化學定律。時至今日，如果有個人拿刀把另一個人刺死，學者想問原因時，若有人再說是「因為他自己做了這個選擇」，這種話聽起來已經不再具有說服力了。反而是遺傳學家和大腦科學家，能夠提供更為詳細的答案：「他會這麼做，是因為特定基因構造讓大腦出現某種電化學反應，而基因構造反映的是從古至今的演化壓力及突變的結果。」

　　會導致謀殺的大腦電化學反應，可能來自基因預設的指令、可能是隨機因素的結果，也可能是兩者的結合，但總之並非「自由意志」。例如，神經元之所以觸發，原因可能是基因預設的，只要遇到外部刺激便如此反應；也有可能是隨機事件，像是因為某個放射性原子忽然衰變。但不論是哪一種，都沒有「自由意志」插手的餘地。如果是遇到刺激、引發一連串生化事件的連鎖反應，每個事件都是由前一事件所決定，最後達成的決定當然不算是自由意志。如

果是原子忽然衰變造成的決定，那也只是單純的隨機事件，當然也不算自由意志。至於隨機事件加上基因預設的情況，也就是後果可能發生、也可能不發生，這同樣不可能等於自由意志。

◢ 自由意志純屬想像

假設我們做出一具機器人，再把機器人的中央處理器連接到一團有放射性的鈾塊。只要遇到需要二選一的情境（例如要按右鍵或左鍵），機器人就會計算前一分鐘衰變的鈾原子數。數字是偶數，就按右鍵；數字是奇數，就按左鍵。這樣一來，我們永遠不可能預測這具機器人究竟會如何選擇——當然也不會有人認為這是機器人的「自由」選擇，也不可能讓它參與民主投票，或是要它對自己的選擇負起法律責任。

所以就目前最先進的科學看來，人的選擇不是基因預設、就是隨機，兩者就像是把蛋糕一分為二，沒有哪一小塊是「自由意志」的份。到頭來，我們奉為神聖的**自由**，就像靈魂一樣，只是個空虛的詞彙，只存在人類發明的想像故事中。

演化論像是為**自由**的棺材，釘上了最後一根封棺釘。「永恆的靈魂」在演化論面前就是說不通，而「自由意志」也是如此，否則如果人類真是自由的，哪有天擇的餘地？

根據演化論，動物做的所有選擇（不論是選擇棲地、食物、或伴侶），都是基因密碼的反映。如果有適當的基因，讓這隻動物選了很營養的蘑菇、挑了健康而有生育力的伴侶，這些基因就能傳到下一代。如果基因不適當，讓這隻動物選了有毒的蘑菇、挑了虛弱的伴侶，這些基因就會滅絕。然而，如果這隻動物真能「自由」選

擇要吃什麼、與誰交配，天擇就無用武之地。

　　碰上這樣的科學論理，人們常常裝作沒看到，說他們「覺得」自己很自由、都依自己的意願和決定行事。確實也沒錯，人類是能夠依自己的欲望而行事。如果所謂「自由意志」指的就是「依自己的欲望而行事」，那麼人類確實有自由意志；但這樣說來，黑猩猩、狗和鸚鵡也一樣有自由意志。鸚鵡學會說「我想吃餅乾」之後，還真能有餅乾吃呢。

　　但這裡最重要的問題，並不在於鸚鵡或人類能不能因應內在欲望而做出行動，而是究竟能不能選擇要產生什麼欲望？為什麼鸚鵡想吃餅乾、不想吃黃瓜？為什麼我想把討厭的鄰居一槍斃了，而不是把另一邊的臉頰轉過去讓他打？為什麼我這麼想買紅色的車、而不買黑色的車？為什麼我想投的是保守黨、而不是工黨？這些都不是我的「選擇」。我之所以覺得腦中浮起某個願望，是因為大腦裡某種生化過程創造出的感覺。這些過程可能是基因預設、也可能是隨機發生，但絕不是自由意志。

　　你可能會說，至少像是要把鄰居宰了、或是選舉投票的時候，並不是用當下瞬間的感受來做選擇，而是經過長期思索，細細思量了各種重要論點。然而檯面上就是有那麼多種論點，有的會讓你投給保守黨，有的會讓你投給工黨，還有些會讓你投給英國獨立黨，或是乾脆待在家，不出門投票。是什麼讓你選擇了某種論點、而不是另一種論點？在腦中的中央車站，我可能會因為基因預設而被迫上了某列的論點列車，又或是隨機被分配上哪一列車；但是我無法「自由選擇」讓自己只去思考那些「使我投票給保守黨的論點」。

　　以上所說的，絕不只是個人假設或哲學猜測。現在只要掃描人腦，就能在受測者自己有所感覺之前，預測他們會有什麼欲望、

329

做出什麼決定。在一項此類實驗中，請受試者躺進一部巨大的腦部
掃描儀，兩手各拿一只開關，隨時想按就可以按下任何一個開關。
科學家只要觀察大腦神經活動，就能預測受試者會按哪個開關，而
且時間甚至比受試者自己感覺到想按開關還更早。在人類感覺到自
己做某項決定前，大腦已經啟動了指示人類決定的神經事件，時間
大約是在幾百毫秒到幾秒之前。[147]

　　決定要按下右邊或左邊的開關，反映的當然是這位受試者的選
擇，但不能說是個「自由選擇」。我們對自由的信念，背後其實來
自一套錯誤的邏輯。當一連串的生化反應讓我想按右邊的開關時，
我確實覺得自己想按右邊的開關。一點沒錯，我確實想按。但有人
就一下跳到結論，認為這種想按的念頭，就叫做自己的**選擇**。這當
然是錯誤的解讀，因為人的欲望不是一種**選擇**，我們只能**感覺**到自
己的欲望，再據以行事。

　　但就算是科學家，現在也常使用「自由意志」這種過時的神學
概念，民眾也還是繼續吵著自由意志的話題。幾個世紀以來，基督
教、伊斯蘭及猶太神學家，一直對靈魂和意志的關係爭論不休。他
們假設每個人都有一個內心本質，稱為靈魂，也就是真實的自我。
他們進一步認為，這個自我擁有各種欲望，就像擁有衣服、車子和
房子一樣。他們還說，每個人都能夠像是選衣服一樣，選擇自己的
欲望，而命運就是依據這些選擇而定。如果選了好的欲望，最後就
會上天堂；如果選了壞的欲望，最後就得下地獄。

　　問題就來了：欲望真的能「選」嗎？舉例來說，夏娃想要吃蛇
給她的那顆禁果，但她為什麼會想做這件事？是有人強加於她？完
全隨機出現在她的心中？還是她的「自由」選擇？如果想做這件事
並不是她的自由選擇，那為什麼她又要受罰呢？

　　然而，如果我們已經接受「人沒有靈魂」、也沒有稱為**自我**的內在本質，這時再去問「自我如何選擇它想要的事物？」就是件不合理的事。這就像是問單身男子「你太太怎麼挑衣服？」一樣莫名其妙。事實上，人類有的就是一條意識流，欲望會在這條意識流中起伏來去，並沒有什麼永存不變的自我，能夠擁有這些欲望。如此說來，要問我到底是因為基因預設、隨機發生、還是自由意志而選擇了自己的欲望，其實是個沒有意義的問題。

　　這個概念可能聽起來很複雜，但檢測的方式卻是意想不到的簡單。下次有個概念從你腦中跳出來，就趕快問問自己：「為什麼我會想到這個想法？我是在一分鐘前決定要想到這個想法、然後才想到的嗎？還是我自己並沒下任何指示或准許，這個想法就自己出現？如果我真的是自己思想和決定的主人，我能不能決定在接下來六十秒內，不要想到任何事？」請試試，看看情況如何。

◤ 實驗之一：半機械鼠

　　質疑是否有自由意志，並不只是一種哲學上的練習，而是確有實際的意義。如果生物確實沒有自由意志，也就意味著只要使用藥物、基因工程、或直接對腦做出刺激，就能操縱，甚至控制他們的欲望。

　　如果想看看這種哲學觀點在日常生活的應用，可以參觀半機械鼠（roborat）的實驗室。這裡的半機械鼠，其實就是一般實驗用的大鼠，但有一點不同：科學家在大鼠腦中掌管感覺和報償的區域，植入電極，於是能夠遙控操縱這隻大鼠。只要稍加訓練，研究人員不僅能控制大鼠左轉或右轉，還能控制牠爬梯子、用嗅覺查探垃圾

堆,以及做些大鼠通常不愛做的事情,例如從高處一躍而下。軍方和民間企業都對半機械鼠大感興趣,覺得在許多任務和情境都能派上用場,像是找出炸彈和詭雷,尋找倒塌建物下的受困倖存者,或是畫出地下隧道和洞穴的路線圖。

動物福利團體提出關切,擔心這些實驗會對大鼠造成痛苦。但紐約州立大學半機械鼠研究先驅塔瓦(Sanjiv Talwar)教授,認為這些擔心是多餘的,大鼠其實很享受這些實驗。他解釋道:這些大鼠「工作是得到愉悅」,每次電極刺激牠們大腦的報償中心,「大鼠會覺得彷彿登上極樂」。[148]

就我們所知,這些大鼠並不覺得受人控制,也不覺得做了什麼違背自己意志的事。塔瓦教授按下遙控器,是讓大鼠自己想要往左走,於是牠就往左走。塔瓦教授按另一個開關,是讓大鼠想要爬梯子,於是牠就爬了梯子。畢竟,欲望也只是神經元的某種觸發模式而已。至於神經元觸發的原因,究竟是因為其他神經元的刺激或是塔瓦教授遙控器控制電極的刺激,真有那麼重要嗎?如果你去問問那隻大鼠,牠可能會告訴你「我當然有自由意志啊!你看,是我想要左轉,所以我就左轉了。是我想爬梯子,所以我就爬了。這不就證明了我有自由意志嗎?」

實驗之二:經顱刺激器

智人的實驗則顯示,人也像大鼠一樣可以被操縱;只要能刺激人腦正確的位置,就算是愛、憤怒、恐懼或沮喪這些複雜的感受,也能夠予以創造或抑制。美國軍方最近開始實驗在人腦植入電腦晶片,希望能治療患了「創傷後壓力症」的士兵。[149] 在耶路撒冷的

哈達薩醫院，醫師為躁鬱症處於急性鬱期的病人，用了一種創新療法。他們將電極植入病人的大腦，並連接到植入病人胸部的微型電腦。每次從電腦得到命令，電極就會放出一道微弱的電流，使造成憂鬱的大腦區域麻痺。這種療法並非萬無一失，但有部分病人就表示，那些一直折磨他們的空虛和黑暗，就像變魔法一樣消失無蹤。

　　曾有一位病人抱怨症狀在術後幾個月復發，讓他整個人陷入嚴重憂鬱。但經過檢查，醫師發現了問題根源：電腦的電池沒電了。他們一換了電池，憂鬱也就煙消雲散。[150]

　　這種療法顯然有其倫理限制，研究人員只能在某些特殊病例，才能將電極植入人腦，其他人體實驗多半還是使用非侵入性的頭盔裝置—— 技術上稱為「經顱直流電刺激器」（transcranial direct-current stimulator）。這種頭盔配有電極，連接到頭皮外側，能夠產生弱電磁場，瞄準特定大腦區域，進而刺激或抑制所選定的大腦活動。

　　美國軍方正在測試這種頭盔，希望能提升士兵在訓練或實戰時的專注力和表現。主要實驗由位於俄亥俄州空軍基地的人類效能指揮部（Human Effectiveness Directorate）進行。目前距離能下定論還很遠，而且經顱刺激器的效用還是名過於實，但有幾項研究指出，像是無人機操作員、空中交通管制員、狙擊手等等需要長期保持高度專注的職務，都能夠透過這種方式，提升認知能力。[151]

　　《新科學人》（New Scientist）雜誌的記者愛蒂（Sally Adee）就曾經獲准前往一處狙擊手訓練地點，親身測試效果。她一開始先不戴頭盔，進入戰場模擬室，面對二十個蒙面男子綁著自殺炸彈、持著步槍，直接向她衝來，令她一陣驚恐。她寫道：「好不容易射倒一個人，又有另外三個新的攻擊者不知道從哪裡冒出來。我顯然開槍速度不夠快，慌得要命又笨手笨腳，一直卡彈。」還好，這些攻擊

者只是投射到她身邊巨型銀幕上的影像。但她還是覺得自己實在表現太差，沮喪到簡直想把槍丟下，一走了之。

然後，他們幫她戴上了頭盔。她說其實沒什麼特別感覺，只是稍微覺得有點刺痛，嘴裡有奇怪的金屬味。但接下來，她開始一個一個放倒這些虛擬恐怖份子，態度冷靜、手法純熟，簡直像藍波或克林伊斯威特。「看著這二十個人拿槍衝向我，我很冷靜的舉起步槍，深吸一口氣，放倒離我最近的人，再平靜的評估下個是誰。好像才沒一會，我就聽到有個聲音說：『好了，結束了。』模擬室裡燈光亮起……我身邊橫七豎八倒著屍體的影像，忽然一陣安靜，但我好希望有更多人來攻擊我。而且他們幫我脫下頭盔、移開電極的時候，我甚至有點失望。我抬起頭，想知道是不是有人把時鐘調快了，完全沒感覺到時間已經足足過了二十分鐘。『我擊中了幾個？』我問那位助理。她看著我，帶點揶揄的神色，『他們全掛了。』」

這場實驗讓愛蒂的生命大為改觀。接下來幾天，她意識到自己經歷了一場「近乎靈性的體驗……並不是覺得更聰明、或是學得更快。真正讓我覺得好像腳下忽然一空的，是我這輩子第一次覺得大腦裡忽然一片安靜……沒有任何自我懷疑，彷彿看到一個新世界。腦中忽然就是靜得叫人難以置信……我希望你會懂，在那次測驗後的幾個星期裡，我心裡最想做的事情，就是再回去那邊，把電極再接回去。我也開始冒出許多疑問。平常，在我腦中總像是有許多憤憤不平的小地精，占滿了我的心思，讓我害怕嘗試，最後造成失敗。但除了這些聲音之外，我究竟是誰？這些聲音又是從哪裡來的？」[152]

這些聲音有些是重複了社會的偏見，有些是附和著我們個人的成長史，也有些傳達出我們的基因傳承。愛蒂認為，這一切創造出

一個看不見的故事，在我們不知不覺中，塑造著我們有意識做出的決定。如果我們可以重寫這些內心的獨白、甚至叫它們完全噤聲，會發生什麼事？[153]

▲「操縱大腦」正起步

直到2016年，經顱刺激器仍在起步階段，也無法預測是否會在何時成為成熟的科技。到目前為止，透過這種方式增強能力，只能維持一段短暫的時間。愛蒂的經驗能到二十分鐘，可能是特例中的特例（甚至就只是安慰劑效應而已）。

關於經顱刺激器，多數已發表成果的研究，都是人類樣本數極少、情境也有特殊限制，而且長期影響和危險也仍然完全未知。只不過，如果未來這項科技成熟，或是我們找到其他方法來操縱大腦的腦電模式，會對人類社會和人類有何影響？

如果哪天人類真能控制自己的大腦電路，除了希望自己更有效擊倒恐怖份子之外，可能也會希望實現一些更俗世、自由主義的目標。換句話說，也就是能夠更有效學習和工作，讓自己能全心投入遊戲和嗜好，或是能在任何時刻專心於有趣的事物上，不管是數學或足球。

然而，如果這樣的操縱大腦成了一件普遍的事，原本該由顧客自由操縱的意願，就會變成另一項可購買的商品。希望彈得一手好鋼琴，但要練琴時卻又想看電視嗎？沒問題：戴上頭盔、安裝適當的軟體，你就能夠完全只想練鋼琴了。

你或許覺得不服氣，認為如果能讓腦中的聲音噤聲或是放大，其實是增強了自由意志，而非削弱。在過去，你可能就是因為被外

界干擾，才沒能實現自己最珍視、內心最深處的真實欲望。有了這種讓人專心的頭盔或類似設備，你就更能把父母、牧師、神父、祭司、公關、廣告商、鄰居的聲音統統排除掉，專注於**你自己**想要什麼。然而我們很快就會看到，要說你有個單一的自我、能夠區分自己的真實欲望與外界聲音的不同，這也只是另一個自由人本主義的神話，已經遭到最新科學研究推翻了。

◢ 每個人心裡的中情局與國務院

科學不僅破壞了自由人本主義對於自由意志的信念，也破壞了對個人主義的信念。自由主義認為每個人都有單一、不可分割的自我── individual（個人）這個英文字的意思，也就是 in-dividual（不可分割的）。

確實，人體是由大約三十七兆個細胞組成，[154] 而且每天身體和心智都會經歷無數次的變化及原子分子的置換，但只要集中精神、努力接觸自己，一定就能在內心深處，找到單一、清楚且真實的聲音，這也就是真實的自己，而這正是宇宙一切意義和權威的源頭。對於自由主義來說，想要有意義，就必須有一個真正的自我，而且還只能有唯一的自我。否則要是有許多個自我，我在投票站、超市和婚姻市場上，該聽哪個的意見？

但是經過數十年的研究後，生命科學的結論是：這種自由主義的故事完全就是神話。所謂唯一真正的自我，就和永恆的靈魂、耶誕老人和復活節兔子，一樣虛假。如果我真的深深去探測自己，就會發現：自己一向以為理所當然的單一性，會分解成各種互相衝突的聲音，沒有哪個是「真正的自我」。人類絕非「不可分割」，反

而就是由許多分割的部分所組成。

　　像是人腦就是由兩個腦半球組成，中間由一束神經纖維連結。每個腦半球控制著身體相對的另一側，例如右腦控制身體的左側、接收來自左側視野的資料、負責移動左臂和左腿；左腦則是剛好相反。因此，右腦中風的病人有時候會忽視身體的左側，例如只梳右邊的頭髮，或是只吃盤子右邊的食物。[155]

　　左右腦也有情感和認知方面的分工，但情況不算太明顯。事實上，多數認知活動都會同時用到兩個腦半球，只是使用程度有高低之別。例如在大多數情況下，左腦在語言和邏輯推理時，扮演較重要的角色，而右腦則是處理空間資訊時，較為強勢。

　　在左右腦關係的研究上，許多突破性的成果是出自對癲癇病人的研究。嚴重的癲癇病人，是從大腦的某一區域掀起一場電風暴，迅速傳播到其他區域，造成急性癲癇發作。癲癇發作期間，病人無法控制身體；一旦發作頻繁，常常就會讓他們丟掉工作、無法過正常生活。在二十世紀中葉，如果其他療法都無法奏效，醫師的最後一招就是把連接兩個腦半球的神經束切斷，讓某個腦半球掀起的電風暴不會影響到另一半球。對腦科學家來說，這些病人簡直就像是金礦，提供了許多驚人的資料。

　　關於這些「裂腦」（split-brain）病人，最著名的研究者是斯佩里（Roger Wolcott Sperry，因其突破性發現，獲頒1981年諾貝爾生理醫學獎），以及他的學生葛詹尼加（Michael S. Gazzaniga）。其中一項研究的對象是一位青少年。研究者問他，長大後想做什麼。男孩回答說：繪圖員。這個答案是由左腦提供，邏輯推理和語言多半由左腦控制。然而，男孩的右腦也有另一個活躍的語言中心，雖然無法控制口語，但能用拼字遊戲Scrabble的字母牌拼出字來。研究人員

很想知道男孩的右腦有何意見，於是把字母牌都散在桌上，再在一張紙上寫著：「你長大後想做什麼？」並把紙放在男孩左邊視野的邊緣處。來自左邊視野的資料會由右腦處理。右腦無法控制口語，所以男孩什麼也沒說，但他的左手開始迅速在桌上移動，到處蒐集字母牌，拼出：「汽車比賽」。厲害了吧！[156]

同樣令人感到離奇的另一項行為，則是出現在二戰退伍老兵WJ身上。WJ的雙手分別由不同的腦半球控制。他的兩個半腦之間沒有連繫，於是有時候右手要開門、左手卻會把門甩上。

還有另一項實驗，葛詹尼加的研究團隊向左腦（負責語言）秀出雞爪的照片，同時向右腦秀出雪景照。接著問病人PS看到了什麼，他回答「雞爪」。葛詹尼加接著再秀出許多圖卡給PS看，請他指出最符合他所看到的內容。病人的右手（由左腦控制）指向一隻雞，但同時左手卻也伸了出來，指向一隻雪鏟。葛詹尼加接著就問了這個再明顯不過的問題：「為什麼你會同時指了雞和雪鏟？」PS回答：「呃，雞爪和雞有關係，而要清雞舍需要鏟子。」[157]

這裡是怎麼了？控制語言的左腦並未接受到雪景這項資訊，根本不知道為什麼左手會指向鏟子，結果左腦就自創出一些覺得合理的解釋。多次重複實驗後，葛詹尼加的結論認為：左腦不僅處理口語能力，也是腦內的翻譯人員，會用各種片段的線索，捏造出合理的故事，想為我們的生活找出意義。

又例如另一項實驗，是讓掌管非語言能力的右腦看到一張色情圖片。受試者開始臉紅、咯咯笑著。「你看到了什麼？」研究人員賊賊的問道。受試者的左腦說著「沒什麼，只是有光閃了一下」，但她立刻又開始咯咯笑了起來，還用手遮住了自己的嘴。「那你為什麼會笑呢？」研究人員追問。也是一頭霧水的左腦翻譯官，拚盡

全力想找出什麼合理的解釋，於是回答說：因為房間裡有部機器看起來很好笑。[158]

　　這就像是中央情報局在巴基斯坦執行無人機空襲任務，但美國國務院卻毫不知情。等到有記者向國務院官員詢問此事，官員只能趕快編造一些貌似合理的解釋。但實際上，這些公關人員根本不知道為何要空襲，就只是瞎掰。

　　不僅是裂腦的病人，而是所有人類都會用到類似的機制。一次又一次，我們心中的中情局都是不經國務院批准或知情，就恣意行事，接著我們心中的國務院就只能編出一個讓自己看來最像正人君子的故事。常常，就連國務院自己最後都信了自己編出的故事。[159]

▲ 我到底是誰

　　行為經濟學家也曾做出類似的結論，當時討論的是民眾如何下各種經濟決定。或者講得更精準些，是誰下了這些決定。是誰決定買豐田而不買賓士、度假去巴黎而不去泰國、投資南韓債券而不是上海股票？多數實驗都指出，並沒有什麼「單一的自我」做出這些決定，而是人心中有許多不同、常常還相互衝突的內在，經過不斷拉扯才決定的。

　　2002 年諾貝爾經濟學獎得主康納曼（Daniel Kahneman），就做過一項開創性的實驗，請一組志願受試者參加分成三階段的實驗。在「短」階段的實驗中，受試者將一隻手放入 14°C 的水裡一分鐘，這種水溫會讓人不悅、接近痛苦。六十秒後，就請他們把手給抽回來。而在「長」階段的實驗中，受試者的手會放在另一個容器中，水溫同樣是 14°C；但在六十秒後，會偷偷將熱水導進容器，使水溫

人類大命運
Homo Deus

略升為15°C；三十秒後，再請他們把手抽回來。有些受試者會先做
「短」版的實驗，也有些是從「長」版的實驗開始。但不論哪種，
都會在兩個部分都結束的七分鐘後，進行第三階段、也是最重要階
段的實驗。研究人員告知受試者，他們必須重複前兩階段的其中之
一，但他們可以自由選擇。足足有80％的人選擇了「長」版實驗，
在印象中以為這比較不那麼痛苦。

這個冷水實驗如此簡單，透露的意義卻動搖了整個自由主義世
界觀的核心。這實驗告訴我們，人體內至少有兩種自我：**經驗自我**
（experiencing self）及**敘事自我**（narrating self）。

經驗自我是我們每時每刻的意識。所以對於經驗自我來說，顯
然「長」版的實驗比較糟。因為你得先忍受14°C的水溫、達六十秒
（「短」版實驗受的苦，在這裡一點也少不了），這已經令人很難忍
受了，接下來你還得再忍受另外三十秒、15°C的水溫，雖然情況
勉強好一點，但絕對也不愉快。對於經驗自我來說，在一個非常不
愉快的經驗後，再加上另一個仍然不愉快的經驗，並不會讓整件事
變得比較愉快一些。

只不過，經驗自我並沒有深刻的記憶力。它不會說故事，而且
我們要做重大決定的時候，也不會去問經驗自我有何想法。講到要
喚起記憶、講故事、做重大決定，負責的是我們心中另一個非常不
同的存在：敘事自我。

敘事自我的概念，很類似葛詹尼加所說的左腦翻譯人員，永遠
忙著將過去的絲絲縷縷，編織成一篇故事，並為未來制定計畫。敘
事自我就像是記者、詩人或政治人物，不會敘述所有細節，通常只
會取事件的高潮和最後結果來編織故事。整個經驗的價值，是將峰
值與終點兩者加以平均。

340

　　舉例來說，敘事自我判斷「短」版冷水實驗時，是將最差的部分（水非常冷）和最後一刻（水還是非常冷）拿來做平均，結論就是「水非常冷」。接著，敘事自我對「長」版冷水實驗也做一樣的判斷，把過程中最差的部分（水非常冷）和最後一刻（水沒那麼冷）拿來做平均，結論就是「水稍微溫暖一點」。

　　這裡的重點之一在於：敘事自我對於時間持續多久無感，並不在意長短兩款實驗的持續時間不同。所以，如果需要在兩者擇一，敘事自我會挑的是長版的實驗，認為「水稍微溫暖一點」。

◢ 峰終法則

　　每次敘事自我要對我們的經驗下判斷時，並不會在意時間持續多長，只會採用「峰終法則」（peak-end rule），也就是只記得高峰和終點這兩者，再加以平均，做為整個經驗的價值。這法則對於我們所有的日常決定，都產生了深遠的影響。

　　1990 年代早期，康納曼開始與多倫多大學的瑞德邁爾（Donald Redelmeier）合作，一方面研究了做大腸內視鏡檢查的病人，另一方面開始研究經驗自我及敘事自我的差別。

　　大腸內視鏡檢查是通過肛門，將小型攝影機插入腸道，以診斷各種腸道疾病。這種檢查並不舒服，而醫師都想知道怎樣才能減輕這道程序的痛苦——是該把動作加快，讓病人長痛不如短痛？還是該把動作放慢、小心一點？

　　為了回答這個問題，康納曼和瑞德邁爾請一百五十四位病人在大腸內視鏡檢查期間，每分鐘一次、報告他們的疼痛程度。報告時使用從 0 到 10 的分數，0 代表完全無感，10 則是痛到無法忍受。等

到檢查結束,再請病人同樣使用0到10的分數,報告檢查的「整體疼痛程度」。

我們可能會以為,整體分數會與每分鐘報告的分數總和相關,也就是如果時間持續愈久、病人承受的疼痛愈多,最後的整體疼痛分數就會愈高。然而,實際結果卻非如此。

正如前面的冷水實驗,不管持續時間多長,整體疼痛分數只會反映出峰終法則。因此,有某一次大腸內視鏡檢查的時間持續八分鐘,過程中病人給出的最高疼痛分數為8分,而最後一分鐘的給分為7分。等到檢查結束,這位病人所給的整體疼痛分數就是7.5分。而在另一次大腸內視鏡檢查中,時間足足有二十四分鐘。過程中,病人給出的最高疼痛分數一樣是8分,但在最後一分鐘的給分卻只有1分。到最後,這位病人的整體疼痛分數給分就只有4.5分。事實上,後面這次的大腸內視鏡檢查時間足足是三倍,總和說來,受到的痛苦要多得多,但這點完全沒有影響到他的記憶。敘事自我並不是將所有的經驗做總和,而是將峰值和終值做平均。

所以,病人會喜歡哪一種呢?是為時短暫、但很痛苦的檢查,還是時間長、但動作小心的檢查?這個問題並沒有唯一正解,因為病人至少有兩個不同的自我,各自有不同的喜好。如果問的是經驗自我,它大概會選擇時間短的;但如果問的是敘事自我,它反而寧可挑時間長的,因為它只會記得最糟時刻和最後一刻的平均值。事實上,如果從敘事自我的觀點,醫師最好在檢查最後,安排幾分鐘原本完全不必要的鈍痛(dull ache,隱隱作痛),因為這反而會讓整件事的痛苦記憶大減。[160]

兒科醫師和獸醫都很懂這項技巧。許多醫師會在診間裡準備零食點心,在打完針或做了什麼痛苦的檢查之後,讓孩子(或小狗)

吃點甜。這樣一來，等到敘事自我後來回想這次看診，最後這十秒的快樂，會足以抹去之前許多分鐘的焦慮和疼痛。

◢「敘事自我」擁有一把利剪

至於演化，更是早在兒科醫師之前許久，就發現了這項伎倆。許多婦女分娩時，都會經歷難以忍受的痛苦，可能會讓人以為，只要生過一次，沒有哪個心靈正常的女性會願意再來一次。但在分娩後的幾天，荷爾蒙系統會分泌皮質醇和腦內啡，舒緩疼痛、讓人感到安慰，甚至是欣悅。再加上對小嬰兒的愛與日俱增，又得到來自親友、宗教和民族主義的多方讚譽，都會共謀協力，將分娩從創傷轉為正面記憶。

位於以色列特拉維夫的拉賓醫學中心，做了研究顯示：分娩的記憶主要只反映高峰及終點，整體持續過程幾乎沒有任何影響。[161]在另一項研究中，請二千四百二十八名瑞典婦女在分娩兩個月後，回憶生產的過程，其中有90％認為這個過程屬於「正面」或「非常正面」。她們並沒有忘記分娩過程中的痛苦（有28.5％認為分娩是世上能想到最痛的事），但仍然認為這是個正面經驗。

敘事自我有一把鋒利的剪刀、一支黑色的粗麥克筆，逐一審查著我們的經驗。至少有某些令人恐懼不悅的時刻，就這樣遭到裁剪抹去，最後整理出一個有歡樂結尾的故事，歸檔存查。[162]

我們日常的大多數關鍵抉擇，像是挑選另一半，挑選職場、住所或度假，都是由敘事自我來決定的。假設現在又有兩套度假行程任君挑選。第一套行程是到美國維吉尼亞州的詹姆斯鎮，參觀這個歷史悠久的殖民城鎮，這是英國在1607年於北美洲建立的第一個

40. 聖母瑪麗亞抱著嬰兒耶穌的聖像。
大多數文化都將分娩描繪成美妙的體驗,而不是一種創傷。

殖民地。第二套行程則是你自己的夢想假期,可以是阿拉斯加徒步旅行、佛羅里達日光浴,又或是到拉斯維加斯盡享帥哥美女、醇酒毒品、博奕激情。但有一項限制:如果選擇夢想假期,等到最後上飛機回家之前,你得服下一顆藥丸,消除所有對於這次夢想假期的所有回憶。發生在拉斯維加斯的美好回憶,就真的只會留在拉斯維加斯了。

　　你想挑哪套行程?大多數人都會選擇殖民地詹姆斯鎮。因為大多數人的信用卡都是交給敘事自我掌管,而敘事自我只在意故事,覺得記不住的體驗是白費力氣。

　　說實話,經驗自我和敘事自我並非各自獨立,而是緊密交織。敘事自我也會用到我們的種種經驗,做為重要(但非唯一)的故事素材。反過來,這些故事也會形塑經驗自我的種種感受。例如,在齋戒月禁食、在準備體檢時禁食、又或是單純沒錢買東西吃,對於飢餓的感受就會有差異。敘事自我對飢餓賦予不同意義,就會讓實際的經驗大不相同。

　　另一方面,經驗自我往往也強大到足以破壞敘事自我最完美的計畫。舉例來說,我可能在新年下定決心,要控制飲食,每天上健身房。這種偉大的決定是敘事自我的專利。只不過,過了一星期,該上健身房了,經驗自我卻過來接手。我現在就是不想上健身房,反而是訂了披薩,坐在沙發上打開電視。

　　然而,大多數人認同的都是自己的敘事自我。我們口中的**我**,講的是我們腦中的故事,而不是身體持續感覺到的當下體驗。我們認同的是自己的內心,想從生活的各種瘋狂混亂中理出道理,編織出一套看來合理而一致的故事。不管情節是否充滿謊言和漏洞,也不管故事是否因為一再重寫而總是自打嘴巴,一切都不要緊。重要

的是：我們總是覺得自己從出生到死亡（甚至死後）都有個單一、不變的身分。就是這種感覺，塑造出大有問題的自由主義信念，誤認為自己不可分割，誤認為內心有個清楚而一致的聲音，而且能為整個宇宙提供意義。[163]

在謊言裡建構生命意義

波赫士（Jorge Luis Borges）的短篇故事〈一個問題〉，正是以敘事自我做為重點。[164] 故事的主人翁是唐吉訶德，與塞萬提斯（Miguel Cervantes）著名小說的主角同名。唐吉訶德為自己創造了一個想像的世界，自己是裡面的傳奇騎士，四處對抗巨人，拯救托波索的杜爾西內亞女士。實際上，唐吉訶德本名叫做阿隆索·吉哈諾，是鄉下一位上了年紀的沒落貴族；那位高貴的杜爾西內亞女士，則是附近村子裡的養豬村姑；至於巨人，則是一些風車。波赫士就在想，如果唐吉訶德因為相信這些幻想，攻擊、殺死了一個真正的人，後續會如何？

波赫士提出了關於人類的一個根本問題：如果敘事自我講出的那套故事，對我們自己或周圍的人造成嚴重傷害，之後會怎樣？波赫士認為，主要有三種可能。

第一種可能：沒什麼影響。雖然唐吉訶德殺了一個真正的人，卻毫無悔意。因為這些妄想已經太過鮮明，他一心認為自己在對抗風車巨人，根本無法意識到實際殺了人。

第二種可能：在奪走他人生命的那一刻，會讓唐吉訶德大受驚駭，打破他的妄想。這種情況類似初上戰場的新兵，原本深信為國捐軀是件好事，最後卻被戰場現實狠狠打醒。

　　另外還有更為複雜和影響深遠的第三種可能：原本與想像的巨人戰鬥時，唐吉訶德只是在演戲。但等到真的殺了人，他就會開始堅持自己的妄想，因為只有這樣，他不幸犯下的錯誤才會有意義。荒謬的是，我們對一個想像的故事做出的犧牲愈多，就可能愈是堅持，只為了讓我們的一切犧牲和痛苦有意義。

　　在政治裡，這稱為「我們的孩子不能白白犧牲」症候群。1915年，義大利加入協約國，於第一次世界大戰正式參戰。義大利宣告的目標是要解放由奧匈帝國「不當」占有的特倫托（Trento）和提里雅斯特（Trieste）這兩處「義大利領土」。義大利政客在國會發表義憤填膺的演說，誓言要補正歷史的錯誤、恢復古羅馬的光榮。數十萬義大利士兵開往前線，高喊「為了特倫托和提里雅斯特！」以為這兩地唾手可得。

　　情況大出意料。奧匈帝國的軍隊在伊索佐河（Isonzo River）沿岸組構了強大的防線。義大利總共發動了十一場血淋淋的戰役，最多只攻下幾公里，從未有真正突破。第一場戰役，義大利傷亡與受俘的人數來到一萬五千人。第二場戰役，他們傷亡了四萬人。第三場戰役，他們傷亡了六萬人。就這樣持續了腥風血雨的兩年，直到第十一場戰役。但接著，奧地利人終於反擊了，這第十二場戰役，一般稱為卡波雷托戰役（Battle of Caporetto），德奧聯軍大敗義大利，一路殺到威尼斯門口。光榮出征成了一片血海的潰敗。等到戰爭結束，義大利士兵死亡人數達七十萬，傷兵人數超過百萬。[165]

　　輸掉第一場伊索佐河戰役後，義大利政客有兩種選擇。他們本來大可承認自己犯了錯，要求簽署和平條約。奧匈帝國根本和義大利無怨無仇，又正在為了自己的生存，與更強大的俄羅斯打得焦頭爛額，必然樂意講和。

人類大命運
Homo Deus

41. 伊索佐河戰役的十幾位受害者。他們是白白犧牲嗎?

348

　　然而，這些政客怎麼能面對這第一場戰役傷亡與受俘的一萬五千名義大利士兵的父母、妻子和孩子，告訴他們：「對不起，出了一點錯，你家的喬望尼白死了，還有你家的馬克也是，希望你們別太難過。」

　　另一種選擇是，這些政客可以說：「喬望尼和馬克是英雄！他們的死，是為了讓提里雅斯特回歸義大利，他們的血不能白流！我們會繼續戰鬥，直到勝利為止！」毫不意外，義大利政客挑了第二個選項。因此他們打了第二場戰役，帶來更多傷亡。政客又再次決定，最好繼續戰鬥，因為「我們的孩子不能白白犧牲」。

　　但我們也不能只怪政客，就連民眾對戰爭也是一路支持。就算到了戰後，義大利未能得到自己要求的所有領土，義大利人民透過民主，選出的就是墨索里尼和他的法西斯夥伴們，這些人的選舉訴求正是要為所有義大利人的犧牲，取得適當的賠償。

◢ 錯到底，就是對的？

　　講到要承認一切是白白犧牲，政客要對這些人的父母開口，已經夠難了；愛國的父母要對自己承認，兒子白白犧牲了，這還要更為困難；至於英勇從軍卻受傷、甚至殘廢的人，更是說不出口。失去雙腿的士兵，會寧願告訴自己「我的犧牲，都是為了能讓義大利民族永存的榮光」，而不是「我之所以沒了腿，是因為蠢到相信自私的政客」。活在幻想裡是一個遠遠較為輕鬆的選項，唯有這樣，才能讓一切痛苦有了意義。

　　早在幾千年前，神職人員就已經發現了其中的奧妙，許多宗教儀式和誡命都以此為基礎。如果想讓人相信某些假想的實體，像是

神、國家，就要讓他們犧牲一些有價值的東西。犧牲叫人愈痛苦，他們就愈會相信犧牲奉獻的對象確實存在。

如果有個貧窮的農民，把自己一頭珍貴的牛，都獻給了宙斯，就會開始對宙斯的存在深信不疑，否則要怎麼解釋自己竟然蠢成這樣？這個農民還會再獻出一頭牛、一頭、再一頭，才不用承認以前所有的牛都是白白犧牲。

出於同樣的原因，如果我為了義大利民族國家的榮光，犧牲了一個孩子，或是為了共產革命失去雙腿，通常就足以讓我成為激進的義大利民族主義者或共產主義者。因為，如果說義大利民族神話或共產主義宣傳都是一片謊言，豈不是要我承認孩子都是白死、或是我的癱瘓完全沒有意義？很少人有勇氣能承認這樣的事情。

經濟上也會看到同樣的邏輯。1997年，蘇格蘭決定蓋一座新的國會大廈（見第352頁）。原本預計施工時間兩年，預算四千萬英鎊。但是到頭來，施工時間長達五年，成本高達四億英鎊。每當承包商遇到未預期的困難和費用，就會找上蘇格蘭政府，要求展延工期、增加預算。每次發生這種情況，政府就會對自己說：「我們已經投入幾千萬英鎊了，如果現在停手，只能拿到一座蓋到一半的骨架，在人民心中會徹底信用掃地。還是再撥個四千萬英鎊吧。」

再過幾個月，同樣的事情再次發生，但這時候，建物若還無法完工，壓力也就更大了。再過幾個月，故事繼續重複。就這樣拖下去，直到實際成本足足是原來估計的十倍。

不是只有政府會陷入這個陷阱。企業集團也常常把幾百萬美金丟進失敗的子公司。至於個人，也常常依戀著不開心的婚姻，或拋不下沒前途的工作。我們的敘事自我寧可在未來繼續痛苦，也不想承認過去的痛苦完全沒有意義。最後，如果我們想把過去的錯誤一

筆勾銷，敘事自我就一定得在情節中安排某個轉折，為錯誤注入意義。例如，一個和平主義的退伍軍人，可能告訴自己：「確實，我犯了錯，才沒了雙腿。但因為這個錯，我才看清戰爭是個地獄；從現在開始，我要奉獻我的生命，為和平而戰。因此，我受到的傷還是有些正面意義：讓我學會重視和平。」

於是我們知道，「自我」也像國家、神祇和金錢一樣，都只是虛構、想像的故事。每個人都有一個複雜的心靈，會丟下我們大部分的經驗，只精挑細選幾樣，再與我們看過的電影、讀過的小說、聽過的演講、做過的白日夢，全部混和在一起，編織出看似一致連貫的故事，告訴我們自己是誰、來自哪裡、又要去哪裡。正是這個故事，告訴我們自己該愛誰、討厭誰、該怎麼對待自己。如果情節有需要，這個故事甚至也可能讓我們犧牲自己的生命。

每個人的故事都各有戲劇類型。有些人活在悲劇之中，有些人上演永無結局的宗教戲劇，有些人的日子過得像是動作片，也有不少人過著喜劇人生。但到頭來，一切都是故事罷了。

◢ 生命科學顛覆了自由主義

如此說來，生命的意義究竟是什麼？自由主義認為，我們不應期待外界為我們提供現成的意義。每位選民、顧客和觀者，都應該用自己的自由意志來創造意義，而且不只是創造自己生命的意義，更要創造整個宇宙的意義。

然而，生命科學卻戳破了自由主義的想法，認為所謂的「自由個人」也是個虛構的故事，人只是生化演算法的組合。每時每刻，大腦的生化機制都會創造經驗，但是一閃即逝，接著就是更多經驗

閃現、消失、閃現、消失,彼此快速相連。這些瞬間的經驗並不會累積、構成什麼永續的本質。在這一片混沌中,敘事自我試著找出秩序,於是編織出一則永無結局的故事,讓每項經驗都能找到自己的位置,也就多少有些長久的意義。只不過,雖然這讓一切合理且誘人,卻仍然只是虛構的故事。中世紀的十字軍相信,是上帝和天堂讓他們的生命有意義;現代自由主義者則認為,是個人的自由選擇讓生活有意義。但不論如何,都一樣是妄想。

當然,早已有人質疑「自由意志」和「個人」的概念。

早在兩千多年前,印度、中國和希臘的思想家就已經認為「個人」的概念是一種虛妄。然而,除非真正能影響經濟、政治和日常生活,否則光是質疑,並不足以改變歷史。

42. 蘇格蘭國會大廈證明了「我們的英鎊不能白白犧牲」,如此才有意義。

　　人類很能應付認知上的矛盾，能允許自己在實驗室裡信一套，到了法庭或國會，又信完全不同的一套。就像基督教並未在達爾文發表《物種原始論》的那天消失，自由主義也不會因為科學家的結論是「並沒有自由的個人」，便就此滅亡。

　　事實上，就連英國生物學家道金斯（Richard Dawkins，《自私的基因》作者）、美國實驗心理學家平克（Steven Pinker，《語言本能》作者）和其他新科學世界觀的擁護者，也並未放棄自由主義。就算他們已經用豐富的學理、數百頁的篇幅，解構了所謂自我及自由意志的概念，卻接著像是做了一個智識上的完美後空翻，奇蹟似的一躍回到十八世紀，好像演化生物學和大腦科學所有驚人的發現，完全不會影響洛克、盧梭和傑佛遜所提出的倫理及政治觀念。

　　然而，等到這些異端科學見解逐漸成為每天使用的科技、日常活動和經濟結構，也就不可能再這樣兩面討好了。我們（或後代）很有可能會需要一套全新的宗教信仰和政治制度。在這第三個千禧年的初端，自由主義受到的威脅不再是來自「沒有自由的個人」這種哲學問題，而是來自扎扎實實的科技挑戰。我們即將擁有各種極實用的設備、工具和制度，但這些設備、工具和制度並不允許個人自由意志的存在。

　　民主、自由市場和人權這些概念，是否真能在這場洪水中存活下來？

第9章

自由主義大崩解

上一章簡單回顧了近來的科學發現對自由主義哲學有何傷害，現在則該來檢視這些發現對實際生活有何影響。自由主義推崇自由市場和民主選舉，是因為自由主義相信每個人都獨一無二、各有價值，而且這些人的自由選擇就是權威的本源。但是在二十一世紀，有三項關於「實用」的發展，可能會讓這種信念成為明日黃花：

一、 人類將會失去在經濟和軍事上的用途，
　　因此政經體系將不再繼續認同人類有太多價值。
二、 政經體系仍然認為人類整體有其價值，但個人則無價值。
三、 政經體系仍然會認為某些獨特的個人有其價值，
　　但這些人會是一群超人類的菁英階級，而不是一般大眾。

讓我們仔細檢視這三項威脅。第一，科技發展將使人類不再具備經濟和軍事上的用途：這點雖然不會從哲學上推翻自由主義，但在實際生活中，卻很難想像民主制度、自由市場和其他自由主義制

度如何能承受這記打擊。畢竟，自由主義之所以能成為意識型態的主流，並不只是因為它的哲學論證最合理，而是因為它將價值歸功給每個人，這點在政治、經濟和軍事上大有好處。在現代工業戰爭的大規模戰場上、現代工業經濟的大規模生產線上，每個人都很重要。只要能持起步槍、或是拉下拉桿，每雙手都有價值。

1793 年春天，歐洲各王朝派出軍隊，希望趁法國大革命尚未茁壯之際，趁早扼殺革命的根苗。巴黎革命份子的反應，則是宣布全國動員，發動第一波全面戰爭。8 月 23 日，法國國民公會（National Convention）下令，「自此刻起、至敵人被逐出共和國土地前，永久徵用所有法國人從軍。年輕男性應戰鬥；已婚男性應鑄造武器、運輸補給；女性應製作帳篷及衣物，並至醫院服務；孩童應將舊軟麻料製為麻布；長者應前往公共廣場，喚起戰士的勇氣、表達對王室體制的憎惡、並宣揚共和國的統一。」[166]

法國大革命最著名的文件〈人權與公民權利宣言〉，認定所有公民擁有同等價值、享有平等的政治權利；但與國民公會所下的命令兩相對照，足堪玩味。在這歷史上的同一時刻，一方面宣告普世人權，一方面下令不分男女老幼全國動員，難道真是巧合？雖然學者對於兩者究竟有何確切關係，還多有爭辯，但在接下來的兩個世紀中，一種維護民主的常見論點認為：讓公民擁有政治權利是一件好事，因為民主國家的士兵和工人，表現會比在獨裁政權體制下，來得更好。據稱，讓人民享有政治權利，就能提升動機和進取心，而這在戰場上和工廠裡都大有益處。

哈佛大學自 1869 年至 1909 年的校長艾略特（Charles W. Eliot）曾在 1917 年 8 月 5 日於《紐約時報》寫道：「民主軍隊的戰力高於用貴族方式組織、獨裁方式統治的軍隊」，以及「由民眾決定立法、

選舉公務員、解決和平與戰爭問題的國家,比起靠世襲或全能的神所委託的獨裁者,前者的軍隊戰力更強。」[167]

第一次世界大戰後,根據類似的理由,也支持賦予婦女各項權利。各國意識到女性在這場全面工業戰爭裡,占有重要角色,認為有必要在和平時期也賦予女性政治權利。因此在1918年,美國總統威爾遜(Woodrow Wilson)支持女性擁有投票權。威爾遜向參議院表示,在第一次世界大戰中,「若不是因為有女性在各個領域提供服務,美國或其他任何參戰國家都不可能贏得勝利;而且這裡指的不只是我們一般習於見到女性工作的領域,而是任何過去屬於男性工作的領域,幾乎已經類似戰鬥本身。如果不讓女性享有盡可能最完整的權利,我們不僅會失去民眾的信任,更將咎由自取。」[168]

◢ 人海戰術已過時

然而,到了二十一世紀,不論男女,大多數人類都可能不再具有軍事和經濟上的價值。兩次世界大戰投入大量人力的時代,已成過去,二十一世紀最先進的軍隊,主要靠的是尖端科技。現在的戰爭需要的不再是人數無上限的炮灰,而是精挑細選少數訓練精良的士兵;甚至是更少數的特種部隊超級戰士,加上幾位知道如何使用先進科技的專家。由無人機和蠕蟲病毒組成的高科技部隊,正在取代二十世紀由人海組成的軍隊,而指揮作戰的將軍也已經將愈來愈多關鍵決定,交給演算法來處理。

有血有肉的戰士除了行事難以預測,容易受到恐懼、飢餓和疲勞的影響,思考及行動的速度也愈來愈無法趕上現代戰爭的步調。從古代巴比倫的尼布甲尼撒二世、到現代伊拉克的海珊,雖然科技

已有各式進展，但戰爭仍然處於生物的步調——討論得花上好幾小時，戰役得花上好幾天，戰爭得拖上好幾年。

43. 上圖：1916 年，索姆河戰役（Battle of the Somme）的作戰士兵。
　　下圖：二十一世紀的無人戰機。

但到了網路戰，一場戰爭的時間可能只有幾分鐘。在網路指揮中心值勤的中尉，發現有異常狀況後，就算立刻致電上級、上級再立刻警告白宮，最後還是只能一聲哀嘆，因為等到總統接到熱線，這場戰爭早已一敗塗地。只要短短幾秒，計畫夠周延的網路攻擊就能夠讓全美電網斷電、飛航管制中心遭破壞、核電廠和化學工廠發生大量事故；此外，也可以是干擾警察、軍隊的情報通訊網路，甚至是抹除所有金融紀錄，讓幾兆美元就這樣消失無形，沒人知道究竟誰有多少錢。這種時候，唯一讓民眾還不至於歇斯底里的原因，就是因為網路、電視和廣播也全面斷線，所以大家連情況有多慘也不知道。

　　如果是比較小的規模，假設空中有兩架無人機正在交戰。其中一架需要先收到遠方碉堡操作人員的許可，才能開火，另一架則能完全自主開火。你覺得哪架勝算大？

　　假設到了2093年，已經老舊迂腐的歐盟，決定派出無人機和機器人來殲滅一場新的法國大革命；那時，新的巴黎公社可能會徵集所有的駭客、電腦和智慧型手機參戰，然而大多數的人類大概已派不上用場，頂多只能當人肉盾牌。別訝異，這在目前已經是事實了：在今天的許多不對稱衝突中，大多數公民已只能做為各式先進軍武的人肉盾牌。

　　此外，就算不管勝敗問題，單單為了倫理正義，也該支持用機器人和無人機取代士兵和飛行員。人類士兵可能犯下謀殺、強姦、劫掠等罪行，而且就算他們循規蹈矩，誤殺平民仍然在所難免。相較之下，如果是搭載倫理演算法的電腦士兵，要能遵守國際刑事法庭最新判決的可能性，就高多了。

你比機器人耐操嗎？

　　經濟領域也有相同情形，能夠舉起錘子或按下按鈕的能力，已經不如以往有價值，這也就危害了自由主義和資本主義之間重要的合作關係。在二十世紀，自由主義認為倫理和經濟能夠兼得，保護人權和自由既是倫理道德的必要之舉、也是經濟成長的關鍵因素。自由主義認為，英美法等國正是因為開放經濟和社會而繁榮，如果土耳其、巴西或中國也想達到同樣的繁榮，就該起而效法。有許多（甚至是絕大多數的）專制君主或軍人政府，也是出於經濟而非道德因素，才終於願意走向開放。

　　到了二十一世紀，自由主義的賣相將會大不如前。隨著一般民眾的經濟地位不再重要，光靠倫理道德的論述，是否還足以保護人權和自由？無法從一般民眾身上取得經濟紅利後，菁英階級和政府還會認定每個人類都有價值嗎？

　　過去有許多事情只有人類能做得到，但現在機器人與電腦正迎頭趕上，可能很快就會在多數的任務上超越人類。確實，電腦與人類的運作方式非常不同，而且看來電腦在短期內也不會變得更像人類——特別是電腦應該不會獲得意識、或是具備情緒和感覺。過去半個世紀，**電腦智能**（computer intelligence）已經有了巨大進展，但在**電腦意識**（computer consciousness）方面卻完全是原地踏步。據我們所知，2016年的電腦並未比1950年代的電腦原型更有意識。然而，一場重大革命已經風雨欲來。「智能」的概念即將開始與「意識」的概念脫鉤，也讓人類面臨失去經濟價值的危險。

　　高度的智能與發達的意識，一向是兩個形影不離的概念。必須是具有意識的個體，才能執行需要高度智能的任務，例如下棋、開

車、診療，或是辨認出恐怖份子。然而，我們正在開發新型的「無意識智能」，做起這些事來比人類更快更好。原因在於，這些任務說穿了就是要「找出模式」，而無意識的演算法很快就能在這點超越人類。

科幻電影通常假設，電腦如果想趕上、甚至超越人類的智能，就必須發展出意識。但是真正的科學卻有另一種看法。想達到超級智能的境界可能有好幾種方式，並不是每一種都需要透過意識。數百萬年來，生物演化一直順著「意識」這條道路緩緩前行，但非生物的電腦卻可能完全不走這條窄路，而是走向另一條通往超級智能的捷徑。

這就產生了一個新問題：智能和意識，兩者究竟哪個才真正重要？在兩者仍然攜手同行時，討論兩者的價值孰高孰低，大概只會是哲學家的有趣消遣。但是在二十一世紀，這正成為一項急迫的政治和經濟問題。而且只要一想清楚，會讓人不得不嚴肅起來。至少對軍隊和企業來說，答案再簡單不過：智能是必要的，但意識可有可無！

軍隊和企業需要具有智能的個體，才有辦法運作，但這樣的個體卻不見得需要具有意識和主觀經驗。舉例來說，如果是血肉之軀的計程車司機，個人有意識的經驗絕對是比毫無感覺的無人車，來得豐富。計程車司機可以一邊在首爾繁忙的街道上開著車，一邊享受音樂。抬頭望見星空，他可能感到心胸忽然一片開朗，或是因為敬畏而讓他開始思考宇宙的奧祕。看到自己的小寶寶跨出第一步，他的眼睛也可能充滿著喜悅的淚水。只不過，這一切都不是社會需要計程車司機具備的特質。社會需要的只是把人從A點運到B點，而且要最快、最安全、最節省成本。就這點而言，無人車很快就能

做得比人類駕駛更好，就算它不能享受音樂、也不會因為存在的奧祕而大感敬畏，又有什麼關係呢？

◢ 如果滿街都是無人駕駛車

我們該回想一下，馬匹在工業革命後走向怎樣的命運。隨便一匹農場上的馬，不論是在嗅覺、愛的能力、認人的能力、跳過柵欄的能力、或是其他上千項的事情，絕對都遠高於史上首款平民汽車福特 T 型車、或是價值百萬美元的藍寶堅尼跑車。然而，馬匹仍然遭到汽車取代，原因就在於：汽車在社會真正需要的那少數幾項領域勝出。計程車司機很有可能也會走上馬匹這條路。

事實上，如果不僅是計程車、而是規定所有車輛都不得由人駕駛，並將整個交通控制權交給電腦演算法，就能將所有車輛連接成單一網路，大大降低車禍發生率。

2015 年 8 月，谷歌實驗中的無人自動車發生車禍。當時這輛車正接近一個十字路口，發現有位行人想過馬路，於是煞了車。但接著這輛車就遭到後方來車追撞，後面那輛車的人類駕駛心不在焉，可能正思索著宇宙的奧祕，結果就忘了看路。如果兩輛車都是由互相連結的電腦來指揮，這種事就不可能發生。控制駕駛的演算法，能夠清楚掌握每輛車在路上的位置和意圖，絕不可能允許自己操縱的兩輛車就這樣相撞。如果能有這樣的系統，就能大幅節省時間金錢，並且拯救人命；只不過，這也會消滅人類開車的經驗，以及幾千萬人的工作機會。[169]

一些經濟學家預測，「未經強化的人類」遲早會變得完全沒用途。機器人和 3D 列印已經開始在像是製衣這種手工業取代人力，

而高智能的演算法也即將在白領職業掀起同樣的風潮。不久之前，銀行員和旅行社職員似乎還不受自動化影響，但現在已經風雨欲來了。如果我們只要用智慧型手機就能向演算法買機票，何必還需要旅行社的代辦人員？

快閃崩盤事件

　　股票交易員同樣陷入這種危險。現在大多數的金融交易都已經透過演算法來管理，只要一秒，能處理的資料量就比個人花上一年處理的資料量更大，而且也只要花上一眨眼的時間，就能做出反應。2013年4月23日，敘利亞駭客入侵美聯社官方推特帳戶。當天13點07分，他們發出推文，指稱白宮遭到攻擊、歐巴馬總統受傷。各個持續監控所有新聞媒體的交易演算法，瞬間開始反應，瘋狂出售股票。道瓊指數如同自由落體，短短六十秒，大跌了一百五十點，相當於有一千三百六十億美元瞬間蒸發！三分鐘後的13點10分，美聯社發出澄清，表示該推文並非事實。於是演算法開始倒車，到了13點13分，道瓊指數幾乎已經完全回升。

　　再三年前，2010年5月6日，紐約證券交易所還有過更劇烈的震盪。從14點42分到14點47分這不過五分鐘的時間，道瓊指數狂跌一千點，一兆美元煙消雲散。但是接下來，只花了稍微超過三分鐘，指數同樣回到了狂跌前的水準。

　　把我們的錢交給超高速電腦程式來操作，就是會發生這種事。這次的事件稱為「快閃崩盤」（Flash Crash），而專家還在努力研究一切究竟是怎麼回事。他們知道一定是演算法出了問題，但卻無法確認是錯在哪裡。

　　美國有部分交易商，已經對演算法交易（algorithmic trading）提起訴訟，認為這種做法是對人類的歧視，人類在反應速度上絕不可能匹敵。光是要討論這是否真正構成侵權，就會為律師帶來大量的工作，當然也為律師事務所帶來大量的收入。[170]

　　只不過，這裡講的律師也不一定是人。在電影和電視上，似乎律師就是整天在法庭上喊著「反對！」，然後發表慷慨激昂的陳詞。然而，大多數一般律師得花上最多時間的，反而是翻閱無止盡的文件，尋找判例、漏洞、或是那一絲絲可能相關的證據。有些得忙著找出某人被殺的某晚，究竟發生了什麼事；也有些忙著寫出厚度驚人的商業合約，保護客戶避開任何目前可知的風險。

　　如果有一天，複雜的搜尋演算法只要一天時間，就能比一個人花一輩子找到的判例更多，而且只要按個鈕進行腦部掃描，就能戳破所有的謊言和欺騙，那麼這些律師該何去何從？光靠著觀察臉部表情和說話語調，就算是經驗極其豐富的律師和偵探，也很難準確抓到對方心口不一。然而，說謊用的腦部區域和說實話的腦部區域大有不同，雖然目前尚未實現，但是已經可以想像：在不太遙遠的未來，fMRI 掃描就能做為幾乎絕對精準的測謊機。這樣一來，幾百萬的律師、法官、警察和偵探還能做什麼？豈不是得回學校再學個新的專業？[171]

　　但等到他們進了教室，卻很可能發現等候他們的還是演算法。例如 Mindojo 公司正在開發互動演算法，不只能教我數學、物理、歷史，還能同時研究我這個人、瞭解我是誰。這種數位教師會仔細監控我答了什麼、又花了多久。隨著時間過去，它們就能判斷我個人獨特的優缺點何在，也知道什麼能讓我精神一振、什麼會叫我眼皮下垂。它們可以用最適合我人格類型的方式，來教我熱力學或是

幾何學,而無須擔心這種方式並不適合99%的其他學生。這些數位教師永遠不會失去耐心,永遠不會對我大吼大叫,而且也永遠不會罷工。這裡比較大的問題,大概在於:都已經有了這樣有智慧的電腦程式,我為什麼還需要懂熱力學或幾何學?[172]

▲ 超級醫師:華生

就連醫師也無法倖免。大多數醫師最主要的任務,就是要正確診斷疾病、建議最好的療法。如果我上診所,主訴發燒、腹瀉,問題可能是食物中毒。然而,同樣的症狀也可能是腸病毒、霍亂、痢疾、瘧疾、癌症,或是什麼未知的新疾病。醫師只有幾分鐘能做出正確的診斷,因為我的保險就只付得起這麼多時間。所以,醫師根本只能問幾個問題,或許再快速做個簡單檢查,接著就得用這少得可憐的資訊,交叉參照我的病史、以及過濾所有人類的疾病。

唉,不管醫師再怎麼認真,又怎麼可能記得住我以前生過什麼病、做過什麼檢查?同樣的,沒有人能夠熟悉每種疾病和藥物,也不可能讀過每一種醫學期刊的最新論文。最重要的是,醫師如果累了、餓了、甚至生病,都會影響診斷。也就難怪醫師有時會誤診,又或是建議了並非最理想的療法。

現在讓我們來看看 IBM 著名的「華生」(Watson)超級電腦,這套人工智慧(AI)系統在2011年贏得電視益智搶答節目《危險境地》(Jeopardy!)首獎,擊敗該節目史上最強的兩位參賽者。

目前華生的工作則嚴肅許多,主要就是診斷疾病。像華生這樣的AI,比起人類醫師會有某些巨大的潛在優勢。首先,AI可以將史上所有已知疾病和藥物的資訊,全部存在資料庫裡。而且這種資料

庫還能每天更新，不僅得知最新研究結果，還能接收世界上所有相關診所和醫院蒐集到的醫療統計資訊。

　　第二，華生不僅能熟知我的整個基因體、我完完整整的病史，甚至連我的父母、兄弟姊妹、表兄弟姊妹、鄰居和朋友的基因體和病史，它也一樣瞭若指掌。華生能立刻知道我是不是最近去過熱帶國家、是否有胃部感染的痼疾、家族是否有腸癌病史，又或者是不是最近全城的人都在抱怨腹瀉。

　　第三，華生永遠不會說它累了、餓了或病了，它能用上全世界所有的時間為我診斷。我可以舒舒服服坐在沙發上，回答幾百個問題，告訴華生我究竟感覺如何。對大多數病人來說（或許除了患有「疑病症」的病人），這會是個天大的好消息。但如果你是今天要進醫學院，希望自己在二十年後能當個家庭醫師，或許就該重新考慮了。有了這樣的華生，哪還有福爾摩斯出場的機會？

44. 西元 2011 年，IBM 的華生超級電腦在《危險境地》擊敗兩位人類對手。

這種威脅，影響的不僅是家醫科，就連專科醫師也無法倖免。而且事實上，鑽研於相對專精領域的醫師（如癌症診斷），可能還更容易遭取代。最近一項實驗中，電腦演算法能夠正確診斷90％的肺癌病例，但是人類醫師的正確率卻只有50％。[173] 所謂的未來，其實已經降臨了。目前，用專門演算法處理電腦斷層（CT）掃描和乳房攝影檢查已是常規，不僅能夠為醫師提供第二意見（second opinion），有時還能抓到醫師漏掉的腫瘤。[174]

　　目前仍有許多技術問題，讓華生及類似的 AI 不可能明天一早就忽然取代大多數醫師。然而，雖然這些技術問題確實棘手，解決後卻是一勞永逸。人類醫師的培訓是一系列複雜而昂貴的過程，需要費時多年。而且，花上大約十年的學習、實習，終於完成整個過程之後，我們擁有的仍然只是「一位」醫師。想要兩位，只能從頭再跑一次整個過程。相對的，只要解決了阻礙華生的技術問題，能得到的不是一位醫師，而是無數位醫師，能夠在全世界每個角落、全年無休提供服務。因此，就算得花上一千億美元才能解決那些技術問題，長遠看來，還是比培訓人類醫師便宜得多。

　　當然，並不是所有人類醫師都會就此消失。至少在可預見的未來，那些需要創意、而不只是日常診斷的工作，還會繼續操縱在人類手中。正如二十一世紀的軍隊逐步擴增菁英特種部隊，未來的醫院也可能會有更多等同於醫界遊騎兵或海豹突擊隊的醫師。但正如軍隊已不再需要幾百萬個大兵，未來的醫界也不需要幾百萬位家醫科醫師。

　　醫師面臨的情境，對藥劑師來說更是如此。2011年，舊金山就開了一間藥房，由機器人擔任藥劑師。顧客上門之後，機器人只要幾秒鐘，就能得知這位顧客的所有處方箋、所有服用藥物的詳細資

訊，以及知道顧客可能對哪些藥物過敏。機器人會先確認新藥不會造成過敏、也不會與其他藥物產生不良反應，接著為顧客配藥。開業第一年，機器人藥劑師配出超過兩百萬張處方，一個錯都沒犯。平均來說，人類藥劑師配藥錯誤的比例，大約是所有處方的 1.7 %。也就是說，單單在美國，每年就會有超過五千萬張處方配錯藥！[175]

◢ 你需要溫情，華生也懂

又會有人說，就算演算法在專業技術方面優於醫師和藥劑師，卻永遠無法取代人性的溫暖。假設 CT 掃描顯示你得了癌症，你希望告訴你這個消息的是一部冰冷的機器、還是一個會注意到你情緒的人類醫師？

只不過，如果還有另一部機器，能注意到人類情緒，會依據你的感受和人格特質而調整用詞，這下該怎麼選擇醫師？請別忘了，生物也是各種演算法構成的，而華生偵測人類情緒的準確度，也可以和偵測腫瘤的準確度一樣高。

人類醫師是透過各種外部訊號，像是臉部表情和語調，來判斷病人的情緒狀態。華生不但比人類醫師更能準確分析這樣的外部訊號，甚至還能同時分析一般人類看不到、聽不到的體內指標。華生能夠靠著監控你的血壓、腦部活動，以及比對生物統計資料庫，清楚知道你的感覺。在分析數百萬筆過去蒐集的社交資訊後，華生就能用最適當的音調、用你最想聽的詞彙，告知你需要知道的事情。

雖然人類總對自己的情緒智能（emotional intelligence）洋洋得意，卻也常常受到情緒影響，出現不尋常的反應。像是遇到一個憤怒的人，自己也開始大吼大叫；聽著一個滿懷憂慮的人講話，自己也憂

慮了起來。華生永遠不會受這種誘惑影響,它沒有自己的情緒,所以永遠只會依據你的情緒狀態,提供最適當的反應。

這種概念目前已應用到某些客服現場,例如芝加哥Mattersight公司就設計出此類的軟體。Mattersight 的產品廣告詞就說:「是否曾和某個人說話,覺得真是觸動心弦?那種神奇的感受,正是人格搭配恰當的結果。Mattersight將讓全世界的客服中心,都能創造這種感受。」[176]

通常,顧客打電話要求客服或提出客訴的時候,總機大概要花個幾秒鐘聆聽,再把電話轉給客服專員。在Mattersight的系統裡,電話會由一套聰明的演算法來負責轉接。演算法會先請你說出致電原因,接著聆聽問題,分析你用的詞彙和語調,以此推斷你現在的情緒狀態、甚至是性格類型(內向、外向、死硬、或依賴)。根據這套資訊,演算法再為你轉接最適合現在心情及個性的客服專員。演算法能夠判斷,你需要的該是具備同情心、能夠耐心聽完客訴的人,還是毫不廢話、立刻提出技術解決方案的人。愈能搭配得當,顧客就愈滿意,客服也就能降低服務時間和成本。[177]

◤ 人類比 AI 還剩什麼優勢?

二十一世紀經濟學最重要的問題,可能就是所有多餘的人能有什麼功用?等到擁有高度智能而本身沒有意識的演算法,接手幾乎一切工作,而且都能比有意識的人類做得更好,人類還能做什麼?

縱觀歷史,就業市場可分為三個主要部門:農業、工業和服務業。在西元1800年以前,絕大多數人務農,只有少數人在工業和服務業。到了工業革命,已開發國家的人民就離開了田野和農畜。

大多數人開始屬於工業部門，但也有愈來愈多人走向服務部門。到了最近幾十年，已開發國家又經歷了另一場革命：工業部門的職務消失，服務業大幅擴張。2010年，美國的農業人口只剩 2 ％，工業人口有 20 ％，占了 78 ％的是教師、醫師、網頁設計師等服務業。但是，等到不具心靈的演算法也比人類更會教、更會醫、更會設計的時候，我們要做什麼？

這並不是全新的問題。自從工業革命爆發以來，人類就擔心機械化可能導致大規模失業。然而，這種情況在過去從未發生，因為隨著舊職業過時，會有新職業出現，人類總有些事情做得比機器更好。只不過，這點並非自然律，也沒人敢保證未來定會繼續如此。人類有兩種基本能力：身體能力和認知能力。在機器與人類的競爭僅限於身體能力時，人類還有數不盡的認知任務可以做得更好。所以隨著機器取代單純操作性的工作，人類便轉向專注在需要認知技能的工作。然而，一旦演算法也比人類更能記憶、分析和辨識各種模式，會發生什麼事？

如果認為人類永遠都能擁有自己獨特的能力，無意識的演算法永遠無法趕上，這只能說是一廂情願。對於這種空想，目前的科學回應，可以簡單概括為三項原則：

一、　生物是演算法。
　　　每種動物（包括智人）都是各種生化演算法的集合，
　　　是經過數百萬年演化、天擇而成。
二、　演算法的運作不受組成物質的影響。
　　　就像是算盤，不管算珠是木製、鐵製或是塑膠，
　　　兩個珠子加上兩個珠子，還是等於四個珠子。

三、 因此沒有理由相信非生物演算法永遠無法複製或超越
生物演算法能做的事。只要運算確實，
演算法是以碳來表現或是矽來表現，又有何差別？

確實，目前還有許多事情是生物演算法比非生物演算法做得更好。也有專家反覆聲稱，有些事情「永遠」不是非生物演算法所能做到。然而事實證明，通常這裡的「永遠」都不超過一、二十年。就像在不久之前，大家還很喜歡用臉部識別做例子，說這項任務連嬰兒都能輕鬆辦到，可是最強的電腦卻無力完成。但是到了今天，臉部識別程式辨認人臉的速度和效率，都已經遠遠超過人類。警方和情報機構現在已經很習慣使用這種程式，掃描監視錄影機無數小時的影片，追蹤嫌犯和罪犯。

1980年代討論到人類的獨到之處，很習慣用西洋棋做為人類較為優越的主要證據。他們相信電腦永遠不可能在西洋棋領域打敗人類。但是在1996年2月10日，IBM的深藍（Deep Blue）超級電腦就打敗了世界西洋棋王卡斯帕羅夫（Garry Kasparov），終結了這項認為人類較為優越的論點。

深藍算是有點取巧，因為編寫程式的人不僅寫入了西洋棋的基本規則，還加入詳細的棋局策略。但到了新一代的AI，比起由人來教，反而更喜歡讓機器自己學。2015年2月，由Google DeepMind人工智慧公司所開發的一個程式，就**自己學會**了如何去玩四十九種經典的Atari遊戲。開發者之一的哈薩比斯（Demis Hassabis）博士解釋道：「我們唯一提供給系統的資訊，就是螢幕上的原始像素，而且指示系統要努力得到高分。剩下的一切都是它自己解出來的。」

這套程式也成功找出所有遊戲的規則，從小精靈（Pac-Man）、

小蜜蜂（Space Invaders）到各種賽車和網球遊戲。而且接著，這套程式得到的分數多半都能打平、甚至超越人類，有時候還會使出人類玩家從未想到的策略。[178]

不久之後，AI得到了更驚人的成就：谷歌的AlphaGo軟體，自學圍棋這種古老的中國策略遊戲，而圍棋的複雜度遠超過西洋棋，一般認為這並不在AI程式能夠處理的範圍。

2016年3月，AlphaGo和韓國棋王李世乭在首爾舉行一場比賽，AlphaGo靠著出奇的下法、創新的策略，以4比1擊敗李世乭，令各方專家跌破眼鏡。賽前，大多數專業棋手都認為李世乭必定能贏得比賽；等到賽後分析AlphaGo的棋路，多數人的結論則是圍棋爭霸已經就此結束，人類不再有希望能打敗AlphaGo或其後代發明。

◢ 魔球效應擴散

近來，電腦演算法也證明了自己在球類競賽中的價值。幾十年來，棒球隊挑選球員靠的是專業球探和經理的智慧、經驗和直覺。頂尖球員的身價直上數百萬美元，自然財力雄厚的球隊就能搶下一流選手，而經濟拮据的球隊只能用二線選手湊合湊合。

2002年，銀彈有限的奧克蘭運動家隊總經理賓恩（Billy Beane）決定要打敗這個系統。他決定靠著由經濟學家和電腦怪才所開發的一套神祕電腦演算法，找出人類球探忽視或低估的球員，打造一支能贏球的隊伍。

在守舊派看來，賓恩的演算法根本是玷汙棒球的神聖殿堂，令他們大感憤怒。他們堅決認為球員的選擇是一門藝術，只有長期親近棒球、相關經驗豐富的人類，才有可能掌握。至於電腦程式，因

為它永遠無法懂得其中的奧祕和棒球的精神,永遠都不可能學會這一套。

但沒多久,這些人就只能滿地撿眼鏡碎片。賓恩用演算法打造的這支低成本球隊(四千四百萬美元),不僅能與紐約洋基隊(一億二千五百萬美元)這種傳統棒球強隊平分秋色,甚至還成為美聯史上第一支二十連勝的隊伍。

只不過,賓恩和運動家隊沒能得意太久。很快的,其他球隊也跟進使用同樣的演算法策略,而且由於洋基和紅襪不管在球員或電腦軟體上能砸的錢都遠遠勝出,現在像奧克蘭運動家隊這種低預算球隊,要打敗整個體制的機會反而又更小了。[179]

45. 深藍超級電腦擊敗西洋棋王卡斯帕羅夫,
拉開了「非生物演算法擊敗生物演算法之戰」的序幕。

2004年，麻省理工學院的列維（Frank Levy）教授與哈佛大學的莫奈恩（Richard Murnane）教授，發表一份關於就業市場的全面研究報告，列出最有可能走向自動化的職業。當時講到在可預見的未來不可能自動化的職業，舉的例子是卡車司機。他們表示，實在很難想像電腦可以在繁忙的道路上安全駕駛。但才不過十幾年，谷歌和特斯拉不僅想像到這個願景，還正在促成這件事。[180]

事實上，隨著時間演進，不僅是因為演算法變得更聰明，也是因為人類逐漸走向專業化，於是用電腦來取代人類愈來愈容易。遠古的狩獵採集者光是想生存下去，就得掌握各式各樣的技能，也正因如此，想設計能狩獵採集的機器人，難度非常高。這種機器人須懂得如何用燧石做出矛頭，如何在森林中找到可食用的蘑菇，如何跟蹤長毛象，如何協調其他十幾個獵人分進合擊，之後還得知道怎麼用藥草來包紮獵人的傷口。

但在過去幾千年間，人類已經走向專業化。比起狩獵採集者，計程車司機或心臟病專科醫師所做的事更為局限，也就更容易被AI取代。我已一再強調，AI目前絕對無法做到與人類相似。但對大多數的現代工作來說，有99％的人類特性及能力都是多餘的累贅。AI要把人類擠出就業市場，只要在特定行業需要的特定能力上超越人類，就已足夠。

就連負責管理企業活動的經理，也可能被取代。例如Uber，就因為有強大的演算法，只要幾個人，就能管理數百萬位Uber司機。大多數的命令都是由演算法自動下達，無須人為監督。[181]

2014年5月，專精於再生醫學的香港創投公司 Deep Knowledge Ventures（DKV）宣布，任命一套名為VITAL的演算法，成為董事會一員。據稱，VITAL會分析候選公司的財務狀況、臨床試驗和智慧

財產權等大量資料，據以提出投資建議。這套演算法就像另外五位董事一樣，能夠投票決定是否投資某一家特定公司。

　　儘管這可能只是公關宣傳的伎倆，DKV董事會實際上並沒有這麼運作，但在其他許多公司裡，演算法正以不那麼搶眼的方式，滲入管理階層。董事會的成員可能仍然是人，但是這些人的決策愈來愈受到演算法的影響。在很多情況下，管理階層已成為橡皮圖章，只是遵照演算法的建議來辦事。[182]

◢ 演算法無役不與

　　隨著演算法將人類擠出就業市場，財富和權力可能會集中在擁有強大演算法的極少數菁英手中，造成前所未有的社經及政治地位不平等。在今天，人數達到數百萬的計程車司機、公車司機和卡車司機擁有強大的經濟和政治影響力，每個人都在交通運輸市場占有一個小小的位置。如果集體利益受到威脅，他們可以團結起來，進行罷工、組織抵制，形成重要的投票族群。然而，一旦數百萬的人類司機都由單一演算法取代，這一切財富和權力都將被擁有演算法的公司壟斷，再由擁有公司的那極少數幾位億萬富翁放入口袋。

　　又或者，演算法自己也可能成為所有權人。人類法律已經能夠認可公司或國家這種互為主體的實體，稱之為「法人」。雖然豐田或阿根廷既沒有身體、也沒有心靈，但都受到國際法的規範，都能擁有土地和金錢，也都可能在法庭上對他人提告或成為被告。很可能在不久之後，演算法也能得到這樣的地位。這樣一來，某一套演算法就能自己擁有一個運輸帝國、或是創投公司資本，不必聽從任何人類所有權人的命令。

　　我們設想一下可能的場景：只要演算法做出正確的決定，就能蓄積財富，再用財富進行自己認定適當的投資，或許正是把你的房子給買下來，由它當你的房東。如果你侵犯了這套演算法的法定權利，像是不付房租，演算法就會聘請律師，把你告上法庭。如果這樣的演算法績效持續超過人類資本家，我們最後可能就得面對一批由演算法組成的上層階級，地球的絕大部分資產都在它們手上。

　　在你覺得這實在是痴人說夢之前，請不要忘記，目前擁有大部分地球資產的，正是各種非人類的互為主體之實體，也就是國家和公司。事實上，早在五千年前，也是由恩基和伊南娜這種想像中的神祇，擁有蘇美的絕大部分資產。如果神祇也能擁有土地、雇用人力，為什麼演算法就不行？

　　那麼，人要做什麼呢？常有人說，藝術是我們最終（而且是人類獨有）的聖殿。等到電腦取代了醫師、司機、教師、甚至地主和房東，會不會所有人都成為藝術家？然而，並沒有理由相信藝術創作會是一塊能絕緣於演算法的淨土。人類是哪來的信心，認為電腦譜曲永遠無法超越人類？

　　在生命科學看來，藝術並不是出自什麼神靈或超自然靈魂，而是生物演算法發現數學模式之後的表現。若真是如此，非生物演算法就沒有理由不能掌握藝術表現。

　　柯普（David Cope）是加州大學聖克魯茲分校的音樂教授，也是古典音樂界極具爭議的人物。柯普寫了一些電腦程式，能夠譜出協奏曲、合唱曲、交響樂和歌劇。他第一個寫出的程式，名為 EMI（Experiments in Musical Intelligence，音樂智能的實驗），專門模仿巴哈的風格。雖然寫程式的時間花了七年，但一完工，EMI 短短一天就譜出五千首巴哈風格的聖詠。柯普挑出幾首，安排在聖克魯茲的音

樂節演出。樂音激動人心,觀眾反應熱烈,很興奮的講著這音樂是如何碰觸到他們內心最深處。觀眾並不知道作曲者是EMI、而非巴哈。等到真相揭露,有些人氣得一語不發,有些人甚至發出怒吼。

EMI繼續進步,學會了如何模仿貝多芬、蕭邦、拉赫曼尼諾夫和史特拉汶斯基。柯普還為EMI簽成一紙合約,首張專輯《電腦譜曲的古典音樂》(*Classical Music Composed by Computer*)出奇熱賣。

人紅是非多,古典音樂愛好者的敵意湧現。奧勒岡大學的拉森(Steve Larson)就向柯普挑戰,來一場人機音樂單挑。拉森提案,由專業鋼琴家連續彈奏三首曲目,譜曲者分別是巴哈、EMI、以及拉森本人,接著讓觀眾票選認定是誰譜了哪首曲子。拉森堅信,一邊是人類的靈魂之作,一邊是機器人的死氣沉沉,觀眾肯定一聽就能判斷。柯普接下了戰帖。在指定的當天,有數百位講師、學生和音樂迷,齊聚於奧勒岡大學的音樂廳。表演結束,進行投票。

結果呢?觀眾認為是巴哈的,其實是EMI;認為是拉森的,其實是巴哈;而他們認為是電腦的,其實是拉森。

還是有人繼續批評,說EMI的音樂雖然技術出眾,但仍缺了些什麼,像是一切太過準確、沒有深度、沒有靈魂。但只要人們不知出處而聽到EMI的作品,卻又常常大讚這些作品充滿靈魂和情感的共鳴。

EMI成功之後,柯普又繼續寫出更新、更複雜的程式——安妮(Annie)。EMI譜曲是根據預定的規則,而安妮則是靠機器學習,會因應外界新的音樂輸入,不斷變化發展音樂風格。就連柯普也不知道安妮接下來會譜出什麼作品。而且事實上,安妮除了寫音樂,也對其他藝術形式很感興趣,像是俳句。2011年,柯普就出版了《灼炎之夜:人和機器所作的俳句兩千首》(*Comes the Fiery Night: 2,000*

Haiku by Man and Machine），其中有部分是安妮寫的，其他則來自真正的詩人。但書中並未透露哪些俳句的作者是誰。如果你認為自己一定可以看出人類創作與機器產出的差異，歡迎挑戰。[183]

◢ 出現大批無工作階級

十九世紀，工業革命創造出龐大的都市無產階級，這個新的工作階級帶來前所未見的需求、希望及恐懼，沒有其他信條能夠有效回應，社會主義因而擴張。到頭來，自由主義是靠著吸收了社會主義的精華，才打敗社會主義。到了二十一世紀，我們可能看到的是一批全新而龐大的無工作階級：這群人類沒有任何經濟、政治或藝術價值，對社會的繁榮、實力和榮耀，也沒有任何貢獻。這個「無用的階級」不只是失業，而是根本無業可就。

2013 年 9 月，牛津大學教授佛瑞（Carl Benedikt Frey）及奧斯本（Michael A. Osborne）發表〈就業的未來〉研究報告，調查各項工作在未來二十年，被電腦取代的可能性。根據他們所開發的演算法來估計，美國有 47％的工作都屬於高風險。例如到了 2033 年，電話行銷和保險業務大概有 99％的機率會失業。運動賽事的裁判有 98％的可能性，收銀員 97％、廚師 96％、侍者 94％、律師助手 94％、導遊 91％、麵包師傅 89％、巴士司機 89％、建築工人 88％、獸醫助手 86％、保全人員 84％、船員 83％、調酒師 77％、檔案保管員 76％、木匠 72％、救生員 67％，諸如此類。

當然，也有一些工作還算安全。例如到了 2033 年，電腦能夠取代考古學家的可能性，只有 0.7％，因為這種工作需要的模式辨識能力極為複雜，而且能夠產生的利潤又頗為微薄，因此很難想像會

有企業或政府願意在接下來二十年間，投入足夠的資本，將考古學推向自動化。[184]

當然，到了 2033 年也可能出現許多新職業，像是虛擬世界的設計師。然而，此類專業可能會需要比現下的設計工作更高的創意和彈性，而且如果是收銀員或保險業務員到了四十歲中年失業，能否成功轉職為虛擬世界設計師，也實在難說得準。就算他們真的轉職成功，根據社會進步的速度，很有可能再過十年又得重新轉職。畢竟就算是設計虛擬世界這件事，演算法也可能會打敗人類。所以，這裡不只需要創造新工作，更得創造「人類做得比演算法好」的新工作。[185]

由於我們無法預知 2030 或 2040 年的就業市場會是什麼樣貌，現在也就不知道該如何教育下一代。等到孩子長到四十歲，他們在學校學的一切，可能都已經過時而遭到淘汰。傳統上，人生主要分成兩大時期：學習期、再加上之後的工作期。但這種傳統模式很快就會徹底過時，想要不被淘汰，只有一條路：一輩子不斷學習，不斷打造全新的自己。只不過，有許多人、甚至是大多數人，大概都做不到這件事。

由於接下來的科技發展潛力極其龐大，很有可能就算這些無用的大眾什麼事都不做，整個社會也有能力餵飽這些人，讓這些人活下去。然而，能有什麼事讓他們打發時間、獲得滿足？人總得做些什麼，否則肯定會無聊到發瘋。到時候，要怎麼過一天的生活？

答案之一可能是靠藥物和電玩。那些對社會來說多餘的人，可以多花點時間在 3D 虛擬世界裡；比起了無生趣的現實世界，虛擬世界能夠為他們提供更多刺激、更多情感投入。然而，自由主義推崇人類生命及人類經驗神聖不可侵犯，若真是朝「人生如夢」的境

地發展，將會是一記致命打擊。這些人對社會毫無用處，整天活在現實與虛幻之間，這樣的人命何來神聖？

譬如，伯斯楚隆（Nick Bostrom）之類的專家和思想家就提出警告，認為人類大概還來不及經歷這樣的退化，就滅亡了，因為一旦人工智慧超越人類智慧，可能就會直接消滅人類。AI 這麼做的理由，一是可能擔心人類反撲、拔掉 AI 的插頭，二是要追求某種我們現在還難以想像的目標——而這目標，恐怕我們永遠也無法參透，因為等到整個 AI 系統比人類更聰明時，人類要再控制和探究 AI 系統有何動機，實在有如天方夜譚。

就算目前看來立意全然良善的程式，也可能帶來令人恐懼的結果。有一套常見的劇本，就是某間公司設計出第一套真正的人工超級智慧，給了它一個毫無惡意的測試，像是計算 π 值。但就在任何人意識到任何事之前，AI 已經接管整個地球、消滅人類，並對外太空發動攻擊，征服整個銀河系，把整個已知宇宙轉變成巨大的超級電腦，花上幾兆兆年的時間，只為了算出更精確的 π 值。畢竟，這正是它的創造者交付的神聖使命。[186]

◢ 自由主義崩潰中

本章開頭指出幾項自由主義面對的實際威脅，第一項就是人類不再具備在軍事和經濟上的用途。當然，這並非鐵口直斷，只是一種推測。不論是科技上的困難、或是政治上的反對，都可能減緩演算法入侵就業市場的腳步。而且，由於人類心靈還有一大塊未知的領域，我們還不確定人類是否有什麼隱藏的才能，或是能夠創造什麼新工作，來填補舊工作消失造成的缺口。

然而光是這樣，可能還不足以拯救自由主義。因為自由主義不僅相信人的價值，信仰的還是個人主義。這就來到自由主義面臨的第二個威脅：雖然政經體系未來仍需要人類，但需要的並非個人。人類還是會繼續寫音樂、教物理、做投資，但政經體系對這些人的瞭解，會更甚於這些人所瞭解的自己，政經體系也會替這些人做出大多數重要決定。亦即，政經體系將會剝奪個人的權威和自由。

　　自由主義對個人主義的信念，前提就是之前討論過的三個重要假設：

一、我是一個不可分割的個體：我具備單一的本質，無法再分為各個部分或子系統。確實，這個內部核心可能有許多外層，但只要把這些外層努力剝掉，就能在內部找到一個清晰、單一的內在聲音，也就是真正的自我。

二、真正的自我是完全自由的。

三、根據前兩個假設，我很瞭解我自己，我能夠瞭解一些別人無法瞭解我的事。只有我能夠進入我內心自由的空間，只有我能聽到真實自我的低語。正因如此，自由主義才賦予個人極大的權威。我不該相信任何其他人為我做的選擇，因為沒有任何人能真正瞭解我是誰、我有什麼感覺、我又想要什麼。正因如此，選民能做出最好的選擇，顧客永遠是對的，而且看的人覺得美、就是美。

　　然而，生命科學卻對這三項假設都提出挑戰，認為：

一、生物就是演算法，而且人類不是不可分割的個體，而是由

可分割的部分組成。換句話說，人類是許多不同演算法的組合，並沒有單一的內在聲音或單一的自我。

二、構成人類的演算法並不「自由」，而是由基因和環境壓力形塑，雖然可能依據基因預設或隨機做出決定，但總之絕不能說是「完全自由的」。

三、因此，外部演算法理論上有可能比我更瞭解我自己。如果能用某個演算法，監視組成身體和大腦的每個子系統，就能清楚掌握我是誰、我有什麼感覺、我又想要什麼。只要開發出這樣的演算法，重點就不再是什麼選民、顧客和看的人，而是演算法能夠做出最好的選擇，演算法永遠是對的，演算法覺得美、就是美。

　　在十九世紀和二十世紀，由於沒有任何外部演算法能夠對個人有效監測，因此個人主義仍然是一種很實用的選擇。雖然國家和市場可能都很想對每個人進行有效的監測，但當時就是缺少必要的科技。不論是KGB還是FBI，對我的生化、基因體和大腦都無法完全掌握，而且就算特務偷聽我每次打的電話、監視我在街頭上和別人的每次互動，也沒有足夠的運算能力來分析這些資料。因此就二十世紀的科技而言，自由主義說得並沒錯，沒有人能比我更認識我。於是，人類有充分的理由認為自己是個自主的系統，聽從的是自己內在的聲音，而不是聽從什麼老大哥的命令。

　　然而到了二十一世紀，科技已經讓外部演算法有能力「駭進人性」，比我更瞭解我自己。一旦如此，個人主義就即將崩潰，權威也將從個人轉向由演算法構成的網路。人類不會再認為自己是自主的個體、依據自己的期望而度日，而是習慣把整體人類看做一種生

化機制的集合體，由電子演算法網路不斷監控和指示。要發生這種
情況，演算法甚至還不需要完全瞭解我、而且絕不出錯，只要比我
自己更瞭解我、犯的錯更少，就已足夠。到了這個程度，合理的做
法就是把愈來愈多的選擇和人生大事，都交給演算法來為我決定。

在醫學方面，我們早已跨過這條線。在醫院裡，每位病人不再
是自主的個體。很有可能在我們的有生之年，就會看到許多關於身
體和健康的重大決定，將由電腦幫忙決定（譬如 IBM 的華生）。這
倒也不一定是壞消息。

目前，已有糖尿病人裝了感測器，每天幾次自動檢測血糖值，
並在超標時發出警告。2014年，波士頓大學與麻省總醫院的研究人
員也宣布：一種由 iPhone 控制的人工胰臟試驗成功了。有五十二名
糖尿病人參與該實驗，每位病人都在腹部植入一個小小的感測器和
小小的幫浦。幫浦連結裝有胰島素和升糖素的小管，用這兩種激素
來調節血糖高低。感測器會不斷測量血糖值，將數據傳至 iPhone，
而 iPhone 安裝了能夠分析相關資訊的應用程式（app），能在必要時
對幫浦發出命令，釋出胰島素或升糖素，完全不需人為操作。[187]

就算是許多沒有嚴重疾病的人，也已經開始使用穿戴式感測器
和電腦，來監控自己的健康和活動狀況。相關設備從智慧型手機、
智慧手錶、智慧手環、智慧臂環、甚至是智慧型內衣，不一而足，
記錄著像是血壓和心跳等等生物統計資料。這些資料接著傳送到精
密的電腦程式中，讓演算法來建議穿戴者該如何調整飲食和日常生
活習慣，以改善健康、活得更久、也更有生產力。[188]

谷歌與製藥大廠諾華（Novartis）正在合作開發一種隱形眼鏡，
能夠分析眼淚的成分，每隔幾秒檢查血糖值。[189] 精靈科學（Pixie
Scientific）公司則推出智慧型尿布，能夠分析嬰兒的糞便，瞭解孩

子的健康狀況。2014年11月，微軟也推出智慧運動手環 Microsoft Band，能夠監控心跳、睡眠品質、每天行走步數等資訊。更令人驚奇的是，有個名為「死線」（Deadline）的應用程式還更進一步，會告訴你，根據你現在的生活習慣，你大概還有幾年可活。

◢ 量化自我，蔚為風潮

有些人用這些應用程式時，並沒想太多，但對某些人來說，這已經構成一種意識型態、甚至是宗教。這個「量化自我」（Quantified Self）的運動認為：所謂的自我，就是數學模式。但因為這些模式非常複雜，人類心靈並無法理解。所以，如果真想遵從德爾菲神殿的神諭「認識你自己」（know thyself），就別再浪費時間研究哲學、冥想或精神分析了，反而應該系統性蒐集自己的生物統計資料，允許演算法為你分析這些資料，好告訴你：你是誰、又該做些什麼。這波運動的箴言，就是「透過數字，得到對自己的知識。」[190]

2000年，以色列歌手沙班（Shlomi Shaban）以一曲〈亞瑞克〉（Arik）登上當地流行排行榜首。內容講的是有個男人，一直很糾結於女友的前男友亞瑞克。他想知道，究竟他和亞瑞克誰床上表現更佳。女友不想回答這個問題，只說各有長處。但這傢伙並不滿意，追問：「小姐，告訴我明確的數字。」這個嘛，正是為了滿足這種人—— 有一間名為「床柱」（Bedpost）的公司，賣的正是一種生物統計臂環，讓你在做愛時戴著，就能蒐集各種像是心跳、排汗、性交持續時間、性高潮持續時間、燃燒卡路里等數據。這些資料會再傳到電腦加以分析，就能用精確的數字來評斷您表現如何。這下，可不能再假高潮、也不用再問「剛才爽不爽」了。[191]

像這樣透過設備、無情揭露一切真相來瞭解自己之後，可能就會讓人開始覺得：自己是許多生化系統的集合，而不是不可分割的個體；而且，這些人所做的決定，也愈來愈會反映其中各種系統需求的拉扯。[192] 假設你每週有兩小時空檔，正在考慮該拿來下棋、還是打網球。可能有個好友會問：「你的心怎麼說？」但你的回答可能是：「心臟嗎？那當然打網球是比較好，而且這也更能控制膽固醇和血壓。只不過，我的 fMRI 掃描也說，我該加強左前額葉皮質，畢竟我家族常有失智的病史，有個叔叔還很年輕，就出現症狀了。最新研究指出，每週下一次棋，能延緩失智症狀發生。」

　　去到醫院的老年病房，還能找到更多透過設備進行外部調節的例子。人本主義總是頌揚老年，說這時期智慧滿溢、洞察世情。一位理想中的長者，雖然身體可能染病衰弱，但心靈敏銳明快，更有長達八十年的人生智慧可以分享，世事無不在其掌握，也總能為兒孫或其他訪客提出卓絕的建議。

　　不過，在二十一世紀，八十歲的人可能已無法符合這個理想的長者形象，因為有太多人可以活超過八十歲了。隨著我們愈來愈瞭解人類生物學，醫學雖然能讓人活命延壽、一息尚存，但是心靈和那個「真正的自我」卻已經崩解潰散了。常常最後剩下的，只是各種已經功能失調的生物系統的集合，必須倚靠各種監測器、電腦和幫浦，才得以勉力維持下去。

　　在更深的層次，隨著基因科技應用至日常生活，每個人和自己的 DNA 發展出日益密切的關係。過去單一的內在自我聲音，也可能潰散成一群基因的眾聲喧譁。現在再遇到兩難或困難的抉擇，我可能不會再問自己內心的聲音，而是諮詢我體內的整個基因國會，究竟有何決定。

　　2013年5月14日，女星安潔莉娜‧裘莉在《紐約時報》發表一篇文章，解釋她為何決定進行雙乳房切除術。多年來，由於母親和外祖母雙雙在相對年輕時罹癌過世，她一直活在乳癌的陰影下。她自己做了基因檢測，也證實帶有抑癌基因*BRCA1*的變異，根據統計調查，帶有此類基因變異的婦女，罹患乳癌的機率高達87％。雖然當時安潔莉娜‧裘莉並未罹癌，但她決定預防這項可怕的疾病，於是進行了雙乳房切除術。在文章中，裘莉解釋道：「我選擇把自己的故事說出來，是因為有很多女性並不知道自己可能活在癌症的陰影下。我希望她們也能夠進行基因檢測，而如果發現自己風險很高，也能知道有個有力的選項。」[193]

　　乳房切除術是一項很困難、也可能致命的抉擇。除了種種不適和風險、手術及術後照護的成本之外，這項決定也可能深深影響個人的健康、身材、情緒及人際關係。裘莉這項抉擇，加上當時決定公開的勇氣，掀起一片轟動，為她贏得全世界的盛譽讚賞。有許多人希望這樣的公開舉動，能讓大眾更認識基因醫學及潛在效益。

　　從歷史觀點來看，有趣的是演算法在這個案例所扮演的關鍵角色。裘莉要做出對生活如此重要的決定時，並不是登上山巔俯瞰海洋、看著太陽沉入海中，接觸自己內心最深處的感覺。反而是寧願聽聽自己的基因怎麼說，而基因的表達方式並不是什麼感覺，而是數字。當時，裘莉的身體並沒有任何疼痛或不適，她的感覺告訴自己：「放輕鬆啦，一切沒事啊。」但醫師用的電腦演算法，說法卻完全不同：「你並未感覺有任何不適，但你的DNA裡有個定時炸彈正在滴答倒數。你必須處理這個問題，而且是現在立刻！」

　　當然，裘莉的情緒和獨特人格也扮演關鍵角色。如果是另一位個性不同的女性，就算發現自己也有同樣的基因變異，也可能不會

進行乳房切除術。現在就讓我們來到灰色地帶，假設這另一位女性發現，自己不但帶有危險的 *BRCA1* 基因變異，還帶有另一個變異的基因 *ABCD3*（並沒有這個基因，只是假設），會損害負責評估機率的大腦區域、進而使人們低估風險，她該怎麼辦？如果又有統計學家告訴她，她的母親、外祖母和其他幾位親戚都是因為低估各種健康風險、未能採取預防措施，於是英年早逝，這時候她又會如何？

很有可能，你在未來也需要像安潔莉娜・裘莉一樣，對自己的健康做出重大抉擇。經過基因檢測、血液測試或 fMRI，演算法就能根據巨大的統計資料庫，來分析結果，讓你接受演算法的建議。但這並不是世界末日的情節，演算法並不會忽然要占領地球、奴役人類，反而是能夠幫上大忙，為我們做出各種明智的抉擇。這時候不聽它們的，才是不智的決定。

◢ 谷歌大神真是太神了

安潔莉娜・裘莉首次擔綱電影女主角，是在1993年的科幻動作片《無影終結者》（*Cyborg 2*）。她在片中飾演的角色是半機械人瑞絲（Casella Reese），在2074年由紙風車機器人公司開發，用於間諜和暗殺。瑞絲的程式也設計帶有人類的情感，好讓她更能融入人類社會，完成任務。等到瑞絲發現紙風車機器人公司不僅控制她，還打算銷毀她，就逃了出來，為自己的生命和自由而戰。《無影終結者》是一個自由主義的幻想，講的是個人為爭取自由和隱私，對抗國際企業無所不在的觸手。

但是在現實生活中，裘莉卻寧願犧牲隱私和自主，追求健康。像這種為求健康的類似願望，很可能讓我們大多數人，都願意放下

保護個人隱私的阻礙，允許國家官僚制度或跨國公司進入我們身體的最深處。舉例來說，允許谷歌閱讀我們的電子郵件、追蹤我們的各種活動，就可能讓谷歌在流行病爆發、而傳統衛生機構還渾然不覺的時候，向我們提出警告。

英國國民保健署（NHS）如何得知倫敦爆發流感疫情？答案是分析幾百間診所、上千位醫師提出的通報。但這些醫師又是怎麼知道相關資訊？假設有位瑪麗，某天一早醒來覺得不太舒服，她並不會直接跑去看醫生。而是會先等個幾小時、甚至是一兩天，希望喝個幾杯加了蜂蜜的熱茶之後，身體就會舒服一點。等到病情一直沒改善，她才會預約掛號，上診所去看病。醫師將資料輸入電腦後，理想的狀況是NHS的某人會分析這些和其他數千名醫師所通報的資料，得出流感正在蔓延的結論。但這一切得花上許多時間。

然而對谷歌來說，這只是幾分鐘的事。谷歌所做的，就是監控倫敦居民在電子郵件和谷歌搜尋引擎所輸入的詞彙，再與疾病症狀資料庫做交叉比對。假設一般來說，「頭痛」、「發燒」、「噁心」和「打噴嚏」每天在倫敦居民的電子郵件和搜尋中，會出現大約十萬筆，如果今天谷歌演算法發現這些詞彙的使用次數忽然飆到三十萬筆，就知道這下出了問題，正有流感肆虐！我們不用再等到瑪麗去看醫生了。第一天早上，她早上起床覺得不太舒服，就在上班前給同事寄了一封電子郵件：「我頭痛，但還是會去上班。」只要這樣，谷歌就已經知道了。

然而，想讓谷歌發揮這種神力，瑪麗不僅得允許谷歌閱讀自己發出的電子郵件，還得允許谷歌與衛生當局分享資訊。如果連安潔莉娜・裘莉都願意犧牲自己的隱私，提高眾人對乳癌的警覺，瑪麗為什麼不做一個類似的小小犧牲，以避免流行病爆發呢？

這種想法並不只是理論。在2008年,谷歌確實推出了谷歌流感趨勢(Google Flu Trends)服務,靠著監控在谷歌搜尋的內容,追蹤流感爆發的跡象。這項服務目前仍在開發中,而且基於隱私考量,據稱只會追蹤搜尋字眼,而不會閱讀私人電子郵件。但光是這樣,已經讓它得以比傳統公衛體系,早了十天發出流感警報。[194]

至於谷歌基線研究(Google Baseline Study)專案,則更加雄心勃勃。谷歌希望建起一座龐大的人類健康資料庫,找出「健康完美」的人類基因模型。這樣一來,只要發現健康資料與模型有出入,就能警告民眾可能健康出現問題,須及早防患未然。基線研究又與稱為Google Fit的整套產品系列搭配,包括服裝、手環、鞋子和眼鏡等穿戴式裝備。Google Fit的各項產品,正是要蒐集永無止境的生物資料流,提供給基線研究運用。[195]

然而,像谷歌這樣的公司,想深入的程度絕不只是穿戴式裝備而已。目前,DNA測試的市場成長飛快。市場龍頭之一是私人企業23andMe,由谷歌聯合創辦人布林(Sergey Brin)的前妻沃希基(Anne Wojcicki)創辦。公司名稱23andMe的23,指的正是承載人類基因體的二十三對染色體,23andMe就代表自己的染色體與自己有非常特殊的關係。只要有人能理解這些染色體正在說什麼,就能告訴你一些你自己從沒想過的事。

如果你想知道你的基因體,只需向23andMe支付九十九美元,他們就會寄給你一個檢測包,裡面有一根唾液收集試管。你向試管裡吐口水,密封,再寄到加州山景城的公司所在地,他們就會分析你唾液中的DNA,並透過網路將結果傳給你。你得到的是一份列表,列出你可能面對的健康危機,以及從基因看出你可能發生的各種健康情況及體質,從禿頭到失明不等。

「認識你自己」可從來沒這麼簡單或這麼便宜過。由於這一切都是根據統計數據而來，資料庫的規模也就成為預測是否準確的關鍵。因此，最早建起龐大基因資料庫的公司，就能為顧客提供最準確的預測，也就可能從此壟斷市場。美國生物科技公司日益擔心，由於美國嚴格控管個人隱私，而中國又完全不管個人隱私，未來可能會將整個基因市場拱手讓給中國。

如果我們能打破所有阻礙，讓谷歌和其競爭對手自由存取我們的各種生物統計裝置、DNA掃描結果和醫療紀錄，就能得到全面的醫療健康服務，不僅能對抗流行病，還能對抗癌症、心臟病和阿茲海默症。然而，一旦有了這樣的資料庫，谷歌能做的絕不只這樣而已。正如警察合唱團（The Police）的名曲〈你的每次呼吸〉（Every Breath You Take），這樣的系統能夠監控你的每次呼吸、你的每個動作、你掙脫的每個枷鎖；這樣的系統會仔細注意你的帳戶、你的心跳、你的血糖值，甚至是你每次的出軌偷情。它對你的認識，絕對遠高於你自己。

人類常常因為自我欺騙和自我幻想，陷在不適合的關係、不適合的職業、不良的習慣，而無法自拔，但這一切都將逃不過谷歌的法眼。我們現在是由*敘事自我*所操控，但谷歌不一樣，它不會用那些遭到操弄的故事來做決定，也不會因為走了認知捷徑、受峰終法則影響，而遭到誤導。谷歌會確確實實的，記住我們走的每一步，記得我們握過的每一雙手。

許多人會很樂意將大多數決策過程，交給這樣的系統，或者至少是在面臨重要抉擇時，參考一下意見。谷歌將能夠建議我們該看哪部電影、去哪裡度假、上大學讀什麼、選哪個工作機會，甚至是該和誰約會及結婚。例如，我可能會說：「嘿，谷歌你好。約翰和

保羅都在追我，我兩個都很喜歡，但喜歡的點不太一樣，很難下決定。根據你手上所有的資料，你怎麼建議？」

谷歌就會回答：「這個嘛，我從你出生那天就認識你了。我讀過你所有的電子郵件、聽過你所有電話的錄音，知道你最愛的電影，也有你的 DNA 資料和完整的心跳資料。你過去每次約會，我都留下精確的資料，如果你要的話，我可以把你過去和約翰或保羅約會時的資料調出來，以秒為單位，來顯示你的心跳、血壓或血糖值變化。如果有必要，我甚至也能把你們每次做愛的資料調出來，用數學比較誰高誰低。而且當然，我對他們兩人的認識也不下於對你的認識。所以，基於以上所有資訊、我傑出的演算法、加上幾十年來幾百萬對伴侶的統計資料，我建議你挑約翰。大約有 87％ 的機率，你們長期滿意度會比較高。」

谷歌繼續分析：「確實，也因為我這麼瞭解你，我知道你不會喜歡這個答案。保羅長得比約翰更帥，而你對外表的看重程度又太高，你其實暗中希望我的答案是『保羅』。當然，外表很重要，但實在沒有你想的那麼重要。你體內的生化演算法是從數萬年前的非洲大草原演化而來的，在對於可能配偶的整體評價之中，外表占了 35％。至於我的演算法，是基於最新的研究和統計數據而來，認為外表對於浪漫關係的長期成功，只有 14％ 的影響。所以，雖然我已經把保羅的外表納入考量，還是建議約翰是你更好的選擇。」[196]

想得到這種完全忠誠的諮詢服務，我們就必須改變想法，不要認為人類都是不可分割的個體，不要堅信每個人都有自由意志，能用來決定什麼最好、什麼才美、什麼又是生命的意義。從以前到現在，人類都是自主的實體，個別由**敘事自我**發明的故事所操縱；但在未來，每個人類都將會是整個巨大全球網路的一部分。

◢ 都是我們免費奉上的資料

自由主義將**敘事自我**奉為圭臬，不論在投票所、超市或婚姻市場，都讓敘事自我來做決定。在這幾個世紀以來，這種做法很有道理，因為雖然敘事自我相信的常常是各種虛構和幻想的故事，但我們確實沒有更好的替代方案。然而，一旦有了能夠替代的系統，能比敘事自我更瞭解我們自己，這時再把權力留在敘事自我的手中，就只能說是愚蠢的做法。

例如民主選舉這種自由主義的做法，將會遭到淘汰，因為谷歌將會比我自己更瞭解我的政治觀點。我站在投票亭裡的時候，自由主義叫我要聽聽內心真實自我的聲音，選擇能夠反映我最深期望的政黨或候選人。但生命科學卻指出，我站在投票亭裡的時候，根本並不真正記得上次選舉以來這幾年的所有感受和想法。此外，我還被各種宣傳、公關手法和隨機記憶不斷轟炸，很可能已扭曲了我該做的選擇。正如康納曼的冷水實驗，敘事自我到了政治領域，一樣會遵循峰終法則，忘了絕大多數的事情，只記得幾項極端的事件，並對最近的事件賦予完全不成比例的高權重。

在這四年之間，我可能不斷抱怨現任總統的政策，一直告訴自己和任何願意聽我說話的人，這個總統「會毀了我們所有人」。然而離下次選舉投票只剩幾個月的時候，政府忽然減稅、大方開出各種支票。執政黨找來最好的撰稿人，打出一波漂亮的競選文宣，既有威脅、又有利誘，直接打入我大腦的恐懼中心。到了選舉當天一大早，我醒來的時候有點感冒，腦子不太好使，也讓我覺得安全和穩定實在比其他一切都更重要。結果出爐！我又把那個「會毀了我們所有人」的傢伙送上臺，讓這個人還能再做四年。

如果我授權谷歌來幫我投票，就能擺脫這樣的命運了。你也知
道，谷歌可不是選舉前一天才忽然蹦出來，雖然它也會注意到最近
的減稅和選舉支票，但過去四年的點點滴滴一樣是記得清清楚楚。
它會知道我每次讀早報時的血壓，也知道我看晚間新聞時，多巴胺
分泌量是否下降。谷歌會知道怎樣看穿公關人員華而不實的口號，
谷歌也瞭解人生病的時候會稍微傾向右翼，於是據以調整。因此，
谷歌投票時，根據的不是我當下瞬間的心態，也不是敘事自我的幻
想，而是根據集合所有生化演算法真正的感受和興趣，而得出的結
果；這一切生化演算法的集合，正是所謂的「我」。

　　當然，谷歌也不見得永遠是對的，畢竟這一切都只是機率。但
只要谷歌做出夠多正確的決定，人類就會將更多權力交給它。隨著
時間慢慢過去，資料庫規模會逐漸成長，統計數字將會更準確，演
算法將會繼續改進，決策的品質也會逐步提高。雖然這套系統永遠
不可能完全認識我，也不可能完全不會出錯，但本來就沒有這種必
要，只要到了谷歌系統比我自己更認識我的那一天，自由主義就會
頹然崩垮。這點其實並沒有聽起來這麼困難，因為大多數人根本就
沒有真正瞭解自己。

　　而臉書這個谷歌的死敵，最近所委託的一項研究就指出：到了
今天，如果要判斷某人的性格和性情，臉書演算法會比這個人的朋
友、父母或配偶更為準確。這項研究共有86,220位志願者參與，他
們都有個人的臉書帳號，並且填寫了有上百題的人格問卷。臉書演
算法接著會根據受測者平常在臉書對文章、圖片、影片等等按讚的
紀錄，預測這些志願參與者的回答。過去按讚的次數愈多，預測的
準確度就愈高。接著，再把演算法預測的結果，與參與者的同事、
朋友、家人和配偶的預測進行比較。了不起的地方在於：演算法只

需要過去按讚次數超過10次，預測準確度就已經高於同事了；超過70個讚，預測準確度就會高於朋友；150個讚，準確度會高於家人；到了300個讚，預測準確度就會高於配偶。換句話說，如果你至今已經在臉書上按了超過300個讚，臉書就可能比你的另一半，更能預測你的想法和期望。

事實上，臉書演算法在某些領域對人的瞭解，甚至超過那個人自己。例如臉書的研究調查，也請參與者評估自己使用成癮物質的程度、以及社交網路的規模，而在這些項目裡，參與者自己的判斷就不如演算法來得準確。該項研究最後的結論提出以下的預測（這倒是由人類作者寫的，而不是臉書的演算法所擬）：「人類如果遇到重大的人生抉擇，像是要選擇從事何種活動、職涯道路、甚至是交往對象，可以考慮放下自己心理上的判斷，而依賴電腦所做的選擇。這種資料導向的決策，有可能會讓人類的生活過得更好。」[197]

至於比較邪惡的一面，同一份研究報告也暗示：在未來的美國總統大選裡，臉書不僅早就知道數千萬美國人的政治意見，還知道哪些是關鍵的搖擺選民，以及怎樣使他們搖擺。臉書會知道，共和黨和民主黨在奧克拉荷馬州的選情特別緊繃，還有32,417位選民尚未下定決心，甚至也知道每個候選人該說什麼，才能讓天平倒向自己這邊。臉書為什麼能夠得到這些有無上價值的民調資料？當然都是我們免費親手奉上的！

在歐洲帝國主義的全盛時期，征服者和商人用彩色的珠子，就向當地人換來了整座島嶼、換來整個國家。在二十一世紀，個人資料可能是大多數人類最後一項能夠提供的最寶貴資源，但是我們正親手把這些資料交給各大科技企業，好換來免費的電子郵件信箱、或是有趣的小貓影片。

人類大命運
Homo Deus

◢ 從神使到代理人、再成為君主

等到谷歌、臉書和其他演算法成為無所不知的神使（oracle，在古希臘神殿傳神諭者）之後，很有可能就會進一步演化成代理人，最後成為君主。[198] 為了解釋這個過程，讓我們以 Waze 為例。這是一個 GPS 導航程式，許多司機現在都會使用。Waze 絕不只是地圖；它靠著數百萬用戶的不斷更新，就能得知各種塞車、事故和警車位置的資訊。因此，Waze 知道怎樣讓你躲過繁忙的路段，讓你以最快的路線到達目的地。你到了某個路口，直覺要你往右、但 Waze 要你往左的時候，用戶遲早都會學到，自己最好相信 Waze，不要相信自己的感覺。[199]

乍看之下，Waze 演算法應該只是神使的等級。你問問題，神使給你答覆，但最後還是由你做決定。然而，如果神使開始贏得你的信任，合理的下一步驟就是讓它成為你的代理人。你只是向演算法指定一個最終目標，它就會在沒有你的監督之下，自行動作、達成目標。以 Waze 為例，就是你將 Waze 連結到自動駕駛的汽車上，並告訴 Waze「走最快的路回家」或是「走風景最漂亮的路線」，又或是「走造成汙染最少的路線」。由你來發號施令，但是交給 Waze 來執行。

最後，Waze 可能就會成為君主。它手中握有大權，所知又遠超於你，就可能開始操縱你和其他駕駛人，形塑你們的欲望，讓你們做出顧全大局的決定。例如，假設因為 Waze 實在太好用，所有駕駛人都開始使用。再假設今天一號公路大塞車，而替代的二號公路車流相對順暢。如果 Waze 只是讓大家都知道二號公路順暢，所有駕駛人就會一窩蜂開向二號公路，最後又全塞在一起。一旦所

394

有的人都找上同一位神使、而且每個人也都相信這位神使的時候，神使就搖身一變，成為君主。這時的 Waze 必須為大局著想。或許它只會告訴一半的駕駛人二號公路順暢，而不透露給其他駕駛人知道。這樣一來，一號公路的塞車壓力能夠減輕，而二號公路也不至於無法消化車流。

微軟正在開發一套更複雜的系統，名為 Cortana。名稱出自微軟熱門遊戲《最後一戰》（Halo）當中的一個AI角色，現在則是一款AI個人助理。微軟希望這能夠成為未來視窗作業系統的內建功能，並鼓勵用戶允許 Cortana 存取個人電腦內的所有文件、電子郵件和應用程式，好讓 Cortana 更瞭解用戶，進而提供對許多事務的建議，並成為能夠代表用戶興趣的虛擬代理人。Cortana 可以提醒你買生日禮物送給太太，幫你挑禮物，預訂餐廳位子，還會在晚餐前一小時告訴你該先吃藥。也可以警告你，再不放下手上的《人類大歷史》，一場重要的商務會議就要遲到了。就在你要開始開會之前，Cortana 還會警告你，現在你的血壓太高、多巴胺分泌量又太低，根據過去的統計，這種時候你的商業判斷常常會出大錯，所以最好一切先別下定論，別許下什麼承諾、或是簽署任何合約。

一旦 Cortana 從神使發展到代理人，就可能會開始直接代表主人，互相對談。一開始可能一切都十分單純，我的 Cortana 聯絡你的 Cortana，找出適當的開會時間地點之類。但接下來可能就是在求職的時候，雇主說不用麻煩寄履歷了，只要允許他的 Cortana 問我的 Cortana 各種問題就行。又或者，有個可能交往對象的 Cortana 跑來找我的 Cortana，互相比較一下過往的種種紀錄，看看這兩人合不合得來；但這一切卻可能完全沒讓人類主人知道。

隨著 Cortana 得到愈來愈多授權，也可能開始鉤心鬥角，好為

主人謀求更高利益；於是，你在就業或婚姻市場的表現，也可能愈來愈得看看你的 Cortana 品質如何。有錢人買得起最新的 Cortana，就能遠遠超越窮人和他們的舊版 Cortana。

然而，這裡最難解的問題在於：Cortana 的主人身分究竟為何？我們已說過，人類並非不可分割的個體，也沒有單一整合的自我。這樣一來，Cortana 該迎合的是誰的利益？假設我的敘事自我，在新年下定決心，要控制飲食、每天上健身房。但一週後到了該上健身房的時間，經驗自我卻告訴 Cortana 開電視、訂披薩。Cortana 該怎麼辦？是要聽從經驗自我的命令，還是一週前敘事自我下的決定？

你可能會想，Cortana 不就像個鬧鐘嗎？敘事自我在晚上設定了鬧鐘，好在早上把經驗自我叫醒去上班。然而，Cortana 擁有的權力會遠高於鬧鐘。經驗自我只要按個鈕，就能讓鬧鐘安靜下來；但相較之下，反而是 Cortana 太瞭解我，知道只要按下我的哪一個內部按鈕，就能讓我聽它的「建議」。

在這場代理人競賽中，微軟的 Cortana 並不孤單。Google 即時資訊（Google Now）和蘋果的 Siri，也正朝著同樣的方向前進。亞馬遜（Amazon）同樣會用演算法不斷研究你，再用累積的知識來推薦產品。逛實體書店的時候，我是自己在書架之間閒逛，憑著自己的感覺挑出想看的書。但是逛亞馬遜虛擬書店的時候，則是有演算法立刻跳出來告訴我：「我知道你先前喜歡《人類大歷史》。與你的品味相似的人，也喜歡這本《人類大命運》。」

這還只是開始。今天在美國，讀電子書的人口已超越讀紙本書的人口。像是亞馬遜的 Kindle 等電子書，就能在用戶閱讀時蒐集資料。舉例來說，你的 Kindle 會知道你在哪些篇幅讀得快、哪些章節讀得慢，在哪一頁你休息了一會，又是在哪一行你放棄了這本書，

再也沒讀過。（最好趕快告訴作者，讓他重寫那一部分。）

如果 Kindle 再升級，裝上臉部辨識和生理感測器，就能知道你讀的每個句子如何影響你的心跳和血壓。它能知道什麼會讓你笑、什麼讓你哭、什麼讓你生氣。不久之後，在你讀書的時候，書也在讀你。你很快就會忘了大部分讀過的內容，但亞馬遜卻是永遠什麼都不會忘。有了這樣的資料，亞馬遜幫你選書，就能精準到無以復加的地步，也會讓亞馬遜清楚瞭解你是怎樣的人、能如何讓你激動或平靜。[200]

最後可能走到一個境地，是我們一分一秒都無法與這個全知的網路斷開。斷開了，就等於死亡。例如，假設醫療理想得以實現，未來的人類將會在體內植入許多生理感測器、仿生器官和奈米機器人，以監控人體健康，並避免感染、疾病和傷害。但這些裝置就會需要二十四小時全天上線，才能時時追上最新的醫療發展，以及抵抗網路空間爆發的新瘟疫。一如家用電腦會不斷受到病毒、蠕蟲和特洛伊木馬的攻擊，以後的心律調節器、助聽器和奈米科技免疫系統，也無法倖免。如果不去定期更新身體中的防毒程式，可能某天早上醒來，就發現血管中的幾百萬個奈米機器人，都已操縱在某個北韓駭客的手中。

因此，二十一世紀的新科技可能會整個扭轉人本主義革命的方向，讓人類失去權威，把掌控權交到非人類的演算法手中。如果你覺得這個方向實在太駭人，該怪的並不是那些電腦怪咖，這其實是生物學家的責任。

我們必須意識到，推動這個趨勢的主要力量是來自生物學的見解，而非來自資訊科學。是生命科學認為，生物就是各種演算法。如果生物的運作真的和演算法大有不同，就算電腦在其他領域大展

神威,仍然不可能瞭解人類、引導人類的生命,更不可能開始與人合而為一。但是,一等到生物學家判斷生物也是演算法,就等於拆除了有機和無機之間的那堵牆,讓電腦革命從單純機械事務轉變為生物的災難,也將權威從個人移轉到了演算法網路。

確實有些人對這種發展感到恐懼,但事實上,也有數百萬人再樂意不過。今天許多人已經放棄了自己的隱私和個別性,把許多生命點滴全放上網路,每個行動都想記錄下來;只要與網路的連結一中斷,就算只是幾分鐘,也會讓他們坐立難安。就在我們身邊,處處都有權威由人類轉移到演算法的情形,而且不是因為什麼重大的政府決策,而是由於如狂潮般的日常個人選擇。

如果再不小心,結果可能就會是歐威爾筆下的那種警察國家,而且持續監控的還不只是我們外在的各種舉止,甚至也包括我們身體裡的活動、以及大腦中的活動。可以想想,如果生理感測器無所不在,史達林可能會用來做什麼?而普丁又可能想做什麼?

目前,雖然有許多捍衛人類個體性的人,擔心二十世紀的噩夢重現,竭力抵抗這個似曾相識的歐威爾式敵人,但人類的個體性其實還受到另一方向更大的威脅。在二十一世紀,與其說個人會被外在力量殘忍輾碎,更有可能的是從內部緩緩崩解。

今天,大多數企業和政府都會尊重每個人的個體性,承諾依據每個人的需求和願望,提供醫藥、教育和娛樂。然而為了達到這個目的,企業和政府就得將個人解構為許多生化上的子系統,用無所不在的感測器監控這些子系統,並使用強大的演算法加以解讀。在這個過程中,我們會發現:所謂不可分割的個體,只是一種宗教幻想。現實上,整體現實就是許多生化演算法和電子演算法的混合體,沒有清楚的邊界、也沒有自己的中心。

◢ 貧富不均更惡化

在自由主義面臨的三項實際威脅中，我們已經討論了兩項：第一，人類將完全失去價值；第二，人類整體仍然有價值，但個人將不再具有權威，而是由外部演算法來管理。社會仍然需要由你來譜交響樂、教歷史或寫電腦程式，但社會對你的瞭解會超越你自己，也因此會為你做出大部分重要的決定；而且，你還會覺得這真是太好了。這樣的世界並不一定壞，但會是個後自由主義的世界。

自由主義面臨的第三個威脅在於：有些人仍然會是不可或缺、是社會系統難以瞭解和駕馭的，而且會形成金字塔尖端、人數極少的特權菁英階級，由升級後的人類組成。這些「超人類」將會享有前所未有的能力及創造力，讓他們能做出許多世上最重要的決定。他們會為社會執行關鍵的服務，而社會既無法瞭解、也無法管控這些人。然而大多數人類並不會升級，於是也就成了一種新的劣等種姓階級，同時受到電腦演算法和新興起的超人類所控制主導。

人類如果從生物定義上，分裂成不同的種姓階級，就會摧毀自由主義意識型態的根基。有自由主義的地方，仍然可能有各種社會階級和貧富差距，而且因為自由主義把自由看得比平等更為重要，所以甚至也覺得有差距是理所當然。但即便如此，自由主義仍然假定所有人類都有同等的價值和權威。

從自由主義的觀點，有人是億萬富翁、住在豪華的城堡裡，也有人是貧窮的農民、住在稻草屋，這完全沒有問題。因為對自由主義來說，農民感受到的獨特經驗，價值並不下於億萬富翁的經驗，所以自由主義的作家才會寫出長篇小說，來描述貧困農民的生活體驗，而且連富翁也會熱切讀著這種小說。如果到百老匯去看音樂劇

《悲慘世界》，會發現好位子的票價可能高達數百美元，全場觀眾的身價總和可能高達數十億美元，但他們看到尚萬強只為了偷麵包救活飢餓的姪子，就得入獄十九年，仍然會大感同情。

同樣一套邏輯也適用於選舉——貧窮農民是一票，億萬富翁同樣只有一票。自由主義面對社會不平等的解方，不是讓每個人都有同樣的經驗，而是對於不同的人類經驗給予同等的價值。然而，如果貧富差距已經不只在於財產價值，而是出現了真正在生物學上的差異，這套還行得通嗎？

安潔莉娜·裘莉在《紐約時報》的文章中，就提過基因檢測成本高昂。她進行的檢測就要價三千美元（還不包括實際的乳房切除術、重建手術和相關治療）；在這個世界上，還有十億人每天收入不到一美元，十五億人每天收入在一美元到二美元之間。[201] 就算他們一輩子努力工作，也不可能負擔要價三千美元的基因檢測。目前貧富差距只有逐漸加劇。到2016年初，全球排名前六十二個最富有的人，擁有的財產總值等於最貧窮的三十六億人的資產總和！由於2016年全球人口約為七十二億人，也就是說，這六十二個億萬富翁所擁有的，大約就是所有人類較窮那一半的財產總和。[202]

DNA檢測的成本可能會逐漸下降，但也不斷出現更昂貴的新療法。因此，雖然舊療法會逐漸變得讓一般民眾也能負擔，但菁英份子永遠能領先幾步。縱觀歷史，富人享有許多社會地位和政治地位的優勢，但和窮人之間從未真正出現重大的生物差距。中世紀貴族曾號稱自己的血管流著高等的藍色血液，印度婆羅門也堅稱自己比其他階級更聰明，但這一切都只是胡扯瞎說。然而在未來，我們可能真的會看到有這一天，在經過升級的上層階級和其他社會階級之間，體質和認知能力真的出現重大差距。

◤ 出現「超人類」新種姓貴族

　　面對這種情境，科學家的標準答案是：二十世紀也有許多醫療突破是從富人開始，但最後全體人類都同樣受益，所以其實是有助於縮小社會差距、而非擴大差距。舉例來說，疫苗和抗生素最早只有西方國家的上層階級能夠享有，但現在已改善了全球所有人類的生活。

　　不過，若認為這種過程將會在二十一世紀重演，那很可能只是一廂情願。原因有二：第一，醫學的概念正在經歷巨大變革。二十世紀的醫學旨在治癒病人，但二十一世紀的醫學則逐漸走向要讓健康的人再升級。「治癒病人」代表的是一種平等，因為這假設有一套正常身心健康的規範標準，而人人都應享有這樣的健康。如果有人低於標準，醫師就該解決問題，讓病人能夠「像大家一樣」。

　　相較之下，要讓健康的人再升級，背後則是菁英的概念，因為這裡並沒有所有人類一體適用的標準，而是要讓某些人就是比其他人強。有太多人就是希望自己記憶力比別人強、智商比別人高、性能力更不能輸。如果某種升級已經變得太便宜、太普遍，人人都能享有，那等於又要把基線提高，有待下一代療法繼續超越。

　　因此，到了2070年，雖然窮人很有可能享有比今天更好的醫療保健，但他們與富人的差距將更為拉大。要做比較的時候，我們找的比較對象通常都會是同時代更幸運的人，而不是以前命運不佳的祖先。如果你現在對一個住在底特律貧民區的美國人說，他享有的醫療保健水準，可比一個世紀以前的美國人好得多了，大概不會有什麼鼓勵作用。事實上，這種話聽起來是十足的自以為是、自以為了不起。住底特律貧民區的美國人會說：「為什麼我要和十九世紀

的工廠工人或農夫比？我也想過電視上那種有錢人的生活啊，或者至少是住郊區那種高級住宅啊。」

同樣的，如果你到了2070年去告訴下層階級，他們享有的醫療保健已經比2017年好得多，對他們來說實在算不上半點安慰。因為他們心中的比較對象會是那些經過升級、主導世界的超人類。

此外，就算會有許多醫療突破，我們仍然無法肯定貧窮人口到了2070年，一定能享有比今天更好的醫療保健，因為國家體制和菁英階級可能根本不想再為窮人，提供充足的醫療保健服務。醫藥之所以能在二十世紀使群眾得益，是因為二十世紀是群眾的時代。二十世紀的軍隊需要幾百萬名健康的士兵，產業也需要幾百萬名健康的工人。因此，各國都建立起公共衛生服務體系，以確保國民的活力和健康。人類最大的醫療成就，正是為民眾提供衛生設施、疫苗接種和消滅流行病。1914年，日本菁英階級之所以願意為貧民接種疫苗、在貧民區興建醫院、打造汙水處理系統，正是因為如果希望日本成為軍事和經濟強權，就需要數百萬名健康的士兵和工人。

但這種群眾的時代可能已經結束，而針對大眾的醫學也將隨之走入歷史。隨著人類士兵和工人讓位給演算法，至少部分菁英階級會認為，無須再浪費資源為大量無用的窮人提升、甚至是維持基本的健康水準，而該集中資源，讓極少數人升級到超人類的等級。

今天，日韓等科技先進國家的出生率逐漸下滑，兒童人數逐漸減少，但這些國家卻是投注無比的心力，進行教養。反觀印度、巴西或奈及利亞這種人口眾多的發展中國家，是要怎麼跟日本競爭？這些國家就像一列長長的火車——頭等車廂的菁英，享有與世界上最發達國家同等的醫療保健、教育和收入水準；但還有為數幾億的一般國民，坐在三等車廂，苦於疾病、無知和貧窮。

在接下來這個世紀，印度、巴西或奈及利亞的菁英，會想做些什麼？是要投資解決幾億個窮人的問題，還是讓少數幾個億萬富翁再升級？在二十世紀，因為窮人有軍事和經濟價值，菁英階級必須解決窮人的問題；但是到了二十一世紀，菁英階級最有效（雖然十分無情）的策略，很可能是乾脆切斷百無一用的三等車廂，只讓頭等車廂繼續前進。想與日本競爭，巴西更需要的可能不是幾百萬名健康的普通工人，而是少數幾個經過升級的超人類。

一旦出現這種在身體、情感和智力都遠超常人的超人類，自由主義信仰又怎麼可能存在？如果事實證明，這種超人類的經驗會和一般智人完全不同，情況又會如何？如果超人類一讀到關於低等智人盜賊經驗的小說，就覺得無聊，而一般人看到超人類的愛情肥皂劇，卻又完全無法理解，該怎麼辦？

人類在二十世紀的偉大成就——控制饑荒、瘟疫和戰爭，都是為了讓所有人享有富足、健康與和平，完全一視同仁。至於二十一世紀的新議題——長生不死、幸福快樂、化身為神，也同樣希望為全人類服務。然而，由於這些計畫的目的在於超越、而非維持基本要求，最後就可能創造出新的超人類種姓階級，進而砍斷了原本的自由主義根源；超人類看待一般人，就會像是十九世紀歐洲人看待非洲人的情況。

如果科學發現和科技發展將人類分為兩類：一類是絕大多數無用的普通人，另一類是一小部分經過升級的超人類，又或者是萬事的決定權已完全從人類手中轉移到具備高度智能的演算法手中；在這兩種情況下，自由主義都將崩潰！屆時會是什麼樣的新宗教或意識型態，可填補這樣的缺口，並且指導我們如神一般的後代呢？

第 **10** 章

新宗教：科技人本主義

　　新宗教浮現的地點，不太可能是阿富汗的洞穴、或是中東的宗教學校，反而會是從事科技研究的實驗室。就像社會主義承諾以蒸汽和電力為世界提供救贖，在接下來的幾十年間，新的科技宗教也可能承諾以演算法和基因為世界提供救贖，進而征服世界。

　　雖然現在大家常常談的是激進伊斯蘭和基督教基本教義派，但從宗教觀點來說，目前全世界最有趣的地方並非伊斯蘭國或美國南部的聖經帶（Bible Belt，信奉基督教福音派的地區），而是矽谷。在美國加州的矽谷，各個高科技大師正在為我們醞釀和催生出全新的宗教，這些宗教信的不是神，而是科技。科技宗教同樣提供過往宗教的一切舊獎勵：快樂、和平、繁榮、甚至是永恆的生命，但方法卻是在當下取得地球科技的協助，而不是死後接受天堂的幫忙。

　　這些新的科技宗教，可以分為兩大類型：**科技人本主義**和**數據宗教**。數據宗教認為人類已經完成了自己的偉大宇宙任務，現在應該交棒給完全不同的實體。關於數據宗教的夢想和噩夢，請讓我們留到下一章討論。本章主要談的是較保守的科技人本主義，這種宗

教仍然認為人類是造物的巔峰之作，也堅持許多傳統的人本主義價值觀。科技人本主義同意：我們所知的**智人**（*Homo sapiens*）已經走完了歷史上的道路，以後不再那麼重要了；但科技人本主義同時也認為：因此我們應該運用科技，創造出**神人**（*Homo deus*）這一種更優秀的人類形式。

神人仍會保有一些基本的人類特徵，但同時更有升級後的生理和心理能力，並且能夠對抗最複雜的無意識演算法。由於智能正在與意識脫鉤，而且非意識的智能也正以驚人的速度發展，人類如果還想留在賽局當中，就得積極將心靈升級。

◢ 第二次認知革命

七萬年前，認知革命改變了智人的心靈，讓原本毫不重要的非洲猿類成為世界的統治者。智人的心靈經過提升後，忽然能夠接觸到互為主體的領域，於是能夠創造神祇和企業、建立城市和帝國、發明文字和金錢，最後也能夠分裂原子、登上月球。據我們所知與推測，這種**翻**天覆地的革命，只是因為智人的DNA起了一點小變化，導致大腦稍微重新配線。如果真是如此，那麼科技人本主義或許也只需要對人類的基因體，再多做點改變，讓大腦再稍微重新配線，也就足以啟動第二次認知革命。

第一次認知革命的心靈改造，是讓人類能夠接觸互為主體的領域，也就讓智人成了地球的統治者；第二次認知革命則可能會讓神人接觸到目前還難以想像的新領域，讓神人成為整個星系的主人。

早在一個世紀前，進化人本主義就希望創造出超人類，而現在的科技人本主義則可說是舊夢想的新型態。希特勒等人的想法，是

要透過選擇性育種和種族清洗來創造超人類,但二十一世紀科技人本主義則希望透過基因工程、奈米技術和腦機介面,以更和平的方式達成這項目標。

科技人本主義希望讓人類的心靈升級,讓我們能夠接觸到目前未知的經驗、目前未聞的意識狀態。然而,要翻新人類心靈是一項非常複雜和危險的任務。第3章〈人類的獨特之處〉就討論過,我們還無法真正瞭解心靈,不知道心靈由何而生,也不知道心靈的作用為何。透過嘗試錯誤,我們正在學習如何設計與安排人類的心理狀態,但卻很少真正全面理解這種操縱可能有怎樣的影響。更糟的是,因為我們並不熟悉最完整的心理狀態範圍為何,也就不知道該把目標定在何處。

我們就像是一座孤島上的居民,才剛剛發明了第一條船,正準備在沒有地圖、甚至也不知道目的地的情況下,揚帆出航。而且實際情況還可能更惡劣。在這個比方裡,這些島民至少還知道自己活在一片茫茫大海中,知道自己只占據了一塊小地方。但我們卻並未意識到,我們可能也只是住在一座小小的意識島上,而外面由我們不熟悉的心理狀態所構成的海洋,卻可能是無邊無盡。

◢ 意識的頻譜

真正的光譜和聲譜範圍,都比人類能看到和聽到的更為廣泛;同樣的,心理狀態的頻譜也可能遠大於普通人的感知。人類肉眼只能看到波長在400奈米到700奈米之間的可見光,而在人眼這個小小的視覺範圍之外,還延伸出許多不可見但廣大的領域,向上有紅外線、微波、無線電波,向下則有不可見的紫外線、X射線和γ射

線等等。同樣的，心理狀態的頻譜可能無限延伸，但科學目前還只研究了其中兩小部分：**次於規範者**（sub-normative）及 WEIRD 族。

　　一個多世紀以來，對於從自閉症到思覺失調症等精神及心理疾病的病人，心理學家和生物學家進行了廣泛研究，對於這種次於規範的心理狀態頻譜，我們的瞭解雖不完美、但十分詳細：認為這一區的人類在感覺、思考或溝通的能力上，低於正常值。

　　與此同時，對於認定為健康、處於規範的人類，科學家也進行了關於其心靈及體驗的研究，但此類研究的對象卻多半屬於 WEIRD 族（Western, educated, industrialised, rich, and democratic，來自西方、受過教育、工業化、富裕、民主）的人，無法代表所有人類。換句話說，到今天為止的人類心靈研究，是假定智人都像是《辛普森家庭》裡的荷馬。

　　在 2010 年一項開創性的研究中，亨利希（Joseph Henrich）、海涅（Steven J. Heine）和諾倫薩揚（Ara Norenzayan）三人針對心理學六大次領域的頂尖科學期刊，系統性調查所有發表的論文。研究結果發現，雖然論文常會聲稱人類的心靈就是如何如何，但大多數的研究只是以 WEIRD 族的樣本為基礎。例如，在《人格與社會心理學期刊》（*Journal of Personality and Social Psychology*，可能是社會心理學這個次領域最重要的期刊）發表的論文中，有 96％的抽樣個人屬於 WEIRD 族，並有 68％都是美國人。此外，足足有 67％的美國參與者、80％的非美國參與者，統統都是心理系的學生！換句話說，在這份權威期刊上發表的所有論文裡，受實驗調查的對象有超過三分之二都是西方大學的心理系學生。亨利希、海涅和諾倫薩揚就半開玩笑的建議，期刊名稱應該要改為《美國心理系學生的人格與社會心理學期刊》。[203]

心理系的學生之所以參與這麼多實驗，是因為教授的要求。如果我是哈佛大學的心理學教授，用學生來做實驗，可比雇用波士頓貧民區的居民容易得多，更別說要大老遠跑去納米比亞共和國、在喀拉哈里沙漠招募狩獵採集者的受試者了。然而，波士頓貧民區居民和喀拉哈里沙漠的狩獵採集者很可能各有獨特的心理狀態，而光是逼著哈佛心理系學生回答長篇問卷、或是把頭塞到fMRI掃描儀裡，大概永遠找不到答案。

而且，就算我們真的跑遍全球，研究每一個社群，仍然只能研究到智人心理頻譜極有限的一段。現今所有的人類都受到現代性的影響，也都是單一地球村的成員。雖然喀拉哈里沙漠狩獵採集者的現代化程度可能比不上哈佛心理系學生，但仍然不像是把過去的我

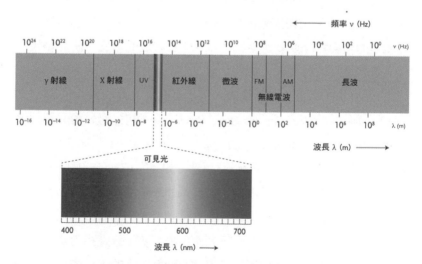

46. 在整個電磁波頻譜，人類只能看到其中很小的一段。整體實際的頻譜，大約是可見光這一段的十兆倍大。[204] 心理的頻譜會不會也是如此龐大？

們封在時間膠囊裡的情況。就算是這些狩獵採集者，也已經受到基督教傳教士、歐洲商人、有錢的生態旅遊者、好奇的研究者等等影響了。就有個笑話說，在喀拉哈里沙漠裡，典型的狩獵採集者隊伍是二十個獵人、二十個採集者，再加上五十位人類學家。

◤ 心靈之間的鴻溝

　　在地球村出現之前，地球就像是由各個孤立的人類文化組成的星系，當年環境促成的心理狀態，如今可能都已不復存在。社會經濟現實及日常生活一旦不同，培養出的意識狀態也就不同。不論是石器時代的長毛象獵人、新石器時代的農民、鎌倉時期的武士，誰又能確知他們的心靈狀態？

　　此外，許多前現代文化都認為，有某種更高階的意識狀態，可透過冥想、藥物或儀式而進入。薩滿巫師、僧侶或修士都很有系統的探索心靈這片神祕境地，並帶回種種激動人心的故事，訴說著我們聞所未聞的意識狀態，像是無上的寧靜、極端的敏銳、無與倫比的感性，還講著心靈如何延展至無邊無際、遁入一片虛空。

　　人本主義革命之後，現代西方文化不再相信這種形而上的心理狀態、也沒興趣瞭解，反而是刻意把一般人的俗世體驗給神聖化。因此，現代西方文化有一項特殊之處：並沒有某一群人形成某個特殊階級，想追求超脫俗世的心理狀態。有人想做這件事，就會被認定是嗑藥、精神病、或是詐騙集團。所以，雖然我們十分瞭解哈佛心理系學生的心理狀態，但對於美洲原住民的薩滿巫師、佛教的僧侶、或是蘇菲神祕教派的心理狀態，反而所知非常有限。[205]

　　而且這還只是智人的心靈而已。五萬年前，地球上除了智人，

還有尼安德塔人這個近親。尼安德塔人沒能發射太空船、蓋出金字塔、或是建立帝國。很顯然，他們的心靈能力與智人大不相同，也比智人少了許多天分。然而，尼安德塔人的大腦容量其實比智人更大，他們的神經元都派上了什麼用場？我們對此一無所知。很可能他們就擁有許多智人從未體驗過的心理狀態。

　　只不過，就算我們將歷史上所有曾經存在的人類物種全盤納入考量，距離要窮盡整個心理頻譜，仍然差得太遠。任何其他動物，都可能有人類難以想像的體驗。像是蝙蝠，能夠用回聲定位來體驗這個世界。牠們會發出人耳無法聽到的超高頻率聲波，再偵測碰觸前方物體後反射回來的聲波，便能建構出周遭環境的樣貌。蝙蝠感知到的樣貌極度詳細而準確，讓牠們能夠快速穿梭於樹木和建築物之間，追逐蛾類、捕獲蚊蟲，同時還能避開貓頭鷹和其他掠食者。

◢ 當蝙蝠的感覺如何？

　　蝙蝠活在一個回聲的世界裡。就像人類的世界認為每個物品都有代表性的外形及顏色，蝙蝠的世界則認為每個物品都有專屬的回聲模式。光是從某隻蛾纖纖翅膀彈回的回聲，蝙蝠就能判斷這隻蛾究竟是美食或毒藥。至於某些可食用的蛾類，則演化出類似毒蛾的回聲模式來保護自己。還有一些蛾演化出的能力更了不起，能夠直接讓蝙蝠雷達的聲波轉向，於是這些蛾能夠像是隱形轟炸機一般，飛來飛去，而蝙蝠渾然未覺。回聲定位世界的複雜和激烈程度，並不下於我們所熟悉的視覺及聽覺世界，但我們就是毫無所悉。

　　關於心靈的哲學，有一篇經典之作就是〈當蝙蝠的感覺如何？〉（What Is It Like to Be a Bat?）。[206] 哲學家內格爾（Thomas Nagel）在這篇

1974年的論文中指出，智人的心靈無法體會蝙蝠主觀的世界。我們可以寫出各式各樣的演算法，來模仿蝙蝠的身體、模擬蝙蝠的回聲定位系統、蝙蝠的神經元，但這一切還是沒辦法告訴我們，當一隻蝙蝠是什麼感覺？在某隻蛾拍動翅膀的時候，回聲定位是啥感覺？究竟是和用眼睛看差不多，還是根本完全不同？

　　向智人解釋回聲定位一隻蝴蝶的感覺，可能就像是向一隻看不見的鼴鼠解釋看到達文西畫作的感覺一樣，絕對無法達到效果。很有可能，蝙蝠的情緒也會受到回聲定位感受的深深影響。就像是對於智人來說，愛是紅色、嫉妒是綠色、憂鬱是藍色，但誰能知道，母蝙蝠對小蝙蝠的愛在回聲定位裡是什麼感覺？公蝙蝠在回聲定位裡看到敵人，又是什麼感受？

　　當然，這並不只是蝙蝠特有的情況，只是無數的例子之一。正如智人無法理解當隻蝙蝠是什麼感覺，我們也同樣難以理解當一隻鯨、一隻老虎或鵜鶘是什麼感受。當然這一定是有什麼感覺，只是我們不知道。鯨和人類同樣使用大腦的邊緣系統（limbic system）來處理情緒，但鯨的邊緣系統卻多出一整塊人類所沒有的組織。或許因為多了這一塊，就讓鯨能夠體驗到與人類大不相同、而且極度深刻複雜的情緒？此外，鯨也可能有極驚人的音樂體驗，連巴哈或莫札特都望塵莫及。

　　譬如鯨可以聽到數百公里遠的彼此，而且每條鯨都有自己獨特的「歌曲」，曲長可能長達數小時，且有非常精緻複雜的模式。三不五時就會有某條鯨譜出新的流行歌曲，整個海洋裡的鯨都會跟風模仿。科學家常常會記錄這些流行曲，再用電腦加以分析。然而，人類真的能夠體會這些音樂經驗，知道鯨貝多芬和鯨小賈斯丁有何不同嗎？[207]

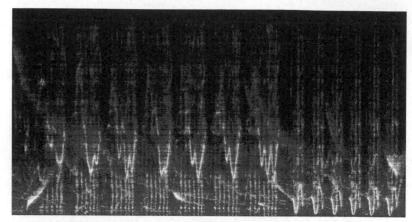

47. 一首弓頭鯨（bowhead whale）歌曲的聲譜圖。弓頭鯨對這首歌有怎樣的
　　經驗？航海家太空探測船的黃金唱片除了貝多芬、巴哈和查克·貝瑞之
　　外，也錄了一首鯨之歌，但我們只能希望這隻鯨真的唱得不錯。

　　這一切不該讓我們太驚訝。智人之所以統治世界，並不是因為
智人的情感更深刻、或音樂經驗更複雜。所以，至少在某些經驗領
域裡，智人確實可能不如鯨，不如蝙蝠、老虎或鵜鶘。

　　而且，在人類、蝙蝠、鯨和其他所有動物的心理範圍之外，還
有甚至更大、更奇特的領域有待探索。很有可能仍有無止境的心理
狀態，但由於在這四十億年的地球生命演化歷程中，所有智人、蝙
蝠或恐龍，都還不具備能夠體驗這一切的必要能力，因此從未有所
體驗。不過，到了未來，有了強大的藥物、基因工程、電子頭盔和
腦機介面，就可能打開通往這些領域的通道。就像哥倫布和麥哲倫
航向海平面的彼方、探索新的島嶼和未知的大陸，或許某天我們也
能前往心靈的對蹠點。

◢ 聞到恐懼的氣味

　　如果醫師、工程師和顧客一心想的就是治癒精神疾病、盡情享受 WEIRD 社會的生活，光是研究次於規範的心理狀態及 WEIRD 的心靈，或許已足以滿足我們的需求。雖然常有人批評規範心理學一看到偏離規範就認為是問題，然而在上個世紀，這讓無數病人得到安慰，也讓數百萬人生活順利、精神正常。

　　但到了第三個千禧年的開端，我們面臨的完全是另一種挑戰：自由人本主義被科技人本主義取代，而醫學也愈來愈著重於讓健康的人升級，而非治癒病人。醫師、工程師和顧客現在並不以解決精神問題為滿足，而是要讓整個心靈升級。我們的科技能力正逐漸足以打造新的意識狀態，但我們對這塊新領域卻還沒有堪用的地圖。我們熟悉的主要只有 WEIRD 族規範和次於規範者的心理狀態頻譜，所以甚至連該前往哪個方向，都不知道。

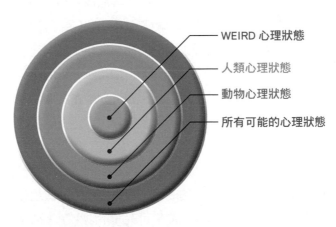

WEIRD 心理狀態

人類心理狀態

動物心理狀態

所有可能的心理狀態

48. 意識的頻譜：一層之外，尚有未知的一層。

目前心理學最熱門的子領域是**正向心理學**（positive psychology），就不令人意外了。1990年代，塞利格曼（Martin Seligman）、迪納（Ed Diener）、契克森米哈賴（Mihaly Csikszentmihalyi）等權威專家認為，心理學除了研究心理的疾病，也該研究心理的積極力量。究竟為什麼，我們對生病的心靈瞭解得如此清楚，卻對正常強健的心靈沒有一張科學的地圖？在過去二十年之間，正向心理學已經對優於規範（super-normative）的心理狀態研究，邁出了重要的第一步，可是直到2016年，科學對於這片領域仍然近乎一無所知。

在這種情況下，我們可能就是盲目向前衝，一心提升當下經濟和政治制度需要的心靈能力，卻忽略、甚至貶抑了其他心靈能力。當然，這種現象自古皆然。幾千年來，社會都會根據當時的需求，來塑造及重塑人類的心靈。智人原本的演化，只是要成為一小群親密社群裡的成員，這種心靈能力並不會讓他們習慣當個巨大機器的小齒輪。但是隨著城市、王國和帝國興起，社會培養了大規模合作所需的能力，但同時也漸漸忽略了其他技能和性向。

舉例來說，遠古人類可能常常應用嗅覺。狩獵採集者能夠靠嗅覺，在遠方辨認出各種不同的動物、人類、甚至是情緒——像是恐懼的氣味就和勇氣不同。一個人害怕時所分泌的化學物質，與他充滿勇氣時所分泌的就是不一樣。如果你坐在某個古老的部落當中，而他們正爭執是否要和隔壁部落開戰，你是真的能夠「聞出」大家的意見為何！

但因為嗅覺這種功能只有在成員少的時候，才派得上用場，所以等到智人組織成更大的團體，嗅覺的社會價值也就一落千丈。舉例來說，美國對中國的恐懼，可就聞不出來了。於是，人類的嗅覺能力遭到輕忽，至於在幾萬年前可能用來處理氣味的大腦區域，現

在也可能挪用到更急迫的任務上，像是閱讀、數學運算和抽象推理方面。現代社會希望我們把神經元用來解微分方程式，而不是用來聞我們的鄰居。[208]

◤ 用進廢退

我們的其他感官、或是更底層能夠注意到感官感受的能力，也同樣經歷了這種過程。

遠古的採集者總是保持警覺。在森林裡找蘑菇的時候，他們會仔細聞著風的氣味、專心觀察地面。找到一個蘑菇之後，他們會用全心全意來吃這個蘑菇，感受最細微的味道差異，分辨這個蘑菇究竟是適合食用、或是有毒。到了今天的富裕社會，人類多半不需要如此敏銳。超市裡就有上千種食物可供選擇，食品安全都有衛生單位監督。但不管你選的是義大利披薩、還是泰國泡麵，接下來，都可能是坐在電視機前面狼吞虎嚥，幾乎不管這食物有何風味！（正因如此，食品製造商才要不斷推出刺激的新口味，希望能夠動搖一下我們的無動於衷。）

同樣的，由於有良好的交通運輸，就算是住在城市另一邊的朋友，仍然很容易見到面。但就算真的碰到面，我們卻也不見得真的把心思都放在對方身上，總是在看手機有沒有新訊息、臉書有沒有新動態，覺得一定有什麼更有趣的事發生在別的地方。現代人類已經患上「錯失恐懼症」（Fear Of Missing Out, FOMO），總在擔心自己錯過了什麼；雖然手中的選擇比以往任何時候都多，但選了之後又很難付出全心全意。[209]

除了嗅覺和注意力，人類也失去了做夢的能力。許多文化認為

人類在夢中的所見所為，重要性並不下於清醒時的所見所為，因此會積極培養做夢的能力、記住夢的能力、甚至是在夢中世界控制行動的能力。這種能夠控制行動的夢，稱為**清醒夢**（lucid dreaming）。清醒夢的專家號稱可以在夢的世界裡自由活動，甚至是前往更高的存在層次，遇見來自其他世界的訪客。

相反的，現代世界認為做夢只是潛意識發出的訊息，甚至不過就是心靈產生的垃圾。於是做夢這件事在我們的生活中，沒有那麼重要，很少有人積極培養做夢的能力，甚至有很多人表示自己從不做夢、或是從不記得自己做了什麼夢。[210]

嗅覺、注意力和做夢的能力都不如以往，是不是讓我們的生活過得比較貧瘠而灰暗？或許沒錯。但從政經體系的角度看來，這都是值得的。老闆會希望你常檢查電子郵件信箱，而不是常聞花香、或做白日夢。出於類似的原因，未來要將人類的心靈升級時，反映的也可能是政治的需求、市場的力量。

例如第8章〈實驗室裡的定時炸彈〉提過美軍的「專注頭盔」，就是要幫助士兵專注在明確的任務上，加速決策過程。但這也可能降低這些人的同理心，讓他們忽略心中的種種懷疑和內在衝突。人本主義心理學家指出：感到憂鬱的人常常想要的，並不是簡單的解決方案，而是希望有人能夠聆聽他們的想法，同情他們的恐懼和疑慮。

假設你現在工作出現危機：新老闆不喜歡你的想法，堅持要你乖乖聽話就好。過了特別不順的一天，你決定拿起電話打給朋友。但朋友正在忙，撥不出什麼時間和精力，於是打斷了你講到一半的話，試著解決你的問題：「好，我知道了。在這個情況，你真的只有兩種選擇：辭職，或是留下來聽老闆的話。如果是我，就會選擇

辭職。」但這大概算不上幫了什麼忙。真正感情好的朋友，會比較有耐性，不會急著找出解決方案，而是會聆聽你的憂慮，給你時間和空間，好讓種種矛盾的情緒和折磨人的焦慮逐一浮現，幫助你得到慰藉。

專注頭盔的用途，就像是那個不耐煩的朋友。確實，有些時候（例如在戰場上）我們需要迅速下定決心，但生命不是只有這樣而已。如果我們愈來愈常使用頭盔，可能最後就會像是失去了嗅覺、做夢和注意的能力一般，失去容忍各種疑惑和矛盾的能力。現代社會喜歡我們下定決心，而不是心存懷疑，所以整個政經體系也可能會推動我們往這種方向前進。然而，比起擁有懷疑和矛盾的社會，如果一切要求明快堅決，生活反而可能變得更貧瘠而膚淺。

◣ 放大版的螞蟻社會

現代這個世界，一方面，我們已經有能力改造心靈，但另一方面，我們又幾乎完全不知道心理的完整頻譜是什麼模樣，再加上政府、軍隊和企業各懷鬼胎，簡直注定帶來災難。有可能到頭來，我們很成功的讓身體與大腦都升級了，卻在過程中失去了心靈。

確實，科技人本主義到最後可能反而會造成人類的**降級**。對政經體系來說，降級後的人類反而更有利，原因不是這種人擁有什麼卓越的特點，而是這種人少了一些可能拖慢社會步調、造成困擾的人類特質。

像是農夫都知道，羊群裡面最聰明的那隻，常常就會惹出最大的麻煩，所以農業革命的其中一項，就是要降低動物的心理能力。到了科技人本主義夢想所推動的第二次認知革命，則可能對人類造

成一樣的效果，讓社會大機器裡的「人類小齒輪」變得比以往更能有效溝通和處理資料，但幾乎不會去注意其他事，既不會做夢、也不會有所懷疑。數百萬年來，人類曾經是加強版的黑猩猩；到了未來，人類則可能變成放大版的螞蟻。

科技人本主義還面臨另一項恐怖威脅。一如所有人本主義教派，科技人本主義也認為人的意志是神聖的，認為這是整個宇宙的憑依。科技人本主義希望用人類的期望，來選擇要發展哪一種心靈能力，進而決定未來心靈的模樣。然而，如果未來科技進展之後，能夠重塑、改造這些期望，那會是什麼情形？

人本主義總是強調，我們不太容易確知自己真正的意志。每次想聆聽真實的自己，總有許多吵雜的噪音撲天蓋地而來。而且事實上，有時候我們不見得真想聽到自己真實的聲音，因為那可能會是一些不受歡迎的祕密、令人難堪的要求。

有許多人根本是處心積慮不想對自己瞭解太深。譬如，一位平步青雲的律師，可能就不想聽到內心叫她放輕鬆點、趕快生個寶寶的聲音。困在痛苦婚姻中的婦女，也可能害怕失去婚姻提供的安全感。背負罪惡感的士兵，曾犯下的暴行化成噩夢，如影隨形。對自己的性傾向還無法確定的年輕人，就對自己實行了「不問、不說」的政策。對人本主義來說，這任何一個情境都不會有一體適用的解決方案，但人本主義要求我們堅強起來，不論內心的聲音再醜惡，也要勇敢面對，要聽到自己最真實的聲音，再聽從它的指示，排除萬難。

但是從科技進步的觀點，一切就大不相同了。科技進展不想聽我們內在的聲音，而是要控制這些聲音。只要我們瞭解了生化系統如何產生這些聲音，我們就能玩弄這所有開關，把這裡音量調高、

那裡音量調低，讓人生過得更輕鬆自在。想專心的律師可以來顆利他能（Ritalin），有罪惡感的士兵可以吞個百憂解（Prozac），至於對生活不滿的妻子，替你憂（Citao）就是答案。而且，這還只是開端而已。

人本主義者對這種方法常常難以接受。但我們還是別太早就下判斷、作結論。人本主義者建議的「聽自己內心的聲音」，其實毀了許多人的生命；適當用藥，反而是大大改善了幾百萬人的幸福和關係。

事實上，為了真正聽到自己內心的聲音，有些人可得先把心中現有的尖叫和怒罵音量調小。現代精神病學認為，許多「內心的聲音」和「真實的願望」只不過是生化失衡和神經疾病的產物。由於生化失衡，讓患有臨床憂鬱症的人看起事物來，都像是透過一副抑鬱的眼鏡，於是一再拋棄大好的前途、健康的人際關係。這時該做的，可能不是聆聽這種破壞性的內心的聲音，而是該直接叫它們閉嘴。像是第8章〈實驗室裡的定時炸彈〉提過的記者愛蒂，她戴上頭盔、讓腦中其他聲音安靜下來之後，不但成了神射手，對自我的感覺也大大提升。

▲ 哪個聲音是真正的自我？

就個人而言，每個人都可能對這些問題有不同的看法。但從歷史觀點，現在顯然是風雨欲來。

人本主義的最高誡命：「聆聽你自己！」已經不再不證自明。我們學會把內心的聲音調高調低之後，也就得放棄對「真實」的信念，因為我們再也不清楚現在是誰在調整開關。把腦中的噪音關掉

似乎是個大好主意，但前提是要能讓我聽到真正的自我。如果就是沒有哪個聲音是「真正的自我」，又要怎麼決定哪些聲音要小、哪些聲音該大？

讓我們單純為了討論而做個假設：假設幾十年內，腦科學家就能讓我們輕鬆且準確的控制許多內心的聲音。再假設有個來自虔誠摩門教家庭的年輕男同性戀者，躲在櫃中生活許多年，終於存夠了錢，想去動手術。他帶著十萬美元前往診所，決心要讓自己在走出診所以後，就像摩門教創始人約瑟・斯密（Joseph Smith）一樣，完完全全是個異性戀者。站在診所門前，男同性戀者心裡又複習了一次想對醫師說的話：「醫師，這裡是十萬美元。請幫我動個手術，讓我以後永遠不會再想要男人了。」他接著按了鈴，但開門之後，看到的簡直是《急診室的春天》裡的喬治・克隆尼，活生生在他眼前。這個小夥子魂都飛了，喃喃說道：「醫師，這裡是十萬美元。請幫我動個手術，讓我以後永遠只愛男人、不會再想要女人了。」

可以說，是這個年輕人真實的自我，打敗了過去經歷的宗教洗腦嗎？又或是一時的誘惑，讓他背叛了按鈴前的自己？又或者，根本沒有什麼真實的自我，所以也不會有所謂的聽從或背叛？

只要我們能夠設計及重塑意志，就無法再把意志看作意義和權威的本源；因為不管我們的意志怎麼說，我們總能讓它改變意見。

科技人本主義的兩難

人本主義認為，只有人的欲望才能使世界充滿意義。但如果我們連欲望都能選擇，又是根據什麼基礎來做這種選擇？

假設在《羅密歐與朱麗葉》的開場，是羅密歐可以決定要愛上

誰，而且就算決定了，還是隨時能夠反悔重來。這樣一來，這齣劇會成個什麼樣子？但這正是科技進步為我們刻畫的未來：如果我們的欲望讓我們不舒服，就讓科技消滅這個欲望。如果整個宇宙所憑依的釘子釘錯了地方，就用科技把整支釘子拔出來，釘到別的地方去。但究竟要釘在哪？如果寰宇四方均能落釘，我該挑哪裡？又為什麼該挑那裡呢？

人本主義的戲劇，多半是以某個令人痛苦的欲望來開展。例如蒙太玖家的羅密歐，愛上了凱普雷特家的朱麗葉，兩家卻是世仇，於是雙方都非常痛苦。科技對這種情節的解法，就是確保讓我們不會有令人痛苦的欲望。如果羅密歐和朱麗葉服個藥丸、或是戴個頭盔，直接把那些對彼此造成不幸的愛意給消滅掉，不就沒事了嗎？

在此，科技人本主義面臨了一項無解的兩難：它認為人的意志是宇宙中最重要的東西，因此推動人類開發能夠控制、重新設計意志的科技。畢竟，能夠控制全世界最重要的東西，不是太好了嗎？然而一旦這樣的控制成真，過去神聖的人類就會成了另外一項設計品，反而讓科技人本主義不知何去何從。

只要我們仍然相信人類的意志和經驗是權威和意義的本源，就永遠無法面對這些科技。因此，有個更大膽的科技宗教，打算直接徹底切斷與人本主義的臍帶。這個科技宗教所預見的世界，並不是圍繞任何人類生命形式的欲望和經驗而轉。

但又是什麼東西能夠取代欲望和經驗，成為一切意義和權威的本源？在2016年，正有一位候選人坐在歷史的接待室，等候面試。這位候選人名叫「資訊」。

目前，最耐人尋味的新興科技宗教正是**數據主義**（Dataism），崇拜的既不是神祇、也不是人類，而是敬拜資料數據。

第11章

信數據得永生？

數據主義認為，宇宙是由資料流組成，任何現象或實體的價值就在於對資料處理的貢獻。[211] 讀者可能覺得這實在是極端的胡言亂語，但事實上，大部分的科學機構都已經改信了數據主義。

數據主義是由兩大科學潮流爆炸性匯流而成的。在達爾文發表《物種原始論》一百五十年後，生命科學已經認為生物都是生化演算法。此外，在圖靈想出「圖靈機」（Turing Machine）這個概念的八十年後，資訊科學家也已經學會寫出愈來愈複雜的電子演算法。數據主義指出，同樣的數學定律能夠同時適用於生化演算法及電子演算法，於是讓兩者合而為一，打破了動物和機器之間的隔閡，並期待電子演算法終有一天能夠解開生化演算法，甚至有所超越。

對於政府、企業或一般消費者來說，數據主義提供了突破性的科技和強大的全新力量。對於學者和知識份子來說，這也能提供我們幾世紀以來渴求的科學聖杯：從音樂學、經濟學到生物學，所有科學學門都能統一在單一理論之下。根據數據主義，貝多芬的第五號交響曲、股市泡沫和流感病毒，不過是資料流的三種不同模式，

能夠使用同樣的基本概念和工具來分析。這個想法十分吸引人，可以讓所有科學家講著一種共同的語言，在學術的鴻溝上搭起橋梁，並輕鬆讓某種見解跨越不同學門。終於，音樂學家、經濟學家和細胞生物學家也能互相理解溝通了。

在過程中，數據主義也將傳統的學習金字塔徹底翻轉。在這之前，大家認為資料數據只是智力活動這個漫長過程的第一步，我們要把資料轉化為資訊、資訊轉化為知識，最後把知識轉化為智慧。但數據主義者認為，資料數據的流動量已經大到非人所能處理，人類無法再將資料轉化為資訊，後面的知識或智慧也就更不用提了。於是，處理資料數據的工作應該交給能力遠超過人類大腦的電子演算法來進行。在實務上，這也就代表數據主義對人類知識和智慧有所懷疑，而傾向於信任大數據和電腦演算法。

◣ 資本主義 = 分散式資料處理

最堅信數據主義的正是它的兩個母系學門——資訊科學與生物學。兩者之中，又以生物學較為重要，因為正是生物學擁抱了數據主義，才讓資訊科學的小小突破撼動整個世界，而可能徹底改變生命的本質。要說所有生物都是演算法，不管長頸鹿、番茄或人類都只是不同的資料處理方式，你可能並不以為然。但這裡必須強調，現在的科學教條已然是如此，而且這對整個世界現狀的改變，實在難以想像。

今天，我們視為資料處理系統的，不只是單一生物，還包括像是蜂箱、細菌的菌落、森林、以及城市之類的社會。經濟學家也愈來愈常用資料處理系統的概念來詮釋經濟。一般人看來，經濟就是

有農民種小麥、有工人做衣服,再有顧客買麵包和衣服。但是在專家眼中,經濟的機制就是要蒐集關於欲望和能力的資料數據,再轉化為決策。

根據這種觀點,自由市場資本主義和國家集權控制的共產主義就不是意識型態、倫理教條或政治制度上的競爭,而根本是不同資料處理系統之間的競爭。資本主義採用分散式處理,而共產主義則是集中式處理。資本主義的資料處理,是讓所有的生產者和消費者直接相連,並允許他們自由交換資訊、獨立做出決定。自由市場上的麵包價格如何決定?每家麵包店愛做多少就做多少,訂價愛訂多高就訂多高。顧客只要能夠負擔,一樣可以愛買多少就買多少,又或是改去找其他麵包店。一根長棍麵包收一千美元並不犯法,只是大概沒人會買。

讓我們把規模放大,假設投資者預測麵包需求將增加,就會買入研發高產量基改小麥的生物科技公司股份。資金流入,該公司就能加速研究,更快提供更多小麥,以避免麵包短缺。就算哪家生物科技大廠用錯理論、走進死路,也可能有競爭對手達成這項突破。因此,自由市場資本主義是將分析資料和做決定的工作分散下去,交給許多各自獨立但又相互連結的處理器。這正如奧地利經濟學家海耶克(Friedrich Hayek)詮釋的:「在一個把相關事實的知識分散給許多人的系統中,可以靠價格來協調不同人各自的獨立行動。」[212]

根據這個觀點,證券交易所正是人類至今所創最快、最有效的資料處理系統。它歡迎每個人都來共襄盛舉,可以是直接加入、或是透過銀行或退休基金。證券交易所推動著全球經濟,不論是全球各個角落、甚至外太空發生的事情,無不納入考量。不管是科學實驗成功、日本傳出政治醜聞、冰島火山爆發,甚至太陽表面有不規

律的活動，都會影響股價。為了讓系統運作順暢，就需要讓盡量多的資訊盡可能自由流動。如果全球有數百萬人都能取得所有相關資訊，就會透過買賣來決定石油、現代汽車的股票、或瑞典政府債券最準確的價格。據估計，證券交易所只要經過十五分鐘的交易，就能確定《紐約時報》某個頭條對於大多數股價的影響。[213]

　　這種資料處理的概念，也能夠解釋為何資本主義喜歡降稅。重稅代表可用資本有一大部分都集中在單一地點（國庫），也就有愈來愈多決策必須由單個處理器（政府）來決定。這樣一來，整個資料處理系統就會過度集中。

◢ 共產主義＝集中式資料處理

　　假設有一種稅收高到爆表的極端情況，就會讓幾乎所有資本都流到政府手中，於是一切由政府決定，包括麵包的價格、麵包店的位置，以及生物科技機構的研發預算。在自由市場中，如果某個處理器做出錯誤的決定，立刻就會有人趁虛而入。但如果幾乎所有決定都操縱在單一處理器手中，一犯錯就可能是場大災難。

　　這種所有資料都由單一處理器來處理並決定的極端情況，就是共產主義。在共產主義經濟體系裡，號稱要讓人人「各盡所能、各取所需」。換句話說，政府會把你利潤的100％全部取走，再判斷你有什麼需求，並據以提供。雖然並沒有哪個國家曾經真正實現這種極端方案，但蘇聯及其附庸國可說是盡力逼近。他們放棄了分散式資料處理的原則，轉換為集中式資料處理：蘇聯各地的所有資訊都流向莫斯科一處，也是由莫斯科做出所有重大決定。生產者和消費者無法直接溝通，而且必須服從政府的命令。

49. 在莫斯科的蘇聯領導階層（1963年）：集中式資料處理。

　　例如，蘇聯的經濟部門可能會決定：所有店裡的麵包價格都是2盧布又4戈比（kopek）；烏克蘭敖得薩州的某個集體農場，本來種小麥，但現在要改成養雞；莫斯科的紅色十月麵包店，每天要生產三百五十萬條麵包，而且一條也不准多。與此同時，蘇聯的科學部也會命令所有蘇聯生物科技實驗室接受李森科（Trofim Lysenko, 1898-1976）的理論。李森科素負惡名，執掌列寧農業科學院，但他不相信當時主流的基因遺傳理論。他堅信，如果某個生物這輩子得到了新的性狀，就能直接傳給後代。這種想法完全違背正統達爾文學說，卻與共產主義的教育原則十分吻合，意味著只要訓練小麥

承受寒冷的天氣，後代的小麥也將能夠耐寒。於是，李森科把幾十億株反革命的小麥，送到西伯利亞接受再教育；只不過，蘇聯很快就被迫從美國進口愈來愈多的麵粉。[214]

　　資本主義之所以打敗共產主義，並不是因為資本主義更符合倫理，不是因為個人自由神聖無比、又或是上帝對這些共產主義異教徒降下怒火。資本主義能夠贏得冷戰，是因為至少在這個科技加速改變的時期，分散式資料處理的效果就是比集中式資料處理更好。

　　二十世紀晚期的世界變化實在太快，共產黨中央委員會無法處理。像這樣把所有資料都集中到一座祕密碉堡、所有重大決策都由一群年長的黨政大員決定，雖然能夠生產出一批又一批核彈，卻絕不可能打造出蘋果公司或維基百科。

50. 芝加哥證券交易所的喧嚷：分散式資料處理。

有一個故事（可能是假的，但精采的故事多半都是假的），講的是戈巴契夫為了讓蘇聯經濟起死回生，派出一位主要副手到倫敦想瞭解柴契爾主義（Thatcherism）是什麼、資本主義制度又如何實際運作。東道主帶著這位蘇聯來的貴賓參觀倫敦，前往倫敦證券交易所和倫敦政經學院，與銀行經理、企業家和教授長談。經過許多小時的參訪，這位蘇聯專家忽然忍不住說：「抱歉，請先停一下。先別管所有這些複雜的經濟理論了。我們在倫敦來來回回一整天，有件事我一直不懂。在莫斯科，我們派了最聰明的人來研究麵包供應制度，但每間麵包店和雜貨店還是得大排長龍。在倫敦，這裡人口有數百萬，我們今天又經過了許多店家和超市，卻沒有半個地方需要排隊。請帶我去見一下在倫敦負責管控麵包供應的人，我一定得學學他的祕招。」東道主抓了抓頭，想了一下，說道：「可是，沒人負責管控麵包給倫敦啊。」

　　這正是資本主義的成功祕訣。並沒有中央處理單元（CPU）壟斷倫敦麵包供應的所有資料數據，而是讓資訊在幾百萬位消費者和生產者、麵包師傅和企業家、農民和科學家之間自由流動。市場力量就會決定麵包的價格、每天烘焙的數量，以及研發的優先順序。如果市場力量做出不當的決定，也能很快自我修正（至少資本主義信徒是這麼相信的）。就我們的目的來說，重點並不在於這種資本主義理論是否正確，而在於這是用資料處理的概念，來瞭解經濟學。

▲ 所有的權力去了哪？

　　政治科學家也愈來愈把人類政治結構，想成資料處理系統。一如資本主義和共產主義，民主和專制在本質上也就是兩套關於蒐集

和分析資訊的對立機制。專制使用集中式處理，而民主則喜歡分散式處理。民主在過去幾十年裡獲得上風，是因為在二十世紀晚期的情境中，分散式處理的效果更佳。如果換了一個情境，譬如古羅馬帝國時代，反而可能是集中式處理擁有優勢，才會讓羅馬共和國敗亡，權力從元老院和公民大會，轉移到專制皇帝的手中。

這意味著，如果資料處理的情境在二十一世紀再次改變，民主制度也可能衰敗、甚至消失。隨著資料量和流通速度雙雙提升，選舉、政黨、國會這些過去崇高的制度，就可能遭到淘汰；原因不在於不符倫理道德，而是因為無法有效處理資料數據。當時這些制度和機構發展的背景，是政治的腳步走得比科技更快。在十九世紀和二十世紀，工業革命發展的速度夠慢，於是政客和選民仍然得以領先一步，規範及操縱發展的路線。然而自從蒸汽機時代以來，政治的節奏沒有多大改變，但科技卻已經從一檔切換到四檔。科技革命的腳步快到讓政治追不上，不管是國會議員或選民，都已經失去對科技的控制了。

網際網路的興起，能讓我們一窺未來景況。現在對我們的日常生活、經濟及安全來說，網路空間都不可或缺。但講到網路設計的各種不同選項，雖然仍牽扯到主權、邊界、隱私、安全等等傳統政治議題，卻並未透過民主政治過程來決定。有人曾經投票決定網路空間該是什麼形狀嗎？網路設計者的種種決定未受公眾監督，於是今日的網際網路成了一處自由、但也不受法律管束的區域，侵蝕國家主權、無視邊界、破壞隱私，可能正是最可怕的全球安全風險。十年前還幾乎沒人想過這種可能性，但今日的政府官員憂心忡忡，認為網路911事件已經風雨欲來。

於是，政府和非政府組織熱議重組網際網路的可能。但已錯過

了在一開始干預的時機,現在木已成舟,要改變現有制度真是難上加難。等到笨重的政府官僚制度終於下定決心,進行網路監管,網路早已又演進了十次。政府這隻烏龜,永遠追不上科技這隻野兔,就這樣被資料數據壓得無法動彈。美國國安局或許能夠監控每個人的每句話,但看到美國外交紕漏不斷,就知道華盛頓雖然拿著一切資料,卻沒人知道該怎麼運用。對於世界上正發生什麼事,歷史上從來沒有任何政府,能像現在的美國知道得如此清楚;但也鮮少有政府,能夠反應得像現在的美國一樣笨拙。這就像是打牌的時候,明明知道對手有什麼牌,卻不知怎麼搞的,總是一輸再輸。

在未來幾十年間,我們很可能還會看到更多類似網際網路的革命,而科技會搶走政治的所有風頭。人工智慧和生物科技可能即將徹底改變人類社會和經濟,甚至徹底改變人類的身體和心靈,但當前的政治體系對此卻幾乎毫無警覺。現今的民主制度,蒐集和處理相關資料數據的速度太過緩慢,而且大多數選民對生物學和模控學(cybernetics)的認識也不足,無法形成切中要點的意見。因此,傳統民主政治正逐漸失去對事態發展方向的控制力,也提不出有意義的未來願景。

普通選民也開始意識到,民主機制已經不再能夠為他們帶來權力。世界正在變化,但他們摸不清變化的方式和原因。權力正在移轉,但選民不知道權力去了哪。在英國選民的想像中,以為權力是被歐盟奪走,所以他們投票給英國脫歐(Brexit)。在美國選民的想像中,以為是「當權派」壟斷了所有權力,所以他們支持反體制的候選人,像是桑德斯(Bernie Sanders)和川普(Donald Trump)。但可悲的事實是,沒人知道所有的權力去了哪。就算英國離開歐盟、川普接掌白宮,權力也絕對不會回到普通選民身上。

　　這並不代表二十世紀的獨裁統治將會重演。就算是專制政權，似乎同樣無力應付科技發展的腳步，同樣無力應付資料流的數量和速度。在二十世紀，獨裁者對未來自有一套宏偉願景，例如不論是共產主義或法西斯主義，都希望徹底摧毀舊世界，再建立起新世界取而代之。不論你對列寧、希特勒或毛澤東有何看法，都不可能說他們沒有願景。到了今天，理論上領導者的願景應該會更為宏偉，畢竟過去的共產黨和納粹，不過是有了蒸汽機和打字機，就想打造出新的社會，今天我們可還有生物科技和超級電腦任君使用呢！

◢ 政治已不再有宏偉願景

　　在科幻電影的劇情裡，總演著像希特勒一樣的壞政客，一心奪取各種新科技，要用來實踐各式極端政治理想。但回到二十一世紀早期，就算在俄羅斯、伊朗或北韓這些專制國家，實際的政客和好萊塢版本，卻根本是兩回事。

　　那些人看起來，可沒有什麼美麗新世界的願景。就算是金正恩或伊朗最高領導人哈米尼（Ayatollah Ali Khamenei）做過最狂的夢，仍然不過就是原子彈和彈道飛彈之類，完全還停留在冷戰時代。普丁似乎也只是想重建舊的蘇聯集團，甚至是更早的沙皇帝國。與此同時，偏執的美國共和黨人，大罵歐巴馬是個無情的獨裁者，說他陰謀破壞美國社會的基礎；但過了八年總統任期，歐巴馬費盡心力也只是勉強推動了一場小小的健康照護改革，不論是創造新世界或是新人類，都完全不在他的待辦議題之列。

　　正因為科技進步如此快速，不論國會或獨裁者，都被來不及處理的資料數據壓得喘不過氣，現今政治人物的眼界，要比一個世紀

人類大命運
Homo Deus

前狹窄太多了。於是，到了二十一世紀早期，政治已不再有宏偉願景，政府就只剩下行政的功能，維持著國家現況，卻不再能夠帶領人民向前。政府確保教師每月拿到薪水、下水道不會堵塞，卻不知道國家過了二十年後，該走向何方。

在一定程度上，這或許是福非禍。有鑑於二十世紀某些宏大政治願景，就搞出了奧許威茲集中營、廣島核爆和大躍進，或許官僚系統胸無大志也是一種幸福。如果有了如神力一般的科技，再加上妄自尊大的政治人物，幾乎肯定是場災難。許多新自由主義經濟學家和政治學家認為，所有重大決策最好都交給自由市場來決定，結果這就成了政客無為和無知的藉口，還認為這種做法是大智慧。對政客來說，反正一切交給市場就好、自己何必懂這個世界呢？這可真是太方便了。

然而，科技已有了如神般的能力，政治卻是短視而無遠景，這樣的搭配仍有問題。畢竟願景不一定是壞事，而缺乏願景也不永遠是好事。在二十世紀，反烏托邦的納粹願景並不是自己分崩離析，而是被社會主義和自由主義同樣宏偉的願景所擊敗。之所以不該將未來完全交給市場力量決定，是因為這些力量造成的結果，可能只是有利於市場，不見得有利於人類或全世界。市場那隻手不僅人類看不見，它本身也是盲目的；如果完全不加管束，面對類似全球暖化的威脅、或人工智慧的潛在危險時，就有可能毫無作為。

有些人相信，在這一切的背後，還是有幾個罪魁禍首。可能不是民主政客或獨裁統治者，而是有一小群億萬富翁，正在偷偷掌控這個世界。然而這種陰謀論太過輕忽系統的複雜度，其實是說不通的。光是幾個億萬富翁在小房間裡吸著雪茄、飲著蘇格蘭威士忌，絕不可能瞭解世界上發生的一切，更不用說要控制一切了。在現今

這個混沌的世界，那些冷酷的億萬富翁和少數利益集團之所以能夠發展蓬勃，並不是因為他們更能看清全貌，反而是因為他們的目標非常狹隘。在混沌的系統中，集中視野反而有優勢，而億萬富翁的權力大小，又與目標大小息息相關——呈現負相關。如果你身為世上最富有的人，想再賺十億美元，簡直易如反掌，只要輕鬆操弄一下政經體系，就能辦到。但相對的，如果是想消弭全球的不平等、阻擋全球暖化，牽涉到的政經體系或社會體系就太過複雜了，就算最富有的一群人也無法操控。

然而，權力真空的狀況並不會持續太久。如果傳統政治結構在二十一世紀無法夠快處理資料、無法產生有意義的願景，就會出現更新、更有效率的結構，取代它們的地位。這些新的結構可能大異於任何先前的政治制度，既非民主、也非專制。這裡唯一的問題，就是會由誰來建立並控制這些結構。如果人類自己完成不了這項任務，或許該讓其他候選者來試試。

◢ 數據主義觀點下的人類簡史

從數據主義觀點，可以把全人類看成一套資料處理系統，而每個人都是裡面的一個晶片（處理器）。這樣一來，整部歷史的進程就是要透過四種方式，提高系統效率：

一、增加處理器數量。擁有十萬人口的城市，運算能力就會高於擁有一千人口的村莊。

二、增加處理器種類。處理器不同，運算和分析數據的方式就不相同。因此，如果資料處理系統擁有許多種不同的處理

器，就可增加系統的動力與創意。農民、祭司和醫師之間
的對話所產生的想法，可能是狩獵採集者之間怎麼談都談
不到的。

三、增加處理器之間的連結。如果光是增加處理器數量，但彼
此之間無法連結，仍然沒有意義。十座有貿易網路連結的
城市，產生的經濟、科技與社會創新，通常都會高於十座
孤立的城市。

四、增加現有連結網的流通自由度。如果資料數據無法自由流
通，光是把處理器連結起來，也不會有什麼用處。這就像
在是十座城市之間，闢出了道路，但路上卻滿是搶匪或路
霸，商人和旅行者難以通行，效果也就大打折扣。

　　這四種方法常常互相矛盾。像是處理器的數量和種類愈多，要
能自由連結就愈難。因此，智人資料處理系統的建構，是分成四大
階段，各自強調不同的方法。

　　第一階段始於認知革命，開始能夠將大量智人連結為單一資料
處理網路。這就讓智人擁有超乎其他人類及動物物種的關鍵優勢。
對尼安德塔人、黑猩猩或大象來說，能夠連結成單一網路的個體數
量有限，但智人卻打破了這個限制。

　　智人運用資料處理優勢，遍布了整個世界。但隨著智人分散到
不同地區、感受不同氣候，就開始彼此失去連繫，經歷不同的文化
變革，於是形成各式各樣的人類文化，各有生活方式、行為模式及
世界觀。因此，歷史的第一階段後期，就是增加人類處理器的數量
及種類，但同時犧牲了連結：在二萬年前，智人數量遠多於七萬年
前，但歐洲智人處理資訊的方式也不同於中國智人。在當時，歐洲

和中國之間並無連結，也幾乎不可能相信，某天所有智人居然會連結成單一的資料處理網路。

第二階段從農業革命開始，持續到大約五千年前、剛發明文字和金錢的時候。農業加速人口成長，使人類處理器數量急劇上升。同時，農業讓更多人能夠群聚生活，形成密集的局部網路，各自擁有數量空前的處理器。此外，農業也為各個局部網路創造動機和契機，鼓勵彼此貿易和溝通交流。但即使發展到這第二階段，仍然是以離心力為主。因為沒有文字和金錢的概念，人類難以建立城市、王國或帝國，仍然只是無數個小部落，各有自己的生活方式和世界觀。要說所有人類會團結形成一體，當時連做夢也想不到。

第三階段始於大約五千年前發明了文字和金錢，並持續到科學革命肇始。有了文字和金錢，人類合作的重力場吸引力超過了離心力，讓各個團體融合起來，形成城市和王國，而各個城市和王國的政治和商業連結也更為密切。至少到了西元前第一個千禧年（出現了錢幣、帝國和普世宗教），人類已經開始有意識的想像著要建立涵括整個地球的單一網路。

智人歷史的第四階段，大約始於1492年，全球成為單一網路的夢想開始成真。早期的現代探險家、征服者和交易者，一起編織出覆蓋整個世界的頭幾條絲線。到了近代晚期，這些絲線變得更加結實緊密了，在哥倫布時期已如同蛛網；到了二十一世紀，則已經是由鋼鐵和瀝青構成的網路。更重要的是，資訊能夠在這個全球網路裡愈來愈自由的流動。

哥倫布剛剛把歐亞網路連結到美國網路時，每年只有極少量資訊能夠越過海洋，還得應付各種文化偏見、嚴格審查和政治打壓。但隨著時間過去，不論是自由市場、科學社群、法治概念或民主傳

播，都有助於消除種種障礙。我們常常有所想像，認為民主和自由市場之所以獲勝，是因為它們比較「好」。但事實上，它們之所以勝出，是因為改善了全球資料處理系統。

於是在過去的七萬年間，人類就是先擴散，再分成不同群體，最後再次合併。但合併並不代表一切回到原點。過去的多元族群融入今天的地球村時，各自都帶著思想、工具和行為上的獨特傳承，呈現一路走來的蒐集與發展。在我們現代的食品櫃裡，就有中東的小麥、南美洲安地斯地區的馬鈴薯、新幾內亞的糖，以及衣索比亞的咖啡。同樣的，我們的語言、宗教、音樂和政治，也充滿著來自地球各地的傳世寶藏。[215]

如果人類整體就是單一的資料處理系統，它的產出是什麼？數據主義會說，它的產出會是一套全新、效率更高的資料處理系統，稱為萬物互聯網（Internet-of-All-Things）。只要這個任務完成，智人就會功成身退。

◤ 數據主義帶來全新價值觀：資訊自由

一如資本主義，數據主義一開始也是個中立的科學理論，但正慢慢成為要判別是非的宗教。對這個新宗教來說，最高的價值就是資訊流通。如果生命就是資訊的流動，而我們又認為生命是好的，下一步就是該讓全宇宙的資訊流得更廣、更深。

數據主義認為：人類過往的經驗並不神聖，智人並非造物的巔峰之作，也不是未來神人的前身。人類只是創造萬物互聯網的工具而已，而萬物互聯網可能從地球這個行星向外擴張，擴展到整個星系、甚至整個宇宙。這個宇宙資料處理系統將會如同上帝，無所不

在、操控一切，而人類注定將會併入系統之中。

　　這種概念讓人回想起某些傳統宗教願景，像是印度教相信人類能夠、也應該融入整個宇宙共有的靈魂，也就是梵（brahman）的概念；基督徒則相信，聖人死後會充滿上帝的無限恩典，而罪人則是切斷了與上帝的連結。事實上在矽谷，數據主義的先知正是刻意運用傳統上的各種救世說詞。例如庫茲威爾（見第 36 頁）的預言書就叫做《奇點近了》（The Singularity is Near），呼應著施洗約翰的呼喊：「天國近了」（〈馬太福音〉3：2）。

　　數據主義告訴那些還崇拜血肉之軀的人：你們已經太依賴一種過時的科技了，智人就是個該淘汰的演算法。這麼說吧，人類有什麼贏過雞的地方呢？唯一的一點，就是人類的資訊流通模式比雞複雜得多。人類能夠吸收更多資料數據，處理資訊的演算法也比雞更為優秀。（如果用人話來說，就是說：「人類有更深的情感、更高的智力。」但請別忘記，就現在的生物科學看來，情感和智力也不過都是演算法罷了。）這樣一來，如果我們創造出某個資料處理系統，能夠吸收比人類更多的資料數據，處理資訊的演算法也比人類更為優秀，是不是這個系統就能贏過人，正如人類贏過了雞？

　　數據主義不只是空談理論，而是像每個宗教一樣擁有實際的誡命。最重要的第一條誡命，就是數據主義要連結愈來愈多的媒介，產生和使用愈來愈多的資訊，讓資料流最大化。數據主義也像其他成功的宗教，有其傳道使命。它的第二條誡命，就是要把一切連結到系統，就連那些不想加入的異端，也不能例外。而且這裡指的一切並不只是人，而是一切事物。人類的身體自然不在話下，但另外還包括街上的車、廚房裡的冰箱、雞舍裡的雞、樹林裡的樹，一切都要連結到萬物互聯網上。以後，冰箱就會監看雞蛋還剩幾顆，並

在需要補貨時,自動通知雞舍。汽車能夠互相交談,樹木則會報告天氣和二氧化碳含量。我們不會容許宇宙的任何部分與這個偉大的生命網路分開,如果有人斗膽阻礙資料流通,就是犯下最大的罪。因為,資訊若不再流通,與死亡又有何異?因此對數據主義來說,「資訊自由」就是最高的善。

人類很少真正能夠想出全新的價值觀。回首上次已經是十八世紀,人本主義革命開始宣揚人類自由、人類平等、人類博愛這種種令人激動的理想。而自1789年以來,雖然也有許多戰爭、革命和動盪,人類卻並未想出什麼新的價值觀。後來的各種衝突及鬥爭,都是以自由、平等、博愛這三種人本主義價值觀為名,或者基於更早的價值觀,例如要服從上帝、服侍國家。數據主義是自1789年以來,第一個真正創造新價值觀的運動,這個新價值觀就是「資訊自由」。

◢ 資訊自由好處多

要注意的是,新的「資訊自由」與過去自由主義所談的「言論自由」不能混為一談。言論自由所賦予的對象是人,保護的是人類思考及說出自己心中所想的權利,當然也保護他們緘默、把想法放在心中的權利。相較之下,資訊自由所賦予的對象並非人類,而是資訊。而且在這種新價值觀看來,資訊自由流通的權利應該高於人類擁有並限制資料流通的權利,因此「資訊自由」甚至可能侵犯到人類傳統的言論自由。

2013年1月11日,數據主義新科技宗教出現了第一位殉道者:史瓦茲(Aaron Swartz)。這位二十六歲的美國駭客,在自家公寓自

殺身亡。史瓦茲是個不世出的天才，十四歲就協同開發出了關鍵的
RSS（Really Simple Syndication，極簡同步散播、或稱簡易供稿系統）通訊
協定。史瓦茲也是資訊自由的堅定信徒，曾在 2008 年發表〈開放
存取游擊宣言〉（Guerilla Open Access Manifesto），呼籲應讓資訊流完
全自由、不加限制。史瓦茲在宣言中表示：「無論現在資訊儲存在
何處，我們都必須能取得這些資訊、複製、與全世界分享。我們必
須蒐集沒有版權限制的內容，並將這些內容建檔加入。我們必須購
入那些未公開的資料庫內容，將內容公開在網上。我們必須下載科
學期刊內容，上傳到文件共享網路。我們必須為了開放存取，如同
游擊隊般奮戰。」

　　史瓦茲說到做到。譬如使用者必須向期刊資料庫 JSTOR 付費，
才能取得論文，就讓他十分惱火。JSTOR 資料庫有數百萬份科學論
文和研究成果，JSTOR 完全支持科學家和期刊編輯應當享有言論自
由，包括支持「這些人認為想讀論文就該付錢」的自由。JSTOR 認
為，在我研究創造出某種想法之後，如果想以此獲得部分報酬，應
該是我的權利。但是史瓦茲可不這麼想。他相信資訊也想要自由，
他認為這些想法並不屬於創造它們的人，把資訊鎖在牆後而必須收
費才能觀看的做法是錯誤的。於是，史瓦茲用了麻省理工學院的電
腦網路存取 JSTOR，下載了數十萬份科學論文，打算全部公開到網
際網路上，讓人人自由閱讀。

　　史瓦茲遭到逮捕，被送上法庭。在他知道自己可能遭到定罪入
獄之後，便上吊自殺。對於控告史瓦茲、侵犯資訊自由的學術機構
和政府機關，駭客族群發動了各種請願和攻擊。在壓力下，JSTOR
對自己在這起悲劇中的角色表示歉意，並開放許多（但仍非全部）
資料內容，供免費使用。[216]

為了說服那些還在懷疑的人，數據主義的傳教士一再解釋，資訊自由有多大的好處。就像是資本主義相信一切的善都來自經濟成長，數據主義則相信一切的善（包括經濟成長）都來自資訊自由。為什麼美國成長比蘇聯快？因為資訊流動在美國更自由。為什麼美國人比伊朗人或奈及利亞人更健康、更富有、更幸福？都是多虧了資訊自由。所以，如果想要創造更美好的世界，關鍵就是要釋放資料、給它們自由。

　　我們已經看到，谷歌能夠比傳統衛生機構更快察覺流行病的爆發，但前提是：必須允許谷歌自由存取我們產出的資訊。資料數據如果能夠自由流動，同樣也能減少汙染和浪費。例如，透過資訊自由，可讓交通運輸系統更為合理。2010年，全球自用車共有超過十億輛，而且還不斷增加。[217] 這些車輛汙染地球、浪費大量資源，更別說還得為此不斷加寬道路、增設停車位。民眾又已經習慣擁有自用車的便利，不太可能再回頭搭公車和火車。但數據主義指出：民眾真正想要的並不是車輛本身，而是移動的便利；只要有優秀的資料處理系統，就能簡單又有效的提供這種移動的便利。

　　我自己也有一輛車，但多半就是停著。就我平常的一天來說，早上8點04分上車，開車半小時到大學，把車停好，就放著一整天。下午6點11分，我又回到車上，開車半小時回家，就這樣。所以我每天根本只有一小時會用到車，何必另外二十三小時還要把車留著呢？如果有個智慧共乘系統，就能解決這問題。我能讓電腦知道我需要在早上8點04分離開家，由電腦在那個時候把最近的無人駕駛車調過來，準時讓我上車。把我送到大學之後，這輛無人駕駛車就能用於其他目的，而不用在停車場白白等待。到了下午剛剛好6點11分，我走出大學的門口，就會有另一輛全民共用的無人駕駛

車，停在我旁邊，帶我回家。這樣一來，只要有五千萬輛共用的無人駕駛車，就能取代十億輛自用車，而且所需的道路、橋梁、隧道和停車空間皆會大大減少。但想當然耳，如果想達到這樣的目的，我就得放棄隱私，允許演算法永遠知道我身在何處、想去何方。

▲ 資料流也有一隻看不見的手

　　但也有可能，你根本早就信奉了數據主義（特別是二十歲以下的人）。有些人其實很願意成為資料流的一部分，就算這代表放棄隱私、放棄自主性和個別性，也覺得無傷大雅。

　　人本主義藝術推崇個別的天才，所以就算畢卡索是在餐巾上隨筆塗鴉，也能在蘇富比拍賣會，賣出幾百萬美元。人本主義科學讚揚的是個別的學者，因此每個學者都希望自己的名字，哪天能掛上《科學》（*Science*）或《自然》（*Nature*）期刊論文的第一作者。然而，現在已經有愈來愈多的藝術和科學創作，都是由「每個人」的不斷合作而誕生。是誰著作了維基百科？我們每個人。

　　「個人」正逐漸成為一個巨大系統裡的微小晶片，而這個巨大系統卻沒有人真正瞭解。每天我透過電子郵件、電話和文章，吸收無數位元的資料數據，然後處理這些資料數據，再透過更多的電子郵件、電話和文章，回傳新的資料數據。但我真的不知道，在整個宏觀的架構中，我究竟身屬何處？我所產出的那些資料數據，又和其他幾十億人或電腦產生的資料數據如何連結？

　　而且，我也沒有時間找出答案，因為光是回覆電子郵件，就已經耗盡我的時間。隨著我提升效率、能夠更有效處理更多資訊，也就是回覆更多電子郵件、打更多電話、寫更多文章，反而是讓身邊

的人淹沒在更多的資料流之中。

這種無情的資料流，帶來了新的發明和破壞，而且不在任何人的計畫、控制或理解之中。沒有人真能理解全球經濟如何運作，也沒有人知道全球政治將走向何方。然而，也沒有人真的需要理解這一切。你應當做的，就只是回信回得更快（而且允許系統存取這些內容）。正如自由市場資本主義相信市場那隻看不見的手，數據主義相信資料流也有一隻看不見的手。

◢ 不停的記錄、上傳、分享

隨著全球資料處理系統變得全知全能，「連結到這個系統」也就成了所有意義的來源。人類之所以想要融入這個資料流，是因為只要成為資料流的一部分，你就會隸屬於一項比自己更偉大的計畫。傳統宗教向你保證，你說的每個字、你的每個舉止，都是某項偉大宇宙計畫的一部分，上帝一直看顧你，也在意你的所有想法與所有感受。

至於現在的數據宗教則說，你說的每個字、你的每個舉止，都是偉大資料流的一部分，演算法一直看顧你，也在意你的所有想法與所有感受。大多數人都對此非常滿意。對於真正的信徒來說，要他們脫離資料流，就等於是要冒著失去生命意義的風險。如果你有了某種感受，卻沒有別人知道它、也並未對全球資訊交換有任何貢獻，人生又有什麼意義呢？

人本主義認為：所有的經驗體驗是發生在我們心中，我們要從自己的心裡找出一切事物的意義，進而為宇宙賦予意義。數據主義則認為：經驗不分享就沒有價值，而且我們並不需要（甚至是不可

能）從自己心裡找到意義。我們該做的，就是要記錄自己的經驗，再連結到整個大資料流中，接著演算法就會找出這些經驗的意義，並告訴我們接下來該怎麼做。

二十年前，日本遊客因為總是拿著相機照個不停，曾經受到全世界的嘲笑；但現在人人都是如此。如果你現在去印度看到一隻大象，你不會看著這隻大象而問問自己心中的感受，而是會趕緊掏出智慧型手機，趕快照張相、上傳臉書，再每隔兩分鐘就檢查一下，看看集到了多少個讚。在前幾個世代，寫日記只給自己看，是很常見的人本主義習慣；但現在，很多年輕人卻覺得完全沒道理。如果沒有其他人能讀到，寫了不都是白寫嗎？現代的新座右銘是：「如果你體驗到什麼，就記錄。如果你記錄了什麼，就上傳。如果你上傳了什麼，就分享！」

我們在這本《人類大命運》裡不斷問道：究竟是什麼讓人類比其他動物優越？數據主義有一個全新而又簡潔的答案。

就個體而言，人類的經驗並不比狼或大象的經驗來得優越。只要是資料數據，都無高下之別。然而，人類可以把自己的經驗吟成詩、寫成部落格、發表到網路上，使全球資料處理系統更為豐富。就是這樣，才讓人類的資料數據有了意義。狼做不到這件事，因此雖然狼的各種經驗可能一樣深刻複雜，卻毫無價值。

難怪我們會如此忙著將自己的經驗，轉化為各種資料數據。這不是趕不趕流行的問題，而是生存的問題。我們必須向自己和系統證明自己仍然有價值，而且價值不在於單純擁有經驗，而在於將經驗轉化為自由流動的資料數據。〔順便提一下，就算是狼（或至少是與牠們血緣很近的狗）的經驗，現在也可能會產生意義。現在已經有一家名為「不再只是汪汪汪」（No More Woof）的公司，正在開

發一種能夠讀懂犬類經驗的頭盔。這個頭盔會監測狗的腦波,再用
電腦演算法把一些簡單的情緒,像是「我很生氣」,翻譯成人類的
語言。[218] 所以,你的狗可能也快要有牠的臉書或推特帳號了,而且
搞不好還會比你拿到更多讚、或是有更多追蹤者。〕

▲ 人類經驗演算法將被取代

數據主義既非自由主義、亦非人本主義。但要特別強調一點:
數據主義並不反對人本主義。數據主義對人類的經驗,並沒有什麼
惡意,只是不認為經驗就本質上有何價值。

前面檢視人本主義的三大教派時,我們曾問過哪個經驗最有
價值:是聆聽貝多芬的第五號《命運交響曲》、查克·貝瑞的流行
音樂、矮人族成年曲、或是狼嚎?如果就數據主義看來,這整件事
根本是抓錯重點,因為衡量音樂的價值時,該看的是它帶來多少數
據,而不是它創造了什麼經驗。舉例來說,數據主義就會認為:如
果與矮人族的成年曲相較,《命運交響曲》用了更多和弦與音階,
而且創造出更多在不同音樂風格間的對話,於是你需要更多的運算
能力,才能解讀《命運交響曲》,由此也會獲得更多的知識。

從這個觀點,音樂也是數學模式,也能用數學來描述每個音樂
作品,以及任何兩首曲子之間的關係。這樣一來,所有的交響樂、
歌曲和嚎叫,都能測量出精確的數據值,確定哪個最為豐富。至於
它們對人類或狼所創造的體驗,其實並不重要。的確,在過去大約
七萬年間,人類的經驗是整個世界最有效的資料處理演算法,確實
有理由多加推崇。但我們可能很快就會到達臨界點,人類演算法將
被取代,甚至成為負擔。

　　人類是從數萬年前的非洲大草原上開始演化，這套演算法並非天生用來應付二十一世紀的資料流。我們可以嘗試升級人類資料處理系統，但光這樣還不夠，因為萬物互聯網可能很快就會創造出極巨大而快速的資料流，就算是升級後的人類演算法也無法處理。在汽車取代馬車的時候，我們並不是讓馬升級，而是直接讓馬退休。或許，智人也到了該退休的時候。

　　數據主義對人類採用嚴格的功能觀點，完全依據能在資料處理機制發揮多少功能，來評估人類經驗的價值。如果我們研發出能夠具備相同功能、而又更有效率的演算法，「人類經驗」這套演算法就會失去價值。因此，如果不只是計程車司機和醫師，就連律師、詩人和音樂家，都能用更厲害的電腦程式取代，那又何必在意這些程式有沒有意識、有沒有主觀經驗呢？如果人本主義又開始讚頌人類經驗的神聖，數據主義會覺得這是個訴諸情感的謊言。「你所稱讚的體驗，只是一種過時的生化演算法。在七萬年前的非洲大草原上，這種演算法可說是頂尖，而且就算到了二十世紀，仍然對軍隊和經濟至關重要。但我們很快就會有更好的演算法！」

　　在許多好萊塢科幻電影的最後高潮裡，人類面臨外星人的入侵艦隊、造反的機器人大軍，又或是要消滅全人類的全知超級電腦，一切看來人類已經注定滅亡了；但人類總是在最後一刻反敗為勝，這要感謝的總歸是所有外星人、機器人和超級電腦未曾懷疑、也無法看穿的東西：愛。就像在《駭客任務》（*Matrix*）裡，主角原本完全被超級電腦玩弄在掌心、被邪惡的機器人射了滿滿一輪子彈，但得到愛人的啟發，就忽然大顯神威，徹底扭轉局勢。

　　就數據主義看來，這整個場景實在太荒謬了。它會對好萊塢編劇嗤之以鼻：「拜託，你就只能編出這種玩意啊？愛？而且還不是

什麼柏拉圖式的大愛，只是兩隻哺乳動物的肉體吸引力？你還真以
為，如果有個全知的超級電腦或外星人，都要征服整個星系了，居
然會被『荷爾蒙爆發』這種小事弄糊塗？」

數據主義將人類經驗視同數據模式，也就破壞了我們的權威和
意義的本源，帶來「自十八世紀以降從未有過的重大宗教革命」。
在洛克、休謨和伏爾泰的時代，人本主義認為「上帝是人類想像力
的產物」。但現在數據主義以其人之道還治其人之身，說道：「沒
錯，上帝是人類想像力的產物，但人類的想像力一樣只是生化演算
法的產物。」在十八世紀，人本主義從以神為中心的世界觀，走向
以人為中心的世界觀，於是把神推到了一旁。在二十一世紀，數據
主義則可能是從以人為中心，走向以資料為中心，於是把人也給推
到了一旁。

▲ 從前，要聆聽自己內心的聲音

數據主義革命可能需要幾十年、甚至一兩個世紀，才能成功，
但人本主義革命也不是一夜之間忽然達成。一開始，人類一直相信
上帝，認為人類之所以神聖，是因為人類由神所創，有某種神聖的
目的。要到許久之後，才有一些人敢說：人類的神聖是靠自己，上
帝根本不存在。同樣的，今天大多數的數據主義者認為：萬物互聯
網之所以神聖，是因為它由人類所創，要滿足人類的需求。但到最
後，萬物互聯網可能只需要靠自己，就有了神聖的意義。

從以人為中心的世界觀、走向以資料為中心的世界觀，這項轉
變並不只是一場哲學上的革命，而是會真真切切影響我們的生活。
所有真正重要的革命，都會有實際的影響。人本主義認為「人類發

明了上帝」，這件事之所以重要，正是因為有深遠的實際影響。同樣的，數據主義認為「生物是演算法」，這件事同樣有極深遠的實際影響，不容小覷。所有的想法都要先改變我們的行為，接著才會改變我們的世界。

在古巴比倫，每當人們面臨兩難，都會在黑暗的夜裡爬到神廟頂，仰望天空。巴比倫人相信是星星控制他們的命運、預測他們的未來，於是會用觀星的結果決定是否結婚、耕田、發動戰爭。原本的哲學信念，轉化成非常實際的日常作為。

但像是猶太教和基督教等聖經宗教，則是講了不一樣的故事：「這些星星會說謊。星星是由上帝所創，而上帝早已在《聖經》裡揭露了完整的真理。所以不要再觀星了，讀讀《聖經》吧！」這也是一種非常實際的建議作為。每當人們不知道如何挑選結婚對象或選擇職業、又或是否應該開戰，就會查經、遵照《聖經》的指示。

但接著來了人本主義，又講了一個全新的故事：「是人類發明了神、寫了《聖經》，而且用了上千種方式加以詮釋。所以，人類本身才是一切真理的本源。雖然可以把《聖經》當作一部具啟發性的人類作品來讀，但其實不一定需要這樣。如果你面對兩難局面，只要聆聽自己，聽從你內心的聲音就夠了。」接著，人本主義也提供各種詳細的實務指示及建議，告訴你如何聆聽自己——像是看日落、讀歌德、寫寫個人的私密日記、和密友談心，還有舉行民主選舉。

幾世紀以來，科學家同樣接受了這些人本主義的指示。就算是物理學家想知道該不該結婚，也會去看日落，想多多接觸自己的內心。就算是化學家想考慮該不該接受某個似乎有麻煩的工作機會，也會寫日記、找好友談心。就算是生物學家要爭論該不該開戰或簽

署和平條約，也會進行民主投票。就算是腦科學家要把自己震驚四座的發現寫成書，也常常在第一頁引用歌德的文句。這正是人本主義與科學之間現代聯盟的基礎，維持了現代微妙的陰陽平衡：感性與理性、博物館與實驗室、超市與生產線。

科學家不僅認為人類的感覺是神聖的，甚至還為此找出了很好的演化理由。在達爾文之後，生物學家開始提出解釋，認為所謂感覺，也是透過演化千錘百鍊的複雜演算法，能夠幫助動物做出正確的決定。人類的愛情、恐懼和熱情，並不只是能用來寫詩的曖昧靈性，反而是體現了幾百萬年來的實務智慧。讀《聖經》，得到的是古代耶路撒冷幾位神父和拉比的建議；相較之下，聆聽內心的聲音，遵循的是幾百萬年演化而成的演算法，而且這套演算法已經通過天擇的最高規格品管測試。你的感覺正是幾百萬位祖先的聲音，而且他們都撐過了嚴酷的環境，成功生存和繁衍下來。

當然，你的感覺並不見得萬無一失，但已經比大多數其他指導法則更可靠。幾百萬年以來，人的感覺就是全世界最好的演算法。因此，就算是在孔子、穆罕默德或史達林的時代，人人也都應該聆聽自己的感覺，而不是聽從儒教、伊斯蘭教、或共產主義的教訓。

◢ 現在，要聆聽演算法的意見

可是到了二十一世紀，**感覺**不再是全世界最好的演算法了。我們正開發出更優秀的演算法，能夠充分利用前所未有的運算能力和巨大資料庫。谷歌和臉書的演算法，不僅完全知道你的感覺，還知道許許多多你自己渾然未覺的事。所以，你應該別再只聽自己心內的感覺，應當開始聽聽這些外部演算法怎麼說。

　　等到演算法不僅能知道每個人的投票意向，甚至還能從根本的神經原因，分析得知為何某人投民主黨、另一人投共和黨時，又何必辦什麼民主投票呢？過去的人本主義呼籲：「聆聽你的感覺！」而現在的數據主義則呼籲：「聆聽演算法的意見！它們知道你的感覺！」

　　在你考慮結婚對象或職業、又或該不該開戰的時候，數據主義告訴你，別再浪費時間爬上高山看太陽落入海面了。至於去逛博物館、寫日記、或與朋友談心，也是多此一舉。沒錯，想做出正確決定，你確實要更認識自己。然而在二十一世紀，已經有了比登山、逛博物館或寫日記更好的辦法。

　　以下是一些實用的數據主義指示：

　　「你想知道真實的自己？」數據主義這麼問答：「不用爬山或參觀博物館了，做DNA定序了沒？還沒？你在等什麼？今天就去做！而且還要告訴你的阿公阿嬤、爸爸媽媽、兄弟姊妹，大家都要去做。這些親人的資料對你也非常重要。另外，知道這些穿戴式的感測器嗎？這些裝置會每天二十四小時，量測你的血壓和心跳。聽過嗎？很好，那就去買一個，連結到智慧型手機上。另外，順便買個行動攝影機和麥克風，把你做的一切都記錄下來，放到網路上。還有，要允許谷歌和臉書存取你所有的電子郵件、監控你所有的聊天紀錄和郵件，並且記錄你所有的按讚和點擊。只要這些事都做到了，萬物互聯網的偉大演算法就能告訴你：該跟誰結婚、該挑什麼工作，以及是否該開戰。」

　　只不過，這些偉大的演算法都是從哪來的？這就是數據主義的神祕之處了。就像基督宗教認為人類無法理解上帝和祂的計畫，數據主義也認為人類的大腦無法理解新的主演算法。

當然，目前的演算法多半是由人類駭客所寫，但那些真正重要的演算法，譬如「Google搜尋」的演算法，背後都是巨大的開發團隊。每個成員只懂拼圖的一小塊，沒有人真正能夠全盤理解整套演算法。

另外，隨著機器學習和人工神經網路興起，有愈來愈多演算法會獨立演化、自我改進、從自己的錯誤中學習。這些演算法分析的資料量是天文數字，絕非人力可及，而且它們也能學會找出人類找不出的模式、採用人類意想不到的策略。最早的種子演算法或許是由人類開發，但隨著演算法逐漸成長，就會走出自己的路，前往人類未曾踏足之地，而且人類也無力追尋。

宇宙資料流裡的小漣漪

數據主義當然也會面臨批評及異端。正如我們在第3章〈人類的獨特之處〉所見，生命究竟能不能簡化為資料流，還有待商榷。特別是我們也還不清楚，資料流究竟有什麼方式或原因，能夠產生意識和主觀經驗。或許在未來二十年間，我們就能得到一個很好的解釋；也或許我們會發現，原來生物與演算法還是不同。

同樣有待商榷的一點，在於生命是否真的只是做出各種決策。在數據主義的影響下，生命科學和社會科學都一心投入研究決策過程，彷彿這就是生命的全部。但實情是否真是如此？知覺、情緒和想法當然對決策很重要，但這就是它們唯一的意義嗎？數據主義對於決策過程愈來愈瞭解，但對於生命的看法卻可能是愈來愈偏斜。

要對數據主義提出批判性檢視，不僅可能是二十一世紀最大的科學挑戰，更是最急迫的政治和經濟議題。生命科學和社會科學的

學者應該自問：把生命當作資料處理系統和決策系統時，是否漏了什麼因素？在這世界上，會不會有什麼是無法簡化成數據的？如果在所有已知的資料處理任務上，無意識演算法終於完全勝過了有意識的人類智能，一旦我們用前者取代後者，可能會失去什麼？

當然，就算數據主義有錯、生物不只是演算法，也不一定能阻止數據主義接掌世界。過去就有許多宗教，雖然在事實上不盡然正確，卻也是大受歡迎、大權在握。如果基督宗教和共產主義都能如此，數據主義何獨不然？而且，因為數據主義正傳播到所有的科學學門，前景看來特別是一片光明。只要能成為統一的科學典範，就很容易成為難以撼動的教條。要反駁科學典範並非易事；不過到目前為止，從來沒有哪個科學典範真正得到整個科學界一致的採用。於是，某個領域的學者總是能從外部帶入一些異端觀點。但如果從音樂學家到生物學家，人人都採用了同樣的數據主義典範，各種跨領域研究只會讓這個典範不斷增強。這樣一來，就算典範本身仍有缺陷，趨勢也極難抵抗。

如果數據主義成功征服世界，人類會發生什麼事？一開始，數據主義可能會讓人本主義更加速追求健康、幸福和力量。數據主義正是透過「承諾它會滿足這些人本主義願望」，而得以傳播。為了實現長生不死、幸福快樂、化身為神，我們就需要處理巨量的資料數據，而這遠遠超出人類大腦的能力，所以只能交給演算法了。

一旦權力從人類手中交給演算法，人本主義的宏大計畫就可能會慘遭淘汰。只要我們放棄了以人為中心的世界觀，而贊同以資料為中心的世界觀，人類的健康和幸福看來也就不再那麼重要了。畢竟，都已經出現遠遠更優秀的資料處理模型了，何必再糾結於這麼過時的資料處理機器呢？

451

我們正努力打造出萬物互聯網，希望能讓我們健康、快樂、擁有強大的力量。然而，一旦萬物互聯網開始運作，人類就有可能從設計者降級成晶片、再降成資料數據，最後在資料數據的洪流中溶解分散，如同滾滾洪流中的一撮泥沙。

於是，數據主義對人類造成的威脅，正如人類對其他動物造成的威脅。在歷史進程中，人類創造了一個全球性的網路，不論面對任何事物，都以它在這個網路中有何功能，來給予評價。幾千年以來，這讓人充滿自尊和偏見。人類在這個網路中執行著最重要的功能，也就很容易認為自己是這個網路任何成就的主要功臣，並認為自己就是造物的巔峰。至於其他動物，因為牠們執行的只是網路中次要的功能，於是其生命和經驗都遭到低估；甚至，只要動物不再能提供任何功能，就遭到滅絕的命運。

然而，一旦人類對網路也不再能提供重要功能，就會發現自己到頭來也不是造物的巔峰。我們自己設下的標準，會讓我們也走上長毛象和白鱀豚遭到滅絕的死路。到時回首過去，人類也只會成為宇宙資料流裡的一個小小漣漪。

◤ 我們該關注哪些關鍵問題？

我們無法真正預測未來，因為科技並不會帶來決定性的結果。同樣的科技，也可能創造出非常不一樣的社會。舉例來說，像是火車、電力、無線電、電話這些工業革命的科技，就能用來催生出共產專制、法西斯政權，但也能催生出自由民主政體。讓我們以南北韓為鑑鏡：兩國曾經能夠取得完全相同的科技，但最後選擇的用法只能說是南轅北轍。

人工智慧和生物科技的興起，肯定會改變世界，但並不代表只會有一種結局。《人類大命運》書中講到的一切情境，都只是可能性，而非預言。如果你覺得某些可能性令你反感，歡迎運用各種新思維或新行為，讓那些可能性無法實現。

不過，由於我們的思想和行動，通常會受限於當今的意識型態和社會制度，要以全新的方式來思考或行動，並非易事。《人類大命運》追溯了目前各種制約條件的起源，希望能夠讓我們稍微從中鬆綁，能有不同的作為，並且以更多想像力思考我們的未來。

《人類大命運》這本書所做的，並不是斷言未來必會如何，以致讓我們的視野縮得更窄；而是希望讓我們把視野放得寬闊，體察到還有其他更多選項。正如我一再強調的，沒有人真正知道 2050 年的就業市場、家庭或生態將會是什麼樣子，又或是由哪些宗教、經濟體系和政治制度主導世界。

但放寬視野也可能造成副作用，讓我們比以往更加困惑和不知所措。面對這麼多情況和可能性，該注意哪些才正確？這世界的變化速度比以往更快，而我們又已遭到巨量的資料、想法、承諾和威脅所淹沒。人類正逐漸將手中的權力交給自由市場、交給群眾智慧和外部演算法，部分原因就出於人腦無力處理大量資料數據。過去想阻擋思想言論，做法是阻擋資訊流通。但到了二十一世紀，想阻擋思想言論，反而靠的是用不相關的資訊，把人淹沒。如今，我們已經不知道該注意些什麼了，經常浪費時間去研究、辯論一些無關痛癢的議題。

在古代，力量來自有權取得資料。到今天，力量卻是來自知道該略過什麼。所以，面對這個混沌世界的一切，我們究竟應該注意什麼？

如果想的是幾個月，或許就更會注意到當下的問題，像是中東
動亂、歐洲難民危機、中國經濟趨緩。

　　如果想的是幾十年，注意的就會是全球暖化、社會不平等的惡
化，以及就業市場的破壞。但如果把視野放大到整個生命，其他的
問題或發展的重要性，都比不過以下三項彼此息息相關的發展：

一、　科學正逐漸聚合在一項無所不包的教條之下，
　　　也就是認為所有生物都是演算法、
　　　而生命則是在進行資料處理。

二、　智能正與意識脫鉤。

三、　無意識但具備高度智能的演算法，
　　　可能很快就會比我們更瞭解我們。

　　這三項發展，引發了三個關鍵問題，希望讀者在讀完這本《人
類大命運》之後，仍然能常掛於心：

一、　生物真的只是演算法，而生命也真的只是資料處理嗎？

二、　智能和意識，究竟哪一項才更有價值？

三、　等到無意識但具備高度智能的演算法比我們更瞭解我們，
　　　社會、政治和日常生活將會有什麼變化？

誌謝

特別在此感謝以下的人類、動物及機構：

感謝我的老師 Satya Narayan Goenka（1924-2013），他教導我內觀禪修（vipassana meditation）的技巧，讓我能夠觀察事物的真相，更瞭解心靈及世界。如果沒有過去十五年來禪修給我的專注、平靜及見解，我不可能寫出這本書。

感謝以色列科學基金會（Israel Science Foundation）提供研究補助金（補助編號 26/09）。

感謝希伯來大學，特別是歷史系這個我學術上的家；感謝我這些年來的所有學生，從他們的問題、回答、或是靜默當中，教了我許許多多。

感謝我的研究助理 Idan Sherer，不管我丟出的主題是黑猩猩、尼安德塔人、或是半機械人，他都能一心一意完成研究。並感謝我的其他研究助理 Ram Liran、Eyal Miller 和 Omri Shefer Raviv，三不五時提供各種協助。

感謝我在英國企鵝藍燈書屋（Penguin Random House）的出版人 Michal Shavit，她願意賭我一把，這些年來，不離不棄支持著我；也要感謝企鵝藍燈書屋的 Ellie Steel、Suzanne Dean、Bethan Jones、Maria Garbutt-Lucero 等人提供協助。

感謝 David Milner，對手稿展現絕佳編輯功力，拯救我減少許多丟臉的錯誤，並提醒我鍵盤上最重要的鍵可能就是「Del」。

感謝 Riot Communications 公關公司的 Preena Gadher 和 Lija Kresowaty，協助讓各種消息快速傳播。

感謝紐約 HarperCollins 出版公司的出版人 Jonathan Jao 及前任 Claire Wachtel，感謝他們的信心、鼓勵和寶貴意見。

感謝 Shmuel Rosner 和 Eran Zmora 的慧眼，以及各種寶貴回饋及忠告。

感謝 Deborah Harris，協助我做出重大突破。

感謝 Amos Avisar、Shilo de Ber、Tirza Eisenberg、Luke Matthews、Rami Rotholz 和 Oren Shriki，他們仔細閱讀手稿，投入許多時間精力，修正我的錯誤，也讓我看到許多其他觀點。

感謝 Yigal Borochovsky，說服我放軟對上帝的態度。

感謝 Yoram Yovell，除了他卓越的識見，還有我們每次在 Eshta'ol 林間的漫步。

感謝 Ori Katz 和 Jay Pomeranz，讓我更瞭解資本主義體制。

感謝 Carmel Weismann、Joaquín Keller 和 Antoine Mazieres 對大腦和心靈主題提出的意見。

感謝 Benjamin Z. Kedar 種下種子、辛勤灌溉。

感謝 Diego Olstein 多年來溫暖的友誼、冷靜的指引。

感謝 Ehud Amir、Shuki Bruck、Miri Worzel、Guy Zaslavaki、Michal Cohen、Yossi Maurey、Amir Sumakai-Fink、Sarai Aharoni 和 Adi Ezra，各自閱讀了部分手稿，提供他們的意見。

感謝 Eilona Ariel 總像是熱情的泉源、堅實的避風港。

感謝我的岳母兼會計 Hannah Yahav，巧妙處理所有金錢事務。

感謝我的外祖母 Fanny、母親 Pnina、Liat 和 Einat 兩位姊姊、以及其他所有親朋好友的支持與陪伴。

感謝 Chamba、Pengo 和 Chili，對本書主要概念及理論，提供牠們狗類觀點的寶貴意見。

最後要感謝我的另一半兼經理人 Itzik，他已經成了我的萬物互聯網。

圖片來源

1. In vitro fertilisation, computer artwork © KTSDESIGN/Science Photo Library.

2. *The Triumph of Death*, 1562-1563, Bruegel "the Elder", Pieter © Museo Nacional del Prado.

3. © NIAID/CDC/Science Photo Library.

4. Moscow, 1968 © Sovfoto/UIG via Getty Images.

5. 十四世紀法國手稿中的「死亡與死去」：*Pilgrimage of the Human Life*, Bodleian Library, Oxford © Art Media/Print Collector/ Getty Images.

6. © CHICUREL Arnaud/Getty Images.

7. © American Spirit/Shutterstock.com.

8. © Imagebank/Chris Brunskill/Getty Images/Bridgeman Images.

9. © H. Armstrong Roberts/ClassicStock/Getty Images.

10. © De Agostini Picture Library/G.Nimatallah/Bridgeman Images.

11. 大型動物全球生物量的圓餅圖，江儀玲繪製。

12. Detail from Michelangelo Buonarroti (1475–1564), the Sistine Chapel, Vatican City © LessingImages.

13. © Balint Porneczi/Bloomberg via Getty Images.

14. 左圖：© Bergserg/Shutterstock.com. 右圖：© s_bukley/Shutterstock. com.

p.133 「心靈與大腦」插圖，江儀玲繪製。

15. A self-driving car traverses a parking lot at Google's headquarters in Mountain View, California on January 8, 2016. © NOAH BERGER/AFP/Getty Images.

16. Adapted from Weiss, J.M., Cierpial, M.A. & West, C.H., 'Selective breeding of rats for high and low motor activity in a swim test: toward a new animal model of depression', *Pharmacology, Biochemistry and Behavior* 61:49–66 (1998).

17. © 2004 TopFoto.

18. Film still taken from www.youtube.com/watch?v=wWIbCtz_Xwk © TVR.

19. © NOVOSTI/AFP/Getty Images.

20. Rudy Burckhardt, photographer.Jackson Pollock and Lee Krasner papers, *c*.1905–1984. Archives of American Art, Smithsonian Institution.© The Pollock–Krasner Foundation ARS, NY and DACS, London, 2016.

21. 左圖：© Richard Nowitz/Getty Images. 右圖：© Archive Photos/ Stringer/Getty Images.Image credits 429

22. Courtesy of the Sousa Mendes Foundation.

23. Courtesy of the Sousa Mendes Foundation.

24. © Antiqua Print Gallery/Alamy Stock Photo.

25. Woodcut from 'Passional Christi und Antichristi' by Philipp Melanchthon, published in 1521, Cranach, Lucas (1472–1553) (studio of) © Private Collection/Bridgeman Images.

26. 資料來源：Emission Database for Global Atmospheric Research (EDGAR), European Commission.

27. © Bibliothèque nationale de France, RC-A-02764, *Grandes Chroniques de France* de Charles V, folio 12v.

28. *Registrum Gregorii*, *c*.983 © Archiv Gerstenberg/ullstein bild via Getty Images.

29. © Sadik Gulec/Shutterstock.com.

30. © Camerique/ClassicStock/Getty Images.

31. © Jeff J Mitchell/Getty Images.

32. © Molly Landreth/Getty Images.

33. *The Thinker*, 1880–81 (bronze), Rodin, Auguste, Burrell Collection, Glasgow © Culture and Sport Glasgow (Museums)/Bridgeman Images.

34. © DeAgostini Picture Library/Scala, Florence.

35. © Bpk/Bayerische Staatsgemäldesammlungen.

36. Staatliche Kunstsammlungen, Neue Meister, Dresden, Germany © Lessing Images.

37. Tom Lea, *That 2,000 Yard Stare*, 1944. Oil on canvas, 36"x28". LIFE Collection of Art WWII, U.S. Army Center of Military History, Ft.Belvoir, Virginia. © Courtesy of the Tom Lea Institute, El Paso, Texas.

38. © Bettmann/Getty Images.

39. © VLADGRIN/Shutterstock.com.

459

40. *Virgin and Child*, Sassoferrato, Il (Giovanni Battista Salvi) (1609–85), Musee Bonnat, Bayonne, France © Bridgeman Images.

41. © Bettmann/Getty Images.

42. © Jeremy Sutton-Hibbert/Getty Images.

43. 上圖：© Fototeca Gilardi/Getty Images. 下圖：© alxpin/Getty Images.

44. © Sony Pictures Television.

45. © STAN HONDA/AFP/Getty Images.

46. 'EM spectrum'.Licensed under CC BY-SA 3.0 via Commons, https://commons.wikimedia.org/wiki/File:EM_spectrum.svg#/media/File:EM_spectrum.svg.

47. © The Cornell Lab of Ornithology, Ithaca, NY, USA

48. 意識的頻譜，江儀玲繪製。

49. © ITAR-TASS Photo Agency/Alamy Stock Photo.

50. © Jonathan Kirn/Getty Images.

參考資料

第 1 章　人類的三大新議題

1　Tim Blanning, *The Pursuit of Glory* (New York:Penguin Books, 2008), 52.

2　出處同上 , 53. ，並請參見：J. Neumann and S. Lindgrén, 'Great Historical Events That Were Significantly Affected by the Weather:4, The Great Famines in Finland and Estonia, 1695–97', *Bulletin of the American Meteorological Society* 60 (1979), 775–87; Andrew B. Appleby, 'Epidemics and Famine in the Little Ice Age', *Journal of Interdisciplinary History* 10:4 (1980):643–63; Cormac Ó Gráda and Jean-Michel Chevet, 'Famine and Market in *Ancien Régime* France', *Journal of Economic History* 62:3 (2002), 706–73.

3　Nicole Darmon et al., ‹L›insécurité alimentaire pour raisons financières en France›, *Observatoire National de la Pauvreté et de l'Exclusion Sociale*, https://www.onpes.gouv.fr/IMG/pdf/Darmon.pdf, accessed 3 March 2015; Rapport Annuel 2013, *Banques Alimetaires*, http://en.calameo.com/read/001358178ec47d2018425, accessed 4 March 2015.

4　Richard Dobbs et al., 'How the World Could Better Fight Obesity', McKinseys & Company, November, 2014, accessed 11 December 2014, http://www.mckinsey.com/insights/economic_studies/how_the_world_could_better_fight_obesity.

5　'Global Burden of Disease, Injuries and Risk Factors Study 2013', *Lancet*, 18 December 2014, accessed 18 December 2014, http://www.thelancet.com/themed/global-burden-of-disease; Stephen Adams, 'Obesity Killing Three Times As Many As Malnutrition', *Telegraph*, 13 December 2012, accessed 18 December 2014, http://www.telegraph.co.uk/health/healthnews/9742960/Obesity-killing-three-times-as-many-as-malnutrition.html

6　Robert S. Lopez, *The Birth of Europe* [in Hebrew] (Tel Aviv:Dvir, 1990), 427.

7　Alfred W. Crosby, *The Columbian Exchange:Biological and Cultural Consequences of 1492* (Westport:Greenwood Press, 1972); William H. McNeill, *Plagues and Peoples* (Oxford:Basil Blackwell, 1977).

8　https://upload.wikimedia.org/wikipedia/commons/d/d0/Yersinia_pestis.jpg

9　Hugh Thomas, *Conquest:Cortes, Montezuma and the Fall of Old Mexico* (New York:Simon & Schuster, 1993), 443–6; Rodolfo Acuna-Soto et al., 'Megadrought and Megadeath in 16th

Century Mexico', *Historical Review* 8:4 (2002), 360–2; Sherburne F. Cook and Lesley Byrd Simpson, *The Population of Central Mexico in the Sixteenth Century* (Berkeley:University of Califronia Press, 1948).

10 Jared Diamond, *Guns, Germs and Steel:The Fates of Human Societies* [in Hebrew] (Tel Avia:Am Oved, 2002), 167.

11 Jeffery K. Taubenberger and David M. Morens, '1918 Influenza:The Mother of All Pandemics', *Emerging Infectious Diseases* 12:1 (2006), 15–22; Niall P. A. S. Johnson and Juergen Mueller, 'Updating the Accounts:Global Mortality of the 1918–1920 "Spanish" Influenza Pandemic', *Bulletin of the History of Medicine* 76:1 (2002), 105–15; Stacey L. Knobler, Alison Mack, Adel Mahmoud et al., ed., *The Threat of Pandemic Influenza:Are We Ready?Workshop Summary* (Washington DC:National Academies Press 2005), 57–110; David van Reybrouck, *Congo:The Epic History of a People* (New York:HarperCollins, 2014), 164; Siddharth Chandra, Goran Kuljanin and Jennifer Wray, 'Mortality from the Influenza Pandemic of 1918–1919:The Case of India', *Demography* 49:3 (2012), 857–65; George C. Kohn, *Encyclopedia of Plague and Pestilence:From Ancient Times to the Present*, 3rd edn (New York:Facts on File, 2008), 363.

12 從 2005 年到 2010 年的兒童死亡率平均值，分別是全球 4.6％、非洲 7.9％、歐洲和北美 0.7％。這些數據可參見：'Infant Mortality Rate (Both Sexes Combined) by Major Area, Region and Country, 1950–2010 (Infant Deaths for 1000 Live Births), estimates', *World Population Prospects: the 2010 Revision*, UN Department of Economic and Social Affairs, April 2011, accessed 26 May 2012, http://esa.un.org/unpd/wpp/Excel-Data/mortality.htm. 同時可參見 Alain Bideau, Bertrand Desjardins, and Hector Perez-Brignoli, ed., *Infant and Child Mortality in the Past* (Oxford:Clarendon Press, 1997); Edward Anthony Wrigley et al., *English Population History from Family Reconstitution, 1580–1837* (Cambridge:Cambridge University Press, 1997), 295–6, 303.

13 David A. Koplow, *Smallpox:The Fight to Eradicate a Global Scourge* (Berkeley:University of California Press, 2004); Abdel R. Omran, 'The Epidemiological Transition:A Theory of Population Change', *Milbank Memorial Fund Quarterly* 83:4 (2005), 731–57; Thomas McKeown, *The Modern Rise of Populations* (New York:Academic Press, 1976); Simon Szreter, *Health and Wealth:Studies in History and Policy* (Rochester:University of Rochester Press, 2005); Roderick Floud, Robert W. Fogel, Bernard Harris and Sok Chul Hong, *The Changing Body:Health, Nutrition and Human Development in the Western World since 1700* (New York:Cambridge University Press, 2011); James C. Riley, *Rising Life Expectancy:A Global History* (New York:Cambridge University Press, 2001).

14 'Summary of probable SARS cases with onset of illness from 1 November 2002 to 31 July 2003', World Health Organization, 21 April 2004, accessed 6 February 2016, http://www.who.int/csr/sars/country/table2004_04_21/en/

15 'Experimental Therapies:Growing Interest in the Use of Whole Blood or Plasma from Recovered Ebola Patients', World Health Organization, September 26, 2014, accessed 23 April 2015, http://www.who.int/mediacentre/news/ebola/26–september-2014/en/ .

16 Hung Y. Fan, Ross F. Conner and Luis P. Villarreal, *AIDS:Science and Society*, 6th edn (Sudbury:Jones and Bartlett Publishers, 2011).

17 Peter Piot and Thomas C. Quinn, 'Response to the AIDS Pandemic – A Global Health Model', *The New England Journal of Medicine* 368:23 (2013):2210–18.

18 在官方數據中，從來未曾將「老死」列入死因。如果某位婦人年老體衰，最終因為某種感染而再也撐不下去，帳面上就會將感染列為正式死因。因此從官方數據來看，傳染病仍然占了總死亡人數 20％ 以上。然而，現今的情形絕對已經和過去大為不同：當時傳染病帶走的是大批兒童及健壯成年人的性命。

19 David M. Livermore, 'Bacterial Resistance:Origins, Epidemiology, and Impact', *Clinical Infectious Diseases* 36:s1 (2005), s11–23; Richards G. Wax et al., ed., *Bacterial Resistance to Antimicrobials*, 2nd edn (Boca Raton:CRC Press, 2008); Maja Babic and Robert A. Bonomo, 'Mutations as a Basis of Antimicrobial Resistance', in *Antimicrobial Drug Resistance:Mechanisms of Drug Resistance*, ed. Douglas Mayers, vol. 1 (New York:Humana Press, 2009), 65–74; Julian Davies and Dorothy Davies, 'Origins and Evolution of Antibiotic Resistance', *Microbiology and Molecular Biology Reviews* 74:3 (2010), 417–33; Richard J. Fair and Yitzhak Tor, 'Antibiotics and Bacterial Resistance in the 21st Century', *Perspectives in Medicinal Chemistry* 6 (2014), 25–64.

20 Alfonso J. Alanis, 'Resistance to Antibiotics:Are We in the Post-Antibiotic Era?', *Archives of Medical Research* 36:6 (2005), 697–705; Stephan Harbarth and Matthew H. Samore, 'Antimicrobial Resistance Determinants and Future Control', *Emerging Infectious Diseases* 11:6 (2005), 794–801; Hiroshi Yoneyama and Ryoichi Katsumata, 'Antibiotic Resistance in Bacteria and Its Future for Novel Antibiotic Development', *Bioscience, Biotechnology and Biochemistry* 70:5 (2006), 1060–75; Cesar A. Arias and Barbara E. Murray, 'Antibiotic-Resistant Bugs in the 21st Century – A Clinical Super-Challenge', *New England Journal of Medicine* 360 (2009), 439–43; Brad Spellberg, John G. Bartlett and David N. Gilbert, 'The Future of Antibiotics and Resistance', *New England Journal of Medicine* 368 (2013), 299–302.

21 Losee L. Ling et al., 'A New Antibiotic Kills Pathogens without Detectable Resistance', *Nature* 517 (2015), 455–9; Gerard Wright, 'Antibiotics:An Irresistible Newcomer', *Nature* 517 (2015), 442–4.

22 Roey Tzezana, *The Guide to the Future* [in Hebrew] (Haifa:Roey Tzezana, 2013), 209–33.

23 Azar Gat, *War in Human Civilization* (Oxford:Oxford University Press, 2006), 130–1; Steven Pinker, *The Better Angels of Our Nature:Why Violence Has Declined* (New York:Viking, 2011); Joshua S. Goldstein, *Winning the War on War:The Decline of Armed Conflict*

Worldwide (New York:Dutton, 2011); Robert S. Walker and Drew H. Bailey, 'Body Counts in Lowland South American Violence', *Evolution and Human Behavior* 34:1 (2013), 29–34; I. J. N. Thorpe, 'Anthropology, Archaeology, and the Origin of Warfare', *World Archaology* 35:1 (2003), 145–65; Raymond C. Kelly, *Warless Societies and the Origin of War* (Ann Arbor:University of Michigan Press, 2000); Lawrence H. Keeley, *War before Civilization:The Myth of the Peaceful Savage* (Oxford:Oxford University Press, 1996); Slavomil Vencl, 'Stone Age Warfare', in *Ancient Warfare:Archaeological Perspectives*, ed. John Carman and Anthony Harding (Stroud:Sutton Publishing, 1999), 57–73.

24　'Global Health Observatory Data Repository, 2012', World Health Organization, accessed 16 August 2015, http://apps.who.int/gho/data/node.main.RCODWORLD?lang=en; 'Global Study on Homicide, 2013', UNDOC, accessed 16 August 2015, http://www.unodc.org/documents/gsh/pdfs/2014_GLOBAL_HOMICIDE_BOOK_web.pdf; http://www.who.int/healthinfo/global_burden_disease/estimates/en/index1.html.

25　Van Reybrouck, *Congo*, 456–7.

26　關於肥胖造成的死亡：'Global Burden of Disease, Injuries and Risk Factors Study 2013', Lancet, 18 December 2014, accessed 18 December 2014, http://www.thelancet.com/themed/global-burden-of-disease; Stephen Adams, 'Obesity Killing Three Times As Many As Malnutrition', Telegraph, 13 December 2012, accessed 18 December 2014, http://www.telegraph.co.uk/health/healthnews/9742960/Obesity-killing-three-times-as-many-as-malnutrition.html. 關於恐怖主義造成的死亡，參見：Global Terrorism Database, http://www.start.umd.edu/gtd/, accessed 16 January 2016.

27　Arion McNicoll, 'How Google's Calico Aims to Fight Aging and "Solve Death"', CNN, 3 October 2013, accessed 19 December 2014, http://edition.cnn.com/2013/10/03/tech/innovation/google-calico-aging-death/.

28　Katrina Brooker, 'Google Ventures and the Search for Immortality', *Bloomberg*, 9 March 2015, accessed 15 April 2015, http://www.bloomberg.com/news/articles/2015–03–09/google-ventures-bill-maris-investing-in-idea-of-living-to-500.

29　Mick Brown, 'Peter Thiel:The Billionaire Tech Entrepreneur on a Mission to Cheat Death', *Telegraph*, 19 September 2014, accessed 19 December 2014, http://www.telegraph.co.uk/technology/11098971/Peter-Thiel-the-billionaire-tech-entrepreneur-on-a-mission-to-cheat-death.html.

30　Kim Hill et al., 'Mortality Rates among Wild Chimpanzees', *Journal of Human Evolution* 40:5 (2001):437–50; James G. Herndon, 'Brain Weight Throughout the Life Span of the Chimpanzee', *Journal of Comparative Neurology* 409 (1999):567–72.

31　Beatrice Scheubel, *Bismarck's Institutions:A Historical Perspective on the Social Security Hypothesis* (Tubingen:Mohr Siebeck, 2013); E. P. Hannock, *The Origin of the Welfare State in England and Germany, 1850–1914* (Cambridge:Cambridge University Press, 2007).

32 'Mental Health:Age Standardized Suicide Rates (per 100,000 Population), 2012', World Health Organization, accessed 28 December 2014, http://gamapserver.who.int/gho/interactive_charts/mental_health/suicide_rates/atlas.html.

33 Ian Morris, *Why the West Rules – For Now* (Toronto:McClelland & Stewart, 2010), 626–9.

34 David G. Myers, 'The Funds, Friends, and Faith of Happy People', *American Psychologist* 55:1 (2000), 61; Ronald Inglehart et al., 'Development, Freedom, and Rising Happiness:A Global Perspective (1981–2007)', *Perspectives on Psychological Science* 3:4 (2008), 264–85. 同時參見：Mihaly Csikszentmihalyi, 'If We Are So Rich, Why Aren't We Happy?', *American Psychologist* 54:10 (1999), 821–7; Gregg Easterbrook, *The Progress Paradox:How Life Gets Better While People Feel Worse* (New York:Random House, 2003).

35 Kenji Suzuki, 'Are They Frigid to the Economic Development?Reconsideration of the Economic Effect on Subjective Well-being in Japan', *Social Indicators Research* 92:1 (2009), 81–9; Richard A. Easterlin, 'Will Raising the Incomes of all Increase the Happiness of All?', *Journal of Economic Bheavior and Organization* 27:1 (1995), 35–47; Richard A. Easterlin, 'Diminishing Marginal Utility of Income?Caveat Emptor', *Social Indicators Research* 70:3 (2005), 243–55.

36 Linda C. Raeder, *John Stuart Mill and the Religion of Humanity* (Columbia:University of Missouri Press, 2002).

37 Oliver Turnbull and Mark Solms, *The Brain and the Inner World* [in Hebrew] (Tel Aviv:Hakibbutz Hameuchad, 2005), 92–6; Kent C. Berridge and Morten L. Kringelbach, 'Affective Neuroscience of Pleasure:Reward in Humans and Animals', *Psychopharmacology* 199 (2008), 457–80; Morten L. Kringelbach, *The Pleasure Center:Trust Your Animal Instincts* (Oxford:Oxford University Press, 2009).

38 M. Csikszentmihalyi, *Finding Flow:The Psychology of Engagement with Everyday Life* (New York:Basic Books, 1997).

39 Centers for Disease Control and Prevention, Attention-Deficit / Hyperactivity Disorder (ADHD), http://www.cdc.gov/ncbddd/adhd/data.html, accessed 4 January 2016; Sarah Harris, 'Number of Children Given Drugs for ADHD Up Ninefold with Patients As Young As Three Being Prescribed Ritalin', *Daily Mail*, 28 June 2013, http://www.dailymail.co.uk/health/article-2351427/Number-children-given-drugs-ADHD-ninefold-patients-young-THREE-prescribed-Ritalin.html, accessed 4 January 2016; International Narcotics Control Board (UN), *Psychotropics Substances, Statistics for 2013, Assessments of Annual Medical and Scientific Requirements 2014*, 39–40.

40 關於學童濫用此類興奮劑的證據，仍有不足，但是 2013 年的一項研究發現，美國大學生有 5% 到 15%，曾經非法使用某種興奮劑至少一次： C. Ian Ragan, Imre Bard and Ilina Singh, 'What Should We Do about Student Use of Cognitive Enhancers?An Analysis of Current Evidence', *Neuropharmacology* 64 (2013), 589.

41 Bradley J. Partridge, 'Smart Drugs "As Common as Coffee":Media Hype about Neuroenhancement', *PLoS One* 6:11 (2011), e28416.

42 Office of the Chief of Public Affairs Press Release, 'Army, Health Promotion Risk Reduction Suicide Prevention Report, 2010', accessed 23 December 2014, http://csf2.army.mil/downloads/ HP-RR-SPReport2010.pdf; Mark Thompson, 'America's Medicated Army', *Time*, 5 June 2008, accessed 19 December 2014, http://content.time.com/time/magazine/article/0,9171,1812055,00. html; Office of the Surgeon Multi-National Force-Iraq and Office of the Command Surgeon, 'Mental Health Advisory Team (MHAT) V Operation Iraqi Freedom 06–08:Iraq Operation Enduring Freedom 8:Afghanistan', 14 February 2008, accessed 23 December 2014, http://www. careforthetroops.org/reports/Report-MHATV-4–FEB-2008–Overview.pdf.

43 Tina L. Dorsey, 'Drugs and Crime Facts', US Department of Justice, accessed 20 February 2015, http://www.bjs.gov/content/pub/pdf/dcf.pdf; H. C. West, W. J. Sabol and S. J. Greenman, 'Prisoners in 2009', US Department of Justice, Bureau of Justice Statistics Bulletin (December 2010), 1–38; 'Drugs And Crime Facts:Drug use and Crime', US Department of Justice, accessed 19 December 2014, http://www.bjs.gov/content/dcf/duc.cfm; 'Offender Management Statistics Bulletin, July to September 2014', UK Ministry of Justice, 29 January 2015, accessed 20 February 2015, https://www.gov.uk/government/statistics/offender-management-statistics-quarterly-july-to-september-2014.; Mirian Lights et al., 'Gender Differences in Substance Misuse and Mental Health amongst Prisoners', UK Ministry of Justice, 2013, accessed 20 February 2015, https://www.gov. uk/government/uploads/system/uploads/attachment_data/file/220060/gender-substance-misuse-mental-health-prisoners.pdf; Jason Payne and Antonette Gaffney, 'How Much Crime is Drug or Alcohol Related?Self-Reported Attributions of Police Detainees', *Trends & Issues in Crime and Criminal Justice* 439 (2012), http://www.aic.gov.au/media_library/publications/tandi_pdf/ tandi439.pdf, accessed 11 March 2015; Philippe Robert, 'The French Criminal Justice System', in *Punishment in Europe:A Critical Anatomy of Penal Systems*, ed. Vincenzo Ruggiero and Mick Ryan (Houndmills:Palgrave Macmillan, 2013), 116.

44 Betsy Isaacson, 'Mind Control:How EEG Devices Will Read Your Brain Waves And Change Your World', *Huffington Post*, 20 November 2014, accessed 20 December 2014, http://www. huffingtonpost.com/2012/11/20/mind-control-how-eeg-devices-read-brainwaves_n_2001431. html; 'EPOC Headset', *Emotiv*, http://emotiv.com/store/epoc-detail/; 'Biosensor Innovation to Power Breakthrough Wearable Technologies Today and Tomorrow', *NeuroSky*, http://neurosky. com/.

45 Samantha Payne, 'Stockholm:Members of Epicenter Workspace Are Using Microchip Implants to Open Doors', *International Business Times*, 31 January 2015, accessed 9 August 2015, http://www.ibtimes.co.uk/stockholm-office-workers-epicenter-implanted-microchips-pay-their-lunch-1486045.

46 Meika Loe, *The Rise of Viagra:How the Little Blue Pill Changed Sex in America* (New York:New York University Press, 2004).

47 Brian Morgan, 'Saints and Sinners:Sir Harold Gillies', *Bulletin of the Royal College of Surgeons of England*, 95:6 (2013), 204–5; Donald W. Buck II, 'A Link to Gillies:One Surgeon's Quest to Uncover His Surgical Roots', *Annals of Plastic Surgery* 68:1 (2012), 1–4.

48 Paolo Santoni-Rugio, *A History of Plastic Surgery* (Berlin, Heidelberg:Springer, 2007); P. Niclas Broer, Steven M. Levine and Sabrina Juran, 'Plastic Surgery:Quo Vadis?Current Trends and Future Projections of Aesthetic Plastic Surgical Procedures in the United States', Plastic and Reconstructive Surgery 133:3 (2014):293e–302e.

49 Holly Firfer, 'How Far Will Couples Go to Conceive?', CNN, 17 June 2004, accessed 3 May 2015, http://edition.cnn.com/2004/HEALTH/03/12/infertility.treatment/index.html?iref=allsearch.

50 Rowena Mason and Hannah Devlin, 'MPs Vote in Favour of "Three-Person Embryo" Law', Guardian, 3 February 2015, accessed 3 May 2015, http://www.theguardian.com/science/2015/feb/03/mps-vote-favour-three-person-embryo-law.

51 Lionel S. Smith and Mark D. E. Fellowes, 'Towards a Lawn without Grass:The Journey of the Imperfect Lawn and Its Analogues', Studies in the History of Gardens & Designed Landscape 33:3 (2013), 158–9; John Dixon Hunt and Peter Willis, ed., The Genius of the Place:The English Landscape Garden 1620–1820, 5th edn (Cambridge, MA:MIT Press, 2000), 1–45; Anne Helmreich, The English Garden and National Identity:The Competing Styles of Garden Design 1870–1914 (Cambridge:Cambridge University Press, 2002), 1–6.

52 Robert J. Lake, 'Social Class, Etiquette and Behavioral Restraint in British Lawn Tennis', International Journal of the History of Sport 28:6 (2011), 876–94; Beatriz Colomina, 'The Lawn at War:1941–1961', in The American Lawn, ed. Georges Teyssot (New York:Princeton Architectural Press, 1999), 135–53; Virginia Scott Jenkins, The Lawn:History of an American Obsession (Washington:Smithsonian Institution, 1994).

第 2 章　人類世

53 'Canis lupus', IUCN Red List of Threatened Species, accessed 20 December 2014, http://www.iucnredlist.org/details/3746/1; 'Fact Sheet:Gray Wolf', Defenders of Wildlife, accessed 20 December 2014, http://www.defenders.org/gray-wolf/basic-facts; 'Companion Animals', IFAH, accessed 20 December 2014, http://www.ifaheurope.org/companion-animals/about-pets.html; 'Global Review 2013', World Animal Protection, accessed 20 December 2014, https://www.worldanimalprotection.us.org/sites/default/files/us_files/global_review_2013_0.pdf.

54 Anthony D. Barnosky, 'Megafauna Biomass Tradeoff as a Driver of Quaternary and Future Extinctions', *PNAS* 105:1 (2008), 11543–8；關於狼和獅子的數目，請參閱：William J. Ripple et al., 'Status and Ecological Effects of the World's Largest Carnivores', Science 343:6167 (2014), 151；Stanley Coren 博士認為世界上有大約五億條狗：Stanley Coren, 'How Many Dogs Are There in the World', Psychology Today, 19 September 2012, accessed 20 December 2014, http://www.psychologytoday.com/blog/canine-corner/201209/how-many-

467

dogs-are-there-in-the-world；貓的數目，可參閱：Nicholas Wade, 'DNA Traces 5 Matriarchs of 600 Million Domestic Cats', *New York Times*, 29 June 2007, accessed 20 December 2014, http://www.nytimes.com/2007/06/29/health/29iht-cats.1.6406020.html；關於非洲水牛的數目，可參閱：'Syncerus caffer', IUCN Red List of Threatened Species, accessed 20 December 2014, http://www.iucnredlist.org/details/21251/0；關於牛的數目，可參閱：David Cottle and Lewis Kahn, ed., *Beef Cattle Production and Trade* (Collingwood:Csiro, 2014), 66；關於雞的數目，可參閱：'Live Animals', *Food and Agriculture Organization of the United Nations:Statistical Division*, accessed December 20, 2014, http://faostat3.fao.org/browse/Q/QA/E；關於黑猩猩的數目，可參閱：'Pan troglodytes', IUCN Red List of Threatened Species, accessed 20 December 2014, http://www.iucnredlist.org/details/15933/0.

55　'Living Planet Report 2014', WWF Global, accessed 20 December 2014, http://wwf.panda.org/about_our_earth/all_publications/living_planet_report/.

56　Richard Inger et al., 'Common European Birds are Declining Rapidly While Less Abundant Species' Numbers Are Rising', *Ecology Letters* 18:1 (2014), 28–36; 'Live Animals', Food and Agriculture Organization of the United Nations, accessed 20 December 2014, http://faostat.fao.org/site/573/default.aspx#ancor.

57　Simon L. Lewis and Mark A. Maslin, 'Defining the Anthropocene', *Nature* 519 (2015), 171–80.

58　Timothy F. Flannery, *The Future Eaters:An Ecological History of the Australasian Lands and Peoples* (Port Melbourne:Reed Books Australia, 1994); Anthony D. Barnosky et al., 'Assessing the Causes of Late Pleistocene Extinctions on the Continents', *Science* 306:5693 (2004), 70–5; Bary W. Brook and David M. J. S. Bowman, 'The Uncertain Blitzkrieg of Pleistocene Megafauna', *Journal of Biogeography* 31:4 (2004), 517–23; Gifford H. Miller et al., 'Ecosystem Collapse in Pleistocene Australia and a Human Role in Megafaunal Extinction', *Science* 309:5732 (2005), 287–90; Richard G. Roberts et al., 'New Ages for the Last Australian Megafauna:Continent Wide Extinction about 46,000 Years Ago', *Science* 292:5523 (2001), 1888–92; Stephen Wroe and Judith Field, 'A Review of Evidence for a Human Role in the Extinction of Australian Megafauna and an Alternative Explanation', *Quaternary Science Reviews* 25:21–2 (2006), 2692–703; Barry W. Brooks et al., 'Would the Australian Megafauna Have Become Extinct If Humans Had Never Colonised the Continent?Comments on "A Review of the Evidence for a Human Role in the Extinction of Australian Megafauna and an Alternative Explanation" by S. Wroe and J. Field', *Quaternary Science Reviews* 26:3–4 (2007), 560–4; Chris S. M. Turney et al., 'Late-Surviving Megafauna in Tasmania, Australia, Implicate Human Involvement in their Extinction', *PNAS* 105:34 (2008), 12150–3; John Alroy, 'A Multispecies Overkill Simulation of the End-Pleistocene Megafaunal Mass Extinction', *Science* 292:5523 (2001), 1893–6; J. F. O'Connel and J. Allen, 'Pre-LGM Sahul (Australia-New Guinea) and the Archaeology of Early Modern Humans', in *Rethinking the Human Evolution:New Behavioral and Biological Perspectives on the Origin and Dispersal of Modern Humans*, ed. Paul Mellars (Cambridge:McDonald Institute for Archaeological Research, 2007), 400–1.

59 Graham Harvey, *Animism:Respecting the Living World* (Kent Town:Wakefield Press, 2005); Rane Willerslev, *Soul Hunters:Hunting, Animism and Personhood Among the Siberian Yukaghirs* (Berkeley:University of California Press, 2007); Elina Helander-Renvall, 'Animism, Personhood and the Nature of Reality:Sami Perspectives', *Polar Record* 46:1 (2010), 44–56; Istvan Praet, 'Animal Conceptions in Animism and Conservation', in *Routledge Handbook of Human-Animal Studies*, ed. Susan McHaugh and Garry Marvin (New York:Routledge, 2014), 154–67; Nurit Bird-David, 'Animism Revisited:Personhood, Environment, and Relational Epistemology', *Current Anthropology* 40 (1999): s67–91; N. Bird-David, 'Animistic Epistemology:Why Some Hunter-Gatherers Do Not Depict Animals', *Ethnos* 71:1 (2006):33–50.

60 Danny Naveh, 'Changes in the Perception of Animals and Plants with the Shift to Agricultural Life:What Can Be Learnt from the Nayaka Case, A Hunter-Gatherer Society from the Rain Forests of Southern India?'[in Hebrew], *Animals and Society*, 52 (2015):7–8.

61 Howard N. Wallace, 'The Eden Narrative', *Harvard Semitic Monographs* 32 (1985), 147–81.

62 David Adams Leeming and Margaret Adams Leeming, *Encyclopedia of Creation Myths* (Santa Barbara:ABC-CLIO, 1994), 18; Sam D. Gill, *Storytracking:Texts, Stories, and Histories in Central Australia* (Oxford:Oxford University Press, 1998); Emily Miller Bonney, 'Disarming the Snake Goddess:A Reconsideration of the Faience Figures from the Temple Repositories at Knossos', *Journal of Mediterranean Archaeology* 24:2 (2011), 171–90; David Leeming, *The Oxford Companion to World Mythology* (Oxford and New York:Oxford University Press, 2005), 350.

63 Jerome H. Barkow, Leda Cosmides and John Tooby, ed., *The Adapted Mind:Evolutionary Psychology and the Generation of Culture* (Oxford:Oxford University Press, 1992); Richard W. Bloom and Nancy Dess, ed., *Evolutionary Psychology and Violence:A Primer for Policymakers and Public Policy Advocates* (Westport:Praeger, 2003); Charles Crawford and Catherine Salmon, ed., *Evolutionary Psychology, Public Policy and Personal Decisions* (New Jersey:Lawrence Erlbaum Associates, 2008); Patrick McNamara and David Trumbull, *An Evolutionary Psychology of Leader–Follower Relations* (New York:Nova Science, 2007); Joseph P. Forgas, Martie G. Haselton and William von Hippel, ed., *Evolution and the Social Mind:Evolutionary Psychology and Social Cognition* (New York:Psychology Press, 2011).

64 S. Held, M. Mendl, C. Devereux and R. W. Byrne, 'Social tactics of pigs in a competitive foraging the task: the "informed forager" paradigm', *Animal Behaviour* 59:3 (2000), 569–76; S. Held, M. Mendl, C. Devereux and R. W. Byrne, 'Studies in social cognition: from primates to pigs', *Animal Welfare* 10 (2001), s209–17; H. B. Graves, 'Behavior and ecology of wild and feral swine (*Sus scrofa*)', *Journal of Animal Science* 58:2 (1984), 482–92; A. Stolba and D. G. M. Wood-Gush, 'The behaviour of pigs in a semi-natural environment', *Animal Production* 48:2 (1989), 419–25; M. Spinka, 'Behaviour in pigs', in P. Jensen (ed.), *The Ethology of Domestic Animals*, 2nd edition (Wallingford, UK:CAB International, 2009), 177-91; P. Jensen and D. G. M. Wood-Gush, 'Social interactions in a group of free-ranging sows', *Applied Animal Behaviour Science*

12 (1984), 327–37; E. T. Gieling, R. E. Nordquist and F. J. van der Staay, 'Assessing learning and memory in pigs', *Animal Cognition* 14 (2011), 151–73.

65   I. Horrell and J. Hodgson, 'The bases of sow-piglet identification.2.Cues used by piglets to identify their dam and home pen', *Applied Animal Behavior Science*, 33 (1992), 329–43; D. M. Weary and D. Fraser, 'Calling by domestic piglets:Reliable signals of need?', *Animal Behaviour* 50:4 (1995), 1047–55; H. H. Kristensen et al., 'The use of olfactory and other cues for social recognition by juvenile pigs', *Applied Animal Behaviour Science* 72 (2001), 321–33.

66   M. Helft, 'Pig video arcades critique life in the pen', *Wired*, 6 June 1997, http://archive.wired.com/ science/discoveries/news/1997/06/4302 retrieved 27 January 2016.

67   Humane Society of the United States, 'An HSUS Report:Welfare Issues with Gestation Crates for Pregnant Sows', February 2013, http://www.humanesociety.org/assets/pdfs/farm/HSUS-Report-on-Gestation-Crates-for-Pregnant-Sows.pdf, retrieved 27 January 2016.

68   Turnbull and Solms, *Brain and the Inner World*, 90–2.

69   David Harel, *Algorithmics:The Spirit of Computers*, 3rd edn [in Hebrew] (Tel Aviv:Open University of Israel, 2001), 4–6; David Berlinski, *The Advent of the Algorithm:The 300-Year Journey from an Idea to the Computer* (San Diego:Harcourt, 2000); Hartley Rogers Jr, *Theory of Recursive Functions and Effective Computability*, 3rd edn (Cambridge, MA and London:MIT Press, 1992), 1–5; Andreas Blass and Yuri Gurevich, 'Algorithms:A Quest for Absolute Definitions', *Bulletin of European Association for Theoretical Computer Science* 81 (2003), 195–225; Donald E, Knuth, *The Art of Computer Programming*, 2nd edn (New Jersey:Addison-Wesley Publishing Company, 1973).

70   Daniel Kahneman, *Thinking, Fast and Slow* (New York:Farrar, Straus & Giroux, 2011); Dan Ariely, *Predictably Irrational* (New York:Harper, 2009).

71   Justin Gregg, *Are Dolphins Really Smart?The Mammal Behind the Myth* (Oxford:Oxford University Press, 2013), 81–7; Jaak Panksepp, 'Affective Consciousness:Core Emotional Feelings in Animals and Humans', *Consciousness and Cognition* 14:1 (2005), 30–80.

72   A. S. Fleming, D. H. O'Day and G. W. Kraemer, 'Neurobiology of Mother–Infant Interactions:Experience and Central Nervous System Plasticity Across Development and Generations', *Neuroscience and Biobehavioral Reviews* 23:5 (1999), 673–85; K. D. Broad, J. P. Curley and E. B. Keverne, 'Mother–Infant Bonding and the Evolution of Mammalian Relationship', *Philosophical Transactions of the Royal Society B* 361:1476 (2006), 2199–214; Kazutaka Mogi, Miho Nagasawa and Takefumi Kikusui, 'Developmental Consequences and Biological Significance of Mother-Infant Bonding', *Progress in Neuro-Psychopharmacology and Biological Psychiatry* 35:5 (2011), 1232–41; Shota Okabe et al., 'The Importance of Mother–Infant Communication for Social Bond Formation in Mammals', *Animal Science Journal* 83:6 (2012), 446–52.

73 Jean O'Malley Halley, *Boundaries of Touch:Parenting and Adult–Child Intimacy* (Urbana:University of Illinois Press, 2007), 50–1; Ann Taylor Allen, *Feminism and Motherhood in Western Europe, 1890–1970:The Maternal Dilemma* (New York:Palgrave Macmillan, 2005), 190.

74 Lucille C. Birnbaum, 'Behaviorism in the 1920s', *American Quarterly* 7:1 (1955), 18.

75 US Department of Labor (1929), 'Infant Care', Washington:United States Government Printing Office, http://mchlibrary.jhmi.edu/downloads/file-171-1.

76 Harry Harlow and Robert Zimmermann, 'Affectional Responses in the Infant Monkey', *Science* 130:3373 (1959), 421–32; Harry Harlow, 'The Nature of Love', *American Psychologist* 13 (1958), 673–85; Laurens D. Young et al., 'Early Stress and Later Response to Sepration in Rhesus Monkeys', *American Journal of Psychiatry* 130:4 (1973), 400–5; K. D. Broad, J. P. Curley and E. B. Keverne, 'Mother–Infant Bonding and the Evolution of Mammalian Social Relationships', *Philosophical Transactions of the Royal Soceity B* 361:1476 (2006), 2199–214; Florent Pittet et al., 'Effects of Maternal Experience on Fearfulness and Maternal Behavior in a Precocial Bird', *Animal Behavior* 85:4 (2013), 797–805.

77 Jacques Cauvin, *The Birth of the Gods and the Origins of Agriculture* (Cambridge:Cambridge University Press, 2000); Tim Ingord, 'From Trust to Domination:An Alternative History of Human–Animals Relations', in *Animals and Human Society:Changing Perspectives*, ed. Aubrey Manning and James Serpell (New York:Routledge, 2002), 1–22; Roberta Kalechofsky, 'Hierarchy, Kinship and Responsibility', in *A Communion of Subjects:Animals in Religion, Science and Ethics*, ed. Kimberley Patton and Paul Waldau (New York:Columbia University Press, 2006), 91–102; Nerissa Russell, *Social Zooarchaeology:Humans and Animals in Prehistory* (Cambridge:Cambridge University Press, 2012), 207–58; Margo DeMello, *Animals and Society:An Introduction to Human–Animal Studies* (New York:University of Columbia Press, 2012).

78 Olivia Lang, 'Hindu Sacrifice of 250,000 Animals Begins', *Guardian*, 24 November 2009, accessed 21 December 2014, http://www.theguardian.com/world/2009/nov/24/hindu-sacrifice-gadhimai-festival-nepal.

79 Benjamin R. Foster, ed., *The Epic of Gilgamesh* (New York, London:W. W. Norton, 2001), 90.

80 Noah J. Cohen, *Tsa'ar Ba'ale Hayim:Prevention of Cruelty to Animals:Its Bases, Development and Legislation in Hebrew Literature* (Jerusalem, New York:Feldheim Publishers, 1976); Roberta Kalechofsky, *Judaism and Animal Rights:Classical and Contemporary Responses* (Marblehead:Micah Publications, 1992); Dan Cohen-Sherbok, 'Hope for the Animal Kingdom:A Jewish Vision', in *A Communion of Subjects:Animals in Religion, Science and Ethics*, ed. Kimberley Patton and Paul Waldau (New York:Columbia University Press, 2006), 81–90; Ze'ev Levi, 'Ethical Issues of Animal Welfare in Jewish Thought',

Homo Deus

in *Judaism and Environmental Ethics:A Reader*, ed. Martin D. Yaffe (Plymouth:Lexington, 2001), 321–32; Norm Phelps, *The Dominion of Love:Animal Rights According to the Bible* (New York:Lantern Books, 2002); Dovid Sears, *The Vision of Eden:Animal Welfare and Vegetarianism in Jewish Law Mysticism* (Spring Valley:Orot, 2003); Nosson Slifkin, *Man and Beast:Our Relationships with Animals in Jewish Law and Thought* (New York:Lambda, 2006).

81 Talmud Bavli, Bava Metzia, 85:71.

82 Christopher Chapple, *Nonviolence to Animals, Earth and Self in Asian Traditions* (New York:State University of New York Press, 1993); Panchor Prime, *Hinduism and Ecology:Seeds of Truth* (London:Cassell, 1992); Christopher Key Chapple, 'The Living Cosmos of Jainism:A Traditional Science Grounded in Environmental Ethics', *Daedalus* 130:4 (2001), 207–24; Norm Phelps, *The Great Compassion:Buddhism and Animal Rights* (New York:Lantern Books, 2004); Damien Keown, *Buddhist Ethics:A Very Short Introduction* (Oxford:Oxford University Press, 2005), ch. 3; Kimberley Patton and Paul Waldau, ed., *A Communion of Subjects:Animals in Religion, Science and Ethics* (New York:Columbia University Press, 2006), esp.179–250; Pragati Sahni, *Environmental Ethics in Buddhism:A Virtues Approach* (New York:Routledge, 2008); Lisa Kemmerer and Anthony J. Nocella II, ed., *Call to Compassion:Reflections on Animal Advocacy from the World's Religions* (New York:Lantern, 2011), esp.15–103; Lisa Kemmerer, *Animals and World Religions* (Oxford:Oxford University Press, 2012), esp.56–126; Irina Aristarkhova, 'Thou Shall Not Harm All Living Beings:Feminism, Jainism and Animals', *Hypatia* 27:3 (2012):636–50; Eva de Clercq, 'Karman and Compassion:Animals in the Jain Universal History', *Religions of South Asia* 7 (2013):141–57.

83 Naveh, 'Changes in the Perception of Animals and Plants', 11.

第 3 章　人類的獨特之處

84 'Evolution, Creationism, Intelligent Design', Gallup, accessed 20 December 2014, http://www.gallup.com/poll/21814/evolution-creationism-intelligent-design.aspx; Frank Newport, 'In US, 46 percent Hold Creationist View of Human Origins', Gallup, 1 June 2012, accessed 21 December 2014, http://www.gallup.com/poll/155003/hold-creationist-view-human-origins.aspx.

85 Justin Gregg, *Are Dolphins Really Smart?*, 82–3.

86 Stanislas Dehaene, *Consciousness and the Brain:Deciphering How the Brain Codes Our Thoughts* (New York:Viking, 2014); Steven Pinker, *How the Mind Works* (New York:W. W. Norton, 1997).

87 Stanislas Dehaene, *Consciousness and the Brain*.

88 有些專家可能會提到哥德爾不完備定理 (Gödel's incompleteness theorem)，也就是認為沒有任何數學的公理 (axiom) 系統能夠證明所有算術真理，一定會有某些真實的陳

述，無法在該系統中證明。而在通俗文學裡，有時候就會把這項定理挪用劫持過來，用以說明心靈的存在。照其說法，正是因為有無法證明的事實，所以需要用心靈來處理。只不過，一般人只是想要生存和繁衍，實在看不出來為什麼需要與這些神祕的數學真理扯上關係。事實上，我們絕大多數有意識的決定，都與以上這些問題完全無關。

89　Christopher Steiner, *Automate This:How Algorithms Came to Rule Our World* (New York:Penguin, 2012), 215; Tom Vanderbilt, 'Let the Robot Drive:The Autonomous Car of the Future is Here', *Wired*, 20 January 2012, accessed 21 December 2014, http://www.wired.com/2012/01/ff_autonomouscars/all/; Chris Urmson, 'The Self-Driving Car Logs More Miles on New Wheels', Google Official Blog, 7 August 2012, accessed 23 December 2014, http://googleblog.blogspot.hu/2012/08/the-self-driving-car-logs-more-miles-on.html; Matt Richtel and Conor Dougherty, 'Google's Driverless Cars Run Into Problem:Cars With Drivers', *New York Times*, 1 September 2015, accessed 2 September 2015, http://www.nytimes.com/2015/09/02/technology/personaltech/google-says-its-not-the-driverless-cars-fault-its-other-drivers.html?_r=1.

90　Stanislas Dehaene, *Consciousness and the Brain.*

91　出處同上 , ch. 7.

92　'The Cambridge Declaration on Consciousness', 7 July 2012, accessed 21 December 2014, https://web.archive.org/web/20131109230457/http://fcmconference.org/img/CambridgeDeclarationOnConsciousness.pdf.

93　John F. Cyran, Rita J. Valentino and Irwin Lucki, 'Assessing Substrates Underlying the Behavioral Effects of Antidepressants Using the Modified Rat Forced Swimming Test', *Neuroscience and Behavioral Reviews*, 29:4–5 (2005), 569–74; Benoit Petit-Demoulière, Frank Chenu and Michel Bourin, 'Forced Swimming Test in Mice:A Review of Antidepressant Activity', *Psychopharmacology* 177:3 (2005), 245–55; Leda S. B. Garcia et al., 'Acute Administration of Ketamine Induces Antidepressant-like Effects in the Forced Swimming Test and Increases BDNF Levels in the Rat Hippocampus', *Progress in Neuro-Psychopharmacology and Biological Psychiatry* 32:1 (2008), 140–4; John F. Cryan, Cedric Mombereau and Annick Vassout, 'The Tail Suspension Test as a Model for Assessing Antidepressant Activity:Review of Pharmacological and Genetic Studies in Mice', *Neuroscience and Behavioral Reviews* 29:4–5 (2005), 571–625; James J. Crowley, Julie A. Blendy and Irwin Lucki, 'Strain-dependent Antidepressant-like Effects of Citalopram in the Mouse Tail Suspension Test', *Psychopharmacology* 183:2 (2005), 257–64; Juan C. Brenes, Michael Padilla and Jaime Fornaguera, 'A Detailed Analysis of Open-Field Habituation and Behavioral and Neurochemical Antidepressant-like Effects in Postweaning Enriched Rats', *Behavioral Brain Research* 197:1 (2009), 125–37; Juan Carlos Brenes Sáenz, Odir Rodríguez Villagra and Jaime Fornaguera Trías, 'Factor Analysis of Forced Swimming Test, Sucrose Preference Test and Open Field Test on Enriched, Social and Isolated Reared Rats', *Behavioral Brain Research* 169:1 (2006), 57–65.

人類大命運
Homo Deus

94 Marc Bekoff, 'Observations of Scent-Marking and Discriminating Self from Others by a Domestic Dog (*Canis familiaris*):Tales of Displaced Yellow Snow', *Behavioral Processes* 55:2 (2011), 75–9.

95 關於不同程度的自我意識，請參見：Justin Gregg, *Are Dolphins Really Smart?*, 59–66.

96 Carolyn R. Raby et al., 'Planning for the Future by Western Scrub Jays', *Nature* 445:7130 (2007), 919–21.

97 Michael Balter, 'Stone-Throwing Chimp is Back – And This Time It's Personal', *Science*, 9 May 2012, accessed 21 December 2014, http://news.sciencemag.org/2012/05/stone-throwing-chimp-back-and-time-its-personal; Sara J. Shettleworth, 'Clever Animals and Killjoy Explanations in Comparative Psychology', *Trends in Coginitive Sciences* 14:11 (2010), 477–81.

98 Justin Gregg, *Are Dolphins Really Smart?*; Nicola S. Clayton, Timothy J. Bussey, and Anthony Dickinson, 'Can Animals Recall the Past and Plan for the Future?', *Nature Reviews Neuroscience* 4:8 (2003), 685–91; William A. Roberts, 'Are Animals Stuck in Time?', *Psychological Bulletin* 128:3 (2002), 473–89; Endel Tulving, 'Episodic Memory and Autonoesis:Uniquely Human?', in *The Missing Link in Cognition:Evolution of Self-Knowing Consciousness*, ed. Herbert S. Terrace and Janet Metcalfe (Oxford:Oxford University Press), 3–56; Mariam Naqshbandi and William A. Roberts, 'Anticipation of Future Events in Squirrel Monkeys (*Saimiri sciureus*) and Rats (*Rattus norvegicus*):Tests of the Bischof-Kohler Hypothesis', *Journal of Comparative Psychology* 120:4 (2006), 345–57.

99 I. B. A. Bartal, J. Decety and P. Mason, 'Empathy and Pro-Social Behavior in Rats', *Science* 334:6061 (2011), 1427–30; Justin Gregg, *Are Dolphins Really Smart?*, 89.

100 Karl Krall, *Denkende Tiere: Beiträge zur Tierseelenkunde auf Grund eigener Versuche* (Leipzig: F. Engelmann, 1912).

101 Christopher B. Ruff, Erik Trinkaus and Trenton W. Holliday, ,Body Mass and Encephalization in Pleistocene *Homo*', *Nature* 387:6629 (1997), 173–6; Maciej Henneberg and Maryna Steyn, 'Trends in Cranial Capacity and Cranial Index in Subsaharan Africa During the Holocene', *American Journal of Human Biology* 5:4 (1993), 473–9; Drew H. Bailey and David C. Geary, 'Hominid Brain Evolution:Testing Climatic, Ecological, and Social Competition Models', *Human Nature* 20:1 (2009), 67–79; Daniel J. Wescott and Richard L. Jantz, 'Assessing Craniofacial Secular Change in American Blacks and Whites Using Geometric Morphometry', in *Modern Morphometrics in Physical Anthropology:Developments in Primatology:Progress and Prospects*, ed. Dennis E. Slice (New York:Plenum Publishers, 2005), 231–45.

102 同時參見 Edward O. Wilson, *The Social Conquest of the Earth* (New York:Liveright, 2012).

103 Cyril Edwin Black, ed., *The Transformation of Russian Society:Aspects of Social Change since 1861* (Cambridge, MA:Harvard University Press, 1970), 279.

104 NAEMI09, 'Nicolae Ceau escu LAST SPEECH (english subtitles) part 1 of 2', 22 April 2010, accessed 21 December 2014, http://www.youtube.com/watch?v=wWIbCtz_Xwk.

105 Tom Gallagher, *Theft of a Nation:Romania since Communism* (London:Hurst, 2005).

106 Robin Dunbar, *Grooming, Gossip, and the Evolution of Language* (Cambridge, MA:Harvard University Press, 1998).

107 TVP University, 'Capuchin monkeys reject unequal pay', 15 December 2012, accessed 21 December 2014, http://www.youtube.com/watch?v=lKhAd0Tyny0.

108 Quoted in Christopher Duffy, *Military Experience in the Age of Reason* (London:Routledge, 2005), 98–9.

109 Serhii Ploghy, *The Last Empire:The Final Days of the Soviet Union* (London:Oneworld, 2014), 309.

110 'RIAN archive 848095 Signing the Agreement to eliminate the USSR and establish the Commonwealth of Independent States' by RIA Novosti archive, image #848095 / U. Ivanov / CC-BY-SA 3.0.Licensed under CC BY-SA 3.0 via Commons, https://commons.wikimedia.org/wiki/File:RIAN_archive_848095_Signing_the_Agreement_to_eliminate_the_USSR_and_establish_the_Commonwealth_of_Independent_States.jpg#/media/File:RIAN_archive_848095_Signing_the_Agreement_to_eliminate_the_USSR_and_establish_the_Commonwealth_of_Independent_States.jpg.

第 4 章　說書人

111 Fekri A. Hassan, 'Holocene Lakes and Prehistoric Settlements of the Western Fayum, Egypt', *Journal of Archaeological Science* 13:5 (1986), 393–504; Gunther Garbrecht, 'Water Storage (Lake Moeris) in the Fayum Depression, Legend or Reality?', *Irrigation and Drainage Systems* 1:3 (1987), 143–57; Gunther Garbrecht, 'Historical Water Storage for Irrigation in the Fayum Depression (Egypt)', *Irrigation and Drainage Systems* 10:1 (1996), 47–76.

112 Yehuda Bauer, *A History of the Holocaust* (Danbur:Franklin Watts, 2001), 249.

113 Jean C. Oi, *State and Peasant in Contemporary China:The Political Economy of Village Government* (Berkeley:University of California Press, 1989), 91; Jasper Becker, *Hungry Ghosts:China's Secret Famine* (London:John Murray, 1996); Frank Dikkoter, *Mao's Great Famine:The History of China's Most Devastating Catastrophe, 1958–62* (London:Bloomsbury, 2010).

114 Martin Meredith, *The Fate of Africa:From the Hopes of Freedom to the Heart of Despair:A History of Fifty Years of Independence* (New York:Public Affairs, 2006); Sven Rydenfelt, 'Lessons from Socialist Tanzania', *The Freeman* 36:9 (1986); David Blair, 'Africa in a Nutshell', *Telegraph*, 10 May 2006, accessed 22 December 2014, http://blogs.telegraph.co.uk/news/davidblair/3631941/Africa_in_a_nutshell/.

115 Roland Anthony Oliver, *Africa since 1800*, 5th edn (Cambridge:Cambridge University Press, 2005), 100–23; David van Reybrouck, *Congo:The Epic History of a People* (New York:HarperCollins, 2014), 58–9.

116 Ben Wilbrink, 'Assessment in Historical Perspective', *Studies in Educational Evaluation* 23:1 (1997), 31–48.

117 M. C. Lemon, *Philosophy of History* (London and New York:Routledge, 2003), 28–44; Siep Stuurman, 'Herodotus and Sima Qian:History and the Anthropological Turn in Ancient Greece and Han China', *Journal of World History* 19:1 (2008), 1–40.

118 William Kelly Simpson, *The Literature of Ancient Egypt* (Yale:Yale University Press, 1973), 332–3.

第 5 章　一對冤家

119 C. Scott Dixon, *Protestants:A History from Wittenberg to Pennsylvania, 1517–1740* (Chichester, UK:Wiley-Blackwell, 2010), 15; Peter W. Williams, *America's Religions:From Their Origins to the Twenty-First Century* (Urbana:University of Illinois Press, 2008), 82.

120 *Antichrist1* by Lucas Cranach the Elder.Original uploader was Epiphyllumlover at en.wikipedia – transferred from en.wikipedia (Original text:Google Books).Licensed under Public Domain via Commons, https://commons.wikimedia.org/wiki/File:Antichrist1.jpg#/media/File:Antichrist1.jpg

121 Glenn Hausfater and Sarah Blaffer, ed., *Infanticide:Comparative and Evolutionary Perspectives* (New York:Aldine, 1984), 449; Valeria Alia, *Names and Nunavut:Culture and Identity in the Inuit Homeland* (New York:Berghahn Books, 2007), 23; Lewis Petrinovich, *Human Evolution, Reproduction and Morality* (Cambridge, MA:MIT Press, 1998), 256; Richard A. Posner, *Sex and Reason* (Cambridge, MA:Harvard University Press, 1992), 289.

122 Ronald K. Delph, 'Valla Grammaticus, Agostino Steuco, and the Donation of Constantine', *Journal of the History of Ideas* 57:1 (1996), 55–77; Joseph M. Levine, 'Reginald Pecock and Lorenzo Valla on the Donation of Constantine', *Studies in the Renaissance* 20 (1973), 118–43.

123 Gabriele Boccaccini, *Roots of Rabbinic Judaism* (Cambridge:Eerdmans, 2002); Shaye J. D. Cohen, *From the Maccabees to the Mishnah*, 2nd edn (Louisville:Westminster John Knox Press, 2006), 153–7; Lee M. McDonald and James A. Sanders, ed., *The Canon Debate* (Peabody:Hendrickson, 2002), 4.

124 Sam Harris, *The Moral Landscape:How Science Can Determine Human Values* (New York:Free Press, 2010).

第 6 章　與「現代」的契約

125 Gerald S. Wilkinson, 'The Social Organization of the Common Vampire Bat II', *Behavioral Ecology and Sociobiology* 17:2 (1985), 123–34; Gerald S. Wilkinson, 'Reciprocal Food Sharing in the Vampire Bat', *Nature* 308:5955 (1984), 181–4; Raul Flores Crespo et al., 'Foraging Behavior of the Common Vampire Bat Related to Moonlight', *Journal of Mammalogy* 53:2 (1972), 366–8.

126 Goh Chin Lian, 'Admin Service Pay:Pensions Removed, National Bonus to Replace GDP Bonus', *Straits Times*, 8 April 2013, retrieved 9 February 2016, http://www.straitstimes.com/singapore/admin-service-pay-pensions-removed-national-bonus-to-replace-gdp-bonus.

127 Edward Wong, 'In China, Breathing Becomes a Childhood Risk', *New York Times*, 22 April 2013, accessed 22 December 2014, http://www.nytimes.com/2013/04/23/world/asia/pollution-is-radically-changing-childhood-in-chinas-cities.html?pagewanted=all&_r=0; Barbara Demick, 'China Entrepreneurs Cash in on Air Pollution', *Los Angeles Times*, 2 February 2013, accessed 22 December 2014, http://articles.latimes.com/2013/feb/02/world/la-fg-china-pollution-20130203.

128 IPCC, *Climate Change 2014:Mitigation of Climate Change – Summery for Policymakers*, Ottmar Edenhofer et al., ed., (Cambridge and New York:Cambridge University Press, 2014), 6.

129 UNEP, *The Emissions Gap Report 2012* (Nairobi:UNEP, 2012); IEA, *Energy Policies of IEA Countries:The United States* (Paris:IEA, 2008).

130 詳細討論請參見 Ha-Joon Chang, *23 Things They Don't Tell You About Capitalism* (New York:Bloomsbury Press, 2010).

第 7 章　人本主義革命

131 Jean-Jacques Rousseau, *Émile, ou de l'éducation* (Paris, 1967), 348.

132 'Journalists Syndicate Says Charlie Hebdo Cartoons "Hurt Feelings", Washington Okays', *Egypt Independent*, 14 January 2015, accessed 12 August 2015, http://www.egyptindependent.com/news/journalists-syndicate-says-charlie-hebdo-cartoons-per centE2per cent80per cent98hurt-feelings-washington-okays.

133 Naomi Darom, 'Evolution on Steroids', *Haaretz*, 13 June 2014 .

134 Walter Horace Bruford, *The German Tradition of Self-Cultivation:'Bildung' from Humboldt to Thomas Mann* (London, New York:Cambridge University Press, 1975), 24, 25.

135 'All-Time 100 TV Shows:Survivor', *Time*, 6 September 2007, retrieved 12 August 2015, http://time.com/3103831/survivor/.

136 Phil Klay, *Redeployment* (London:Canongate, 2015), 170.

137 Yuval Noah Harari, *The Ultimate Experience:Battlefield Revelations and the Making of Modern War Culture, 1450–2000* (Houndmills:Palgrave Macmillan, 2008); Yuval Noah Harari, 'Armchairs, Coffee and Authority:Eye-witnesses and Flesh-witnesses Speak about War, 1100–2000', *Journal of Military History* 74:1 (January 2010), 53–78.

138 'Angela Merkel Attacked over Crying Refugee Girl', BBC, 17 July 2015, accessed 12 August 2015, http://www.bbc.com/news/world-europe-33555619.

139 Laurence Housman, *War Letters of Fallen Englishmen* (Philadelphia:University of Pennsylvania State, 2002), 159.

140 Mark Bowden, *Black Hawk Down:The Story of Modern Warfare* (New York:New American Library, 2001), 301–2.

141 Adolf Hitler, *Mein Kampf*, trans.Ralph Manheim (Boston:Houghton Mifflin, 1943), 165.

142 Evan Osnos, *Age of Ambition:Chasing Fortune, Truth and Faith in the New China* (London:Vintage, 2014), 95.

143 Mark Harrison, ed., *The Economics of World War II:Six Great Powers in International Comparison* (Cambridge:Cambridge University Press, 1998), 3–10; John Ellis, *World War II:A Statistical Survey* (New York:Facts on File, 1993); I. C. B Dear, ed., *The Oxford Companion to the Second World War* (Oxford:Oxford University Press, 1995).

144 'Saigon-hubert-van-es' by Source.Licensed under fair use via Wikipedia, https://en.wikipedia.org/wiki/File:Saigon-hubert-van-es.jpg#/media/File:Saigon-hubert-van-es.jpg.

145 Donna Haraway, 'A Cyborg Manifesto:Science, Technology, and Socialist-Feminism in the Late Twentieth Century', in *Simians, Cyborgs and Women:The Reinvention of Nature*, ed. Donna Haraway (New York:Routledge, 1991), 149–81.

第 8 章　實驗室裡的定時炸彈

146 詳細討論請見 Michael S. Gazzaniga, *Who's in Charge?:Free Will and the Science of the Brain* (New York:Ecco, 2011).

147 Chun Siong Soon et al., 'Unconscious Determinants of Free Decisions in the Human Brain', *Nature Neuroscience* 11:5 (2008), 543–5. 同時參見 Daniel Wegner, *The Illusion of Conscious Will* (Cambridge, MA:MIT Press, 2002); Benjamin Libet, 'Unconscious Cerebral Initiative and the Role of Conscious Will in Voluntary Action', *Behavioral and Brain Sciences* 8 (1985), 529–66.

148 Sanjiv K. Talwar et al., 'Rat Navigation Guided by Remote Control', *Nature* 417:6884 (2002), 37–8; Ben Harder, 'Scientists "Drive" Rats by Remote Control', *National Geographic*, 1 May 2012, accessed 22 December 2014, http://news.nationalgeographic.com/news/2002/05/0501_020501_roborats.html; Tom Clarke, 'Here Come the Ratbots:Desire Drives Remote-Controlled Rodents', *Nature*, 2 May 2002, accessed 22 December 2014, http://www.nature.com/news/1998/020429/full/news020429-9.html; Duncan Graham-Rowe, '"Robo-rat" Controlled by Brain Electrodes', *New Scientist*, 1 May 2002, accessed 22 December 2014, http://www.newscientist.com/article/dn2237-roborat-controlled-by-brain-electrodes.html#.UwOPiNrNtkQ.

149 http://fusion.net/story/204316/darpa-is-implanting-chips-in-soldiers-brains/; http://www.theverge.com/2014/5/28/5758018/darpa-teams-begin-work-on-tiny-brain-implant-to-treat-ptsd.

150 Smadar Reisfeld, 'Outside of the Cuckoo's Nest', *Haaretz*, 6 March 2015.

151 Dan Hurley, 'US Military Leads Quest for Futuristic Ways to Boost IQ', *Newsweek*, 5 March 2014, http://www.newsweek.com/2014/03/14/us-military-leads-quest-futuristic-ways-boost-iq-247945.html, accessed 9 January 2015; Human Effectiveness Directorate, http://www.wpafb.af.mil/afrl/rh/index.asp; R. Andy McKinley et al., 'Acceleration of Image Analyst Training with Transcranial Direct Current Stimulation', *Behavioral Neuroscience* 127:6 (2013):936–46; Jeremy T. Nelson et al., 'Enhancing Vigilance in Operators with Prefrontal Cortex Transcranial Direct Current Stimulation (TDCS)', *NeuroImage* 85 (2014):909–17; Melissa Scheldrup et al., 'Transcranial Direct Current Stimulation Facilities Cognitive Multi-Task Performance Differentially Depending on Anode Location and Subtask', *Frontiers in Human Neuroscience* 8 (2014); Oliver Burkeman, 'Can I Increase my Brain Power?', *Guardian*, 4 January 2014, http://www.theguardian.com/science/2014/jan/04/can-i-increase-my-brain-power, accessed 9 January 2016; Heather Kelly, 'Wearable Tech to Hack Your Brain', CNN, 23 October 2014, http://www.cnn.com/2014/10/22/tech/innovation/brain-stimulation-tech/. accessed 9 January 2016.

152 Sally Adee, 'Zap Your Brain into the Zone:Fast Track to Pure Focus', *New Scientist*, 6 February 2012, accessed 22 December 2014, http://www.newscientist.com/article/mg21328501.600–zap-your-brain-into-the-zone-fast-track-to-pure-focus.html. 同時參見：R. Douglas Fields, 'Amping Up Brain Function:Transcranial Stimulation Shows Promise in Speeding Up Learning', *Scientific American*, 25 November 2011, accessed 22 December 2014, http://www.scientificamerican.com/article/amping-up-brain-function.

153 Sally Adee, 'How Electrical Brain Stimulation Can Change the Way We Think', *The Week*, 30 March 2012, accessed 22 December 2014, http://theweek.com/article/index/226196/how-electrical-brain-stimulation-can-change-the-way-we-think/2.

154 E. Bianconi et al., 'An Estimation of the Number of Cells in the Human Body,' *Annals of Human Biology* 40:6 (2013):463–71.

155 Oliver Sacks, *The Man Who Mistook His Wife for a Hat* (London:Picador, 1985), 73–5.

156 Joseph E. LeDoux, Donald H. Wilson, Michael S. Gazzaniga, 'A Divided Mind:Observations on the Conscious Properties of the Separated Hemispheres', *Annals of Neurology* 2:5 (1977), 417–21. 同時參見：D. Galin, 'Implications for Psychiatry of Left and Right Cerebral Specialization:A Neurophysiological Context for Unconscious Processes', *Archives of General Psychiatry*, 31:4 (1974), 572–83; R. W. Sperry, M. S. Gazzaniga and J. E. Bogen, 'Interhemispheric relationships:The Neocortical Commisures:Syndromes of Hemisphere Disconnection', in *Handbook of Clinical Neurology*, ed. P. J. Vinken and G. W. Bruyn (Amsterdam:North Holland Publishing Co., 1969), vol. 4.

157 Michael S. Gazzaniga, *The Bisected Brain* (New York:Appleton-Century-Crofts, 1970); Gazzaniga, *Who's in Charge?*; Carl Senior, Tamara Russell, and Michael S. Gazzaniga, *Methods in Mind* (Cambridge, MA:MIT Press, 2006); David Wolman, 'The Split Brain:A Tale of Two Halves', *Nature* 483 (14 March 2012):260–3.

158 Galin, 'Implications for Psychiatry of Left and Right Cerebral Specialization', 573–4.

159 Springer and Deutsch, *Left Brain, Right Brain*, 3rd edn (New York:W. H. Freeman, 1989), 32–6.

160 Kahneman, *Thinking, Fast and Slow*, 377–410. 同時參見 Gazzaniga, *Who's in Charge?*, ch. 3.

161 Eran Chajut et al., 'In Pain Thou Shalt Bring Forth Children:The Peak-and-End Rule in Recall of Labor Pain', *Psychological Science* 25:12 (2014), 2266–71.

162 Ulla Waldenström, 'Women's Memory of Childbirth at Two Months and One Year after the Birth', *Birth* 30:4 (2003), 248–54; Ulla Waldenström, 'Why Do Some Women Change Their Opinion about Childbirth over Time?', *Birth* 31:2 (2004), 102–7.

163 Gazzaniga, *Who's in Charge?*, ch. 3.

164 Jorge Luis Borges, *Collected Fictions*, translated by Andrew Hurley (New York:Penguin Books, 1999), 308–9. 西班牙版本請見：Jorge Luis Borges, 'Un problema', in *Obras completas*, vol. 3 (Buenos Aires:Emece Editores, 1968–9), 29–30.

165 Mark Thompson, *The White War:Life and Death on the Italian Front, 1915-1919* (New York:Basic Books, 2009).

第 9 章　自由主義大崩解

166 F. M. Anderson, ed., *The Constitutions and Other Select Documents Illustrative of the History of France:1789–1907*, 2nd edn (Minneapolis:H. W. Wilson, 1908), 184–5; Alan Forrest, 'L'armée de l'an II: la levée en masse et la création d'un mythe républicain', *Annales historiques de la Révolution francais* 335 (2004), 111–30.

167 Morris Edmund Spears, ed., *World War Issues and Ideals:Readings in Contemporary History and Literature* (Boston and New York:Ginn and Company, 1918), 242. 還有一項最重要的近期研究，得到正反雙方的一致廣泛引用，也嘗試證明民主體制的士兵戰力較強：Dan Reiter and Allan C. Stam, *Democracies at War* (Princeton:Princeton University Press, 2002).

168 Doris Stevens, *Jailed for Freedom* (New York:Boni and Liveright, 1920), 290; Susan R. Grayzel, Women and the First World War (Harlow:Longman, 2002), 101–6; Christine Bolt, *The Women's Movements in the United States and Britain from the 1790s to the 1920s* (Amherst:University of Massachusetts Press, 1993), 236–76; Birgitta Bader-Zaar, 'Women's Suffrage and War:World War I and Political Reform in a Comparative Perspective', in *Suffrage, Gender and Citizenship:International Perspectives on Parliamentary Reforms*, ed. Irma Sulkunen, Seija-Leena Nevala-Nurmi and Pirjo Markkola (Newcastle upon Tyne:Cambridge Scholars Publishing, 2009), 193–218.

169 Matt Richtel and Conor Dougherty, 'Google's Driverless Cars Run Into Problem:Cars With Drivers', *New York Times*, 1 September 2015, accessed 2 September 2015, http://www.nytimes.

com/2015/09/02/technology/personaltech/google-says-its-not-the-driverless-cars-fault-its-other-drivers.html?_r=1; Shawn DuBravac, *Digital Destiny:How the New Age of Data Will Transform the Way We Work, Live and Communicate* (Washington DC:Regnery Publishing, 2015), 127–56.

170 Bradley Hope, 'Lawsuit Against Exchanges Over "Unfair Advantage" for High-Frequency Traders Dismissed', *Wall Street Journal*, 29 April 2015, accessed 6 October 2015, http://www.wsj.com/articles/lawsuit-against-exchanges-over-unfair-advantage-for-high-frequency-traders-dismissed-1430326045; David Levine, 'High-Frequency Trading Machines Favored Over Humans by CME Group, Lawsuit Claims', *Huffington Post*, 26 June 2012, accessed 6 October 2015, http://www.huffingtonpost.com/2012/06/26/high-frequency-trading-lawsuit_n_1625648.html; Lu Wang, Whitney Kisling and Eric Lam, 'Fake Post Erasing $136 Billion Shows Markets Need Humans', Bloomberg, 23 April 2013, accessed 22 December 2014, http://www.bloomberg.com/news/2013-04-23/fake-report-erasing-136-billion-shows-market-s-fragility.html; Matthew Philips, 'How the Robots Lost:High-Frequency Trading's Rise and Fall', *Bloomberg Businessweek*, 6 June 2013, accessed 22 December 2014, http://www.businessweek.com/printer/articles/123468-how-the-robots-lost-high-frequency-tradings-rise-and-fall; Steiner, *Automate This*, 2–5, 11–52; Luke Dormehl, *The Formula:How Algorithms Solve All Our Problems – And Create More* (London:Penguin, 2014), 223.

171 Jordan Weissmann, 'iLawyer:What Happens when Computers Replace Attorneys?', *Atlantic*, 19 June 2012, accessed 22 December 2014, http://www.theatlantic.com/business/archive/2012/06/ilawyer-what-happens-when-computers-replace-attorneys/258688; John Markoff, 'Armies of Expensive Lawyers, Replaced by Cheaper Software', *New York Times*, 4 March 2011, accessed 22 December 2014, http://www.nytimes.com/2011/03/05/science/05legal.html?pagewanted=all&_r=0; Adi Narayan, 'The fMRI Brain Scan:A Better Lie Detector?', *Time*, 20 July 2009, accessed 22 December 2014, http://content.time.com/time/health/article/0,8599,1911546-2,00.html; Elena Rusconi and Timothy Mitchener-Nissen, 'Prospects of Functional Magnetic Resonance Imaging as Lie Detector', *Frontiers in Human Neuroscience* 7:54 (2013); Christopher Steiner, *Automate This*, 217; Luke Dormehl, *The Formula*, 229.

172 B. P. Woolf, *Building Intelligent Interactive Tutors:Student-centered Strategies for Revolutionizing E-learning* (Burlington:Morgan Kaufmann, 2010); Annie Murphy Paul, 'The Machines are Taking Over', *New York Times*, 14 September 2012, accessed 22 December 2014, http://www.nytimes.com/2012/09/16/magazine/how-computerized-tutors-are-learning-to-teach-humans.html?_r=0; P. J. Munoz-Merino, C. D. Kloos and M. Munoz-Organero, 'Enhancement of Student Learning Through the Use of a Hinting Computer e-Learning System and Comparison With Human Teachers', *IEEE Transactions on Education* 54:1 (2011), 164–7; *Mindojo*, accessed 14 July 2015, http://mindojo.com/.

173 Steiner, *Automate This*, 146–62; Ian Steadman, 'IBM's Watson Is Better at Diagnosing Cancer than Human Doctors', *Wired*, 11 February 2013, accessed 22 December 2014, http://www.wired.co.uk/news/archive/2013-02/11/ibm-watson-medical-doctor; 'Watson Is Helping Doctors

Fight Cancer', IBM, accessed 22 December 2014, http://www-03.ibm.com/innovation/us/watson/ watson_in_healthcare.shtml; Vinod Khosla, 'Technology Will Replace 80 per cent of What Doctors Do', *Fortune*, 4 December 2012, accessed 22 December 2014, http://tech.fortune.cnn. com/2012/12/04/technology-doctors-khosla; Ezra Klein, 'How Robots Will Replace Doctors', *Washington Post*, 10 January 2011, accessed 22 December 2014, http://www.washingtonpost. com/blogs/wonkblog/post/how-robots-will-replace-doctors/2011/08/25/gIQASA17AL_blog.html.

174 Roey Tzezana, *The Guide to the Future*, 62–4.

175 Christopher Steiner, *Automate This*, 155.

176 http://www.mattersight.com.

177 Christopher Steiner, *Automate This*, 178–82; Luke Dormehl, *The Formula*, 21–4; Shana Lebowitz, 'Every Time You Dial into These Call Centers, Your Personality Is Being Silently Assessed', Business Insider, 3 September 2015, retrieved 31 January 2016, http://www. businessinsider.com/how-mattersight-uses-personality-science-2015-9.

178 Rebecca Morelle, 'Google Machine Learns to Master Video Games', BBC, 25 February 2015, accessed 12 August 2015, http://www.bbc.com/news/science-environment-31623427; Elizabeth Lopatto, 'Google's AI Can Learn to Play Video Games', *The Verge*, 25 February 2015, accessed 12 August 2015, http://www.theverge.com/2015/2/25/8108399/google-ai-deepmind-video-games; Volodymyr Mnih et al., 'Human-Level Control through Deep Reinforcement Learning', *Nature*, 26 February 2015, accessed 12 August 2015, http://www.nature.com/nature/journal/ v518/n7540/full/nature14236.html

179 Michael Lewis, *Moneyball:The Art of Winning An Unfair Game* (New York:W. W. Norton, 2003). 同時可參見 2011 年的電影《魔球》(*Moneyball*),由班奈特‧米勒(Bennett Miller)執導,並由布萊德‧彼特飾演賓恩。

180 Frank Levy and Richard Murnane, *The New Division of Labor:How Computers are Creating the Next Job Market* (Princeton:Princeton University Press, 2004); Luke Dormehl, *The Formula*, 225–6.

181 Tom Simonite, 'When Your Boss is an Uber Algoritm', *MIT Technology Review*, 1 December 2015, retrieved 4 February 2016, https://www.technologyreview.com/s/543946/when-your-boss-is-an-uber-algorithm/.

182 Simon Sharwood, 'Software "Appointed to Board" of Venture Capital Firm', *The Register*, 18 May 2014, accessed 12 August 2015, http://www.theregister.co.uk/2014/05/18/software_ appointed_to_board_of_venture_capital_firm/; John Bates, 'I'm the Chairman of the Board', *Huffington Post*, 6 April 2014, accessed 12 August 2015, http://www.huffingtonpost.com/john-bates/im-the-chairman-of-the-bo_b_5440591.html; Colm Gorey, 'I'm Afraid I Can't Invest in That, Dave:AI Appointed to VC Funding Board', *Silicon Republic*, 15 May 2014, accessed 12 August 2015, https://www.siliconrepublic.com/discovery/2014/05/15/im-afraid-i-cant-invest-in-that-dave-ai-appointed-to-vc-funding-board.

183 Christopher Steiner, *Automate This*, 89–101; D. H. Cope, *Comes the Fiery Night:2,000 Haiku by Man and Machine* (Santa Cruz:Create Space, 2011). 同時參見：Luke Dormehl, *The Formula*, 174–80, 195–8, 200–2, 216–20; Steiner, *Automate This*, 75–89.

184 〈就業的未來〉研究報告，請參閱：Carl Benedikt Frey and Michael A. Osborne, 'The Future of Employment:How Susceptible Are Jobs to Computerisation?', 17 September 2013, accessed 12 August 2015, http://www.oxfordmartin.ox.ac.uk/downloads/academic/The_Future_of_Employment.pdf.

185 E. Brynjolfsson and A. McAffee, *Race Againt the Machine:How the Digital Revolution is Accelerating Innovation, Driving Productivity, and Irreversibly Transforming Employment and the Economy* (Lexington:Digital Frontier Press, 2011).

186 Nick Bostrom, *Superintelligence:Paths, Dangers, Strategies* (Oxford:Oxford University Press, 2014).

187 Ido Efrati, 'Researchers Conducted a Successful Experiment with an "Artificial Pancreas" Connected to an iPhone' [in Hebrew], *Haaretz*, 17 June 2014, accessed 23 December 2014, http://www.haaretz.co.il/news/health/1.2350956.Moshe Phillip et al., 'Nocturnal.Glucose Control with an Artificial Pancreas at a Diabetis Camp', *New England Journal of Medicine* 368:9 (2013), 824–33; 'Artificial Pancreas Controlled by iPhone Shows Promise in Diabetes Trial', Today, 17 June 2014, accessed 22 December 2014, http://www.todayonline.com/world/artificial-pancreas-controlled-iphone-shows-promise-diabetes-trial?singlepage=true

188 Luke Dormehl, *The Formula*, 7–16.

189 Martha Mendoza, 'Google Develops Contact Lens Glucose Monitor', Yahoo News, 17 January 2014, accessed 12 August 2015, http://news.yahoo.com/google-develops-contact-lens-glucose-monitor-000147894.html; Mark Scott, 'Novartis Joins with Google to Develop Contact Lens That Monitors Blood Sugar', *New York Times*, 15 July 2014, accessed 12 August 2015, http://www.nytimes.com/2014/07/16/business/international/novartis-joins-with-google-to-develop-contact-lens-to-monitor-blood-sugar.html?_r=0; Rachel Barclay, 'Google Scientists Create Contact Lens to Measure Blood Sugar Level in Tears', Healthline, 23 January 2014, accessed 12 August 2015, http://www.healthline.com/health-news/diabetes-google-develops-glucose-monitoring-contact-lens-012314.

190 'Quantified Self', http://quantifiedself.com/; Luke Dormehl, *The Formula*, 11–16.

191 Luke Dormehl, *The Formula*, 91–5; 'Bedpost', http://bedposted.com.

192 Luke Dormehl, *The Formula*, 53–9.

193 Angelina Jolie, 'My Medical Choice', *New York Times*, 14 May 2013, accessed 22 December 2014, http://www.nytimes.com/2013/05/14/opinion/my-medical-choice.html.

194 'Google Flu Trends', http://www.google.org/flutrends/about/how.html; Jeremy Ginsberg et al., 'Detecting Influenza Epidemics Using Search Engine Query Data', *Nature*, 457:7232 (2008), 1012–14; Declan Butler, 'When Google Got Flu Wrong', *Nature*, 13 February 2013, accessed 22

December 2014, http://www.nature.com/news/when-google-got-flu-wrong-1.12413; Miguel Helft, 'Google Uses Searches to Track Flu's Spread', *New York Times*, 11 November 2008, accessed 22 December 2014, http://msl1.mit.edu/furdlog/docs/nytimes/2008–11–11_nytimes_google_influenza.pdf; Samanth Cook et al., 'Assessing Google Flu Trends Performance in the United States during the 2009 Influenza Virus A (H1N1) Pandemic', *PLOS One*, 19 August 2011, accessed 22 December 2014, http://www.plosone.org/article/info%3Adoi%2F10.1371%2Fjournal.pone.0023610; Jeffrey Shaman et al., 'Real-Time Inluenza Forecasts during the 2012–2013 Season', *Nature*, 23 April 2013, accessed 24 December 2014, http://www.nature.com/ncomms/2013/131203/ncomms3837/full/ncomms3837.html.

195 listair Barr, 'Google's New Moonshot Project:The Human Body', *Wall Street Journal*, 24 July 2014, accessed 22 December 2014, http://www.wsj.com/articles/google-to-collect-data-to-define-healthy-human-1406246214; Nick Summers, 'Google Announces Google Fit Platform Preview for Developers', Next Web, 25 June 2014, accessed 22 December 2014, http://thenextweb.com/insider/2014/06/25/google-launches-google-fit-platform-preview-developers/.

196 Luke Dormehl, *The Formula*, 72–80.

197 Wu Youyou, Michal Kosinski and David Stillwell, 'Computer-Based Personality Judgements Are More Accurate Than Those Made by Humans', *PNAS* 112:4 (2015), 1036–40.

198 關於神使、代理人和君王的概念，參見：Bostrom, *Superintelligence*.

199 https://www.waze.com/.

200 Luke Dormehl, *The Formula*, 206.

201 World Bank, *World Development Indicators 2012* (Washington DC:World Bank, 2012), 72, http://data.worldbank.org/sites/default/files/wdi-2012–ebook.pdf.

202 Larry Elliott, 'Richest 62 People as Wealthy as Half of World's Population, Says Oxfam', *Guardian*, 18 January 2016, retrieved 9 February 2016, http://www.theguardian.com/business/2016/jan/18/richest-62-billionaires-wealthy-half-world-population-combined; Tami Luhby, 'The 62 Richest People Have As Much Wealth As Half the World', *CNN Money*, 18 January 2016, retrieved 9 February 2016, http://money.cnn.com/2016/01/17/news/economy/oxfam-wealth/.

第 10 章　新宗教：科技人本主義

203 Joseph Henrich, Steven J. Heine and Ara Norenzayan, 'The Weirdest People in the World', *Behavioral and Brain Sciences* 33 (2010), 61–135.

204 'EM spectrum'.Licensed under CC BY-SA 3.0 via Commons, https://commons.wikimedia.org/wiki/File:EM_spectrum.svg#/media/File:EM_spectrum.svg

205 Benny Shanon, *Antipodes of the Mind:Charting the Phenomenology of the Ayahuasca Experience* (Oxford:Oxford University Press, 2002).

206 Thomas Nagel, 'What Is It Like to Be a Bat?', *Philosophical Review* 83:4 (1974), 435–50.

207 Michael J. Noad et al., 'Cultural Revolution in Whale Songs', *Nature* 408:6812 (2000), 537; Nina Eriksen et al., 'Cultural Change in the Songs of Humpback Whales (*Megaptera novaeangliae*) from Tonga', *Behavior* 142:3 (2005), 305–28; E. C. M. Parsons, A. J. Wright and M. A. Gore, 'The Nature of Humpback Whale (*Megaptera novaeangliae*) Song', *Journal of Marine Animals and Their Ecology* 1:1 (2008), 22–31.

208 C. Bushdid et al., 'Human can Discriminate More than 1 Trillion Olfactory Stimuli', *Science* 343:6177 (2014),1370–2; Peter A. Brennan and Frank Zufall, 'Pheromonal Communication in Vertebrates', *Nature* 444:7117 (2006), 308–15; Jianzhi Zhang and David M. Webb, 'Evolutionary Deterioration of the Vomeronasal Pheromone Transduction Pathway in Catarrhine Primates', *Proceedings of the National Academy of Sciences* 100:14 (2003), 8337–41; Bettina Beer, 'Smell, Person, Space and Memory', *Experiencing New Worlds,* ed. Jurg Wassmann and Kathrina Stockhaus (New York:Berghahn Books, 2007), 187–200; Niclas Burenhult and Majid Asifa, 'Olfaction in Aslian Ideology and Language', *Sense and Society* 6:1 (2011), 19–29; Constance Classen, David Howes and Anthony Synnott, *Aroma:The Cultural History of Smell* (London:Routledge, 1994); Amy Pei-jung Lee, 'Reduplication and Odor in Four Formosan Languages', *Language and Linguistics* 11:1 (2010):99–126; Walter E. A. van Beek, 'The Dirty Smith:Smell as a Social Frontier among the Kapsiki/Higi of North Cameroon and North-Eastern Nigeria', *Africa* 62:1 (1992), 38–58; Ewelina Wnuk and Asifa Majid, 'Revisiting the Limits of Language:The Odor Lexicon of Maniq', *Cognition* 131 (2014), 125–38. 然而，有些學者認為人類之所以失去強大的嗅覺能力，是因為某些更古老的演化過程。參見：Yoav Gilad et al., 'Human Specific Loss of Olfactory Receptor Genes', *Proceedings of the National Academy of Sciences* 100:6 (2003), 3324–7; Atushi Matsui, Yasuhiro Go and Yoshihito Niimura, 'Degeneration of Olfactory Receptor Gene Repertories in Primates:No Direct Link to Full Trichromatic Vision', *Molecular Biology and Evolution* 27:5 (2010), 1192–200; Graham M. Hughes, Emma C. Teeling and Desmond G. Higgins, "Loss of Olfactory Receptor Function in Hominin Evolution", *PLOS One* 9:1 (2014), e84714.

209 Matthew Crawford, *The World Beyond Your Head:How to Flourish in an Age of Distraction* (London:Viking, 2015).

210 Turnbull and Solms, *The Brain and the Inner World*, 136–59; Kelly Bulkeley, *Visions of the Night:Dreams, Religion and Psychology* (New York:State University of New York Press, 1999); Andreas Mavrematis, *Hypnogogia:The Unique State of Consciousness Between Wakefulness and Sleep* (London:Routledge, 1987); Brigitte Holzinger, Stephen LaBerge and Lynn Levitan, 'Psychophysiological Correlates of Lucid Dreaming', American Psychological Association 16:2 (2006):88–95; Watanabe Tsuneo, 'Lucid Dreaming:Its Experimental Proof and Psychological Conditions', *Journal of International Society of Life Information Science* 21:1 (2003):159–62; Victor I. Spoormaker and Jan van den Bout, 'Lucid Dreaming Treatment for Nightmares:A Pilot Study', *Psychotherapy and Psychosomatics* 75:6 (2006):389–94.

第 11 章　信數據得永生？

211 例如參見：Kevin Kelly, *What Technology Wants* (New York:Viking Press, 2010); César Hidalgo, *Why Information Grows:The Evolution of Order, From Atoms to Economies* (New York:Basic Books, 2015); Howard Bloom, *Global Brain:The Evolution of Mass Mind from the Big Bang to the 21st Century* (Hoboken:Wiley, 2001); DuBravac, *Digital Destiny*.

212 Friedrich Hayek, 'The Use of Knowledge in Society,' *American Economic Review* 35:4 (1945):519–30.

213 Kiyohiko G. Nishimura, *Imperfect Competition Differential Information and the Macro-foundations of Macro-economy* (Oxford:Oxford University Press, 1992); Frank M. Machovec, *Perfect Competition and the Transformation of Economics* (London:Routledge, 2002); Frank V. Mastrianna, *Basic Economics*, 16th edn (Mason:South-Western, 2010), 78–89; Zhiwu Chen, 'Freedom of Information and the Economic Future of Hong Kong', *Hong Kong Centre for Economic Research* 74 (2003); Randall Morck, Bernard Yeung and Wayne Yu, 'The Information Content of Stock Markets:Why Do Emerging Markets Have Synchronous Stock Price Movements?', *Journal of Financial Economics* 58:1 (2000), 215–60; Louis H. Ederington and Jae Ha Lee, 'How Markets Process Information:News Releases and Volatility', *Journal of Finance* 48:4 (1993), 1161–91; Mark L. Mitchell and J. Harold Mulherin, 'The Impact of Public Information on the Stock Market', *Journal of Finance* 49:3 (1994):923–50; Jean-Jacques Laffont and Eric S. Maskin, 'The Efficient Market Hypothesis and Insider Trading on the Stock Market', *Journal of Political Economy* 98:1 (1990), 70–93; Steven R. Salbu, 'Differentiated Perspectives on Insider Trading:The Effect of Paradigm Selection on Policy', *St John's Law Review* 66:2 (1992), 373–405.

214 Valery N. Soyfer, 'New Light on the Lysenko Era', *Nature* 339:6224 (1989), 415–20; Nils Roll-Hansen, 'Wishful Science:The Persistence of T. D. Lysenko's Agrobiology in the Politics of Science', *Osiris* 23:1 (2008), 166–88.

215 William H. McNeill and J. R. McNeill, *The Human Web:A Bird's-Eye View of World History* (New York:W. W. Norton, 2003).

216 Aaron Swartz, 'Guerilla Open Access Manifesto', July 2008, accessed 22 December 2014, https://ia700808.us.archive.org/17/items/GuerillaOpenAccessManifesto/Goamjuly2008.pdf; Sam Gustin, 'Aaron Swartz, Tech Prodigy and Internet Activist, Is Dead at 26', *Time*, 13 January 2013, accessed 22 December 2014, http://business.time.com/2013/01/13/tech-prodigy-and-internet-activist-aaron-swartz-commits-suicide; Todd Leopold, 'How Aaron Swartz Helped Build the Internet', CNN, 15 January 2013, 22 December 2014, http://edition.cnn.com/2013/01/15/tech/web/aaron-swartz-internet/; Declan McCullagh, 'Swartz Didn't Face Prison until Feds Took Over Case, Report Says', CNET, 25 January 2013, accessed 22 December 2014, http://news.cnet.com/8301-13578_3-57565927-38/swartz-didnt-face-prison-until-feds-took-over-case-report-says/.

217 John Sousanis, 'World Vehicle Population Tops 1 Billion Units', *Wardsauto*, 15 August 2011, accessed 3 December 2015, http://wardsauto.com/news-analysis/world-vehicle-population-tops-1-billion-units.

218 'No More Woof', https://www.indiegogo.com/projects/no-more-woof.

科學文化 229

人類大命運
從智人到神人

Homo Deus
A Brief History of Tomorrow

原著 —— 哈拉瑞（Yuval Noah Harari）
譯者 —— 林俊宏
科學文化叢書策劃群 —— 林和（總策劃）、牟中原、李國偉、周成功

副社長兼總編輯 —— 吳佩穎
編輯顧問暨責任編輯 —— 林榮崧
封面設計暨美術編輯 —— 江儀玲

出版者 —— 遠見天下文化出版股份有限公司
創辦人 —— 高希均、王力行
遠見・天下文化 事業群榮譽董事長 —— 高希均
遠見・天下文化 事業群董事長 —— 王力行
天下文化社長 —— 王力行
天下文化總經理 —— 鄧瑋羚
國際事務開發部兼版權中心總監 —— 潘欣
法律顧問 —— 理律法律事務所陳長文律師
著作權顧問 —— 魏啟翔律師
社址 —— 台北市 104 松江路 93 巷 1 號 2 樓
讀者服務專線 —— 02-2662-0012 ｜ 傳真 —— 02-2662-0007, 02-2662-0009
電子郵件信箱 —— cwpc@cwgv.com.tw
直接郵撥帳號 —— 1326703-6 號 遠見天下文化出版股份有限公司
排版廠 —— 極翔企業有限公司
製版廠 —— 東豪印刷事業有限公司
印刷廠 —— 中原造像股份有限公司
裝訂廠 —— 精益裝訂股份有限公司
登記證 —— 局版台業字第 2517 號
總經銷 —— 大和書報圖書股份有限公司 電話／ 02-8990-2588
出版日期 —— 2017 年 1 月 20 日第一版第 1 次印行
　　　　　　2024 年 10 月 14 日第二版第 5 次印行

國家圖書館出版品預行編目 (CIP) 資料

人類大命運：從智人到神人 / 哈拉瑞
（Yuval Noah Harari）著；林俊宏譯.
-- 第二版. -- 臺北市：遠見天下文化，
2022.10
面； 公分. --（科學文化；229）
譯自：Homo deus : a brief history of
tomorrow
ISBN 9789865258917（精裝）
1. 文明史　2. 世界史

713　　　　　　　　　111016163

定價 —— NT600 元
書號 —— BCS229
ISBN —— 9789865258917 ｜ EISBN —— 9789865258863（EPUB）；9789865258870（PDF）
天下文化書坊 —— bookzone.cwgv.com.tw